航班延误安全风险评估

杨英宝　宫淑丽　等　著

科学出版社

北　京

内 容 简 介

本书针对社会公众广泛关注的航班延误问题论述了多种民航安全风险评估技术。书中分析了我国民航航班延误的现状和主要致因，论述了航班延误的普遍性、严重性和顽固性，揭示了航班延误与安全风险的同源性、并发性和诱发性关联，航班延误波及的系统性和随机性安全风险，运用模糊层次分析、人工神经网络、灰色综合评价等方法，特别是贝叶斯网络方法对航班延误安全风险进行了多角度评估。

本书内容贴近民航实际，可作为专业学者研究参考书和高等院校教学参考书，适合交通运输业从业人员和广大旅客阅读。

图书在版编目（CIP）数据

航班延误安全风险评估 / 杨英宝等著. —北京：科学出版社，2015. 10
ISBN 978-7-03-046037-0

Ⅰ. ①航⋯ Ⅱ. ①杨⋯ Ⅲ. ①民用航空-航班-延误-安全风险-风险评价-中国 Ⅳ. ①F562.6

中国版本图书馆 CIP 数据核字（2015）第 247924 号

责任编辑：余 江 张丽花 / 责任校对：郭瑞芝
责任印制：徐晓晨 / 封面设计：迷底书装

科 学 出 版 社 出版
北京东黄城根北街16号
邮政编码：100717
http://www.sciencep.com

北京京华虎彩印刷有限公司 印刷
科学出版社发行 各地新华书店经销
*
2015 年 10 月第 一 版　开本：787×1092 1/16
2015 年 10 月第一次印刷　印张：16 1/2
字数：387 000
定价：82.00 元
（如有印装质量问题，我社负责调换）

前　言

改革开放以来，我国民航得到了长足发展。在这个发展进程中，我国民航长期高于世界民航业发展速度、国家经济发展速度以及国内其他交通运输方式发展速度的骄人业绩，自 2005 年以来逐年逼近美国民航的世界第二大民航运输系统的大国民航地位，进入 21 世纪以来特别是近 10 年来稳步提高的安全生产水平和在世界民航安全管理领域中越来越高的话语权，民航运输对国家经济和社会发展越来越显著的促进作用，社会公众对乘坐民航航班出行越来越多的依重和关注，使每一个民航人感到由衷的自豪。

关于这个进程的发展态势，人们经常用持续、快速、健康这样一组相互关联的正面词汇来描述。在相当长的时期内，我国民航的发展是持续的、快速的、健康的。然而不容忽视的是，近年来虽经不懈治理却迟迟未能达到公众满意的航班延误，使人们看到了一种拖累民航持续发展的重负、制约民航快速发展的阻力和影响民航健康发展的顽疾。其拖累之严重，制约之强劲，影响之深刻，已经在日复一日地侵蚀着民航运输安全、便捷、舒适的传统优势，动摇着民航在交通运输服务质量上的样板地位。社会公众对民航航班正常性的满意度和信任度明显下降，危及民航安全的航班长时间、大面积延误和由此引发的群体性事件时有发生，这些又使每一个胸怀职业自豪感的民航人深感忧虑。

怀着强烈的职业责任感，南京航空航天大学民航学院的科研团队在中国民用航空局的支持下专题立项，从 2011 年起对航班延误条件下民航安全风险的评估问题进行了较全面的持续研究。研究内容包括国内外对航班延误、安全风险和安全管理的研究现状，我国民航航班延误的现状及其风险源性质，航班延误与安全风险之间的关联形式，航班延误波及民航安全风险的作用机制，对航班延误安全风险的调查分析，以及控制航班延误安全风险的政策建议，特别是作为研究的核心内容，运用多种方式从多个角度探索了航班延误安全风险的评估技术。现在奉献给读者的这本书，记载了我们团队历时三年研究的主要成果。

我们在研究过程中深深感到，航班延误对安全风险的波及影响已经越来越受到我国民航全行业的高度重视。例如，针对 2014 年下半年以来深圳地区由大面积航班延误引发的多起重大社会影响事件，特别是 2015 年 5 月因航班严重延误导致接连发生的旅客开舱门事件、航班旅客闯入廊桥事件、航班旅客先于机组到达机位事件以及航空公司员工与旅客冲突等群体性事件引发的社会关注和安全风险，中国民用航空局在专项调查基础上于 2015 年 7 月底向全行业发出批评通报，对处置大面积航班延误不力的机场和航空公司等责任单位进行了严肃处理。又据中国民用航空局 2015 年 8 月发布的关于维护民用航空秩序保障航空运输安全的通告，在机场和航空器内严禁 11 种危及民航安全的行为，其中，在机场内堵塞、强占、冲击值机柜台、安检通道及登机口或登机通道，违反规定进入机坪、跑道和滑行道，强行登占、拦截航空器，攀越、损毁机场防护围界以及其他安全防护设施等严禁行为，都是针对近年来各地机场由航班延误引发的少数旅客过激行为而提出的。这些情况表明，我国民航在安全管理实践中对航班延误安全风险的认识在不断提高。

另一方面，虽然航班延误和安全风险都是当下民航领域研究的热点问题，国内外民航界在航班延误和安全风险两个方面都有不少研究成果，但是现有研究往往忽略了二者之间的内在联系。一个令人颇为费解的现象是，在国内外文献中，目前尚未检索到将航班延误和安全风险结合起来进行系统研究的相关报道。显然，将航班延误和安全风险分开来进行研究，难以充分揭示航班延误与民航安全风险之间的内在联系。我们在调研过程中也体会到，忽略航班延误与安全风险之间的内在联系，是迄今在我国民航仍然广泛存在的一种认识惯性。这种理论研究滞后于民航安全管理实践的状况亟待克服。我们希望本书就航班延误安全风险评估问题进行的探索性研究能够引起学界、业界和广大旅客关注，以求对克服上述认识惯性有所推动。

航班延误和安全风险都是民航运输生产中的复杂问题，把二者结合起来在统一的系统框架下进行研究更不是一件容易的事。为了确保探索取得成果，我们对研究范围做了必要的限定。在航班延误波及的系统风险和随机风险中，考虑系统风险的普遍性，我们在兼顾随机风险的同时，把研究重点放在系统风险上。在与航班延误密切关联的同源性风险、并发性风险和诱发性风险中，考虑不同类型航班延误及其风险发生的实际情况，我们对并发性风险只做了简要讨论，把研究重点放在伴随各种多发性航班延误出现的同源性风险上，并对大面积严重航班延误引致的诱发性风险给予了较多关注。尽管有了这些限定，我们在研究过程中仍时常感到力不从心。这既反映出我们研究能力有限，也说明了研究任务的艰巨性。对于前者，我们将在后续研究中努力提高，也请各位读者多多赐教。对于后者，我们希望本书能起到抛砖引玉的作用，吸引国内外专家学者更多地关心民航航班延误的安全风险问题，即使只能激起批评和不同意见的争鸣，我们也感到十分荣幸。

评估民航航班延误安全风险的目的在于认识其形成和发展规律，在此基础上对航班延误安全风险进行更自觉、更有效的控制，这将有益于提高我国民航的持续安全水平，促进民航业持续健康发展，为广大旅客创造更便捷、更安全的航空旅行环境，具有重要安全效益和社会效益。我们希望本书面向航班延误安全风险这一民航安全生产中新的现实问题开展的探索研究，能够有助于我国民航提高管理航班延误安全风险的主动性，提高在世界民航安全管理领域的引领能力和话语权。我们愿意以本书出版作为新的开端，在民航内外各界人士的大力支持下，为深化航班延误安全风险研究继续尽绵薄之力。

作　者

2015 年 9 月 9 日

目　　录

第1章 概　　述

1.1　研　究　背　景

改革开放以来，我国民航一直在以高于世界民航业的平均水平一倍以上的速度持续快速发展。2013 年，我国民航业完成旅客运输量 3.5397 亿人次，比 2012 年增加 3461 万人次，增加 10.8%，如图 1.1 所示。运输周转量 671.72 亿吨公里，比 2012 年增加 61 亿吨公里，增加 10.1%，如图 1.2 所示。截至 2013 年年底，我国民航在册运输飞机达到 2145 架，比 2012 年增加 204 架[1]。预计到 2020 年之前，我国民航仍将以年均 10% 左右的速度继续增长。自 2005 年以来，我国民航一直稳居国际民航组织成员国第二大航空运输系统的地位，仅次于目前居第一位的美国，而且与美国的差距仍在迅速缩小。

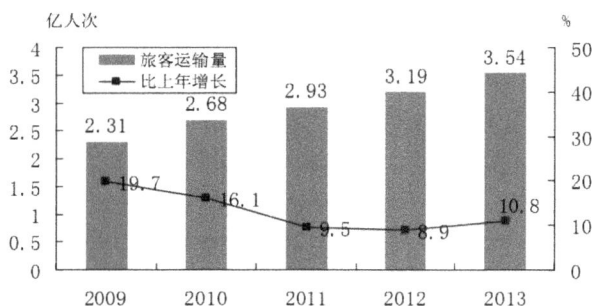

图 1.1　2009～2013 年中国民航旅客运输量

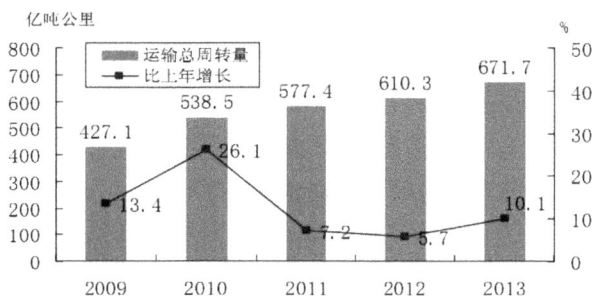

图 1.2　2009～2013 年中国民航运输总周转量

我国民航的持续快速发展为国家经济社会发展做出了巨大贡献。民航是国家经济社会发展中重要的战略性、先导性基础产业，是国家综合交通运输体系中应用现代科学技术最广泛、最具现代化特征的重要组成部分。民航的发展在国家交通运输体系乃至整个国民经济的产业结构升级中占有重要地位，对国家航空制造业和旅游业等经济部门的发展具有重要的促进作用。2012 年 7 月，国务院发布了《关于促进民航业发展的若干意见》（以下简称《意见》），这是指导我国民航今后一个时期发展的纲领性文件。《意见》把民航业的发展上升到国家战略层面，为我国民航的科学发展注入了强大动力。在新的历史起点上，中国民航业正在奋发努力，积极为国家经济社会发展做出更大的贡献。

我国民航持续快速发展为民航业自身的发展开拓了巨大的空间。据国际航空运输协会（International Air Transport Association，IATA）统计，2012年，全世界民航业共盈利折合人民币360多亿元，而仅中国民航一家就盈利达295亿元，其中航空公司盈利209亿元，约占世界民航业盈利总额的60%[2]。在世界民航业自2007年世界金融危机以来发展持续陷入低迷的大环境下，我国民航业一枝独秀。这显示了国家经济社会发展对民航业发展的巨大推动力量，显示了我国民航业朝气蓬勃的发展势头。

与此同时，我国民航持续快速发展对行业自身的发展形成了巨大压力，航班延误是这种压力的一个主要表现。在全国各地每天都在频繁发生的航班延误，已经使许多旅客怀疑民航快捷、舒适、方便的基本优势，这影响了民航在国家经济社会发展和综合交通运输体系现代化中发挥应有的作用。在一些繁忙机场上时有发生的严重航班延误引发的混乱局面已经直接影响到民航运行秩序，一些由航班延误引发的个别旅客过度维权等群体事件已经造成了恶劣的社会影响。

另一方面，我国民航持续快速发展也对行业的飞行安全形成了巨大的压力。经过几代民航人的不懈努力，我国民航的安全水平已经取得了令世人瞩目的提高。"十一五"期间，中国民航运输飞行2036万小时、976万架次，分别比"十五"期间增长95%和81%，运输飞行百万小时重大事故率0.05，比"十五"期间降低74%；百万架次重大事故率0.1，亿客公里死亡人数0.003，两项指标均高于民航发达国家水平[3]，"十二五"期间又有了新的提高。然而，行业生产规模的持续快速增长，旅客人群在规模上的持续快速增长和结构上的日益大众化，使我国民航的安全资源约束越来越紧张，持续安全的健康发展面临严峻挑战，安全水平和安全质量也面临严峻考验。

我国民航的航班延误问题已经受到社会公众的高度关注和中央领导的高度重视。在2008年年初的民航工作会议上，时任国务院副总理、分管民航工作的张德江同志明确指出"航班正点是最大的服务质量"，突出强调了航班正点率对提高民航服务质量的重要性。近年来，中国民航局一直把治理航班延误列为重点工作，整治力度越来越大。虽然目前我国民航的航班延误形势仍然不容乐观，但是现在的航班延误是在行业持续发展到更大规模上的延误，是在全行业连续几年不断治理基础上的延误。如果没有这种持续的治理，我国民航航班延误的形势无疑会比现状要严重得多。

从事物的本质上看，航班延误对我国民航业发展和飞行安全形成的压力是相互关联的。1957年，周恩来总理对中国民航做出批示"保证安全第一，改善服务工作，争取飞行正常"，深刻揭示了民航服务质量和飞行安全的统一性。2010年，中国民航局局长李家祥强调，航班正常工作是一项系统工程，民航各个运行单位之间要紧密团结协作，形成完整的安全链和无缝隙的服务链。他对航班延误的系统工程观点进一步揭示了航班正常和飞行安全的整体性联系。

本书从对航班正常和飞行安全之间整体性联系的基本认识出发，专题研究航班延误对民航安全风险的波及影响，研究工作围绕以下3点基本认识展开：

（1）航班延误是一种重要的安全隐患，它与安全风险之间存在着同源性、并发性和诱发性等多种方式的复杂关联，可以通过各种关联方式波及民航安全风险。这些安全风险如果得不到及时控制而积累到一定程度，就有可能酿成不同层次的不安全事件；在一些条件下，航班延误可以直接转化为不安全事件。

（2）关联性是系统的基本属性。航班延误和安全风险之间的复杂关联，使他们共存于民航安全生产系统。在民航安全生产过程中，应该更多地关注航班正常与民航安全的共存和统一，关注两者之间循环递进的双向联系。一方面，航班延误可能酿成各种不安全事件；另一方面，不安全事件也是造成航班延误的重要因素；由航班延误导致的不安全事件有可能反过来造成更大面积的航班延误。

（3）在建设民航强国的进程中，安全具有第一位的重要性。经过几十年的不懈努力，我国民航已经取得了世界一流的安全业绩。在今后的安全生产管理中，我国民航要持续引领世界民航安全的发展潮流，应该更加重视航班延误与安全风险的关联性。深刻认识航班延误的各种致因，采取各种有针对性的应对措施，取得旅客更多的理解和配合，持之以恒地治理航班延误，这是降低民航生产的安全风险，前移安全关口的有效途径。

以上 3 点基本认识是本书研究航班延误安全风险评估问题的出发点和落脚点。

1.2　国内外研究现状

航班延误和安全风险都是国内外民航业研究的热点问题，目前国内外民航业对航班延误和安全风险都有不少研究，在这两个方面都有不少研究成果。但是传统的做法都是对航班延误和安全风险分别进行研究，很少关注两者之间的整体性联系。迄今为止，尚未检索到将两者结合起来进行研究的文献和相关技术报道。

1.2.1　航班延误研究现状

在航班延误方面，学者们的研究主要集中在航班延误的成因及延误的传播效应上。

发达国家较早开展了民航航班延误问题的研究，一些研究成果已经成为航空公司与机场运营中的指导性依据，取得了很好的效果。Luo S.，Yu G. 和 Ruter S. M. 等认为，跑道容量不足是导致航班延误的首要原因，因此应当采取相应的应对措施，例如修建新跑道，增加跑道和滑行道容量，改善空中流量控制设施和流程，从而改进离港和降落顺序，提高机场容量和降低航班延误。这些方法需要大量的资金，会对环境造成很大影响，而且需要一段很长的时间才能实施完成[4,5]。Xu Ni.等通过建立贝叶斯网络模型，对美国 3 个枢纽机场间的航班延误数据进行处理，分析了航班延误的传播影响[6,7]。Lisa Schaefer L.和 Millner D.利用 DPAT 工具，对机场间的航班延误传播进行建模，研究了由于天气原因造成机场容量变化所带来的影响[8]。Wang P. T. R.等提出了一个分析模型，显示空域容量、流量需求和航线规划松紧度等因素之间的相互作用。该模型可以跟踪机场间的航路，包括航班经过的各个限制区和航路区的横断面，跟踪在航班延误过程中，机场和航路的容量变化，流量需求的变化，以及航线计划的松紧度等因素的影响[9]。他们提出的另一个分析模型可以分离影响航班延误及其传播的可控因素与随机变化因素[10]。Hansen M.研究了航班延误对机场容量的影响，提出了针对机场空域容量的航班延误预测仿真算法[11]。Jonathan B.和 Yu G.研究了航班延误恢复的调度算法[12]。Roger B.，Lee B.和 James R.研究了航班延误传播的预评估方法，提出了一种延迟乘数的概念，研究了航班延误传播对航空公司的影响[13]。Kondo A.分析了点对点式航线网络与枢纽式航线网络对航班延误的不同传播效应[14]。Milan J.对航班延误进行了系统分析，将导致航班延误的因素分为内部因素与外部因素。其中，内部因素主要指航班的需求与航空运输系统容量的不平衡，可以通过优化现有机场跑道和限制区的容量来改善需求与容量的平衡状况[15]。Bratu S.等从经济学角度介绍了一种航班优化模型。在不正常航班发生时，在考虑多方面因素的情况下如何使总运营成本和乘客总延误成本最小化，目标是在各种成本之间找到一个平衡点[16]。L. Delgado 和 Prats X.提出，在空中交通流量管理过程中，适当降低飞机在航路上的飞行速度可以缓解地面航班延误。由于巡航高度和巡航速度的变化都会对航班延误及飞机的燃油成本产生影响，这对于我国民航具有重要的指导意义和经济价值[17]。Rodrigo B., Martin D.和 Augusto V.分析了航班延误对旅客需求和票价的影响，计算了航班延误对轮挡时间和理想飞行时间的影响，认为航班延误会减少旅客需求，损害消费者和航空公司的利益；航空公司利益受损的程度是消费者的 3 倍，因此航空公司需在弥补延误损失方面投入更多的精力[18]。Baumgarten P., Malina R., Lange A.采用经验法分析了美国国内航空公司航线网络中，枢纽机场发生航班延误的影响，认为航空公司在制定航班计划时，需要设置缓冲时间，以缓解航班延误造成的影响，否则将会增加航空公司航线网络运行的难度[19]。

我国在航班延误的预警及处理等方面也进行了深入研究，取得了一些喜人成绩。这些研究成果结合了中国民航业的特殊性，因此相比国外的研究成果更具有说服力，在帮助我国民航减少航班延误、提高航班正常率方面具有更多的指导价值。

许巧莺等将铁路运输的理论成果应用于航班延误传播，研究航班延误的延滞影响，分析航班延误的扩散范围，提出了一套应对航班延误的策略[20]。石丽娜以预警管理理论为基础，在调查多家航空公司航班延误情况的基础上，建立了航空公司航班延误预警评价指标，运用多级模糊综合评判方法构建评价模型，给出了航班延误预警管理的方法[21]。徐肖豪和李雄研究了航班地面等待过程中的延误成本问题，建立了单元受限地面等待问题的数学模型，分析了航班延误成本的构成，给出了航班延误显性成本的计算方法，并将其应用于数学模型中目标函数的计算[22]。刘光才、刘雷研究了美国民航减少航班延误的方法，包括容量提升和需求管理方法，提出了我国要从根本上降低航班延误率的建议，包括加强基础设施建设、提升空域容量和优化资源配置等[23]。刘玉洁认为，航班延误多发生在繁忙的枢纽机场，枢纽机场是航班链中的关键环节，以枢纽机场为研究对象对航班延误的传播效果进行了预测，建议将航班延误情况及时向航空公司和乘客发出预警，以采取针对性的措施[24]。陈坦坦将高级 Petri 网模型应用到航班延误链式反应及传播效果分析，推导出平均飞机延误传播时间和飞机延误传播时间的计算公式，为建立航班延误预警与传播分析系统提供了理论工具[25]。姚韵、朱金福采用可拓关联函数对不正常航班进行预警，同时选取滞留的旅客人数、航班平均延误的时间、运力的调配富余度等指标构建指标体系，通过对模型的实例仿真，为不正常航班的服务环境状况提供预警信息[26]。吕宗平、胡欣、丁建立从航班延误造成的后果入手，提出滞留旅客数量、平均延误时间、延误航班数等指标，建立多层次的航班延误指标体系与预警量级，采用模糊综合评判法对航班延误进行预警分析[27]。张亮在分析航班运行过程的基础上，建立了航班延误统计指标体系，进行了延误等级评估研究[28]。全冠生将生物免疫系统机制与机场航班运行机制联系起来，提出了基于免疫否定选择算法的枢纽机场航班延误检测与预警方法[29]。舒莉对航空公司航班延误服务补救策略进行了研究[30]。徐涛等提出了一种基于贝叶斯网络的航班延误预测与传播分析模型，通过设定各因素的属性信息，可以对航班是否发生延误及其延误级别进行概率预测[31]。郑晓洋提出了延误传播指数和航班延误成本指标，建立了一个航班延误传播严重时的航班取消策略遍历模型[32]。董钰就大规模航班延误恢复调度模型进行了研究，其中延误成本的构成包括了取消成本、旅客时间损失、航空公司运营成本等[33]。刘小飞建立了基于数据挖掘的航班延误预测模型，提出了一个融合先验知识的支持向量机回归方法[34]。计金玲提出了基于生物免疫应答机制的航班延误恢复调度模型，对离港延误航班进行了仿真实验，验证了模型的有效性[35]。赵秀丽等从航空公司的角度出发，建立以航班延误时间较短和航班延误成本较小为目标函数的航班恢复模型，提出旅客失望溢出成本和失望溢出率的概念，根据实际情况选择不同的目标函数，借助匈牙利算法和启发式算法求出目标函数的解，该模型指出了发生航班延误时，应如何调整航班计划表，使航班尽快恢复正常[36]。刘雄分析了航班延误对枢纽机场造成的影响，提出枢纽机场航班延误预警管理的原理、方法和流程等，主要采用灰色综合评价模型对枢纽机场的航班延误进行预警评估，利用实例仿真验证了模型的可靠性[37]。丁建立、李华峰提出利用危险模式和灰色预测相结合的方法预测航班延误，以实例验证了方法的可行性，所建模型具有良好的预测能力[38]。

综上所述，国内外对于航班延误的研究较多关注延误致因分析、减少延误导致的不良影响、航班延误的恢复算法、航班延误时旅客满意度以及航班延误发生后的事后管理等，未见以航班延误为切入点对安全风险进行的系统研究。这反映出目前国内外民航业对航班延误诱发安全风险的规律性还缺乏系统认识，理论研究滞后于民航安全管理实践的客观需要。

1.2.2 民航安全管理研究现状

如何提高民航安全管理水平，保障公众安全出行，世界民航业一直对此进行着不懈探索。这方面的研究成果集中体现在世界各国对民航安全管理体系（Safety Management System，SMS）的理论探索和建设实践上。

2003 年，国际民航组织（International Civil Aviation Organization，ICAO）在公约附件14 中明确提出有关安全管理体系的概念及建设 SMS 的要求。2006 年，国际民航组织修订公约附件 6、11 和 14，要求成员国在机场、空中交通管制（以下简称"空管"）和飞行运行等单位建立安全管理体系，明确规定航空安全管理的方法。2008 年，国际民航组织修订附件 1、6、8、11、13 和 14，对成员国建设民航安全管理体系提出更具体的要求，并要求推进内容更全面的国家航空安全纲要（State Safety Program，SSP），要求成员国在政府层面制定和实施保证国家总体航空安全的规章和行动方案。为了推动安全管理体系的建设，国际民航组织发布并修订了《安全管理手册》（Doc 9859），针对航空公司、机场、空管等相关单位说明了建设安全管理体系的重要性及方法。《安全管理手册》倡导以风险管理控制为中心、以实现系统安全为目标的管理理念[39, 40]。

国际民航组织将安全管理体系定义为"一个管理安全的方法，其中包括必要的组织结构、责任、政策和程序"。构建安全管理体系的目标是提高对安全主客观情况的认识，促进安全基础设施标准化建设，提高民航风险分析和评估能力，维护并增加安全的有效性，加强事故防范以及补救行动，在内部持续进行事故征候监控等。安全管理体系基于四大支柱建立，即安全政策、安全风险管理、安全保证和安全促进。这四大支柱保证了安全管理体系的有效性和稳定性[40]。

1. 安全政策

以质量管理体系为原则，规定相应的程序和政策、制度，说明期望、责任和权利等内容，为安全生产提供政策保障。

2. 安全风险管理

通过风险评估和改善措施将风险控制在可承受的水平以下，在降低风险、保障安全的情况下实现安全管理的目标。

3. 安全保证

在实施对安全的监控、评估、分析和控制的活动过程中，对风险进行定期的复查和反馈，确保安全生产。安全保证与安全风险管理之间要协调配合工作，保证安全管理体系在应用过程中发挥有效的作用。

4. 安全促进

安全管理体系的最终目标是促进安全生产。安全促进作为安全管理体系的最后一个支柱，需要将促进安全生产作为企业的核心价值观，在安全生产过程中不断总结完善政策、程序，确保企业安全有序的生产。

从世界范围看，安全管理体系的概念在国际民航业一直未形成统一的理论和实践模式，国家航空安全纲要也还在推进过程中。率先提出安全管理体系的加拿大等国和国际民航组织提出的民航安全管理体系概念偏窄，基本上局限于列明有关规章标准，规定企业自查或报告的要求等。在作为民航安全管理重要内容的风险控制方面，对民航风险评估方法的实用性研究尚处于探索阶段。美国联邦航空局（Federal Aviation Administration，FAA）对民航安全实行符合性管理，审查航空单位运行与国际组织、国家和行业制定的各种规章和标准的符合情况，同时采用单一指数法反映行业安全状况[41]，采用 ATOS 系统收集民航安全信息[42]，在此基础上进行风险评估。国外众多与航空安全相关的组织和学者近年来在民航安全、事故分析、安全法规体系、安全管理体系、风险控制、安全监察、安全文化等方面做了许多专题研究，推动了民航安全管理的改革和创新。美国的 Stolzer A. J.，Halford C. D.和 Goglia J. J. 三位学者 2010 年出版了 *Safety Management System in Aviation* 一书，全面深入地阐述了安全管理体系，作者运用高质量管理方法和工具介绍安全管理体系，认为高质量的管理原则是建立高效安全管理体系的基础，在此基础上对安全管理体系作了详细的讨论[43]。

在机场安全管理方面，Hale 针对荷兰史基浦机场，对机场组织间的安全管理作了详尽阐述，提出了事故发生后的安全管理技术[44]。Edkins G.D.将航空安全文化、员工对航空安全隐患的感知、员工报告安全隐患的意愿、对已发现安全隐患的执行力等指标运用在航空安全管理标准评估中[45]。Smart K.通过英国航空事故调查部门的事故数据,发现机场安全保障问题是一些空难发生的重要致因[46]。Wong D.K.Y.等对机场等单位存在的安全风险因素进行了识别和分类[47]。

国内学者在这一领域也做了大量的理论探讨和管理实践。2007年,时任中国民航总局副局长的王昌顺在其博士学位论文《中国民航安全管理研究》中,运用多种分析方法对我国民航的安全管理进行了深入研究,文中使用的经济学周期波动理论、安全经济学理论等方法颇具创新性[48]。李洋在其学位论文《我国民航安全管理系统研究》中,对比研究了国内外民航安全管理系统建设实践,以独特的视角综合研究了我国民航安全管理整体情况,将公共管理与安全风险作为一个整体进行研究,对我国民航安全管理体系建设中反映出的问题做了归纳,提出若干符合我国民航安全管理系统建设特点的意见[49]。本书作者2013年出版专著《民航安全系统工程》,以系统工程理论为指导,从人的系统、设备系统、环境系统、管理系统、信息系统以及应急救援系统等基本子系统入手,研究各子系统的功能结构及相互影响;从安全调查、安全分析、风险评估、监管审计和管理决策等基本环节入手,研究了民航安全生产管理的基本流程[50]。吴民胜对现代化大型国际机场安全防范系统的设计进行了构思[51]。高凯对民航机场灾害预警管理方法进行了研究,包括民航机场灾害预警系统的原理、指标体系的建立以及系统的开发过程等[52]。中国民航大学王永刚在人的因素和组织因素对民航安全的影响方面做了深入研究。武汉大学罗帆、佘廉等在航空交通灾害预警管理方面做了开创性的研究工作。西南交通大学的马国忠等利用多层次模糊评估方法研究民航系统安全,计算民航系统的综合安全度。南京航空航天大学胡明华研究了民航空管安全管理体系建设问题,提出我国民航应按照ICAO要求,建设具有适切性、系统性和整体性特征的空管安全管理体系。南京航空航天大学左洪福、王华伟等在航空公司及机务维修领域安全评估方面开展了大量研究。中国民航科学技术研究院在利用飞行数据进行飞行品质监控技术研究方面做了大量研究,先后开展了中国民航人为因素、民航安全经济学应用、中国民航安全管理基础体系、中国民航安全纲要、民航安全风险监测方法、航空安全信息国际共享等多项重要研究工作。

1.2.3 民航安全风险研究现状

安全风险,特别是安全风险的因果关系,一直是安全工程领域研究的热点问题。在民航安全领域,国外很多学者在安全风险的因果关系分析建模方面开展了研究。Fedja N.和 Milan J.综述了当前民航安全评价中主要的因果模型,介绍了故障树分析(Fault Tree Analysis,FTA)、事件树分析(Event Tree Analysis,ETA)、同源性失效分析和人工智能方法的适用范围和应用现状[53]。荷兰交通运输部推行了预防事故、提高安全水平的计划,其研究的重点就是安全风险因果模型,相关研究成果见参考文献[54]、[55]。FAA也专门开展了民航安全风险因果模型方面的研究与应用推广,参考文献[56]分析了技术风险对民航安全的影响,提出了针对性的安全管理对策与建议。参考文献[57]利用采集到的民航事故数据,采用ETA方法进行了民航安全风险源分析。Spouge J.采用ETA和FTA相结合的方法,研究了地面事故的风险控制策略和方法[58]。Luxhoj J.和 Coit D.利用事故报告系统的数据,采用贝叶斯网络方法,分析了导致事故的原因[59]。Roelen A.L.C.,Wever R.和 Cooke R.M.等分析了当前使用贝叶斯网络方法进行的安全风险事故因果研究中,面临的主要问题是数据需求量大，数据获取的难度大[60]。当前在安全风险因果模型的研究中，一些学者将多种安全因果模型结合起来运用，以避免单一模型的不足。

在国内，张元提出指数型权重的概念，利用风险发生概率影响因素的变化对风险的历史发生概率进行修正，从而得出在当前情况下风险的发生概率，建立了民航安全风险定量评价模型[61]。孙殿阁、孙佳等将 Bow-tie 风险管理工具运用到机场安全风险分析中，通过识别和评估风险、分析风险因素、设置风险屏障、采取风险控制等环节，建立了以跑道侵入为中心事件的 Bow-tie 模型[62]。朱强等针对机场安全评估中存在的模糊不确定性问题，结合证据理论建立了机场安全评估体系[63]。

综上，国内外学者在单独研究民航安全风险时，能够将多种评估模型综合起来运用，以避免单一模型的不足，但未见融合航班延误研究安全风险评估技术的先例，研究成果落后于当前日益增长的民航安全需求。纵观国内外相关研究，在以下 3 个方面尚待深入：一是对导致航班延误与安全风险并发的影响因素进行定性分析及定量建模，量化关键性和敏感性因素对民航安全运行的影响；二是分析航班延误导致的波及性安全风险，量化安全水平，通过系统性安全风险分析，为及时发现安全隐患提供依据；三是分析航班延误与安全风险两个系统之间的关联作用机制，在灵敏度分析和关键因素研究的基础上，研究两个子系统协同优化的技术途径。

1.3　研 究 重 点

鉴于航班延误与安全风险之间的关联性，本书适应民航业全面协调可持续发展的迫切需要，将两者集成到民航安全生产的统一框架下进行系统的研究。研究的基本脉络是：首先，分析导致航班延误和安全风险的共同因素，探讨航班延误并发和诱发安全风险的内在关联机理；其次，考虑航班延误的复杂影响因素和与之关联的民航安全风险，从理论和实证两方面入手，研究评估航班延误安全风险的有效方法和关键技术，建立航班延误安全风险的评估模型，实证评估航班延误的安全风险强度，这是本书研究的重点内容；最后，在系统评估航班延误安全风险的基础上，将相关研究成果应用于民航安全管理实践，提出控制航班延误安全风险的对策和建议。

本书研究工作围绕以下 3 个重点环节展开。

1.3.1　理论研究

从资源约束、运行管理和外部环境等方面系统研究了航班延误与民航安全风险之间的 3 种基本关联，即同源性关联、并发性关联和诱发性关联。从汇聚和传导角度研究了航班延误条件下不同风险之间的相互作用，提出了对各种风险的复合效果进行联合量化推断的基本方法。

探讨了航班延误从不同途径波及民航安全风险的作用机制，分析了航班延误条件下民航生产活动中存在的两种基本风险，即系统性风险和随机性风险。在分析各种备选方法利弊的基础上，以贝叶斯网络方法为核心构建评估模型，分别采用条件概率和隐马尔可夫过程描述航班延误的系统性风险和随机性风险，提出了对航班延误安全风险的量化评估方法。

1.3.2 实证研究

与民航生产单位密切互动,设计了研究航班延误与民航安全风险之间关联性,航班延误波及民航安全风险的调查量表,运用该调查表调研了上海、南京、哈尔滨等地民航生产一线员工和管理者对航班延误安全风险的评价意见。通过对调研数据的统计分析,证实了航班延误与民航安全风险的复杂关联,以及航班延误对安全风险的复杂影响。

运用调研数据验证了航班延误与民航安全风险之间关联性,从不同角度验证了航班延误安全风险的理论模型,证实了所建模型的评估效果。

1.3.3 应用研究

研究航班延误与民航安全风险之间的关联性,航班延误对民航安全风险的复杂影响,为我国民航统筹减少航班延误,降低安全风险,制定两者兼顾的协同优化方案奠定了理论基础,为改进民航安全生产管理提供了决策支持。

本书运用系统工程思想,多角度、多维度地研究航班延误对民航安全风险的多因素、多方式影响,基本研究思路可在民航安全管理实践中继续拓展。从 8 个方面提出的改进航班正常性和安全水平的政策建议,有利于我国民航针对薄弱环节采取应对措施,提高民航安全生产管理的效率和系统化水平。

本书研究工作致力于在以下 4 个方面实现创新。

1. 研究思路创新

突破传统思维定式的局限性,在航班延误和民航安全风险之间建立起有机的关联,综合考虑通常单独处理的航班运行系统和安全管理系统,将两者置于民航安全生产系统这一更高层次的系统和更开阔的视野中进行研究,形成了新的研究维度和整体性研究思路。

2. 评估模型创新

在两个方面创建了航班延误安全风险的评估模型。一是在分析航班延误与安全风险之间 3 种基本关联的基础上,研究各种风险的汇聚和传导机制,建立了推断风险复合效果的评估模型;二是在分析航班延误安全风险形成机理的基础上,以贝叶斯网络方法为核心,分别用条件概率和隐马尔可夫过程描述系统性风险和随机性风险,创建了航班延误安全风险的量化评估模型。

此外,结合评估航班延误安全风险的实际需要,对模糊评价法、层次分析法、人工神经网络法以及灰色综合评价法等比较经典的评价方法进行了广泛探索。

3. 指标体系创新

在文献研究、现场调研和互动交流的基础上,创建了 2 个指标体系,一是航班延误与民航安全风险同源性关联指标,包括 5 类 27 项;二是航班延误波及安全风险测度指标,共 4 类 22 项。这两个指标体系的创建,明确了调研活动的内容,降低了数据收集工作的难度，为开展相关理论研究奠定了扎实基础。

4. 政策措施创新

新的研究思路、研究方法和评估指标保证了政策措施的创新性。本书在理论和实证研究的基础上，提出了在航班延误条件下降低安全风险的系列建议。所提政策措施建议均出自航班延误波及民航安全风险的新视角，既从保证安全的角度考虑了航班延误的复杂致因，也从航班延误出发考虑了其对民航安全的复杂影响。初步应用表明，这些政策措施对民航完善安全管理体系、提高航班延误条件下的安全管理水平，具有积极的促进作用。

第 2 章　航班延误现状及其风险源性质

认识目前我国航班延误的基本情况,认识航班延误问题的普遍性、顽固性和严重性,认识航班延误对民航安全生产的风险源性质,是评估航班延误安全风险的认识基础。

2.1　我国民航航班延误现状

我国民航的航班延误有多严重?回答这个问题,既要重视行业管理的统计数据,航空公司的公布信息,也要重视广大旅客的心理感受。

2.1.1　航班延误总体形势不容乐观

航班延误的直接后果是航班正常率下降,这在我国民航已经成为一个相当严重的问题。我国民航的航班正常率虽然随年份有所波动,但总体水平低于民航发达国家。例如,据中国民航局发布的 2010 年民航行业发展统计公报,2010 年我国主要航空公司计划航班 188.8 万班次,其中,不正常航班 45.7 万班次,航班正常率为 75.8%,比 2009 年下降了 5%以上;在导致主要航空公司航班不正常的原因中,按比例大小排名,依次为航空公司自身原因、流量控制原因和天气原因,所占比重分别为 41.1%、27.6%、19.5%,其他原因导致的航班不正常占 11.8%[64]。2012 年以来,虽然全行业治理航班延误的力度持续增大,但总体情况未见根本好转。继 2011 年有所好转之后,2012 年全行业航班正常率降至 75.69%,仍在低位徘徊。2013 年全国航空公司共执行航班 278.0 万班次,其中正常航班 201.1 万班次,不正常航班 76.9 万班次,平均航班正常率为 72.34%,比起前两年又有所下降 [65]。

2005～2011 年我国民航航班正常率波动情况如图 2.1 所示,图中数据由中国民航局发布的民航行业发展统计公报整理得到。

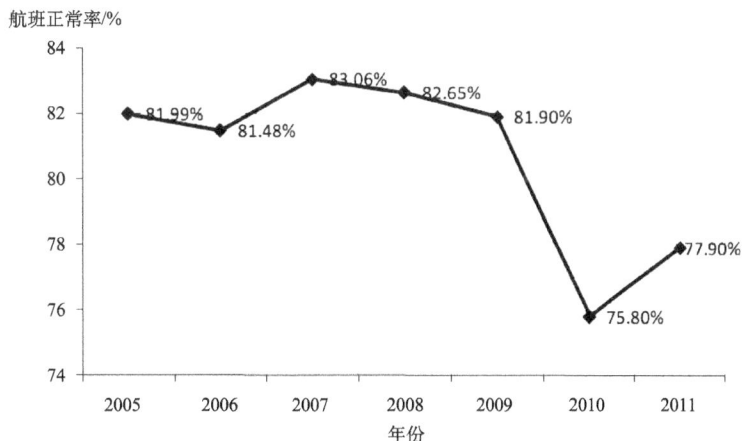

图 2.1　2005～2011 年中国民航航班正常率

为了更详细地观察，图 2.2 列示了 2012 年我国民航航班正常率同上年同期的逐月对比情况，图中数据由中国民航局提供的航班正常率数据整理得到。由图 2.2 可见，除了 1 月份外，其他 11 个月的航班正常率均低于上年同期。这进一步说明，虽然我国民航在治理航班延误上花了很大的力气，但从全行业的广度看，航班延误的态势仍不容乐观。

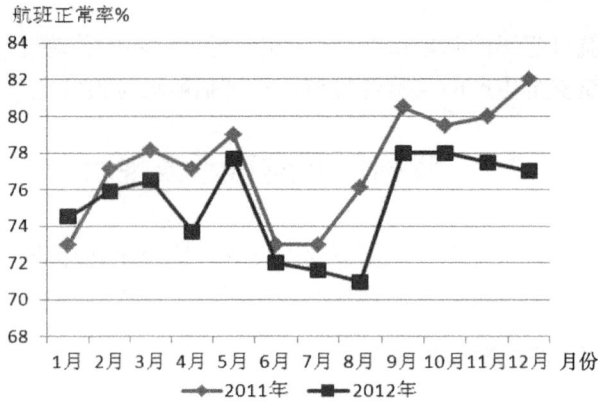

图 2.2　2011 和 2012 年我国民航航班正常率月度对比

2.1.2　航班延误在繁忙航线和机场尤为严重

航班延误与航线和机场上的航班密度直接相关。机场和航线越繁忙，航班密度越大，航班正常率就越低。在京沪、京广这两条我国民航最繁忙的航线上，航班正常率明显低于行业总体水平，两条航线 2012 年前 9 个月的航班正常率如图 2.3 所示，图中数据由中国民航局提供的航班正常率数据整理得到。

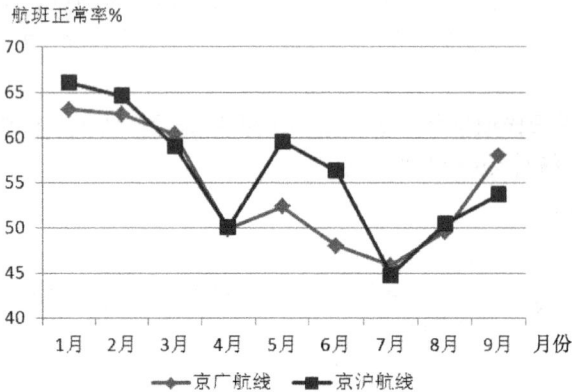

图 2.3　2012 年京广、京沪航线航班正常率

2.1.3　繁忙航线和机场的航班延误具有全局性影响

同大量中小机场和支线航线相比，繁忙机场和航线在全行业的地位更加重要，出现在这些机场和航线上的航班延误也因此而具有更大的全局性影响。目前北京首都、上海虹桥、上海浦东、广州白云、深圳宝安、成都双流、西安咸阳、昆明长水八大繁忙机场

的航班起降量约占全国一半左右，在这些机场发生的航班延误对全国民航的影响当然更加举足轻重。对照京沪、京广航线与全行业航班延误情况可以看出，京沪、京广航线上航班延误的情况更加严重，波动性更大，说明在繁忙机场和航线上保持航班正常更加重要，同时也更加困难。

2.1.4　天气和流量是航班延误的主要致因

恶劣天气和流量管制是造成目前我国民航航班延误的两个最主要的原因。

恶劣天气是航班延误最主要的自然原因。春季的风沙，夏季的雷暴，秋季的浓雾，冬季的冰雪，都会对航班正常造成不利影响。由于这些季节性天气变化，航班延误状况呈现明显的季节性。近年来，与雾霾密切关联的航班延误大有增加之势。

与天气原因对应，飞行流量控制是航班延误最主要的非自然原因。受到空管体制和空域资源的长期制约，流量控制在许多航线和机场已成为航班延误的主要致因。之所以需要频繁进行飞行流量控制，主要有两方面的原因，一是航路资源不足，二是繁忙机场的空域资源不足，目前全国有 20 多个机场的航线航班安排受到空域容量的限制。

在京沪、京广这两条繁忙航线上，2012 年航班延误致因及其季节性变化如图 2.4、图 2.5 所示，图中数据由中国民航局提供的航班正常数据整理得到。

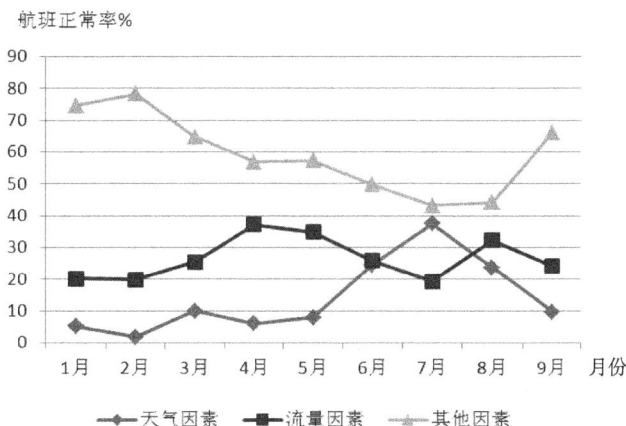

图 2.4　2012 年京沪航线航班延误主要致因

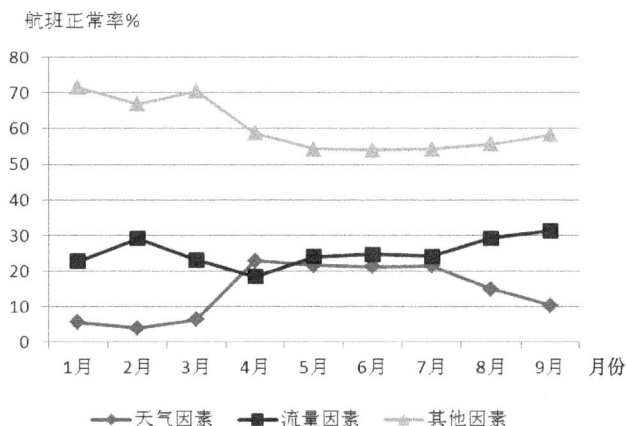

图 2.5　2012 年京广航线航班延误主要致因

2.1.5 对航班延误致因的研究有待深入

观察图2.4、图2.5显见，在京沪、京广这两条我国最繁忙的航线上，大部分月份航班延误的致因属于其他因素。这说明目前我国民航对航班延误致因的统计分析还比较粗，不足以准确把握航班延误致因的基本规律。

2.2 航班延误的普遍性

民航运输是一项系统性运输活动，每一个机场或每一个航段上发生的每一次航班延误都会使后续的航班受到直接影响。且不说种种复杂的客观环境因素，仅从决定民航运输正常性的基本生产要素看，航班延误就必然是一种普遍现象。

飞机是民航运输最基本的生产工具。为了保证正常的经济效益，现代民航客机需要达到10小时左右的日利用率。这10小时左右的生产运行状态由长短不同的若干航段按照严格的时间顺序组成，前面航段的运行情况决定后续航段的正常性，稍有干扰就会导致后续航班发生延误。经常看到旅客在候机楼焦急等待而执行上一航段任务的飞机迟迟不能到达本场，发生的就是这类航班延误。

机场是民航运输最主要的基础设施。机场是航线网络的节点，为来自四面八方的航班提供保障服务。就像条条江河归大海一样，在民航运输中是条条航线通机场，来自任何一个方向上的航班出现延误都会直接影响机场为来自其他方向的航班提供服务，从而可能导致更多的航班发生延误。在已发生航班延误的情况下，航空公司和机场以及空管、油料、信息等众多服务保障单位必须齐心合力密切配合，才能有效减缓航班延误的压力。

多年来，我国民航在机场体系建设上的一个突出的倾向是提倡枢纽机场建设。枢纽机场和辐射式航线网络是相辅相成的。当初美国的航空公司率先提出枢纽机场概念，是为了在放松管理条件下提高航空公司的盈利能力，其运行的基本机理是中转航班波的形成，对机场的中转资源和运行效率有很高的要求。这就不可避免地出现了一个两难选择：一方面，航班越向大型枢纽机场集中，那里航班延误的压力就越大；另一方面，越要提高航班正常率，就越要减少枢纽机场的航班集中度。可见，在目前我国许多机场运行资源十分紧张的现实条件下，不宜过分强调枢纽机场和辐射式航线网络。

航路是民航运输另一项主要的基础设施。由于我国空中交通管理的体制性原因，在以京沪、京广为代表的繁忙航路上，在许多机场的进近区，航路资源是长期以来最紧缺的民航运输资源，它对航班延误的大面积影响往往比机场还要严重。旅客按时登机，机门按时关闭，但停留在机坪迟迟不能滑出或者终于滑出而又不得不在滑行道上长时间停留，机上广播一次次告诉旅客由于流量管制原因在等待空管放行，这已成为旅客抱怨最多的一种航班延误形式。2013年7月，民航局提出在八大繁忙机场始发的航班不限起飞的举措，即除了天气和军方活动以外，八大繁忙机场的航班不再受对方机场管制影响而推迟起飞。虽然这一举措有效缓解了航班在关舱门后还在机场长时间等待的航班延误现象，但航路资源紧张的压力依然有增无减。

航班延误是航空运输生产中必然会发生的一种现象，是世界各国民航业普遍存在的顽症。世界各国航空公司的航班延误率有高低之分，但没有哪一家航空公司不存在航班延误现象的。实际上，从全球的视野来看，航班延误每时每刻都在世界各地频繁发生，而各国民航每时每刻也都在千方百计地治理航班延误顽症[66]。

在世界第一航空大国，美国的航班延误已经引起了政府的重视。据美国运输部统计，美国 2011 年航班延误中约 30%是由航空公司原因造成的，约 40%是因调度问题导致飞机未能按时到位，约 25%是由空中交通管制原因造成的，其余最主要的延误原因是天气。

在德国，航班延误使许多旅客心生烦恼。在这个拥有著名的汉莎航空公司的民航大国，虽然国际航班和国内航班都会出现延误，但与国际航班相比，国内航班更是航班延误的重灾区。

在英国，除了通常的原因之外，航班延误经常由一些莫名其妙的意外原因引起。在这些意外原因中，旅客醉酒误机的有之，旅客宠物侵入跑道的有之，以致英国人形容航班延误就像夏天的阵雨一样，时不时就来一次。

即使在哈萨克斯坦这样的民航并不十分发达的国家，航班延误也是一个受到公众关注的问题。那里的航班有 1/3 会出现延误，延误原因分布比较均衡，天气因素约占 17%，飞机技术因素约占 16%，旅客及行李问题约占 15%，航空管制原因约占 12%。

雷暴、雨雪、雾霾等恶劣天气是影响各国民航航班正常率的重要因素，也是民航难以抗拒的自然因素。英国的航班延误主要发生在雨雪天持续的冬季，印度的航班延误多发生在每年 12 月至次年 1 月的夜间大雾季节。火山爆发造成的航班延误有些像天气影响，甚至比后者还要严重。冰岛火山爆发曾一再造成大量航班延误或取消，大批疲惫不堪的滞留旅客在痛苦中忍耐，伦敦希思罗机场等大机场的候机楼里一片混乱。

2.3 航班延误的顽固性

航班延误是我国民航一个久治不愈的顽疾。

中国民航对运输生产中的航班延误现象并不陌生。在 60 多年的发展历程中，航班延误如影随形地一直伴随着我国民航运输生产的发展和民航事业的成长。在这个过程中，我国民航动员了一切可能的人力、物力、财力资源来力保航班正常，把航班正点作为提高服务质量的一项基本内容。依靠坚持不懈的顽强努力，我国民航在实现持续快速增长的同时长期保持了较高的航班正点率，民航服务水平一直得到社会公众的认可，民航式服务至今仍受到其他交通运输部门和其他服务行业的广泛效仿。

我国民航的航班延误问题引起社会公众的高度关注是比较晚的事。进入本世纪以来，随着我国民航运输业务量持续高速增长，航班延误的形势变得严峻起来，成为旅客投诉的主要内容之一。航班延误率过高，航班延误时间占航班飞行时间的比例过大，侵蚀了民航快捷、方便的传统优势，减弱了民航对其他交通运输方式的竞争力。个别航班延误时间过长，超过了旅客的忍耐限度，由航班长时间延误引发的旅客拒绝登机、强占停机坪等严重影响民航安全的过度维权行为屡有发生。"航班正点是最大的服务质量"[①]，既体现了中央领导同志对民航服务质量的高度重视，也反映了航班延误问题久治不愈的恶

---

① 引自张德江同志在 2008 年民航工作会议上的讲话。

劣影响。长期以来，"保证安全第一，改善服务工作，争取飞行正常"①是我国民航长期坚持的工作总方针。在一般情况下，民航生产的安全性是第一位的，安全是最大的服务质量。现在如此强调航班正点，说明在当前我国民航安全形势比较平稳的情况下，原来未引起足够重视的航班延误问题已经凸显出来，成为影响民航健康发展和服务质量的新的主要矛盾。

对于航班延误这一老问题的新凸显，我国民航从其初露端倪起就引起了高度重视。2002 年，我国民航实施了新的一轮大规模改革，航空运输生产力得到空前发展，航班正常率却出现了明显下降。针对这种势头，2003 年民航局在 7 个管理局所在地开展了两次"始发航班正常百日竞赛"活动，大力治理航班延误，促使全行业当年航班正常率比上年提高 4%。2004 年，中国民用航空总局公布了《航班延误经济补偿指导意见》。根据这份行业管理文件，旅客乘坐飞机出行时，如果因航空公司自身原因造成长时间延误，可以得到航空公司相应的经济补偿。经过几年的实践，2010 年中国航空运输协会向航空公司下发《航空运输服务质量不正常航班承运人服务和补偿规范（试行）》，进一步规范了航班延误情况下的旅客补偿措施。

最近十多年来，我国民航已经在治理航班延误上下了很大功夫。在这方面，既有民航局的三令五申，宏观调控；有航空公司的精心组织，苦练内功；有机场和空管、航油等部门的协调配合，全力保障；也有广大旅客的宽容理解，热心帮助。航班延误问题久经治理而继续顽固存在，说明这是一个不容易解决的复杂问题。

我国民航航班延误的矛盾地位上升，其原因既有行业发展的资源约束，也有旅客对民航提高服务质量的殷切要求。总体来看，民航航班延误日益受到社会公众关注源于 4 种主要力量的共同作用：一是民航多年来的持续快速发展使资源约束的刚性越来越大；二是民航旅客群的规模增大和结构复杂化使社会公众对民航航班正点的要求越来越高；三是民航安全水平跃居世界先进行列使航班正常的重要性相对提高；四是国家高速铁路和高速公路网的建设和发展提高了它们对民航运输的替代性，要求民航必须提高航班正常性才能保持其在交通运输体系中的竞争地位。

2.4 航班延误的严重性

航班延误是广大旅客对我国民航最不满意之处。据中国消费者协会统计，2010 年，航空服务投诉量为 776 件，其中 342 件为航班延误问题投诉，占比高达 44%。另据粗略估算，2012 年全国航空公司因航班延误造成的经济损失，包括旅客时间成本和航空公司运营成本在内，高达 439 亿[67]。

航班延误的最明显的直接后果表现在经济方面，对于航空公司是运营成本上升，对于行业是本来就十分紧缺的航空运输资源出现巨大浪费，对于旅客是行程被打乱，可能造成巨大而无可挽回的经济损失。更重要的是，近几年来我国民航出现的一些严重的航班延误事件表明，航班延误有可能形成安全风险，给民航生产安全和旅客生命财产安全留下巨大隐患，甚至直接酿成严重的突发性、群体性不安全事件。

---

① 引自周恩来同志 1957 年对民航工作的批示。

【例1】2012年6月21日，上海虹桥机场。由于北京、广州、深圳机场遭遇雷暴天气，流量控制严重，多架原计划从上海飞往京、穗、深的航班将起飞时间一推再推，长时间的等待让一些旅客情绪激动，因讨不到说法而向登机口柜台发起"进攻"。在混乱中，大量旅客聚集在登机口，饼干、面包等食物散了一地，隔离护栏被推倒，很多人怒目圆睁，还有人高举双拳，向工作人员大声抗议。此间，航空公司和机场进行了多次解释和劝阻，幸未发生扰乱机场秩序的治安案件[68]。

【例2】2012年8月5日，开航仅月余的昆明长水机场。西部航空公司的航班原计划先由昆明飞西双版纳，随后飞机返回昆明再飞往重庆。但是昆明的一场雷雨导致飞往西双版纳的飞机延误，重庆的乘客因此也无法准时登机。飞往重庆与西双版纳的部分旅客先是争抢飞机，声称"飞机来了我们先走，不然你们也坐不成"，他们堵塞了几个登机口，其中30多人甚至冲上停机坪，围堵跑道长达两个多小时，迫使机场航班取消6个，延误4个，并引发了一系列连锁反应，执行航班任务的那架飞机也被迫空着飞回重庆[69]。

【例3】2013年1月4日，还是在昆明长水机场，迎来了又一次更大的严峻考验，航班延误导致近万人滞留，并再次引发激烈冲突。当天，笼罩机场的大雾刚刚散尽就迎来了创纪录的单日906次航班起降。规模空前的人流引导，对旅客焦躁情绪的安抚，各航空公司与机场的衔接，使机场应接不暇，热水紧张，餐食紧张，摆渡车和廊桥紧张，旅客改签、退票、找行李、拿赔偿环环紧张，整个机场一片紧张。从晚上开始，前一天滞留的旅客再次聚集，旅客和航空公司、机场的冲突愈演愈烈，一些旅客"占领"了航空公司的值机柜台，一名国外旅客因为插队问题和保安冲突，一些旅客在大厅里喊着"立刻回家"的口号游行，候机大厅一片嘈杂。插队的和排队的在吵，旅客和安保人员在吵，旅客与航空公司的人也在吵，偶尔还伴有肢体冲突。在人群中不断蔓延开来的焦躁情绪，使本来细小的摩擦演变成一次又一次的争吵，甚至是肢体冲突，机场派出所在半天时间里接到36起报警[70]。

【例4】2013年12月9日，傍晚5点40分，南方航空公司CZ625W航班在南宁机场降落，机上134名旅客中有近半数人拒绝下机。待民警赶到飞机上时，大部分旅客已经被劝离，但还有7名旅客拒不下机。这7名旅客都是在12月7日乘坐该航班从哈尔滨飞往南宁的，在7日中午飞机经停南京时，由于受雾霾天气的影响无法起飞，旅客在航空公司的安排下在南京住了一晚，8日下午再次登机，但还是没能起飞，直到9日中午2点24分，飞机才飞离南京机场。这些旅客的航班延误了两天才到达南宁，行程被耽误了，所以要求航空公司给个说法，拒绝下飞机。7名旅客的态度很强硬，导致机场地勤检修等工作都无法进行，下一航班的乘客也不能登机，因为协商不下，在僵持了89分钟之后，7名旅客被警方强行带离飞机。7名旅客强行霸占航空器的行为已涉嫌扰乱航空器秩序，已经构成违法，既造成后续航班更严重的延误，也给飞行安全带来很大威胁[71]。

……

随着时间推移，这类事件仍时有发生。

屡有发生的大面积航班延误不仅严重破坏了航班运行的正常秩序，而且给民航安全生产造成了严重的安全隐患，甚至引发了严重的治安事件。航班延误的严重性已经引起了社会公众的高度关注。

2.5　航班延误的安全风险

　　民航运输在本质上是一项经济活动，我们当然应该重视其经济意义。然而民航运输又是一项必须安全地进行，对安全生产有特殊要求的经济活动，离开了"安全"这个前提，民航运输就无法正常进行，经济意义也就无法实现。本书研究的根本初衷就是为了探究由航班延误波及的安全风险。

　　由航班延误波及的安全风险与民航业的发展速度和产业规模有很大关系。我国民航的持续快速发展始于国家改革开放之后的二十世纪八九十年代。在此之前，虽然限于当时的技术水平和管理水平，我国民航的航班延误相当严重，国外甚至有人把中国民航的英文缩写 CAAC 讥讽为"中国民航总是延误"（China Aviation Always Cancel），但是由于当时我国民航的产业规模很小，航班延误并没有给民航安全带来严重风险。

　　今天的情况则大不相同了。自 2005 年起，中国民航已发展成为仅次于美国民航的世界第二大航空运输系统，而且仍在以年均 10%左右的速度继续增长。这样的产业规模和发展速度既对航班正常造成了巨大压力，也使航班延误和民航安全风险更紧密地联系在一起，给民航持续安全带来了巨大的挑战。

　　近年来，中国民航在治理航班延误上已经做出了巨大努力。这种努力是全面的努力，它调动了民航运输业各子系统协调运行的合力；是深入的努力，它深入到民航运输生产的各个环节，特别是系统运行的关键环节。然而，治理航班延误又必然是一场没有终点的持久战，只要造成航班延误的各种复杂原因依旧存在，航班延误及其对民航安全的复杂影响就必然依旧存在，治理航班延误及其安全风险的努力就必须继续坚持下去。

　　同其他交通运输方式相比，民航的传统优势是安全、快捷、便利。近年来我国民航的航班延误虽经大力治理但未见根本好转，已经使我国民航快捷、便利的优势受到很大损失。实际上，航班延误也会带来严重的安全风险，它会危及民航安全，危及社会安定，给民航持续快速发展带来严重的不利影响。

　　"保证安全第一，改善服务工作，争取飞行正常"是一个有机的整体。既然航班正点是最大的服务质量，既然航班正常对民航安全如此重要，那么研究航班延误对民航安全风险的波及性影响就是一项十分有意义的事情。系统深入地研究航班延误波及民航安全风险的关联机制、内在矛盾和客观规律，既有利于改善我国民航业的服务形象，提高民航业的竞争力和社会公众对民航业的信任度，也有利于提高我国民航业的安全水平和发展质量，为建设民航强国添砖加瓦。

第3章　航班延误关联安全风险

航班延误与民航安全风险之间存在很强的关联性，这是评估航班延误安全风险的内在机理。

航班运行系统与安全生产系统是民航的两个复杂大系统，影响这两个系统的运行状态及行为表现的有一些共同的不利因素。两个系统之间，航班正常与安全之间，或者反过来说，航班延误与安全风险之间，由于这些共同的不利因素而形成的关联，表现为本书重点研究的同源性关联。

除了这种同源性关联外，航班延误与民航安全风险两者之间还存在互为因果的关系，表现为航班延误和安全风险之间的相互激荡甚至是恶性循环。一方面，航班延误会对民航安全产生不利影响，虽然最终的结果未必是发生事故，但航班延误一定会增大安全风险，一定会增加民航安全生产系统的脆性，一定会在某种程度上导致民航生产安全状态的转移，这时，如果出现一定的激发条件或者触发事件，就有可能导致事故等不安全事件发生。另一方面，事故等不安全事件也会对航班正常产生不利影响，也就是说，一旦发生事故等不安全事件，或者存在严重的事故隐患，航班延误就一定会相伴而生。由于在民航业目前的安全水平上，事故和严重不安全事件的发生率极低，由此导致的航班延误的发生概率也很低，因此本书对后一种情况不做详细讨论。

认识航班延误与安全风险的关联性是对两者关系认识的深化。在传统观念里，人们对航班延误和安全风险是分别认识的，对两者之间的复杂关联缺乏自觉的认识。本书将从多个角度研究它们之间的关联，包括并重点研究它们之间的同源性关联。应该看到，从航班延误到安全风险的波及效应是雪上加霜，是"屋漏偏逢连夜雨，船迟又遇打头风"，万万疏忽不得。

基于上述考虑，关于航班延误与民航安全风险的关联性，本书分为两种基本情况进行分析。一是同源性关联，即某些因素对航班延误和安全风险同时产生的不利影响；二是诱发性关联，即由于航班延误诱发的安全风险。下面将首先从机理上对同源性关联和诱发性关联加以分析，进而建立综合考虑同源性关联和诱发性关联的安全风险分析模型。

3.1　同源性关联

同源性关联是航班延误与安全风险之间最基本和最基础的关联。这里强调关联的同源性有两层意思。一是航班延误和安全风险两者缘于共同的致因，同一个原因既引发了航班延误，又导致民航安全风险增大，反过来说，如果不存在这同一个原因，则航班延误不会发生，安全风险也无从增加。二是航班延误和安全风险两者在发生过程上的共时性，航班延误发生了，安全风险也同时增加。在这种情况下，航班延误和安全风险既是同源的，又是并发的，两者虽有共同的致因，但在发生过程上各自保持相对的独立性。

3.1.1 关联机理

航班延误和民航安全风险之间存在复杂的同源性关联，这主要是由于以下几个方面原因：

首先，航班运行主体和民航安全管理主体在本质上是一致的。在企业层次上，航班运行和安全管理分属于同一企业组织的不同部门；在政府层次上，航班正常和安全管理分属于同一政府机构的不同部门。两类管理部门之间存在密切的内部联系。

其次，资源紧缺等因素会同时对航班的正常和安全运行造成约束。

第三，恶劣天气和人为干扰等不利的环境条件既可能导致航班延误，又可能酿成安全风险。

本节着重从这3个方面研究航班延误和安全风险的同源性，研究影响航班延误和安全风险水平的共同因素，研究这些因素对航班正常和民航安全产生共同影响的范围和程度。

1. 资源约束因素

改革开放以来，在我国民航的发展进程中，资源约束紧张是一种常态。资源紧缺既有投资和设施建设等方面的长期滞后，更有人力资源数量和素质上的严重不足。资源配置滞后和资源运行的低效率对我国民航持续健康发展构成紧约束，直接造成航班延误和民航安全的巨大压力。

2. 运行管理因素

民航安全是一项巨大而复杂的系统工程，航空公司、机场、空管、油料、信息等单位，飞行、机务、运输服务等专业，是民航安全生产系统中的关键子系统，各子系统自身的运行状况，各子系统之间的协同状况，都对航班正常和民航安全产生约束性影响。

3. 外部环境因素

外部环境是民航业运行依赖的上位系统，包括经济环境、社会环境和自然环境等多种环境因素。民航系统是一个耗散结构，在与外部环境的相互作用下不断经历着复杂的自组织过程。外部环境承受民航航班运行和安全水平的外部效果，也对民航航班的运行和安全产生巨大影响。

不同的同源性因素对航班延误与民航安全风险的作用机制是不相同的。即使是各类同源性因素，既能导致航班延误，也能影响民航安全，但是其表现形式是不相同的，主要的区别体现在以下几方面。

1. 隐性和显性的差别

航班延误是显性的，也就是说，某些因素的存在能即刻导致航班延误，例如恶劣的天气一旦出现，就可能会导致大面积航班延误；而在一般情况下，民航安全风险是以隐患的形式表现的，体现在发生不安全事件的概率提高，但是并不一定真的会发生不安全事件。这可以解释为什么在民航业高速发展的过程中，各类资源紧张导致了航班延误频繁出现，却没有同样明显地影响到民航安全，民航不安全事件发生率并没有明显增加。

但是在这里，风险之所以是风险，其危险性就在于，不安全事件发生前存在于航班延误上的安全风险，因其采取隐性风险的形式而至今没有得到人们足够的重视。

这种显性与隐性的差别，体现在同源性因素对航班延误和民航安全的影响结果在表现上往往是有先后顺序的，往往是航班延误先出现，而民航安全状态的改变或者民航事故等不安全事件是在航班延误积累了一段时间、积累到一定程度之后才逐渐显现的。由于航班延误是显性的，是显而易见的，直接影响航空公司的效益及旅客的满意度，因此，很多时候航空公司往往更忙于降低航班延误率，而对安全风险的增加，即安全裕度的降低重视不够。

2. 现象与状态的差别

从航班延误与民航安全的属性看，同源性因素对两者的影响也是不同的。航班延误往往表现为一种现象，这种现象的发生一般是由多种因素综合导致的，但也有可能是单因素导致的，因为单一因素足以导致航班延误。而民航安全是一种状态，是一种无风险的状态，在世界民航安全水平不断提高的今天，民航安全系统自身已经有了足够的强壮性和稳健性，因此单一因素往往难以导致民航事故的出现，它们对民航安全的影响一般体现在安全状态的改变，而这种改变往往既无法观察，又难以界定。

3. 确定性程度的差别

航班延误往往只决定于诱发因素，即只要有诱发因素出现，就可能导致航班延误出现，并不需要触发条件；而且某些情况出现，一定会导致航班延误，表现为确定性事件。而民航安全状态的改变或民航事故的出现往往需要一定的触发条件，各种因素对民航安全状态的影响都会有一定阈值，在阈值以下的条件变化往往难以使系统状态发生改变。

4. 恢复难度的差别

航班延误的影响往往是暂时的，即使发生传播效应，也往往表现为航班延误时间的延长和延误面积的增大，但是无论多么严重的航班延误，当延误致因消除后，航班延误状况都会得到一定的恢复，而且有效的民航生产运行管理一般也会使航班延误时间缩短，延误的传播面减小。而如果民航安全状态发生偏移，系统往往难以迅速恢复到未发生偏移前的情况，也就是说，在民航安全状态发生偏移后，系统安全状态往往难以自行恢复，体现在安全风险一旦增大，保证民航安全的难度将大幅度增加。

3.1.2 关联因素

下面分别针对资源约束、运行管理和外部环境等方面的同源性因素，讨论民航安全风险与航班延误的关联性问题。

1. 资源约束因素

在中国民航快速发展过程中，资源约束是导致航班延误和民航安全风险的共同关键因素。民航快速发展的持续时间越长，民航业务量规模越大，资源约束的影响就越大。目前，民航业务量和资源约束的这种深刻矛盾已经形成巨大的剪刀差，如图3.1所示。

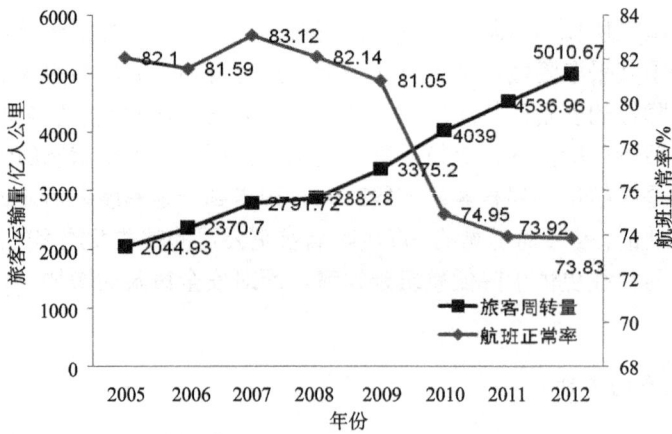

图 3.1 我国民航旅客周转量和航班正常率对比

资源约束对航班延误和民航安全的影响既深且远，往往是短时间内无法排除的，但是通过合理配置资源，可以在一定程度上缓解航班延误和民航安全风险。下面以空域资源紧张、机场资源有限和人力资源不足等几项典型的资源约束为例，说明资源约束对航班延误及民航安全风险的同源性影响。

1) 空域资源紧张

目前我国实际可用空域面积为 998.50 万平方公里，其中，民航日常使用空域面积 319.53 万平方公里，占 32%；军航日常使用空域面积 234.72 万平方公里，占 23.51%。此外，临时航线占用空域面积约为 54.97 万平方公里，占 5.51%[72]。部分可用空域还未被有效利用，主要集中在我国西部人烟稀少地区。伴随民航高速发展，航班需求量急剧增加，许多地方的民航可用空域已经饱和。空域资源紧张已经成为制约我国民航发展的瓶颈，飞行区及航线等空域资源约束不仅使得航班延误的情况非常普遍，还给避免飞机空中危险接近带来巨大压力，直接影响飞行安全。

由于民航空域资源十分有限，在航班和旅客需求迅速增加的现实情况下，势必造成航路空域紧张，尤其是珠三角、长三角等地区机场分布密集，航班密度大，航班延误频繁发生，这些都是短期无法解决的问题。空域紧张具有典型的地域性特点，发达地区的枢纽机场往往是空域紧张的高发地点。

流量控制是空域紧张的必然产物。流量控制是指通过限制单位时间内进入某空中交通管制节点的航空器的数量来维持安全的空中交通流，它对航班延误和民航安全风险具有不同的作用形式。

流量控制将直接导致航班延误。随着航班数量增多，航空公司接到空管部门的流量控制指令越来越频繁，在一些地方，由流量控制导致的航班延误已经超过了天气因素，成为最主要的延误原因。某航空公司的一位高管表示，该航空公司约有三分之一到一半的航班延误是由于流量控制引起的。流量控制的影响往往不只是体现在一次航班飞行上，它既直接影响发生流量控制的航班，又可能间接影响后续航班的飞行任务。

流量控制对民航安全的影响则具有典型的双向性。为了保证航班飞行安全，需要保证必要的安全飞行间隔，在空域紧张的情况下，往往需要实行流量控制，这时必然出现的航班延误是保证飞行安全的必要代价。在存在这种资源约束时，流量控制既是保证飞行安全的主要手段，但同时也导致了航班延误，航班延误和民航安全成为一对绕不过去的矛盾，这时要降低航班延误率，就要以降低安全裕度为代价。可见，流量控制虽然是保证民航安全的重要手段，但这是以打乱民航正常的运行秩序为代价换来的，它增加了民航航班运行管理的难度，在一定程度上为民航安全状态转移和埋下安全隐患提供了诱因和触发条件。

2) 机场资源有限

民航业的快速发展，在导致空域日趋紧张的同时，也使机场变得更加繁忙。尤其是在枢纽机场的繁忙时段，机场面临着越来越大的压力，由于航班起降数量大，往往同时有几十架飞机排队等待，场面蔚为壮观但又极易引发航班延误和安全风险。许多干线机场的产能利用已经饱和，在航班集中到达和离开的高峰时刻，由于受到机场系统处理能力的限制，包括航站楼和跑道系统处理能力的限制，航班飞机在地面排队的现象十分严重，航班延误情况比较普遍，蕴含着很大的安全隐患。

在机场上，航班飞机从着陆、滑行、进位、机位上保障作业到推出、滑行、起飞，所经历的每一个环节都受到机场保障能力的限制，当航班的运行量超出任何一个节点的保障能力时，都会导致航班飞机排队等待。由于航班飞机排队等待造成的航班延误具有传递效应，因此当机场在一天中几个时段的航班运行量超出机场地面处理能力时，航班延误现象就会变得十分严重。

枢纽机场的航班延误影响最大。由枢纽机场资源紧张导致的航班延误，其特点可以概括为以下几方面：

第一，波动性大。由于航班能否正常起降不仅受到当地的气象环境及空中交通管制等因素的约束，还会受到飞机出发地或者到达地的天气条件及空中管制等因素的影响，这些都增加了航班延误本身的波动性及不确定性。

第二，不易恢复。枢纽机场的航班延误往往是由其他机场的延误致因诱发，耦合本场的资源紧张导致的。某些因素，例如恶劣的天气，在其他机场也会导致航班延误，但是由于其他机场资源不那么紧张，当恶劣天气消除后，那里的航班延误就会得到缓解；而在枢纽机场由于资源紧张的耦合，即使恶劣天气因素消除了，航班延误的恢复也往往要比一般机场慢得多。

第三，辐射性强。枢纽机场发生的航班延误具有强辐射效应，这种辐射效应进而会传播到其他机场。如果航空公司不能及时调整其运营计划，会导致航班延误率和波及面不断扩大。

另一方面，由枢纽机场资源紧张导致的民航安全风险，其特点可以概括为以下几个方面：

第一，受航班延误影响大。枢纽机场的繁忙状态在一定程度上蕴藏着安全隐患，加之一旦发生航班延误，在繁忙机场往往会进一步诱发大面积航班延误，两者之间在一定程度上交互作用、互相影响，将会造成繁忙机场安全风险不断增加，航班延误的影响不断扩大的恶劣局面。

第二，地面安全风险大。从以往的经验教训来看，飞机地面运行的安全风险不亚于空中运行。例如跑道入侵风险。跑道是机场的重要组成部分，跑道入侵是一个典型的地面安全问题。虽然导致跑道入侵的因素很多，但是很多时候是跑道容量的有限性增加了跑道入侵的风险，因此可以将其视为一种影响安全的资源约束。

第三，资源调度难度大。枢纽机场的调度问题是个典型的多目标协同决策问题，既涉及跑道的调度，也涉及停机位、停机坪的调度。航班延误发生之后，如果小范围的微调可以解决，这时它们对民航安全的影响往往还不足以触及安全阈值，系统还处于相对安全的状态。当发生大面积航班延误时，难以避免多因素从不同层面和侧面触及安全阈值，而且多种因素相互作用还有可能影响民航安全系统的动力行为，使系统的脆性提高，一旦有触发条件，往往就直接导致事故等不安全事件发生。

3）人力资源不足

当前我国民航业存在着人员数量短缺和素质参差不齐的双重矛盾。例如飞行人员。目前国内外飞行院校每年可向国内航空公司输送近 3000 名飞行学员，基本上能满足新增飞行员需求总量，但经验丰富的成熟机长数量依然紧缺。如果航班延误导致执勤机组用完当天的执勤时间，出现机组超时问题，那么依据规定必须换另一组才能继续执行航班飞行任务，这时机组人员备份不足就会导致资源配置滞后和低效率，给飞行安全造成压力。再如空管人员。目前管制员培训在数量上已逐渐能够基本满足需求，但管制员成长需要较长的过程，因此，技能成熟的管制员数量依然紧缺，一些年轻的管制员由于经验不足，应对大面积航班延误等特殊情况的能力有所欠缺，这也是一种风险。

2. 运行管理因素

运行管理方面的同源性因素影响航班正常和民航安全的一个突出特点是，如果实施了有效的运行管理，可能出现既降低航班延误率又提高安全水平的情况，实现了航班正常和民航安全的协同优化，这是人们最期望看到的局面，也是运行管理同源性因素与资源约束同源性因素之间的本质区别。资源约束的同源性因素往往会导致在航班延误与民航安全之间出现争夺资源的情况，有的时候要在民航安全和航班正常之间进行权衡。在针对同源性因素进行航班延误和民航安全的管理时，需要注意的是，有的时候民航安全与航班正常是相互矛盾的，比如为了保障民航安全，就必须对航班延误有一定的容忍度。

无论在机场、空管、机务、飞行系统还是在航空公司的计划管理中，都存在着一些同源性因素，这些因素会同时对航班延误和民航安全产生不利影响。

在民航运输中，机场是连接地面和天空的枢纽。随着民航运输量的迅速增加，机场地面和终端区运行变得十分繁忙。尤其是航班流量比较大的机场，已经成为航班延误和不安全事件的高发区。机场导致航班延误和不安全事件的原因涉及机场保障部门、安检和机场环境等许多方面。机场保障工作运行效率低等原因，都可能造成航班延误，威胁民航安全。

导致航班延误的空管原因包括空中流量控制、重要飞行、科学实验、空防、避让特殊航班等，其中最常见的原因是流量控制，其主要构成因素有等候飞行高度层的许可，调整航行间隔，航路或者航路上机场及目的地机场飞行间隔的限制，跑道或滑行道间隔的调整，飞机进近着陆的排队等待等情况。航班延误及其浪涌效应使空中流量增加，空域资源不足的矛盾更加突出，降低了航班运行的安全裕度。同时，空管系统的运行将变得十分繁忙，超负荷的工作量将给管制员带来压力，有可能引起指令误用等失误，从而导致常见的人的因素不安全事件。

在机务维修系统中，低质量的维修一方面会影响飞机的安全可靠运行，另一方面也会降低飞机利用率，造成不必要的拆换及由此引发的航班延误。

在飞行系统中，有效的机组资源管理是降低事故发生率和保证安全的有效措施。在航空公司的计划管理中，通过合理的飞机排班及维修资源调度，不仅能保证运行安全，而且在发生航班延误后也可以在一定程度上快速恢复，避免其产生不必要的风险波及效果。也就是说，通过有效的管理既可以提高安全水平，又可以减少航班延误的发生。

航空公司的航班计划也会对民航安全和航班延误产生影响，有效的航班计划管理是提高运行安全及减少航班延误的有效措施。即使在航班延误发生后，也可以通过采取相关的措施及对策，使不正常航班得到恢复。以提高飞机利用率和降低运行成本为目标的航空公司管理，往往会因延长维修间隔而导致民航安全风险，使得航班计划编排偏紧或备份运力不足，导致航班延误。

航班排队等待造成的延误具有浪涌效应，它是延误状态的传递和放大。航空公司的航班计划是依赖飞机和机组等资源而得以实施的，这些资源相互链接构成了航班网络的动态运行。随着一个个航班任务的进程，各种航班资源需要在航班之间动态配置，其复杂性在于这些运行资源对各个航班是相对独立地配置的，因为优化飞机利用率与优化机组的要求是不同的，在航班资源动态配置过程中必然会出现矛盾。在大型机场上，具有这样链接性的航班占有很大比例，当由于某些原因发生航班延误时，会进一步影响后续航班导致更多的航班延误。另外，航空公司在编排航班时，主要考虑因素是市场需求和飞机的日利用率等，如果对航班实际运行状况缺乏足够的了解，在对一些航班进行编排时未能恰当安排飞行时间，一些航班的停场时间安排得不充足，一些航班的后续连接不紧密，这些航班编排方面的原因都会造成计划性的航班延误。上游航班出现的延误会影响后续航班的运行计划，不但需要重新为航班做准备，还需要重新进行放行评估、运行监控等作业，这些都会给航班安全运行增加压力。

3. 外部环境因素

在导致航班延误和民航安全风险的诸多环境因素中，恶劣天气是最主要的因素，是直接威胁民航安全和导致航班延误的非常重要的因素。民航运输是在长距离的高空中实施的，由于飞机途经的航路或机场上空会出现各种恶劣天气，这将直接威胁到航班正常和飞行安全。导致航班延误的天气原因包括诸如雾霾、风暴、积雪、雷雨、跑道结冰、低能见度和低云等。航班量的剧增使得恶劣天气对航班飞行的影响、对机场运行的影响愈加明显，由天气原因造成的大面积航班延误频频出现。尽管随着科学技术的不断发展，航空器性能的不断提高，民用航空抵御灾害性天气的能力有所增强，但由于民航运输规模剧增，恶劣天气对飞行安全与效益的影响并没有减少。

在很多情况下是恶劣天气使得在资源约束、运行管理和外部环境等环节中降低了安全裕度，直接或者间接导致了航班延误的发生。但是由于与其他环节相比，恶劣的天气是不可控的，我们只有采取措施避免恶劣天气对民航安全的影响，或者是降低由于恶劣天气导致的大面积航班延误，但是无法从根本上消除恶劣天气。恶劣天气是一个约束条件，在恶劣天气下保证安全和减少航班延误是加强民航安全管理的一个重要课题。

应该看到，在同源性关联情况下，航班延误对安全风险的影响不是简单的线性关系。

在航班延误与安全风险由于共同致因而并发的同时，航班延误还诱发了系统中原有风险的非线性增加。对于航班延误诱发的安全风险，下面将归入诱发性关联做进一步分析。

针对航班延误与安全风险之间同源性关联的风险分析如图 3.2 所示。

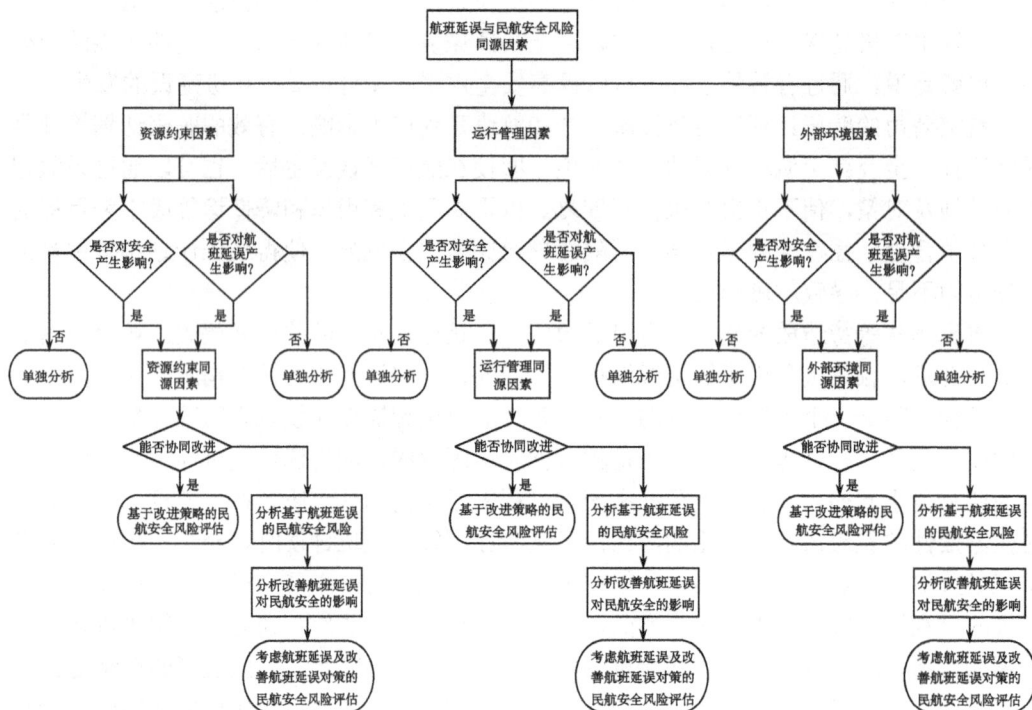

图 3.2　同源性关联风险分析

3.2　并发性关联

在并发性关联中，我们更加关注航班延误与安全风险的同时发生。

在很多情况下，为简化问题起见，可以把航班延误与安全风险之间的并发性关联视作同源性关联的一部分，这在很大程度上的确符合实际情况，但在逻辑上并不严格成立。从逻辑上说，航班延误和安全风险既可以由于共同原因而同时发生，也有可能由于不同的原因而相互独立地同时发生，两者之间的同源性关联和并发性关联是性质不同的两种关联。因而从时序上说，研究同源性关联应着重从原因角度进行分析，而研究并发性关联应着重从结果角度进行分析。

虽然同源性关联与并发性关联的性质不同，但它们之间在实际中的确存在很大程度的交集。下面本书将重点关注航班延误与安全风险之间的同源性关联和诱发性关联，而对并发性关联不再单独进行深入讨论，一是因为在本书关注的范围内，独立于航班延误而并发的安全风险并不多见，二是因为并发性关联的确往往是由于同源性关联导致的。

3.3 诱发性关联

在民航生产运行中，航班正常和安全保障分属不同的部门管理。我国民航的持续快速发展使各部门都承受着很大的工作压力，使他们往往在疲于应对本部门工作压力时无暇旁顾，因而造成信息收集和利用链条的中断。除非航班延误直接引致了航空事故或严重事故征候，否则航班管理部门一般不将航班延误的影响推及航空安全风险，安全管理部门一般也不直接到航班延误中去查找安全风险及风险隐患。这种状况往往造成民航生产运行信息上的孤岛现象，使航班延误诱发安全风险的继发性影响得不到及时处理而产生累积效应，既不利于在保证航班正常的同时提高安全水平，也不利于以高效的安全管理来保障航班正常。虽然航班延误直接引致民航发生不安全事件是极小概率事件，但是航班延误诱发安全风险的继发性影响却不容忽视。例如，由于之前的天气影响，本场和周边机场聚集了大量由于天气原因而滞留的飞机，进场的、离场的、备降的、空中等待的航班飞机一时间变得拥挤不堪，在天气好转时，大家都想抢在第一时间完成既定的航班任务或开始新的航班任务。而由于空域资源数量有限，很容易造成航班积压，影响后续下游航班及其他航班发生延误，使得延误链加长，从而带来巨大的安全压力。航班延误对安全风险的诱发性影响包括渐进性影响和突变性影响两种情况。渐进性影响随着时间的变化而不断地发生变化，它不是一蹴而就的，而是一个相对缓慢的过程。由于航班延误与安全风险之间存在相互关联的因果关系，因此航班延误量增加必然引起安全风险的渐进性累积效应，而风险累积增加必将导致安全裕度下降。突变性影响是在航班延误链加长和航班延误群发的状态下，安全风险激增从而发生突变，包括严重的单一航班延误诱发的安全风险突变和大面积航班延误诱发的安全风险突变。

航班延误与民航安全风险的诱发性关联包括两个方面内容：一是由航班延误直接诱发安全风险，二是由航班延误积累而导致延误面积的扩大。后者虽然不直接等同于民航安全风险，但是由于航班延误面积的扩大将会给民航安全带来更大的压力，同样需要在民航安全生产管理实践中加以高度重视。

3.3.1 关联环节

航班延误对安全风险的诱发性关联一般表现在飞行机组、机务维修、航班计划、交通管制等关键环节。

1. 飞行机组

1)航班延误增大飞行人员的时间压力，导致人的差错率增大

这种压力来自于航空公司运行管理。为了争取后续航班能按预定时刻执行，尽量减少航班延误，航空公司会要求飞行员采取补救措施缩短正常运行操作时间。心理学研究表明，当人处在巨大时间压力的情况下，犯错误的概率将明显提高。当发生连续的航班延误时，这种压力会陡然增加，从而诱发飞行人员犯错误的概率将显著提高。这时，正在执行航班任务的飞行员会产生心智能力下降，往往会从头脑中冒出一些"错、忘、漏"操纵动作。例如，错误地将本应该关闭的阀门打开；忘记了某个操作程序已经做过，又

重复操作导致飞机接受双重指令；漏掉了本应该正常的操作程序，等等。这些都极大地危及飞行安全。

2）航班延误压力促使机组压缩工作时间，增大安全风险

航班延误压力会诱发机组心绪浮躁，出现省略常规检查项目、简化正常操作程序、超出标准盲目蛮干等潜在危险意识倾向。这种浮躁的心绪会使机组对即将来临的危险不敏感，对凸显的安全问题因疏漏而检查不到位，给航班安全运行埋下隐患。

3）飞行疲劳导致技术水平下降，形成安全隐患

航班延误必然使机组陷于疲劳。疲劳易使飞行员对信息的获得、理解、判断和利用能力下降，不能对驾驶舱信息资源进行有效的综合判断和利用，造成飞行员对飞机的运行状态不了解，监控内容不全面，甚至会直接导致飞行技术水平下降，出现空间定向判断失误等严重情况。

4）飞行员的消极和抵触情绪会带来危险

在航班延误造成过度疲劳的情况下，飞行员可能会丧失继续执行航班任务的积极性，产生厌烦等消极情绪，这有可能会带来不可逆转的危险后果。

2. 机务维修

1）航班延误导致缩短检查时间，无法及时发现与排除故障

航班延误发生后，航空公司往往会缩短飞机检查时间，以缩短航班延误时间，减少对后续航班的影响。在这种情况下，机务维修人员就必须利用尽可能短的时间完成飞机检查工作，通常会缩短常规检查时间。机务工作必须按照规章要求来完成一系列的排查，在航班延误情况下缩短常规检查时间，简化排查过程，可能直接导致无法及时发现和排除飞机的故障，留下安全隐患。即使问题没有马上暴露，一旦有其他问题一同出现，就有可能危及飞行安全。

2）机务工作强度大、时间紧，增加维修差错

维修差错是引发民航安全风险的一个非常重要的因素。在出现大面积航班延误的情况下，可能会需要机务维修人员连续从事具有很大时间压力的高强度工作。在这样的高工作压力的环境下，维修差错率将大幅度提高，增大导致事故的安全风险。

3. 航班计划

1）航班计划调整目标的矛盾

在由于恶劣天气、空中交通管制等原因导致航班延误时，航空公司往往需要调整航班计划，将飞机重新指派给受影响的航班，决定延误或取消哪些航班，使航班尽快恢复正常。航空公司进行计划调整的目标是确保延误时间最小或者延误成本最低，这种调整目标往往在一定程度上降低安全裕度，增加可能存在的潜在危险，导致安全风险增大。

2）冒险的代价

在民航局加大力度治理航班延误的背景下，一些航空公司为避免由于航班延误而被取消航线经营权，有时会采取冒险调整航班计划的行为，这可能会给飞行安全造成很大的压力。

4. 机场保障

由于航班延误的积累性影响，枢纽机场往往是航班延误的高发地。据相关统计，我国北京首都、上海虹桥、上海浦东、广州白云、深圳宝安、成都双流、西安咸阳、昆明长水八大机场的航班延误数量占全国民航航班延误的50%以上。在这些机场，机场跑道和停机位等本来就已十分拥挤，在发生航班延误后，这些资源将显得更加紧张，由此将给民航安全带来一系列的不利影响。

航班延误直接影响到机场的顺畅运行。在航班飞机抵达机场和离开机场的一个地面经停周期内，有一系列的保障作业活动需要进行，例如上下客、加油、排污、客舱清洁、加水、配餐等。如果发生航班延误，将会对机场运行和安全保障产生压力，使机场运行不畅，安全保障能力不足，甚至使航班不能正常起降。在大面积延误情况下，有可能使机场陷于瘫痪状态，这无疑会给机场带来巨大的安全压力，产生许多安全隐患。

1) 航班延误使机场的容量受到影响

一般情况下，机场按两种天气条件运行：目视飞行规则（Visual Flight Rule，VFR）和仪表飞行规则（Instrument Flight Rule，IFR）。前者是指天气较好的条件，容量大些，后者天气较差，容量小些。

发生航班延误后，机场原有的进离港航班、跑道调度及停机位指派等正常的运行管理秩序被打乱，这些资源将重新进行调度。上述调度过程非常复杂，在航班延误情况下，进港调度、离港调度、跑道调度及停机位指派活动本身就受多种随机因素的影响，而各种调度活动又彼此相互作用，这就进一步增加了场面资源调度的复杂性。在大面积航班延误的情况下，调度工作的复杂性及艰巨性反复叠加，大大增加了安全风险。另一方面，这时重新调度资源的目标一般是以减少航班延误率和缩短航班延误时间为目标，这有可能进一步导致忽略安全风险。

2) 旅客滞留影响

航班延误后，会有大量旅客滞留机场，这使机场的安全保障及相关工作量增大。机场工作人员的压力大，发生相关差错的概率大，都会对民航安全产生不利影响。近年来在一些机场上屡次发生滞留旅客违法事件，说明旅客大面积滞留会极大地增加安全风险。

5. 交通管制

空中交通流量已经成为目前我国民航可持续发展中最重要的制约因素。

1) 空域资源不足的固有矛盾

民用空域资源不足、空域拥堵是造成中国民航航班正常率难以保证的基本问题。现有的空域结构、航线、航路的网络布局，通信导航设备等管制条件难以适应空中交通流量的快速增长。发生航班延误后，拥堵的现象更为严重，很容易引发各类不安全事件。

2) 空中交通管制工作负荷剧增

航班延误发生后，空管工作的复杂性和工作负荷迅速加大。在一些机场和航班交叉点，将出现频繁的飞行冲突，管制员的工作变得紧张而繁重，工作压力急剧增大，这将增大空管人员出现差错的可能。

3.3.2 航班延误链的累积效应

航班延误链延长引起的累积效应体现在以下几方面。

1. 单架飞机的航班延误积累

为了提高飞机利用率，航空公司机队的航班计划一般都安排得很紧凑。在这种情况下，一个航班的延误很可能影响到下游航班的准时性，引起航班计划更多的延误，出现积累性延误。例如，某航空公司当天安排一架飞机执行飞行计划表中连续的航班任务，上海—北京，北京—厦门，厦门—北京，北京—上海。如果当天航班计划紧凑，航班之间没有多余的过站时间，在航班执行过程中，由于上海天气或者空中管制原因，飞往北京的航班发生了长时间延误，则由该架飞机执行的后续航班任务，即使不受天气影响也会发生较长时间的延误。

2. 单一机场的航班延误传递

在机场上，当航班延误出现在非高峰时段或者是仅有少量航班延误时，通过机场及时的航班调度，可以阻断航班延误链的形成，不会把航班延误传递给后续航班。但是在大型枢纽机场，如果前面的航班发生延误，在跑道容量或其他运行资源有限的情况下，无法通过调度来化解前面航班对后续航班的影响，航班延误的连续传递将迅速形成延误链，导致航班延误不断累加。

3. 多个机场间的航班延误传播

在有航线连接的多个机场，可能由于在其他机场离港航班的延误导致到达本场的航班延误，从而导致航班延误在机场之间不断传播。

飞机在 A 机场发生航班延误后飞往 B 机场，如果 B 机场无法通过跑道调度等资源调整手段化解航班延误，航空公司也无法通过调整航班计划来化解延误，则这时航班在 A 机场的离港延误就会导致到达 B 机场的进港延误。而该航班到达 B 机场的进港延误以及可能进一步发生的离港延误，都将会把航班延误从 A 机场的航班传播到 B 机场的航班。这一过程不断扩散，极易形成很长的航班延误链，在多个机场上诱发大面积航班延误。

航班延误通过积累、传递和传播过程，有可能将个别航班的延误扩大到多个航班，有可能将个别机场的航班延误演化为多个机场的航班发生大面积延误，在延误率骤然提高的同时，增加了民航安全压力。

综上，航班延误链的累积效应如图 3.3 所示。

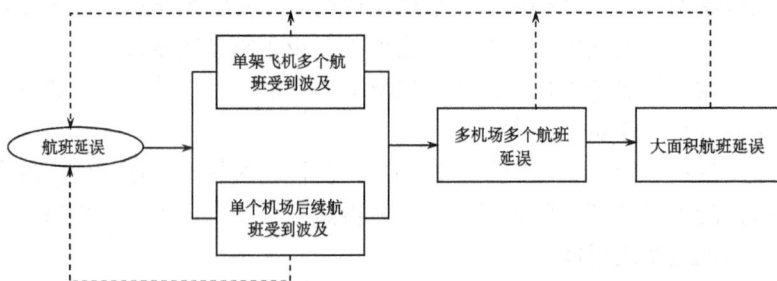

图 3.3　航班延误链的累积效应

如图 3.3 所示，通过积累、传递和传播等演化过程，原本比较单纯的航班延误会出现逐渐向大面积航班延误演化的趋势，整个演化过程呈现动力学机制，航班延误范围逐渐扩大，延误率不断提高，由此带来的民航安全风险不容小视。

3.3.3 航班延误诱发安全风险

航班延误诱发民航安全风险的分析流程如图 3.4 所示。

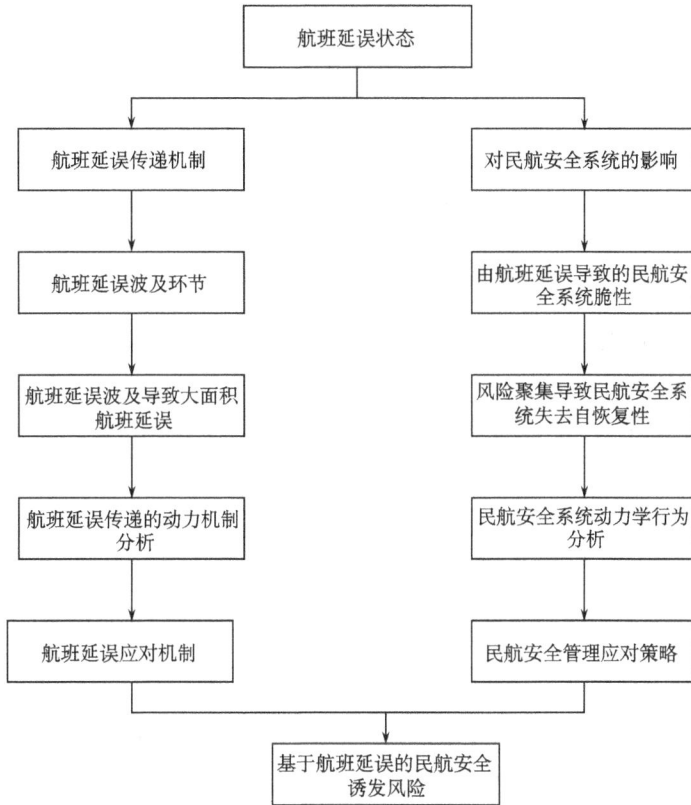

图 3.4　航班延误诱发民航安全风险的分析流程

3.4　航班延误的复合风险

在考虑航班延误的情况下，实际的民航安全风险，是由同源性风险和诱发性风险共同构成的，这两种风险共同决定着民航安全风险状态，因此，基于航班延误的安全风险可以理解为一种复合风险。同源性风险和诱发性风险由于其形成机制不同，难以用统一的模型表示，有必要结合两种风险和各自的形成特点，采用相应的模型描述其变化过程。

3.4.1 作用机制

考虑与航班延误同源和由航班延误诱发的民航安全风险，可以从风险汇聚和风险传递两个角度分析航班延误对安全风险的作用机制。

1. 风险汇聚

风险汇聚是指不同类型风险的聚合。在航班延误情况下，民航安全风险主要包括 3 种类型：一是由单独影响民航安全的因素导致的安全风险，将其表示为 R_1；二是由既影响航班正常又影响民航安全的同源性因素产生的安全风险，将其表示为 R_2；三是由航班延误诱发的民航安全风险，表现为在航班延误发生之后衍生的安全风险，将其表示为 R_3。

2. 风险传递

风险传递主要体现在上述风险 R_3 上，它来自于两方面：一是基于离散的航班延误，民航安全风险概率分布发生变化；二是航班延误累积导致航班延误量激增，航班延误率大幅提高，进而导致民航安全风险累加。

设 R_1 的影响因素用 $X_1 = [x_{11}, x_{12}, \cdots, x_{1n}]$ 表示，$x_{1i}(i=1,2,\cdots,n)$ 表示导致 R_1 的第 i 个因素，n 表示影响 R_1 的因素个数；R_2 的影响因素用 $X_2 = [x_{21}, x_{22}, \cdots, x_{2m}]$ 表示，$x_{2j}(j=1,2,\cdots,m)$ 表示导致 R_2 的第 j 个因素，m 表示影响 R_2 的因素个数；单独导致航班延误的影响因素用 $Y_1 = [y_{11}, y_{12}, \cdots, y_{1s}]$ 表示，$y_{1k}(k=1,2,\cdots,s)$ 表示第 k 个单独导致航班延误的因素，s 表示单独影响航班延误的因素个数。

设 R_1 的风险概率为 P_{R_1}，风险概率密度函数为 f_1；R_2 的风险概率 P_{R_2}，风险概率密度为 f_2；R_3 的风险概率为 P_{R_3}，风险概率密度函数为 f_3；同源性因素导致的航班延误概率为 P_{D_1}，概率密度函数为 f_{D_1}；单独导致航班延误的因素导致的航班延误概率为 P_{D_2}，概率密度函数为 f_{D_2}。于是，航班延误对民航安全风险的作用机制可描述为如图 3.5 所示。

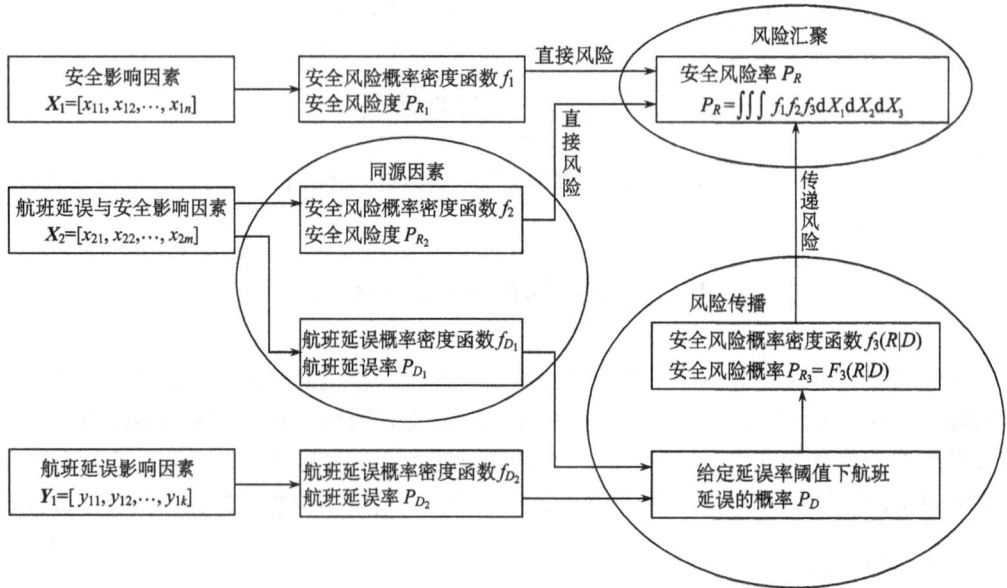

图 3.5   航班延误对民航安全风险的作用机制

3.4.2 航班延误复合风险建模

1. 模型选择

航班延误的复合风险模型框图如图 3.6 所示。

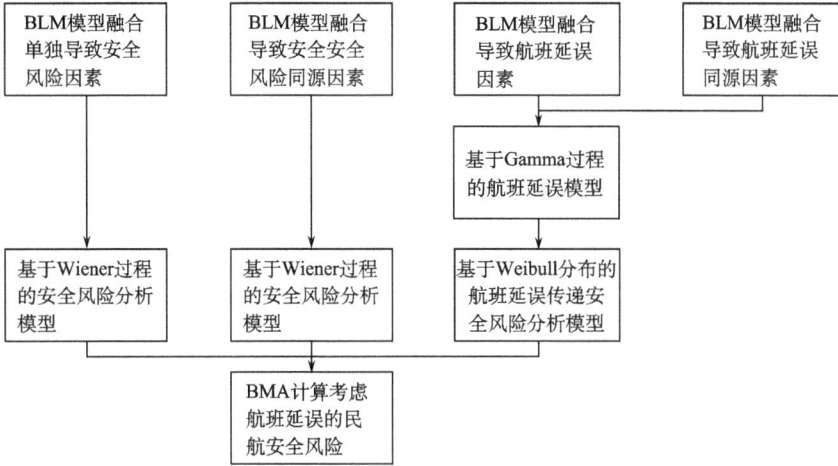

图 3.6 航班延误复合风险分析

航班延误复合风险分析模型应具有以下功能:

一是具有多风险源安全风险集成分析功能,且计算比较简单。如图 3.6 所示,民航安全风险由 3 种风险汇聚集成,所以,建立的分析模型应能揭示这 3 种风险对全部安全风险的贡献度。如图所示,欲求多风险源汇聚的联合概率密度函数需要求解多次积分,计算复杂,数据需求量大,有必要采用简化算法。

二是体现民航安全风险的演变规律。因为图 3.6 所示的 3 种风险演变规律和变化过程各不相同,有必要采用 3 种不同的随机过程或者统计分布模型来描述。

三是能够充分利用多来源小样本动态信息。考虑到民航不安全事件发生的概率低,而影响航班延误和民航安全风险的因素众多,代表着多个风险源,因此选择的方法应该具有小样本信息融合和学习功能。

综上,可以采用贝叶斯线性模型(Bayesian Linear Model, BLM)[73-75]融合多种影响因素信息,采用 Wiener 随机过程[76,77]表示由多种风险偏差导致的风险概率漂移过程,采用 Gamma 随机过程[78,79]表示航班延误的累计效应演变规律,以航班延误作为输入变量,采用双参数 Weibull 分布描述航班延误对民航安全风险影响的条件概率。贝叶斯模型平均技术(Bayesian Model Averaging, BMA)[80-82]是一种结合多个统计模型进行联合推断和预测的统计后处理方法,采用 BMA 分析 3 种风险的汇聚,既能充分表示 3 种风险的不同作用机制,且计算比较简单。

2. 分析算法

分析算法分为 3 个过程,一是采用信息融合方法融合多种反映安全风险的信息,二是设计针对不同安全风险的备选模型，三是通过数据学习过程判断反映到各种模型的各种风险在实际安全风险中的权重。

1）采用 BLM 融合影响因素信息

利用 BLM 提取安全影响因素与安全风险概率、航班延误影响因素与航班延误概率的关系。以融合单独导致安全风险的影响因素为例，影响因素与风险概率之间的关系用随机方程表示为

$$\begin{cases} P_{R_1} = X_1 \cdot \boldsymbol{\theta} + e \\ e \sim N(0, \Sigma) \end{cases} \tag{3-1}$$

e 表示用安全风险影响因素描述安全风险的误差，其均值为 0，协方差为 Σ，Σ 已知。

式中，$\boldsymbol{P}_{R_1} = \begin{bmatrix} P_{R_{11}} \\ P_{R_{12}} \\ \vdots \\ P_{R_{1n}} \end{bmatrix}$，$\boldsymbol{\theta} = \begin{bmatrix} \theta_1 \\ \theta_2 \\ \vdots \\ \theta_k \end{bmatrix}$

通过监测参数，计算 $\hat{\boldsymbol{\theta}}$，均值是 $E(\boldsymbol{\theta})$，协方差矩阵是 $\boldsymbol{C}(\boldsymbol{\theta})$。

采用 BLM 进行融合计算，后验均值和协方差可表示为

$$E\left(\boldsymbol{\theta}|X_1, \boldsymbol{P}_{R_1}\right) = \mu_\theta + \boldsymbol{C}(\boldsymbol{\theta}) X_1^{\mathrm{T}} \left(X_1 \boldsymbol{C}(\boldsymbol{\theta}) X_1^{\mathrm{T}} + \boldsymbol{C}_e\right)^{-1} \left(\psi - X_1 \mu_\theta\right) \tag{3-2}$$

$$\boldsymbol{C}\left(\boldsymbol{\theta}|\left(\boldsymbol{\theta}|X_1, \boldsymbol{P}_{R_1}\right), d\right) = \boldsymbol{C}(\boldsymbol{\theta}) - \boldsymbol{C}(\boldsymbol{\theta}) X_1^{\mathrm{T}} \left(X_1 \boldsymbol{C}(\boldsymbol{\theta}) X_1^{\mathrm{T}} + \boldsymbol{C}_e\right)^{-1} X_1 \boldsymbol{C}(\boldsymbol{\theta}) \tag{3-3}$$

在给定观测集 X 后，通过 θ 先验期望计算后验期望，计算方法是使贝叶斯 MSE（Mean Square Error）矩阵 $\left(\boldsymbol{M}_{\hat{\theta}}\right)$ 最小。

2）构建安全风险分析模型

（1）基于 Wiener 过程的安全风险分析。

基于 Wiener 过程的安全风险分析反映的是多种因素对安全状态的扰动作用。

利用式 (3-2)、式 (3-3) 计算 $E_{P_l}(l=1,2)$，$\sigma_{P_l}^2(l=1,2)$，则安全风险概率的计算如式 (3-4)、式 (3-5) 所示。安全风险的概率密度函数为

$$f_l(R) = \frac{1}{\sqrt{2\pi\sigma_{R_l}^2 R^3}} \exp\left(-\frac{\left(\varepsilon - \sigma_{R_l}^2 t\right)^2}{2 E_{P_{R_l}}^2 R}\right) \tag{3-4}$$

安全风险度为

$$P_{R_l} = \Phi\left(\frac{\eta t - \varepsilon}{\delta\sqrt{t}}\right) - \exp\left(\frac{2\eta\varepsilon}{\delta^2}\right) \Phi\left(\frac{-\eta t - \varepsilon}{\delta\sqrt{t}}\right) \tag{3-5}$$

$l=1$ 表示导致安全风险的单独因素，$l=2$ 表示导致安全风险的同源性因素。

（2）基于 Gamma 过程的安全风险分析。

Gamma 过程表示的是由于航班延误降低了民航安全风险裕度，从而导致的风险。

假设航班延误变化率 $D(t)$ 服从 $Ga(a, b)$，其密度函数为

$$f_D\left(\xi;a,b\right)=\frac{b^a}{\Gamma\left(a\right)}\xi^{a-1}\mathrm{e}^{-b\xi} \tag{3-6}$$

式中，a 和 b 分别为形状参数和尺度参数。

参数 a 和 b 可通过 BLM 融合得到的均值 $E\left(D_j\right)$ 和方差 $\sigma^2\left(D_j\right)$ 计算得到，其表达式为

$$a=\frac{E^2\left(D_j\right)}{\sigma^2\left(D_j\right)} \tag{3-7}$$

$$b=\frac{E\left(D_j\right)}{\sigma^2\left(D_j\right)} \tag{3-8}$$

由式(3-7)和式(3-8)，在航班延误阈值 ε 下，航班延误率的计算由式(3-9)表示：

$$P_D\left(t\right)=\int_0^\varepsilon f_D\left(\zeta\right)\mathrm{d}\zeta=\int_0^\varepsilon\frac{b^a}{\Gamma\left(a\right)}\xi^{a-1}\mathrm{e}^{-b\xi}\mathrm{d}\xi \tag{3-9}$$

(3)基于 Weibull 分布的航班延误传递安全风险分析。

基于 Weibull 分布的航班延误传递风险体现的是由于航班延误传递和波及而形成的安全风险。

航班延误对民航安全风险 R_3 影响的概率密度函数表达式为

$$f\left(R_3;\alpha,\beta\right)=\frac{\beta}{\alpha}\left(\frac{R_3}{\alpha}\right)^{\beta-1}\exp\left[-\left(\frac{R_3}{\alpha}\right)^\beta\right],\quad R_3>0 \tag{3-10}$$

式中，$\alpha>0$，$\beta>0$ 表示尺度参数和形状参数。

其中形状参数 β 反映航班延误变化对安全风险的影响，以条件概率的形式表示，通过历史数据对航班延误与民航安全风险进行参数拟合获取。尺度参数表示在特定航班延误下的民航安全风险，假设尺度参数具有共轭 Gamma 先验分布，表达式为

$$\pi\left(\alpha|c,d\right)=\begin{cases}\dfrac{d^c}{\Gamma\left(c\right)}\alpha^{c-1}\mathrm{e}^{-d\alpha}, & \alpha>0 \\[2mm] 0, & \alpha\leqslant0\end{cases} \tag{3-11}$$

式中，c 和 d 是尺度参数的共轭先验的超参数。通过对 P_{R_1} 和 P_{R_2} 的计算采集尺度参数的先验均值和方差，计算超参数 c 和 d，进一步可计算出尺度参数的后验均值和方差。

3)采用 BMA 分析安全风险

模型平均是将多个模型集中到一个框架中进行综合运用。在多模型预测中，当模型预测的效果优良时，就赋予该模型以较大的权重，反之则赋予较小的权重。

令 $M=\{M_1,M_2,M_3\}$，M_1 为分析 R_1 的模型，M_2 为分析 R_2 的模型，M_3 为分析 R_3 的模型，实际的民航安全风险 R 表达式为

$$f\left[R|(M_1,M_2,M_3)\right]=\sum_{k=1}^3\rho_k f_k\left(R|M_k\right) \tag{3-12}$$

$f_k\left(R|M_k\right)$ 表示利用风险分析模型 M_k 计算安全风险的概率密度函数；ρ_k 表示模型

M_k 为最佳风险分析模型的后验概率，非负，且满足 $\sum_{j=1}^{3}\rho_j=1$，反映的是每种风险对全部安全风险的贡献程度。

采用马尔可夫链蒙特卡洛(Markov Chain Monte Carlo, MCMC)仿真算法计算 BMA 模型中各项风险因素的权重。采用 Metropolis-Hastings(M-H)抽样技术，针对未知参数 $\rho_k(k=1,2,3)$ 概率密度函数为 $\pi(\rho_i)$，选取起始点 $\rho_i^{(0)}$，满足 $\pi(\rho_i^{(0)})>0$，按照以下步骤迭代产生 Markov 链：

(1)假设 $m-1$ 时刻的状态值 $\rho_i^{(m-1)}$，从建议分布 $\pi(\rho_i^*|\rho_i^{(m-1)})$ 中产生一个候选点 ρ_i^*。

(2)计算候选点 θ^* 的接受概率

$$\pi(\rho_i^{(m-1)},\rho_i^*)=\min\left\{1,\frac{\pi(\rho_i^*)p(\rho_i^{(m-1)}|\rho_i^*)}{\pi(\rho_i^{(m-1)})p(\rho_i^*|\rho_i^{(m-1)})}\right\} \tag{3-13}$$

(3)从 $U(0,1)$ 中产生一个随机数 u，如果 $u<\pi(\rho_i^{(m-1)},\rho_i^*)$，则接受候选点，表示为 $\rho_i^{(m)}=\rho_i^*$，否则 $\rho_i^{(m)}=\rho_i^{(m-1)}$。

在经过充分的迭代后，M-H 抽样使 Markov 链收敛于目标分布 $\pi(\rho_i)$。

第4章 航班延误波及安全风险

寻求有效的技术方法来评估航班延误波及民航安全风险的复杂影响，是本书的核心研究内容。

4.1 评估工具选择

保证评估工具的适用性和有效性是提高本书评估效果的关键。

4.1.1 主要的评估工具

民航安全生产系统是一种动态、多变量，人的因素起主导作用的开放的复杂巨系统，其特点是系统的不确定因素多，逻辑关系复杂，而且还受到人的因素影响。因此，民航安全生产系统的基本事件发生概率很难确定。与民航安全相对应，航班延误的成因也具有动态和多变量的特点。由于航班延误对民航安全存在同源性及诱发性风险，分析和评估航班延误对民航安全风险的波及效应具有信息不确定、因果关系及逻辑关系复杂的特点。人工智能技术是解决上述问题的有力工具。目前有4种人工智能方法可供选择，即神经网络、模糊逻辑、Petri 网和贝叶斯网络方法，这几种方法的比较见表4.1。

表4.1 四种不确定信息决策方法比较

名称	产生时间	适用范围	优点	缺点
神经网络[85-87]	1969 年	模糊信息分类、处理及推理	①在信息分布式储存、数据并行处理以及外来信息处理等方面同人脑的自学习功能类似 ②适合对变形、模糊的和残缺信息进行快速而正确地识别 ③具有很强的分析和判断能力 ④具有很强的并行处理能力	学习样本需求量大，黑箱结构难以解释；初始化样本参数选择困难
模糊逻辑[88-91]	1978 年	基于规则系统和语言计算，处理不精确信息、近似推理	①是一种系统、可靠的基于模糊数据的推理方法，在专家系统的知识表达和推理中广泛使用 ②使辩证思维得到了自然推广和广泛使用	模糊函数隶属度和模糊推理规则的确定没有统一标准，是影响其应用的"瓶颈"问题
Petri 网[92-94]	1962 年	不确定信息表达和推理	①将领域知识编写成一系列产生规则，可以充分利用专家信息 ②可以表示复杂系统组成要素之间的因果关系	大量规则导致系统运行速度慢，难适应实时环境要求，当遇到未见过的新信息时，可能产生"匹配冲突"、"组合爆炸"的问题
贝叶斯网络[95-97]	1986 年	不确定信息表达和推理	①综合利用定性信息和定量信息，通过定性分析确定网络拓扑结构，通过专家信息和试验数据等定量信息确定节点先验概率和条件概率 ②可以利用因素、分系统信息，推断整个系统情况 ③可以充分利用先验信息完成知识积累，发挥数据的自学习功能	对于复杂系统的贝叶斯网络，数据采集和推断都存在一定的困难

贝叶斯网络(Bayesian Networks, BN)[83]，又称概率因果网络、贝叶斯置信网络、信任网络、知识图等，最先由 Pearl J.于 1986 年提出，是一种将因果知识和概率知识相结合的信息表示框架。贝叶斯网络的理论基础是人工智能、概率分析、图论和贝叶斯方法，在不确定性推理过程中引入概率理论，可利用有效的数学、计算机方法将各种程度的不确定性和来源不同的知识结合起来。它表示为一种赋值的复杂因果关系网络图，网络中的每一个节点表示一个变量，即一个事件，各变量之间的有向弧用来表示事件发生的直接因果关系，并通过条件概率将这种关系数量化，可以表示随机变量因果集的联合概率分布[84]。贝叶斯网络可以充分利用定性信息确定网络拓扑结构，利用定量信息表示变量的联合概率分布。近十几年来，贝叶斯网络在人工智能领域备受关注，已在预测、因果分析、分类和诊断分析等工程和经济管理领域得到应用。该方法的理论基础决定了它在分析航班延误波及民航安全风险中具有如下优点。

1. 表达能力强

民航安全的影响因素很多，航班延误与民航安全风险内部诸要素之间逻辑关系复杂，航班延误与民航安全风险相互关联，航班延误系统与民航安全系统之间的要素也彼此作用，用简单的概率推理方法不能表示影响因素与系统安全之间的复杂关系，而贝叶斯网络方法可以通过有向图的形式表达影响因素、指标和系统安全之间的复杂因果关系，这是其他 3 种不确定性推理方法所不能实现的。

2. 信息使用效率高

影响民航安全的因素主要是人的因素，而人的因素具有较大的不确定性和主观性。贝叶斯网络方法可以融合主观和客观信息，融合不同时序点的信息，大大提高了信息使用的效益，这是其他 3 种方法所不及的特点。

3. 知识获取与推理的复杂度较小

贝叶斯网络具有条件独立的特点，可减少知识获取与推理的复杂程度。也就是说，获取知识时，只需关心与节点相邻的局部网络图，推理计算时，只要知道节点的相关节点状态，即可估计该节点的概率。

4. 可以在不完备数据集下进行推理

贝叶斯网络不需要完备的数据集就可以实现对系统风险的完整概率描述，解决了传统概率分析中的棘手问题，而不牺牲其完整性。

贝叶斯网络采用逻辑分析的方法，可以充分表示航班延误和民航安全两个复杂系统之间的作用机制及内部各因素之间的相互影响关系，在建模过程中可以覆盖影响航班正常和民航安全的诸项共同因素。贝叶斯网络具有模块性和层次性，因此可以在不同层次上有效地揭示诸项因素对航班延误和民航安全风险的相互影响，揭示出诸项共同原因引致航班延误并发安全风险的作用机理和航班延误诱发安全风险的作用机理。贝叶斯网络方法是一种定性和定量有机结合的方法，可以较好地利用在民航生产现场采集到的实际情况和调研数据，对航班延误和民航安全风险水平进行较准确的定量分析与预测，提高研究的科学性。贝叶斯网络方法的逆向诊断与分析功能，为我们寻求减少航班延误和民航安全风险的对策提供了可能。

本章重点讨论贝叶斯网络方法在航班延误安全风险评估中的应用。

4.1.2　贝叶斯网络

1. 数学描述

给定一个随机变量集 $X = \{X_1, X_2, \cdots, X_n\}$，$X_i$ 是一个 m 维向量，X 的贝叶斯网络就是图形化变量集的联合概率分布(Joint Probability Distribution, JPD)，其基本定义如下：

$$B = < D, P >　　　　　　　　(4-1)$$

D 表示有向无环图(Directed Acyclic Graph, DAG)，图中的节点一一对应于集合 X 中的随机变量 $X_1, X_2, ..., X_n$，即各个事件；所有节点组成随机变量集 $X = \{X_1, X_2, \cdots, X_n\}$。弧代表节点之间的依赖关系。在贝叶斯网络中，没有有向弧输入的节点为根节点，有有向弧输入的节点为子节点，有向弧输出的节点为父节点。如果有一条弧，由节点 X_i 指向节点 X_j，则称节点 X_i 是 X_j 的父节点，而节点 X_j 则是 X_i 的子节点。节点之间缺省弧线则表示条件独立。节点变量可以是任何问题的抽象，例如评估指标，监测值等等。

P 为定量部分，表示用于量化网络的一组参数。P 是与每一个变量相联系的局部概率分布集合，反映变量之间相关性的概率分布，被称之为条件概率表(Conditional Probability Table, CPT)。条件概率表列出了每个节点在其父节点条件下所有可能的条件概率。

对于有向图 D 的根节点，要确定先验概率，以 $p(X_i)$ 表示变量 X_i 为真的无条件或先验概率。对于子节点，要确定在父节点不同状态下的条件概率，以 $p(X_j|X_i)$ 表示变量 X_i 为真时节点 X_j 为真的概率，联合概率分布 $p(X_1, X_2, \cdots, X_n)$ 表示为[98]

$$p(X) = p(X_1, X_2, \cdots, X_n) = \prod_{i=1}^{n} p(X_i|\pi_i)　　　　(4-2)$$

贝叶斯网络以图形的形式表达了在一定域内的联合概率分布。例如，对于一个简单的贝叶斯网络结构，$\omega \to x \to y \to z$，若想知道当 z 存在的条件下 ω 发生的概率，即 $P(\omega|z)$，由条件概率公式可得到

$$P(\omega|z) = \frac{P(\omega, z)}{p(z)} = \frac{\sum_{x,y} P(\omega, x, y, z)}{\sum_{\omega, x, y} P(\omega, x, y, z)}　　　(4-3)$$

$P(\omega, x, y, z)$ 就是贝叶斯网络决定的联合概率分布。在实际应用中，这种方法一般不可行，因为系统的状态数与节点数呈指数分布，有必要寻找一种更加简单、有效的方法进行统计推断。在贝叶斯网络中引入条件独立关系，可使计算简化，即在应用贝叶斯网络研究复杂系统时，通常只考虑直接因果关系，忽略间接因果关系。

根据贝叶斯网络在 $X = \{X_1, X_2, \cdots, X_n\}$ 上的局部条件概率分布和条件独立性质，可将联合概率分布重新表示为

$$P(X_1, X_2, \cdots, X_n) = \prod_{i=1}^{n} p(X_i | X_1, X_2, \cdots, X_{i-1}) \tag{4-4}$$

对于每个 X_i，存在一个子集 $\Pi_i \subseteq \{X_1, X_2, \cdots, X_{i-1}\}$，使得在给定 Π_i 的前提下，X_i 与 $\{X_1, X_2, \cdots, X_{i-1}\}$ 条件独立，有

$$P(X_i | X_1, X_2, \cdots, X_{i-1}) = P(X_i | \Pi_i) \tag{4-5}$$

于是，简化贝叶斯网络的基本任务就转化为找到子集 Π_i，X_i 仅依赖于 Π_i，子集 Π_i 的范围远远小于 $\{X_1, X_2, \cdots, X_n\}$。在这种情况下，可采用局部贝叶斯网络进行概率推断，变量 $X_1, X_2, \cdots, X_n$ 分别与网络中的节点相对应，X_i 的父节点是 $\{X_1, X_2, \cdots, X_n\}$ 子集 Π_i 中的点。

在贝叶斯网络图中，每个节点 X_i 的概率与条件概率分布 $P(X_i | \Pi_i)$（X_i 在状态 Π_i 上的一个概率）相对应，可以通过专家信息、试验数据及试验数据与先验信息等方法确定。由式(4-4)式和式(4-5)，具有节点 $\{X_1, X_2, \cdots, X_n\}$ 的贝叶斯网络确定了唯一的联合概率分布，如式(4-2)所示。

网络结构取决于式(4-4)展开的次数，如果展开次数选择得不合理，可能会忽略变量间的条件独立关系。在实际应用中，相关领域的专家一般可以凭经验确定变量之间的因果关系，不需要预先确定展开次数；也就是说，预先确定贝叶斯网络中的节点，再绘制出对这些节点有直接影响的有向弧，在这种情况下，节点之间条件独立关系是比较准确的。在条件独立的假设下，可将式(4-3)改写为

$$P(\omega | z) = \frac{P(\omega, z)}{P(Z)} = \frac{\sum_{x,y} P(\omega, x, y, z)}{\sum_{\omega, x, y} P(\omega, x, y, z)} = \frac{P(\omega) \sum_x P(x | \omega) \sum_y P(y | x) P(z | y)}{\sum_{\omega} P(\omega) \sum_x P(x | \omega) \sum_y P(y | x) P(z | y)} \tag{4-6}$$

式(4-6)表明，采用条件独立方法可以有效降低研究问题的维数，使统计推断更加简单。

2. 推理形式

贝叶斯网络推理是其应用的基础。贝叶斯网络推理的基本任务是，给定一个变量集 E 的观测值（证据），计算另一个被研究变量集 Q 的后验概率，即 $P(Q | E)$。目前，国内外学者已经提出很多有效的贝叶斯网络推理算法，包括近似算法和精确算法。为方便应用贝叶斯网络，一些算法已被开发成软件包，例如匹兹堡大学的决策系统实验室研制的软件用于建立图形化的决策理论模型。该软件大大简化了计算过程，其构建的结构图能够很直观地表示各种评价和诊断结果。

贝叶斯网络主要有以下 3 种推理形式。

1）因果推理

由原因推知结论，是由顶向下的推理。已知一定的原因（证据），采用贝叶斯网络计算在该项原因发生的情况下，结果发生的概率。评估航班延误对民航安全风险的波及效应，可以运用因果推理的建模方法。

2）诊断推理

由结论推知原因，是由底向上的推理。目的是在已知结果时，根据贝叶斯网络推理计算，得到造成该结果发生的原因概率。在已知民航安全风险的情况下，可以采用诊断

推理方法判断航班延误对民航安全的影响。

3）支持推理

提供解释以支持发生的现象，目的是对原因之间的相互影响进行分析。

在民航安全管理研究中，安全评估主要采用因果推理。本书在研究航班延误和民航安全风险的同源性和诱发性关系时，采用了诊断推理和支持推理的方式进行描述。

3. 建模步骤

贝叶斯网络的建模过程可以分为 3 个阶段 7 个步骤，具体步骤如图 4.1 所示。

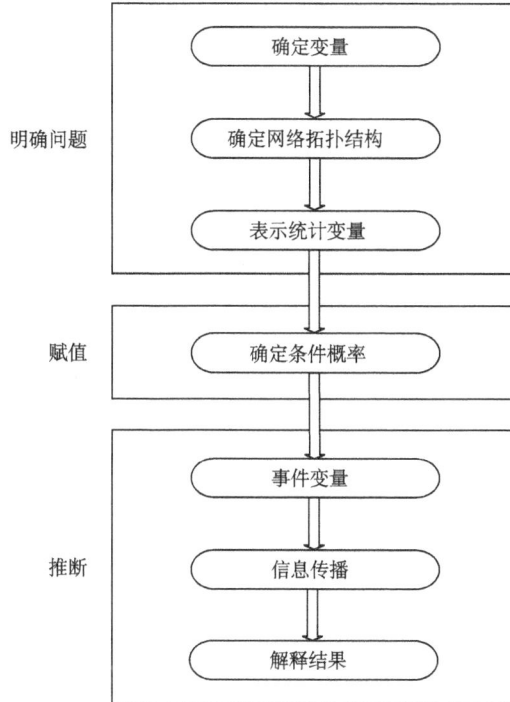

图 4.1　贝叶斯网络建模过程

1）明确研究问题

这一阶段分为三个步骤，第一步是确定相关变量，明确贝叶斯网络建模的边界范围；第二步是确定所研究问题的网络拓扑结构，并在建模过程中尽可能简化网络结构；第三步是将变量表示为统计量。虽然在理论上可以将变量表示为连续型或离散型变量，但为了简化问题，本书只将变量设计为离散型变量。这一阶段中的第二、三个步骤是反复进行的，是研究问题不断深入的过程。

2）贝叶斯网络的赋值

这一阶段的任务是对各节点进行赋值，包括确定根节点的先验概率和其他节点的条件概率。贝叶斯网络的赋值可以通过试验数据和专家信息取得，必须以完备的数据库为基础，它是建模过程中最困难的一步。

3）贝叶斯网络的推断

第三个阶段是贝叶斯网络的推断。事件变量的信息通过信念传播算法进入贝叶斯网络，再通过条件概率改变网络中其他节点的概率分布，这个过程称为信念传播和概率推断。在整个计算过程中，要充分利用网络结构信息和各节点的条件概率。对于简单的贝叶斯网络，现有的算法就可以进行推断；对于复杂的贝叶斯网络，则要采用近似算法。在航班延误波及民航安全风险的建模过程中，本书采用模块化结构，并结合 Leaky Noisy-OR 模型简化推断过程。

4.2 风险形成机制

航班延误是一种特殊的安全隐患。航班延误对民航安全的影响，一般表现在对民航生产系统安全状态的影响，这种影响一般不是直接指向事故，而是以隐患的形式表现出来，使民航生产系统原来的安全状态发生偏移，这种偏移有可能是局部的，也有可能是全局的，有可能影响较小，也有可能影响较大。无论航班延误对民航安全的影响形式如何，只要航班延误的存在确实波及民航安全风险，那么就可以称这种对安全风险的波及影响是系统性的。同时，航班延误对民航安全的影响又具有随机性，体现在安全风险和航班延误本身的随机性以及导致航班延误和民航安全隐患因素变化规律的随机性。系统性和随机性风险都体现在航班延误对民航安全风险的波及性影响中，它们是航班延误波及民航风险的两个方面。为了深入说明航班延误对民航安全风险的影响，本书分别研究航班延误波及民航安全的系统性风险和随机性风险。这样分别研究是为了分解说明风险的演变规律，而不是人为地将航班延误波及民航安全风险的系统性和随机性割裂开来。本书通过贝叶斯网络方法计算最终得到的根节点发生概率及子节点条件概率，不是仅仅针对系统性风险或随机性风险分别计算得到的，而是这两种风险共同体现的结果。

4.2.1 系统性风险

1. 航班延误作为独立隐患增加安全风险

在对航班延误波及民航安全风险的分析中，将航班延误视为一种独立存在的安全隐患，这种隐患的特点是当航班延误存在时，安全隐患就存在，当航班延误不存在时，安全隐患就消失。

假设在未发生航班延误的情况下，民航生产系统有 n 个安全隐患，即 n 个风险源，而当发生航班延误时，将航班延误看作一种独立的新风险源，这时可将系统看作具有 $n+1$ 个安全隐患。假设航班延误作为一种独立的安全隐患，并未与其他安全隐患相互作用，或者未对其他安全隐患产生影响，即其他 n 个安全隐患导致的民航安全风险度不变，由这第 $n+1$ 个安全隐患——航班延误，导致了新的民航安全风险，进而导致民航生产系统的安全风险度提高。

航班延误作为一种独立存在的安全隐患对民航安全影响的作用机理如图 4.2 所示。

在上述假设下，民航安全风险度的变化规律如图 4.3 所示，其基本假设是：

(1)将航班延误作为一种独立存在的安全隐患时，其他安全隐患与航班延误这种新的安全隐患之间相互独立；

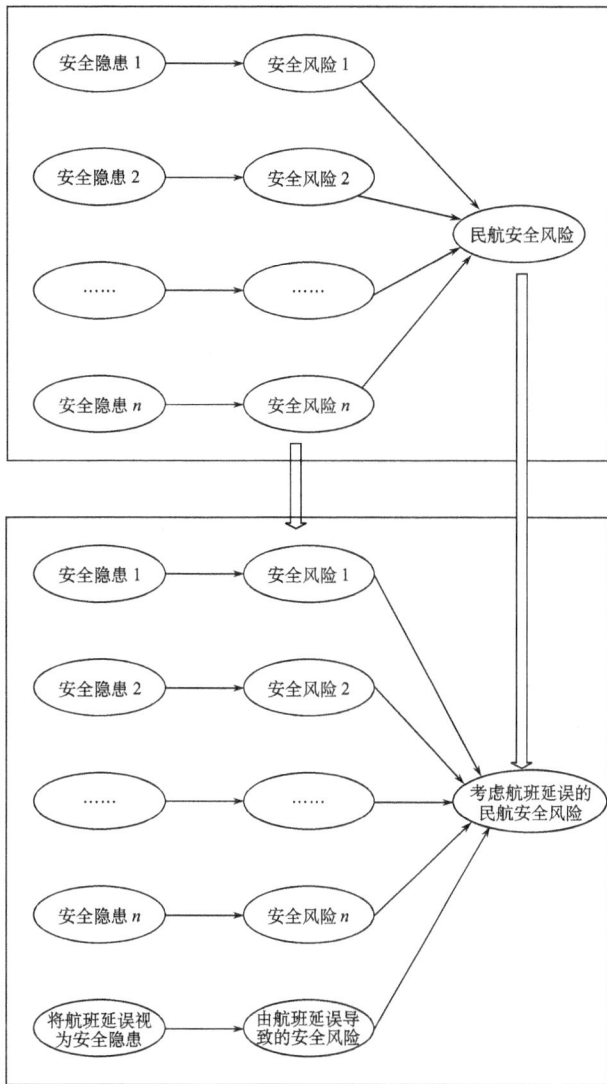

图 4.2　航班延误作为独立隐患增加安全风险

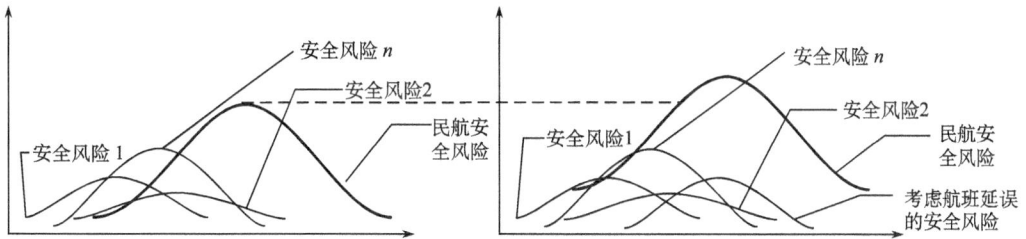

图 4.3　航班延误作为独立隐患增加安全风险的变化规律

(2)民航安全风险度的增加仅仅是由作为一种独立存在的新安全隐患的航班延误导致的;

(3)航班正常本应是常态,航班延误是一种异常态,只要有航班延误存在,就必然会使民航生产系统的安全状态发生改变,导致民航安全风险度增加,这是一种系统性风险;

(4)在安全隐患风险变化规律中,已经考虑了风险变化本身的随机性,假设民航风险变化服从正态分布。

2. 同源性关联增加安全风险

在同源性关联情况下,导致航班延误的因素同时也会对民航安全产生影响。在这里,我们考虑的是航班延误和民航安全风险并发的关联效果,尚未考虑航班延误对民航安全风险的引致即诱发影响。

假设在未发生航班延误的情况下,民航安全系统已经存在 n 个安全隐患,即 n 个风险源。在民航安全风险与航班延误之间有一些同源性关联因素,这些因素在导致航班延误的同时,也会对原来已经存在的 n 个安全隐患的风险变化规律产生影响,从而使 n 个安全隐患形成的安全风险增加。在这种情况下,民航安全风险的增加不是由航班延误作为一种独立的新安全风险源导致的,而是由于导致航班延误的那些因素同时也影响了民航安全。换句话说,在这种风险变化中,航班延误不是导致民航安全风险增加的直接原因。同源性关联因素对民航安全风险的作用机制如图 4.4 所示。

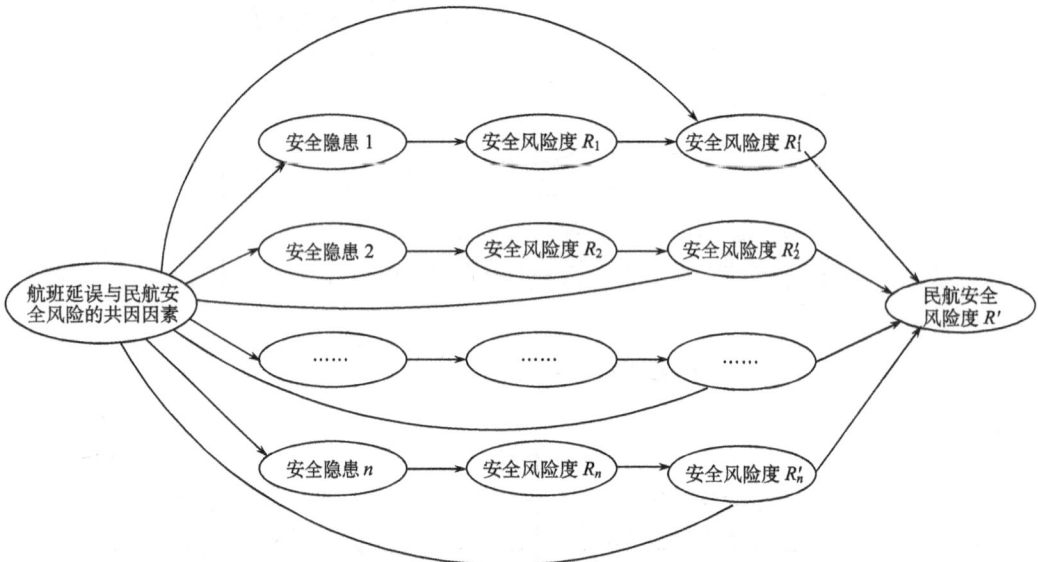

图 4.4 同源性关联增加安全风险的作用机制

当同源性关联因素导致安全状态出现偏移时,系统内部风险的变化规律如图 4.5 所示,其基本假设是:

(1)未考虑将航班延误作为一种独立的新安全隐患导致的风险;

(2)侧重于分析安全风险与航班延误的同源性关联因素对民航安全风险的影响。与航班延误相比,安全风险的指征(事故和事故征候等不安全事件)不如航班延误那样敏感,也就是说，航班延误往往是这些同源性关联因素的显性表现，而安全风险状态的转移即风险度变化往往体现为隐性变化；

(3)导致安全风险和航班延误的同源性关联因素对 n 个安全隐患风险变化规律的影响各不相同，这里着重从性质上研究同源性关联因素导致的安全隐患及其风险的增加，实际上，各种安全隐患及其风险出现的程度、时间和变化规律各不相同；

(4)在各种安全隐患及其风险的变化规律中，已经考虑了风险变化本身的随机性，假设风险的变化服从正态分布。

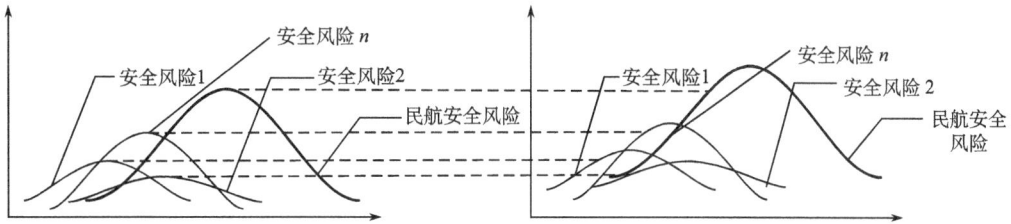

图 4.5　同源性关联增加安全风险的变化规律

3. 航班延误诱发安全风险

在很大程度上，航班延误的出现会对原有安全隐患及其风险产生诱发影响，这种诱发影响既不是独立的新安全隐患，也不是导致航班延误的因素对民航安全风险的同源性关联影响，而是航班延误本身对民航安全风险的诱发影响。在同源性关联因素构成安全隐患的基础上，这种诱发作用由航班延误对已有的安全隐患产生进一步影响，实际上是两种风险的相互叠加。在一定触发条件下，这种叠加有可能导致安全风险的激增。航班延误作为诱发因素导致民航安全风险增加的作用机制如图 4.6 所示。

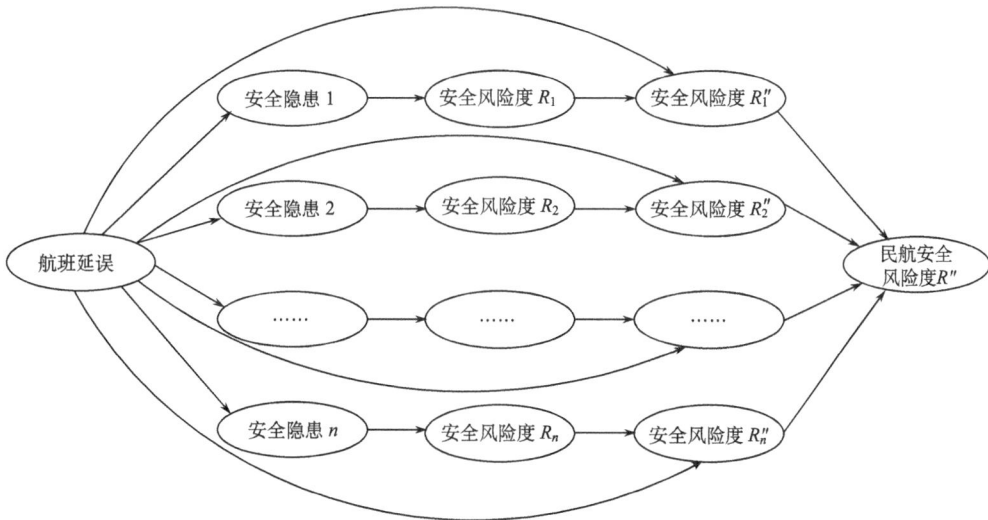

图 4.6　航班延误诱发安全风险的作用机制

航班延误作为诱因导致民航安全风险增加，其风险变化规律如图 4.7 所示，其基本假设是：

(1) 将航班延误作为一种诱发因素对安全隐患及其风险产生影响，体现为由于航班延误的出现，激发了各种安全隐患及其风险的变化，只是风险出现的程度、时间和变化规律各不相同；

(2) 在各种安全隐患及其风险的变化规律中，已经考虑了风险变化本身的随机性，假设风险的变化服从正态分布。

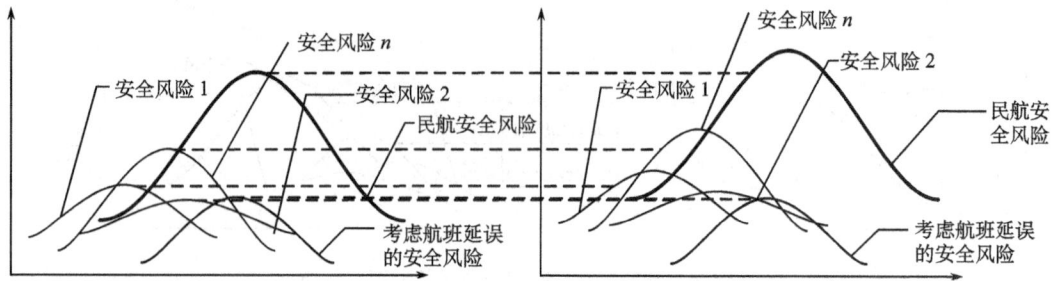

图 4.7　航班延误诱发安全风险的变化规律

4.2.2　随机性风险

航班延误安全风险具有随机性，这体现在以下几个方面。

(1) 民航不安全事件的发生具有随机性。在进行安全风险评估时，一般假设民航安全风险服从概率统计分布。

(2) 航班延误的发生具有随机性。尽管航班延误在一定程度上可以加以控制，但是由于恶劣天气等原因造成的航班延误往往是无法预见的，也是无法避免的，这就是说，导致航班延误发生的因素是具有随机性的。

(3) 安全风险的表现具有随机性。安全风险往往是由隐性因素即隐患导致的，这些隐性因素往往难以觉察，对安全的影响往往需要一定的触发条件才可能转化为显性，形成安全风险。

(4) 航班延误作为一种特殊的安全隐患，对民航安全风险的影响具有随机性。航班延误安全隐患同其他安全隐患共同作用，以并发的方式增加安全风险是具有随机性的，基于不同延误率和风险水平容限条件下的并发概率是随机的。

(5) 航班延误作为特殊的安全隐患，与其他安全隐患之间存在不确定性关联。也就是说，航班延误在多大的强度下可以诱发其他安全隐患的风险变化是不确定和随机的。

(6) 航班延误对民航安全风险的影响是一种增量风险，这种增量风险的渐进性累积和突变性激增受到多种随机因素的共同作用，体现为具有较强的随机性。

综上，可以将航班延误影响民航安全的随机性风险概括如下：

第一，航班延误和民航安全风险的影响因素具有随机性；

第二，触发航班延误和民航安全风险的条件具有随机性；

第三，航班延误和民航安全风险的状态具有随机性。

这种因素—条件—状态之间的随机性可以用图 4.8 表示。

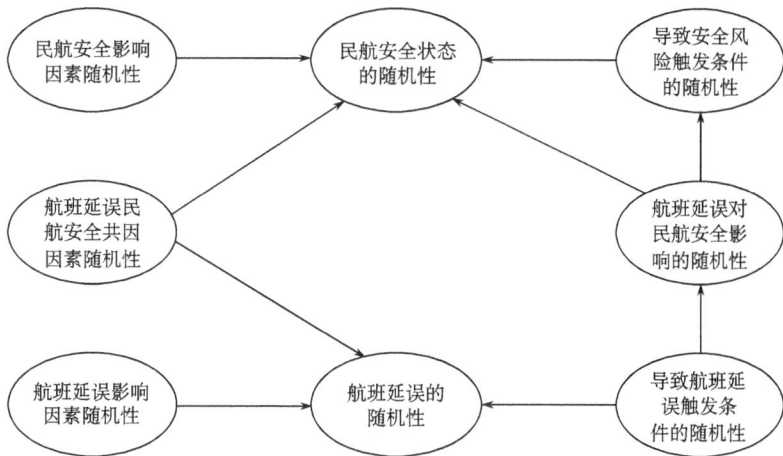

图 4.8 航班延误安全风险的随机性

4.3 系统性风险评估

将航班延误看作风险源，将若干航班延误及其致因看作多个风险源，采用信息融合方法评估民航运输生产的风险度。

这种多风险源描述方法可以分为两个部分，一部分是对多种风险源本身的描述，另一部分是关于风险的动态表示。因此，可以分别从结构维和时间维对其进行描述。

4.3.1 结构维描述

结构维描述是以混合概率分布形式，针对航班延误及其致因形成的多种安全隐患对民航安全风险的波及性影响进行的描述。假设基于航班延误的民航安全风险具有$n(n \geqslant 1)$个风险源，x_i表示第i个风险源的随机变量，$i = 1, 2, \cdots, n$，x_i的概率密度函数为$f(x_i)$，则基于航班延误的民航安全风险可以表示为

$$F(t) = p_1 \int_0^t f(x_1)\mathrm{d}t + \cdots + p_i \int_0^t f(x_i)\mathrm{d}t + \cdots + p_n \int_0^t f(x_n)\mathrm{d}t \tag{4-7}$$

式中，p_i为第i个风险源的权重因子。

式(4-7)还有一个约束条件，即

$$\sum_{i=1}^n p_i = 1 \tag{4-8}$$

式(4-8)的含义是，如果发生民航安全风险，必然是某种风险源单独作用或多种风险源共同作用的结果。

4.3.2 时间维描述

时间维描述航班延误波及民航安全风险的动态变化规律，一般以复合模型表示。复

合模型侧重于表示在不同时间点，多风险源侧重于描述多种风险源的风险变化规律，也就说在不同时间间隔内，不同风险源对系统风险的影响规律是不同的，而在同一时间间隔内，不同风险源对系统风险的影响是基本相同的。

假设在不同时期的风险概率密度函数表示为

$$f(t) = \begin{cases} f_0(t), & 0 < t < T_1 \\ \vdots \\ f_i(t), & T_i < t < T_{i+1} \\ \vdots \\ f_L(t), & T_L < t \end{cases} \tag{4-9}$$

则对应不同阶段的风险概率函数可表示为

$$F(t) = \begin{cases} F_0(t) = \int_0^t f_0(t), & 0 < t < T_1 \\ \vdots \\ F_i(t) = \int_0^t f_0(T_1)f_1(T_2 \mid T_1)\cdots f_i(t \mid T_i), & T_i < t < T_{i+1} \\ \vdots \\ F_L(t) = \int_0^t f_0(T_1)f_1(T_2 \mid T_1)\cdots f_L(t \mid T_L), & T_L < t \end{cases} \tag{4-10}$$

4.3.3 评估步骤

系统安全风险评估以贝叶斯方法为核心，采用条件概率的方法描述航班延误波及民航安全风险的变化概率。

(1)按照民航安全评估的基本思想，确定不同安全隐患发生安全风险的概率；

(2)计算在航班延误情况下安全风险发生的条件概率；

(3)计算在航班延误共发因素下产生安全风险的条件概率；

(4)计算在同源性风险、诱发性风险下产生安全风险的联合概率；

(5)计算由其他安全隐患及航班延误共同导致的安全风险联合概率，计算航班延误波及民航安全风险度。

以上系统安全风险评估过程是针对系统性风险的计算，同时蕴含了对伴随的随机性风险的考虑。

4.4 随机性风险评估

随机性风险评估实际上是将上述系统性风险评估用随机过程进行描述，本书用隐马尔可夫过程来描述风险状态的转化过程。

4.4.1 描述方法

隐马尔可夫模型(Hidden Markov Model，HMM)是一个双重随机过程，其中一个是 Markov 链，用于描述各状态之间的概率转移关系，另一个随机过程描述状态与观测值之间的统计对应关系。模型中系统的真实状态不能够直接观测到，只能通过观测值来感知它的存在及其特性，故称为隐马尔可夫模型。HMM可以由下列相关参数描述：

(1)马尔可夫链的状态数目为 N ，记民航安全风险 N 个状态分别为 $s_1, s_2, \cdots, s_N$ ，假定 t 时刻系统所处的状态为 q_t ，则有 $q_t \in (s_1, s_2, \cdots, s_N)$ 。

(2)状态相对应的可能观测值数目为 M ，记民航安全风险 M 个观测值为 $V_1, V_2, \cdots V_M$ ， t 时刻的观测值为 $O_t \in (V_1, V_2, \cdots, V_M)$ 。

(3)状态转移概率矩阵 A ， $A = (a_{ij})_{N \times N}$ $1 \leqslant i, j \leqslant N$ ，表示在相等时间间隔内，民航安全风险各状态之间转移的概率，式中， $a_{ij} = P(q_{t+1} = s_j | q_t = s_i)$ $1 \leqslant i, j \leqslant N$ 。

(4)初始状态概率矢量 π ， $\pi = (\pi_1, \pi_2, \cdots, \pi_N)$ ，式中， $\pi_i = P(q_1 = s_i)$ $1 \leqslant i \leqslant N$ 。

(5)观察值概率矩阵 B ， $B = (b_{jk})_{N \times M}$ ，表示系统状态为 s_j 时观测值为 V_k 的概率，式中， $b_{jk} = P(O_t = V_k | q_t = s_j)$ $1 \leqslant j \leqslant N, 1 \leqslant k \leqslant M$ 。

此外，状态驻留时间分布也是隐马尔可夫模型中应用较多的参数。在传统 HMM 中，认为状态驻留时间一般服从指数分布。定义 $p_i(d)$ 为系统在状态 i 驻留 d 个时间单位的概率。通过状态转移矩阵推断其概率分布 $p_i(d)$ 的表达式为

$$p_i(d) = a_{ii}^{d-1}(1 - a_{ii}) \quad d = 1, 2, \cdots \tag{4-11}$$

应用 HMM 对风险转化过程进行建模时，需要解决如下 3 个基本问题：

1. 识别问题

在民航安全风险计算中，当给定模型参数 λ (假设服从高斯分布)和观测序列 O 时，如何计算 λ 产生 O 的概率 $P(O | \lambda)$ 。

2. 解码问题

当给定模型参数 λ 和观测序列 O 时，如何据此推断出最优的系统状态转移序列 $S = (q_1, q_2, \cdots, q_T)$ ，使 $P(O | \lambda)$ 最大。

3. 学习问题

当给定观测序列 O 时，如何计算出模型参数 λ ，使得概率 $P(O | \lambda)$ 最大，也就是模型训练问题。

4.4.2 求解算法

上述 3 个问题通常分别由前向—后向算法、Viterbi 算法和参数重估算法解决。

1. 前向—后向算法

该算法用来解决第一个问题，定义隐马尔可夫模型的前向概率为

$$\alpha_t(i) = P(O_1 O_2 \cdots O_t, q_t = i | \lambda) \tag{4-12}$$

表示当部分观测序列 $(O_1O_2\cdots O_t)$ 和 HMM 参数已知时,系统在时刻 t 处于状态 i 的概率。其求解过程如下:

1)初始化

$$\alpha_t(i) = \pi_i b_i(O_1), \quad 1 \le i \le N \tag{4-13}$$

2)迭代过程

$$\alpha_{t+1}(j) = \left(\sum_{i=1}^{N} p(i)a_{ij}\right)b_i(O_{t+1}), \quad 1 \le t \le T-1, \quad 1 \le j \le N \tag{4-14}$$

3)终止计算

$$P(O|\lambda) = \sum_{i=1}^{N} \alpha_t(i) \tag{4-15}$$

同时,定义隐马尔可夫模型的后向概率为

$$\beta_t(i) = P(O_{t+1}O_{t+2}\cdots O_T, q_T = i|\lambda) \tag{4-16}$$

表示给定观测序列及模型参数,且已知在时刻 t 系统处于状态 i,系统输出部分观测序列 $(O_1O_2\cdots O_t)$ 的概率。其递推计算公式如下:

(1)初始化

$$\beta_T(i) = 1, \quad 1 \le i \le N \tag{4-17}$$

(2)迭代过程

$$\beta_t(i) = \sum_{j=1}^{N} a_{ij}b_j(O_{t+1})\beta_{t+1}(j), \quad 1 \le t \le T-1, \quad 1 \le i \le N \tag{4-18}$$

这样,结合前向概率和后向概率,得到整个观测序列的输出概率为

$$P(O|\lambda) = \sum_{i=1}^{N} \alpha_t(i)\beta_t(i)b_j(O_{t+1}) = \sum_{i=1}^{N}\sum_{j=1}^{N} \alpha_t(i)a_{ij}b_j(O_{t+1})\beta_{t+1}(j), \quad 1 \le t \le T-1 \tag{4-19}$$

2. Viterbi 算法

该算法用来解决第二个问题。Viterbi 算法广泛应用于通信领域的动态规划,不仅可以找到一条"最优"的状态转移路径,还可以得到该路径对应的输出概率。该算法可以叙述为:定义 $\delta_t(i)$ 为 t 时刻沿路径 $(q_1, q_2, \cdots, q_t, q_t = S_i)$ 的状态,其产生出 $(O_1O_2\cdots O_t)$ 的概率最大。其计算过程如下:

1)初始化

$$\delta_1(i) = \pi_i b_i(O_1), \quad 1 \le i \le N \tag{4-20}$$

$$\psi_1(i) = 1, \quad 1 \le i \le N \tag{4-21}$$

2)递归计算

$$\delta_t(j) = \max_{1 \le i \le N}[\delta_{t-1}(i)a_{ij}]b_j(O_t), \quad 2 \le t \le T, \quad 1 \le j \le N \tag{4-22}$$

$$\psi_t(j) = \arg\max_{1 \le i \le N}[\delta_{t-1}(i)a_{ij}], \quad 1 \le t \le T, \quad 1 \le j \le N \tag{4-23}$$

3)终止计算

$$P^* = \max_{1 \leqslant i \leqslant N}[\delta_T(i)] \qquad (4\text{-}24)$$

$$q_T^* = \arg\max_{1 \leqslant i \leqslant N}[\delta_T(i)] \qquad (4\text{-}25)$$

4）状态序列

$$q_t^* = \psi_{t+1}(q_{t+1}^*), \quad 1 \leqslant t \leqslant T-1 \qquad (4\text{-}26)$$

3. Baum-Welch 算法

该算法用来解决第三个问题，利用递归思想，使得概率 $P(O|\lambda)$ 局部最大，从而得到模型的参数 $\lambda = (A,B,\pi)$。

记 $\xi_t(i,j)$ 为当模型参数 λ 和训练序列 O 已知时，在时刻 t 马尔可夫链处于 S_i 状态，在 $t+1$ 时刻为 S_j 状态的概率，即

$$\xi_t(i,j) = P(O, O_t = S_i, O_{t+1} = S_j | \lambda) \qquad (4\text{-}27)$$

对上式进一步推导可得到

$$\xi_t(i,j) = [\alpha_t(i)a_{ij}b_j(O_{t+1})\beta_{t+1}(j)]/P(O|\lambda) \qquad (4\text{-}28)$$

于是，时刻 t 马尔可夫链处于 S_i 状态的概率为

$$\xi_t(i) = P(O, O_t = S_i | \lambda) = \sum_{j=1}^{N} \xi_t(i,j) = \frac{\alpha_t(i)\beta_t(i)}{P(O|\lambda)} \qquad (4\text{-}29)$$

式中，$\sum\limits_{t=1}^{T-1}\xi_t(i)$ 表示系统从状态 S_i 转移出去的期望次数，而 $\sum\limits_{t=1}^{T-1}\xi_t(i,j)$ 表示从状态 S_i 转移到状态 S_j 的期望次数。因此，可得到 Baum-Welch 算法的重估公式

$$\overline{\pi}_i = \xi_1(i) \qquad (4\text{-}30)$$

$$\overline{a}_{ij} = \frac{\sum\limits_{t=1}^{T-1}\xi_t(i,j)}{\sum\limits_{t=1}^{T-1}\xi_t(i)} \qquad (4\text{-}31)$$

$$\overline{b}_j(O_t = v_k) = \frac{\sum\limits_{t=1,O_t=v_k}^{T}\xi_t(j)}{\sum\limits_{t=1}^{T}\xi_t(j)} \qquad (4\text{-}32)$$

参数估计过程如下：

（1）选取初始模型参数 $\lambda = (A,B,\pi)$；

（2）根据观测序列 O，由式（4.30）～式（4.32）求得一组新参数 $\overline{\lambda} = (\overline{A},\overline{B},\overline{\pi})$，可以证明 $P(O|\overline{\lambda}) > P(O|\lambda)$；

（3）重复第（2）步，逐步改进模型参数，直至 $P(O|\overline{\lambda})$ 收敛，此时的 $\overline{\lambda}$ 即为所求的模型参数。

4.5 基于贝叶斯网络的风险评估

4.5.1 航班延误影响因素分析

1. 始发地延误

造成航班延误的因素众多,第 3 章分别从资源约束、运行管理和外部环境 3 个方面和飞行机组、机务维修、航班计划、交通管制等关键环节对航班延误致因进行了分析。按照其主体属性进行分类,航班延误致因主要包括天气原因、航空公司管理、机场管理、航空管制和旅客原因,如表 4.2 所示。

表 4.2 航班始发地机场延误因素分类

因素类别	具体原因
1. 天气原因	1) 出发地机场天气状况(能见度、低空云、雷雨区、强侧风)
	2) 目的地机场天气状况(能见度、低空云、雷雨区、强侧风)
	3) 飞行航路上的气象情况(高空雷雨区)
	4) 机组状况(机组技术等级,分析把握当前气象条件及其趋势,做出专业的决策)
	5) 飞机状况(机型对气象条件的安全标准,某些机载设备失效导致飞机不宜在该天气状况下飞行)
	6) 因恶劣天气导致的后续状况(机场导航设备受损,跑道不够标准,如结冰、严重积水等)
2. 航空公司管理	1) 运力调配
	2) 机械故障
	3) 机票超售
3. 机场管理	1) 地面服务保障
	2) 地面电脑系统
4. 航空管制	1) 流量控制
	2) 天气预报
5. 旅客	1) 旅客晚到
	2) 突发事件

航空公司使用的部分航班延误因素分类代码如表 4.3 所示。

表 4.3 航空公司使用的部分延误代码

天气原因	流量控制	工程机务	运输服务	机场设计	空勤人员	公司计划
TQ	LL	JW	YS	JC	KQ	JH
机场秩序	食品供应	安检	联检	旅客	需要说明的原因	禁飞
CQ	SP	AJ	LJ	LK	SM	JF

2. 航班延误的波及效应

当航班数量少,且航班间隔时间较长时,航班延误往往是单一航班的问题,造成的影响有限,且成因简单,如天气原因、人的因素和机械故障等。

随着民航业的发展，航班计划中航班安排越来越密集，使各类航班之间常常存在各种关系(如各类相关，链式关系)。这使单一航班的延误通过航班链等联系作用传递到链中的下游航班。影响航班延误的过站因素主要包括：

1)机场因素

对于大型枢纽机场，如北京、上海、广州等地机场，由于航班多，机场十分繁忙，因此飞机过站时的等待时间和地面服务时间比中小型机场长。

2)机型因素

民航局规定了各类机型的最小过站时间，机型越大(飞机的座位数越多)，飞行前的准备工作以及地面服务工作所需的时间越多，因此过站时间越长。

3)起飞延误时间

通常情况下，飞机起飞延误时间越长，下游机场受其影响对过站时间的调整量越大。

4)航班执行时刻

一般而言，白天航班较多而夜班较少，10:00～18:00 的航班较多，服务等待时间会延长，因此会影响航班过站时间。

5)航班计划

航空公司根据航空运输市场的需求量制定相应的航班计划。通常在每年的4～10月执行夏秋航班计划，由于市场需求量增加，航空公司会加大重点市场的运力投入。航班运力的加大，必然导致某些机场资源紧张，过站时间也就会受到相应的影响。

6)延误原因

导致航班延误的原因很多，包括天气原因、航空管制、机械故障、飞机调配等因素。由天气原因导致的延误是不可抗拒的，其他因素导致的航班延误可以通过航空公司、空管部门以及机场之间的通力配合得以解决，因此延误的时间一般不会很长。

4.5.2 定性分析

基于贝叶斯网络定性分析航班延误波及的民航安全风险，其目标是将安全风险与航班延误之间的关系转化为贝叶斯网络结构图。

本书研究的重点是航班延误对民航安全风险的影响，研究对象是一种增量风险，因此在绘制航班延误波及民航安全风险的贝叶斯网络图时，侧重于对航班延误影响过程的描述。为了简化网络结构，将民航安全风险分解为空管系统风险、机场风险、机务风险、航空公司管理风险。

航班执行过程如图4.9所示。航班延误波及民航安全风险的网络结构如图4.10所示。

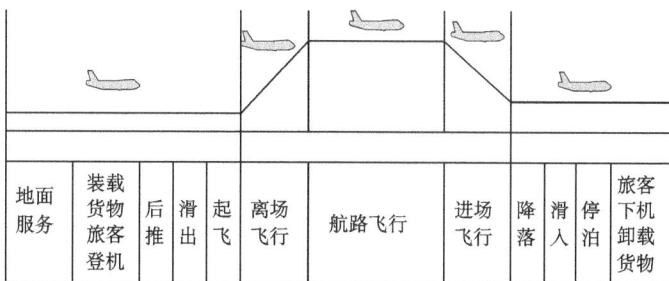

地面服务	装载货物旅客登机	后推	滑出	起飞	离场飞行	航路飞行	进场飞行	降落	滑入	停泊	旅客下机卸载货物

图 4.9　航班执行过程

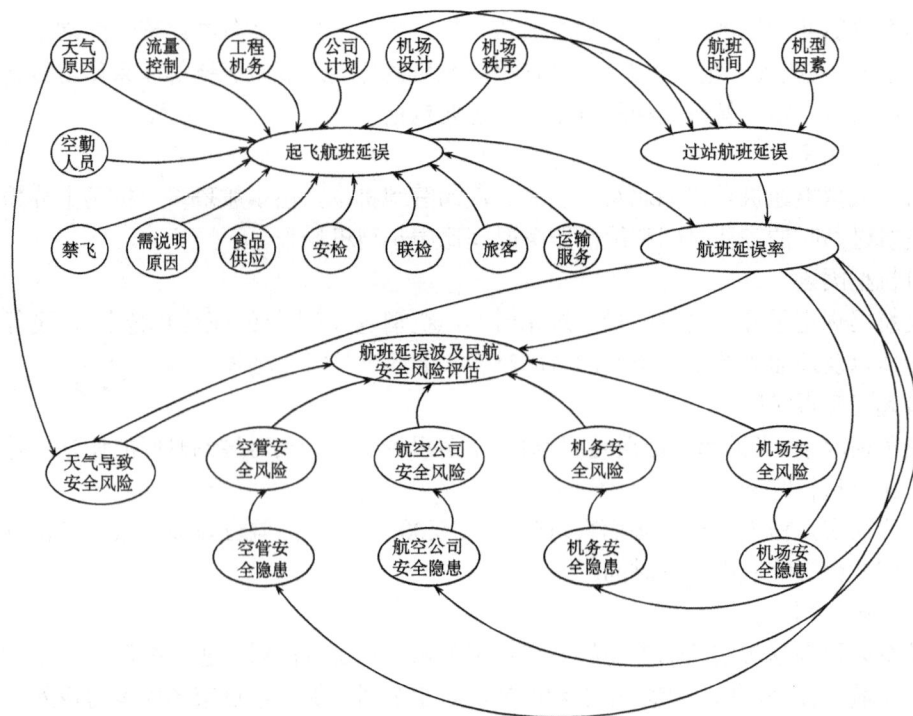

图 4.10　航班延误波及安全风险的网络结构

4.5.3　定量分析

通过采集相关数据，结合图 4.10 绘制的航班延误波及民航安全风险的网络结构，确定根节点的发生概率及子节点的条件概率，进而估算航班延误波及民航安全风险的程度，计算基于航班延误的民航安全风险度。相关计算采用 GeNIe 软件来实现。

如图 4.11 所示，在航班延误波及民航安全风险的建模中，通常情况是多个因素共同影响某个因素的状态或系统的状态，也就是说，在贝叶斯网络图中某个子节点具有 n 个父节点。假设结果节点 E 具有 n 个父节点 $C_1, C_2, \cdots, C_n$，所有节点都具有两种状态：正常（N）和风险（F），具有 n 个父节点的子节点 E 就有 2^n 个条件概率取值。面对这样大的数据需求量，一方面增加了统计推断的难度，降低了可操作性；另一方面，也是最重要的，这些数据一般不容易取得，这主要基于三方面原因。

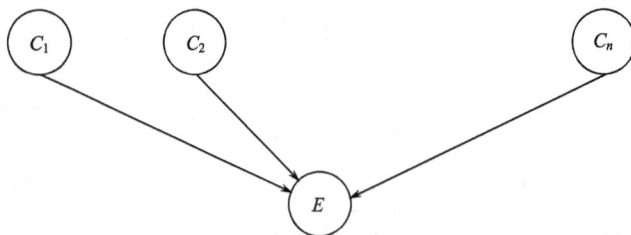

图 4.11　多因素影响结果节点的贝叶斯网络拓扑结构

(1)安全事故发生率极低，很难获得相关的样本；

(2)不安全事件多是在多种因素的共同作用下发生的，且具有一定的随机性，因而很难验证在几种因素相互作用下可能产生的结果；

(3)面对如此大的信息需求，专家很难给出各种原因相互作用产生结果的概率，即使能够给出，其精度和可信度都值得推敲。

综上所述，基于贝叶斯网络的航空安全风险分析面对的是不完备的数据结构，且在统计推断上又要求一定程度的简化。

变量之间的条件独立能在一定程度上降低贝叶斯网络对数据的需求量，并简化统计推断过程。例如，两个变量 A 和 B ，相对于第三个变量 C 条件独立，因此有 $P(A|C,B)=P(A|C)$ ，也就是说，如果知道了 C 的概率值，不管 B 的取值如何，都不影响变量 A 的概率值。

Kim J.H.和 Pearl J.提出 Noisy-OR 模型[99]，就是针对条件独立关系建立的模型，它可以降低数据需求，并提高统计推断效率。这个模型成立的基本条件就是针对问题的性质，添加限制条件，采用小的局部贝叶斯网络结构，而模块化建模为采用这种方法提供了客观可能。在这个小的贝叶斯网络图中，各变量相互独立，重新确定贝叶斯网络结构图，并进行统计推断。在这种假设下，只需确定 $P(E|C_i)$ 和 $P(\overline{E}|\overline{C_i})$ 等 $2n$ 个参数就可以完成对整个贝叶斯网络的推断。将这种方法引入到民航安全风险评估建模过程中，可以大大降低试验数据需求量，使这种贝叶斯网络方法在实际的航空安全建模中得到推广和应用。

在图 4.11 所示的贝叶斯网络图中，Noisy-OR 模型的基本假设是：

(1)当其他父节点都处于正常状态时，节点 C_i 的异常，将会导致子节点 E 以概率 p_i 产生事件；

(2)每个父节点的事件均单独出现。

这两个假设的基本含义就是导致事件的机理相互独立。对于民航安全风险分析，利用小的贝叶斯网络就可以满足要求，因此这种简化方法可以使用在民航安全风险分析建模中。通过以上假设，只利用 n 个参数 $p_1,p_2,\cdots,p_n$ 就可以确定子节点的条件概率分布 $P(E|C_1,C_2,\cdots,C_n)$ 。p_i 代表只有父节点 C_i 存在风险状态，而其他父节点 $C_j(j\neq i)$ 均正常时，子节点 E 存在事件状态的风险概率。其表达式为

$$p_i = P(E=F|C_i\text{only})=P(E|C_1=N,C_2=N,\cdots,C_i=F,\cdots,C_{n-1}=N,C_n=N) \quad (4\text{-}33)$$

在所有的父节点 $C_1,C_2,\cdots,C_n$ 的共同作用下，子节点 E 存在事件状态的概率为

$$P(E|H)=1-\prod_{i:c_i\in H^+}(1-p_i) \quad (4\text{-}34)$$

式中，H 代表所有的父节点 $C_1,C_2,\cdots,C_n$ 组成的集合；H^+ 代表所有处于"真"状态的节点组成的集合。如果 H^+ 为空，则在现有节点状态下，系统发生事件的风险概率为0，这种结果适用于简单系统。

试验结果 E 的边缘概率可表示为

$$P(E)=\sum_H P(E|H) \quad (4\text{-}35)$$

民航安全生产系统变量间的关系非常复杂，有可能遗漏某些重要因素，例如一些尚

未考虑到的数据的噪声因素。如果单纯假设各因素相互独立，在这种情况下进行推断可能会产生"置信过度"。本章采用 Leaky Noisy-OR 模型，它是 Noisy-OR 的改进模型，其基本思想是：当所有的父节点都处于正常状态时，子节点也有可能处于事故状态，这种假设更符合工程实际。Leaky Noisy-OR 模型在原有的 Noisy-OR 模型上引入一个附加参数 p_L，它代表所有未考虑到父节点对子节点状态的影响。与此相对应，在贝叶斯网络图中增加一个节点 L，它一直存在于子集 H^+ 中。这个参数表示为

$$p_L = P(C_1 = N, C_2 = N, \cdots, C_n = N) \tag{4-36}$$

下面给出在 Leaky Noisy-OR 模型中确定 p_i 和 p_L 的方法。

确定参数 p_i 时要考虑遗漏的父节点对子节点状态的影响，这样有利于采集专家信息或相关信息，或直接对数据进行学习，得出相应结论。

子节点 E 导致的风险状态，是由父节点 C_i 和其他因素共同作用导致的结果，将这些因素归纳为一个因子 L_{all}，相应的概率为 p_L。则可以得到

$$P(E = F | C_i = F) = p_i + p_L - p_i \cdot p_L \tag{4-37}$$

$$P(E = F | C_i = N) = p_L \tag{4-38}$$

对于父节点 C_i，有

$$P(E = F | C_i = F) = 1 - P(E = N | C = F_i) \tag{4-39}$$

式(4-36)～式(4-38)联立得

$$p_i = \frac{P(E = F | C_i = F) - P(E = F | C_i = N)}{1 - P(E = F | C_i = F)} \tag{4-40}$$

如果某个父节点 C_i 的事故确实能导致子节点 E 的事件，则

$$P(E = F | C_i = F) > P(E = F | C_i = N_i), \quad P(E = F | C_i = F) \leqslant 1$$

所以

$$P(E = F | C_i = N) < 1$$

进一步有

$$P(E = F | C_i = F) - P(E = F | C_i = N) < 1 - P(E = F | C_i = N) \tag{4-41}$$

根据 p_i，就可以确定相应父节点发生事件的残余风险概率 p_L^i。考虑 $P(E = N | C_i = N)$ 表示父节点 C_i 处于正常状态时，子节点 E 不发生事件的风险概率。当父节点 C_i 处于正常状态时，在整个域内分解 C_i，有

$$P(E = N | C_i = N) = \frac{\sum_{H | C_i \in H^-} P(E = N | H) P(H)}{P(C_i = N)} \tag{4-42}$$

$P(E = N | H)$ 用已求出的 p_i 和 p_L^i 表示为

$$P(E = F | C_i = N) = \frac{\sum_{H | C_i \in H^-} \left(1 - p_L^i\right) \prod_{C_j \in H^+} \left(1 - p_j\right) \prod_{c_j \in H^+} P(C_j = F) \prod_{c_j \in H^-} P(C_j = N)}{P(C_i = N)} \tag{4-43}$$

由式(4-41)和式(4-42)，可得到 p_L^i 的表达式为

$$p_L^i = 1 - \frac{P(E=N|C_i=N)P(C_i=N)}{\sum\limits_{H|C_i\in H^-}\prod\limits_{C_j\in H^+}(1-p_j)\prod\limits_{C_j\in H^+}P(C_j=F)\prod\limits_{C_j\in H^-}P(C_j=N)} \tag{4-44}$$

对于每个父节点都可以估计 p_L^i，将这些数值通过简单平均或加权平均可以得到一个合理的 p_L。如以各节点未发生事件的概率 $P(C_i=N)$ 作为权重，且 $P(C_i=N) = 1 - P(C_i=F)$，则

$$p_L = \sum_i \left(1 - P(C_i=F)\right)p_L^i \tag{4-45}$$

选择 $P(C_i=N)$ 作为权重的原因在于只有在父节点 C_i 处于正常状态时，才需要估计 p_L^i 的取值。

对各节点分别估计的 p_L^i，应基本一致，取值范围不会有很大差距；如果这些节点的取值相差很大，就要考虑 $P(E=N|C_i=N)$ 和 $P(E=F|C_i=F)$ 的取值是否合理，以及是否符合 Leaky Noisy-OR 模型的假设。相应的风险计算可以表示为

$$P(E|H) = 1 - \prod_{i:c_i\in H^+}(1-p_i)(1-p_L) \tag{4-46}$$

4.5.4　算例

要具体分析航班延误对民航安全风险的波及效果，确定数据采集范围如下：

（1）统计分析获得，如流量控制等节点，可以通过统计数据计算流量控制的比例；

（2）专家经验及以往历史数据推断获取，这类数据往往难以直接采集到，可以采用工程分析结合专家经验获取；

（3）来源于其他分析获取的数据，如机场安全隐患，机务系统安全隐患等，其本身的计算过程就很复杂，可以借用上一年度相关安全审计的数据提取获得。

利用仿真数据计算的民航安全风险评估 GeNIe 界面如图 4.12 所示。

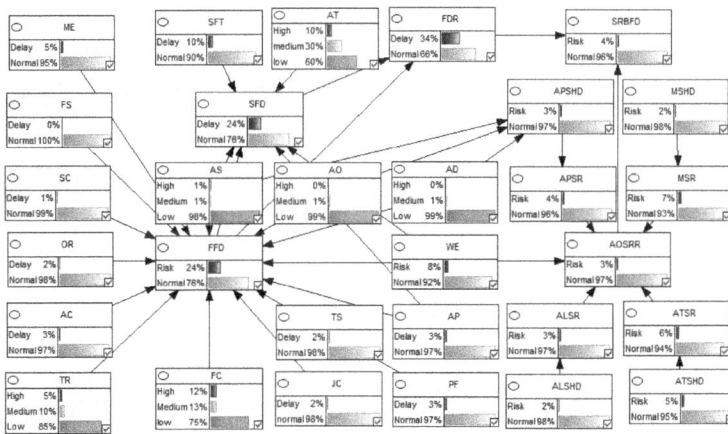

图 4.12　各节点的后验边缘概率

图 4.12 中各节点简写的含义如下：

含义	缩略语	含义	缩略语
天气	WE	机型因素	AT
流量控制	FC	起飞航班延误	FFD
工程机务	ME	过站航班延误	SFD
航班公司计划	AP	航班延误率	FDR
机场设计	AD	民航安全运行风险率	AOSRR
机场秩序	AO	航班延误波及民航安全运行风险率	SRBFD
航班时间	SFT	空管的安全隐患	ATSHD
空管的安全风险	ATSR	航空公司安全隐患	ALSHD
航空公司安全风险	ALSR	机场安全隐患	APSHD
机场安全风险	APSR	机务安全隐患	MSHD
机务安全风险	MSR	禁飞	PF
机场规模	AS	空勤人员	AC
食品供应	FS	安检	SC
需要说明的原因	OR	联检	JC
旅客	TR	运输服务	TS

第5章 航班延误安全风险调查分析

本章基于实地调研数据,对航班延误安全风险进行实证分析,主要包括下列内容:
(1)设计航班延误安全风险评估指标;
(2)设计航班延误与安全风险之间同源性关联的评估指标;
(3)设计调查表;
(4)使用调查表实施调研,收集行业和运行单位的数据;
(5)对调研获取的数据进行统计分析。

5.1 评估指标设计原则

为了对航班延误安全风险进行实证量化评估,本书设计了两类评估指标,即波及性影响指标和同源性关联指标。前一类指标关注航班延误对民航安全风险的波及性影响;后一类指标关注航班延误与民航安全风险的关联性。考虑到在航班延误与民航安全风险的同源性、并发性及诱发性关联中,同源性关联是最基本也是最重要的关联,因此这里集中关注航班延误与民航安全风险之间的同源性关联。在两类指标中,后一类指标是前一类指标的基础,前一类指标是后一类指标的运用。

为了提高调研工作效率,在评估指标的选取和运用上,强调以下5点。

1. 符合实际

在调研准备阶段和实施过程中,项目组成员和调查对象单位反复互动,使所选指标能较好地反映民航航班延误的实际情况,揭示航班延误波及安全风险的实际影响。

2. 力求全面

要求所选指标基本覆盖民航航班运行与管理过程的各单位、各专业、各环节,力求不漏大项,能够比较全面地反映航班延误的致因及其对安全风险的波及影响。

3. 突出重点

在力求全面的前提下,对航班延误的各种致因和波及安全风险的各种影响进行适当的合并和取舍,确保所选指标在诸多影响因素中能够突出影响较大的关键因素,适当兼顾次要因素和连带因素。

4. 含义明确

明确航班延误波及民航安全风险的问题范围,使用业内规范语言,考虑民航不同单位、不同层次各类专业人员的理解习惯命名和描述各项指标,尽量减少指标的歧义性。

5. 便于扩展

所选指标既要适用于在行业层面上研究航班延误波及安全风险问题的具体任务，也要便于开展后续研究，包括对航班延误与安全风险各自问题和相互关系的进一步研究，航班运行和管理各单位、各专业、各层次对航班延误波及安全风险问题的更深入研究。

5.2　波及性影响指标

关于航班延误对安全风险的波及性影响，可以从 4 个基本维度进行考察：航班延误时长的影响、延误航班数的影响、延误旅客人数的影响以及航班延误处置情况的影响。这 4 个基本维度构成测度航班延误对民航安全风险的波及性影响的 4 个一级指标，即

$$R = f(T_1, N_1, N_2, T_2) \tag{5-1}$$

式中，R 为航班延误波及的安全风险；T_1 为航班延误的时间长度；N_1 为延误航班数；N_2 为延误旅客人数；T_2 为航班延误处置情况。

5.2.1　航班延误时长

航班延误时长为特定机场上单个到达航班发生延误的时间长度。

在航班延误对民航安全的波及性影响中，航班延误时长是首要的自变量。

航班正点率是一个一个航班飞出来的，每一个航班正点是一家航空公司乃至全行业提高航班正点率的基础。考察航班延误波及的安全风险，需要从考察单个航班延误时长及其波及的安全风险出发。

一般认为，旅客对短于半小时的航班延误比较容易接受，随着航班延误时间加长，旅客的群体性焦虑会越来越严重。另一方面，随着航班延误时间加长，必然会使航班运行秩序越来越混乱，运行资源越来越紧张，航班继续运行的安全风险越来越大。

项目组在调研过程中注意到，有人认为对于延误时间超过 4 小时的航班，由于行业有规定给予适当的经济补偿，旅客反而比较容易接受。这种看法有一定道理，但是从各地屡有发生的延误旅客群体事件来看，经济补偿的缓释作用十分有限，而且即使这种情况下旅客情绪的确得到一定缓解，长时间延误导致航班运行资源紧张而积累的安全风险也不容忽视。更何况当延误时间过长，延误旅客在机场形成滞留时，航班延误波及的安全风险也必然会进一步迅速增加。

综合上述，为了测度不同延误时长的风险波及效果，在航班延误时在一级指标下设立了 6 个二级指标，即 0.5 小时以下、0.5～1 小时、1～2 小时、2～3 小时、3～4 小时、4 小时以上。

5.2.2　日延误航班数

日延误航班数为同一机场在同一天内发生的航班延误次数。

日延误航班数是航班延误波及安全风险的第二个重要影响因素。

单个航班的延误特别是长时间延误固然值得重视，但是更值得重视的是大面积的航班延误，即在较短时间，例如一天内，众多航班在同一机场、同一航线甚至在多个机场、

多条航线上集中出现的延误。一般来说，航班延误的出现在时间上越集中，在空间上面积越大，其波及的安全风险相应地也就越大。

由于本书的任务是面向行业进行研究，考虑研究结论的一般适用性，在日延误航班数一级指标下设立了6个二级指标，即5个以下、5~10个、10~20个、20~50个、50~100个、100个以上。

显然，不同规模、不同资源条件的机场，其承受日延误航班数量的能力有很大差别。在干线机场等级以上的大型机场，由于航班运行资源比较丰富，且在出现航班延误时调整资源的空间较大，个别航班的延误一般不会对运行秩序形成太大冲击，因而不会形成太大安全风险；而在多数中小机场，由于航班运行资源本来就比较少，且调整起来十分困难，一旦发生航班延误，就很容易使运行秩序陷入混乱而形成较大的安全风险。

5.2.3 日延误旅客人数

日延误旅客人数为同一机场在同一天内受到到达航班延误影响的旅客人数。

日延误旅客人数与日延误航班数密切相关。一般来说，在一天时间内，延误航班越多，延误旅客也就越多，由此波及的安全风险也就越大。但是由于机型不同，客座率不同等原因，日延误旅客人数与日延误航班数之间的关系是动态变化的，因而有必要把日延误旅客人数作为一个相对独立的因素进行专门考察。

和日延误航班数的情形类似，不同规模、不同资源条件的机场，其承受日延误旅客人数的能力也有很大差别。在资源比较丰富的大型机场，由于其资源调整的空间较大，少量旅客延误一般不会明显冲击机场运行秩序，不会形成太大安全风险；而在资源条件有限的支线机场，由于航班运行资源调整困难，即使日延误旅客人数并不很多，也很容易形成较大的安全风险。

航班长时间延误必然会造成旅客滞留。如果机场上的延误航班不能在较短的时间内结束延误而继续执行，被延误的旅客则转变为滞留旅客。长时间滞留会给旅客特别是公务旅客带来严重影响，给旅客带来许多额外的生活问题，旅客群体会产生越来越严重的抱怨心理。在从众心理的推动下，这种抱怨心理会迅速蔓延和升腾，极易导致部分旅客的过激行为，形成违法强占机场工作区和干扰飞机运行的不安全事件。

基于上述，在日延误旅客人数一级指标下设立了6个考虑一般性的二级指标，即100~500人、500~1000人、1000~2000人、2000~5000人、5000~10000人、10000人以上。

5.2.4 航班延误处置情况

航班延误处置情况为特定航班发生延误后，对导致该航班延误或对缓解后续航班延误负有责任的民航单位对该航班延误的处置情况，其测度依据是政府或行业自律组织制定的服务标准和受影响旅客的满意度。显然，这是一个因时、因地、因事而异，具有较大动态性和随机性的相对指标。

航班延误打乱了旅客的行程，旅客当然对延误有抱怨。但是实践证明，旅客意见最大的往往不是延误本身，而是航班延误发生后民航的后续服务跟不上。在测度航班延误的安全风险时，航班延误后的处置情况是应该受到十分重视的一项复杂因素。

航班延误后对旅客的后续服务包括信息发布、解释说明、供水供餐、分流疏导、交通住宿安排等一系列工作环节，涉及航空公司、机场、空管等一系列相关单位，本身就是一项系统工程，需要各环节、各单位协调配合共同努力。其中任何一个环节的工作不到位，任何一个单位的责任不落实，都会使航班延误造成的混乱局面更加混乱。

应该看到，在航班延误处置过程中，旅客既拥有消费者的法定权益，又负有配合处置的重要责任。事实上，航班延误影响了旅客的旅行计划，也给航空公司和机场等民航单位造成了很大损失。从这个意义上说，面对谁都不愿看到的航班延误，民航单位和旅客是共同的利害相关者，大家负有减少航班延误及其安全风险的共同责任。个别旅客情绪失控做出的种种干扰飞机运行和机场秩序的违法行为不仅于缓解航班延误无补，不能维护广大旅客正当的航空旅行权益，反而会给航班恢复正常运行设置新的障碍，酿成更大的安全风险。

基于上述考虑，在航班延误处置情况一级指标下，设置了分别反映航空公司、机场、空管单位和旅客等主要利害相关方影响因素并测度其影响程度的 4 个二级指标。

作为本节的总结，提出航班延误对民航安全风险的波及性影响的测度指标共 4 类 22 个，如表 5.1 所示。

表 5.1　航班延误波及安全风险测度指标

序号	一级指标	序号	二级指标	序号	一级指标	序号	二级指标
1	航班延误时长	1.1	0.5 小时以下	3	日延误旅客人数	3.1	100～500
		1.2	0.5～1 小时			3.2	500～1000
		1.3	1～2 小时			3.3	1000～2000
		1.4	2～3 小时			3.4	2000～5000
		1.5	3～4 小时			3.5	5000～10000
		1.6	4 小时以上			3.6	10000 人以上
2	日延误航班数	2.1	5 个以下	4	航班延误处置情况	4.1	航空公司处置
		2.2	5～10 个			4.2	机场处置
		2.3	10～20 个			4.3	空管单位处置
		2.4	20～50 个			4.4	旅客情绪
		2.5	50～100 个				
		2.6	100 个以上				

5.3　同源性关联指标

系统安全思想认为，民航安全生产是一个由人员、设备、环境和管理等子系统构成的复杂系统。其中，人员子系统是民航安全生产的首要子系统，在设备技术水平和生产运行环境既定的条件下，从业人员的数量、结构和素质是提高民航安全生产水平的决定性因素。设备子系统按空间分布可以分为飞机和地面设备，生产设备与相关的机构、组织、建筑物等构成了生产设施。环境子系统结构复杂，既包括自然环境，也包括人工环境和社会环境、行业环境及企业环境；既包括空域等方面的资源限制，也包括管理体制、运行机制、规章制度、经济运行、科教培训、文化建设以及信息化水平等广泛内容。在现代航空运输业的安全生产中，管理体制等内容的重要性越来越突出，值得作为一个单独的子系统予以特别强调。

航班延误与安全风险之间存在同源性、并发性和诱发性等多种形式的关联。三种关联存在密切联系，其中，同源性关联强调航班延误与安全风险的共同致因，并发性关联强调航班延误与安全风险的同时发生，诱发性关联强调航班延误对安全风险的引致作用。在上述三种关联中，同源性关联最为普遍，是研究各种关联的基础和出发点，应该予以更多关注。

本节在第 3.1 节、3.3 节和 4.5 节对航班延误和民航安全风险致因进行初步分析的基础上继续深化，建立航班延误与安全风险同源性关联指标体系。

5.3.1 自然环境因素

与人工环境和社会环境，行业环境和企业环境等环境条件相比，自然环境对航班延误及其波及安全风险的影响更为直接、明确和不易控制。与航班运行有关的自然环境包括天气环境、地理环境和生态环境，其中地理环境在建设机场和航路时已做了充分考虑，因此在自然环境一级指标下，主要关注雷暴、大雨、冰雪、雾霾、沙尘 5 种影响航班正常运行的常见恶劣天气条件，以及以鸟击为代表的生态环境条件，把这 6 项因素列为航班延误与民航安全风险同源性关联的二级指标。

1. 雷暴

在影响民航航班正常和飞行安全的诸多恶劣天气中，雷暴是危害最严重的天气障碍。雷暴一般发生在夏季，其他季节也时有发生，是导致世界民航许多重大飞行事故的主要原因或重要原因。

雷暴是在强烈垂直发展的积雨云内产生的一种恶劣天气，它发生时电闪雷鸣，并伴有疾风骤雨和强烈湍流，有时还会夹杂着冰雹。雷暴能产生各式各样危及航班正常和飞行安全的天气现象，包括强烈的湍流、积冰、闪电击(雷击)、雷雨、大风，有时还有冰雹、龙卷风、下冲气流和低空风切变。

雷暴在我国东南沿海地区发生较多。在东南沿海地区，与雷暴有关的台风是一种频繁发生的热带风暴，它发源于接近赤道的海洋上，在适当的条件下，可以由低气压发展成强烈的风暴。台风一般伴有大雨和极差的能见度，飞机在台风中飞行，有可能遇到严重的颠簸，在着陆时遇到台风会非常危险。当然，西部地区民航飞行对雷暴也不可掉以轻心。而且正因为雷暴在西部地区发生较少，往往因为人们思想准备不足而来得更加突然，给西部地区航班正常和飞行安全带来的危害更大。

2. 大雨

低云和大雨也多发生在夏季，是比雷暴更常见的导致航班延误和安全风险的恶劣天气。机场的低云和大雨会使飞行员看不清跑道，直接影响飞机的起降，从而导致航班延误和安全风险。在低云遮蔽机场的情况下着陆，如果飞机出云后离地面高度很低，且又未对准跑道，往往来不及修正，容易造成复飞。有时，由于指挥或操作不当，还可能造成飞机与地面障碍物相撞、失速的事故。在国际航空飞行史上，因低云和降水影响而造成的飞行事故比例最大。

低云和大雨影响航班正常和飞行安全主要是因为在低云和大雨条件下能见度很差，形成低于起降标准的天气条件。特别是对于经验不足的新飞行员来说，在云雨中飞行时，在生理上和心理上容易形成压力，产生错觉。飞机在云中飞行时，由于太阳位置不同，或各方向云的厚度不同，使得各方向明暗不均匀，有时飞行员会把较亮的地方当作天顶，较暗的地方当作地面而错误地使飞机倾斜地飞行，有时甚至错把地面当作天顶。当飞机平飞穿过不平整的云顶时，往往碰到忽明忽暗的情况，有的飞行员会误以为飞机在忽上忽下，于是操纵飞机急剧上升或下降，如果操纵过猛，机翼的迎角骤增，可能造成飞机失速或进入螺旋。在大雨中飞行时，雨滴打在飞机风挡上，使飞行员看不清前方。当飞机降落时，风挡玻璃水膜使光线发生折射，跑道灯光模糊，甚至造成光屏，容易使飞行员判断失误而发生飞行事故。夜间降雨对飞机的降落影响更大。

3. 冰雪

导致航班延误和安全风险的冰雪天气包括积冰和积雪，是冬季常见的恶劣天气。

积冰带给世界民航的教训极为深刻，在国内外都不乏因积冰而造成坠机的案例。飞机积冰在空中和地面都可能发生，飞机空中结冰由云中过冷水滴或降水中的过冷雨碰到飞机机体后结冰形成，飞机地面结冰则由水汽直接在机体表面凝结而成。

机翼和尾翼积冰对航班飞行安全影响最大。即使冰、雪或霜等仅造成机翼轻微污染，也会损害翼面，导致操纵品质降低到危险程度和失速范围。霜或冰粒分布在机翼上表面，造成机翼上表面粗糙，会使最大升力系数受到损失，其造成的升力损失之大足以使飞机无法起飞。此外，尾翼前缘的积冰有可能导致尾翼失速，空速管、雷达天线和燃油系统通气管等处积冰，也都会给航班飞行安全带来灾难性影响。

积雪影响航班飞机正常起降。机场飞行区的积雪如果得不到及时清扫，极易造成大面积航班延误和大批旅客滞留。积雪造成航班延误和安全风险多发生在我国北方地区，但也不尽然。在2008年初我国南方地区的低温冰雪灾害天气中，不少南方机场因除冰除雪设施准备不足，出现了大面积的航班延误，有的机场被迫关闭，严重影响了航班正常和飞行安全。

4. 雾霾

浓厚的雾霾对航班正常和飞行安全影响很大，而且季节性、区域性不像前几种恶劣天气那样明显，从秋季到春季，从北方到南方，都不乏雾霾导致航班延误和安全风险的实例。

雾霾对航班正常和飞行安全的影响主要是严重降低机场的能见度，影响飞机正常起降。若飞行员在下降到决断高度时仍看不清跑道，飞机则无法着陆，造成航班延误或取消，甚至导致飞行事故。1977年在西班牙洛斯洛德斯机场发生了两架波音747飞机相撞的惨剧，在这次人类航空史上迄今最严重的民航事故中，大雾就是一项重要致因。

近年来，霾已成为影响我国民航航班正常和飞行安全的一种新的不良天气，而且有地域不分南北，面积逐年扩大，程度逐年加重的趋势。由于霾的形成不需要雾那样大的湿度，且具有厚度大，蔓延面积大，对能见度影响大，与周围环境边界不明显等更不利于航班飞行的特点，在我国现时条件下，霾与雾相比更容易形成而难以消散，需要民航在治理航班延误时给予高度重视。

5. 沙尘

在我国北方一些气候干燥、植被破坏严重或沙化严重的地区，沙尘对航班正常和飞行安全的影响不容忽视。沙尘肆虐主要是在春季，它会降低机场的能见度，直接影响航班飞机的安全起降。沙尘严重时可形成沙尘暴，沙尘暴对民航飞行安全的影响很大，其危害性不亚于台风和龙卷风。

6. 鸟击

随着我国民航旅客吞吐量迅速增长，机场周边生态环境日益改善，鸟击飞机的压力越来越大，已成为影响航班正常和飞行安全的一项重要因素。

鸟击飞机的风险主要决定于飞鸟的生长和迁徙习性，决定于飞鸟个体和群体的大小，与季节和地域关系不大。对于航班飞机，鸟击的危害多种多样，它可以引起飞机损伤、动力装置受损、失去动力，进一步引发飞机失去控制，造成飞机起飞中断或者偏出/冲出跑道。鸟击发生后，飞鸟或者被吸入发动机，造成发动机损坏甚至停止工作；或者撞击飞机驾驶舱的玻璃，直接影响飞行员的观察和操作；有的飞鸟会撞进飞机的起落架，使起落架工作失灵；有的鸟击还会撞坏飞机雷达天线罩，等等。这些都会对飞机造成不同程度的损害，影响航班正常和飞行安全。

5.3.2 人工环境因素

广义地说，民航航班运行的人工环境应包括行业环境和企业环境等社会环境，也包括人的因素以及管理和信息环境条件。由于社会环境的构成因素十分复杂，这些因素对民航航班正常一般不具有确定性的直接影响，因此本书不予以特别关注。至于人的因素和管理及信息因素，因其重要性将在下面予以突出强调。这里在人工环境一级指标下，集中关注航线、终端区、机场净空、飞行区、航站区 5 项人工资源环境，以及军事活动共 6 项对航班延误和安全风险有直接影响的二级人工环境指标。

1. 航线

航线是航班飞行的空中交通线，是民航航班必需的基本空中资源。受我国空管体制的限制，民航的航线资源长期处于紧缺状态。在航班数量较少的航线上，城市间往返航班一般共用一条航线，以高度差加以分隔。随着近年来民航业的快速发展，城市间往返航班共用航线导致的问题也越来越多，增加了空中交通管制的压力和航班在地面的等待时间，成为我国民航航班延误的重要原因。在这种情况下，实现航线双向运行，构建航班飞行通畅的空中大通道，是缓解航班延误的根本出路。继京沪、京广等骨干航线之后，2013 年 12 月，京昆航线也已实现双向运行。此外，目前空管部门已规划出 10 条这样的大通道。这些大通道覆盖了我国的大部分地区，如果假以时日得到全部实现，一些航线上的严重拥堵状况有望随着这些新通道的投入而获得根本性改善。

2. 终端区

终端/进近管制区，简称终端区，是设在一个或者几个主要机场附近的空中交通服务航路汇合处的管制区。通常情况下，终端管制区同时为 2 个或者 2 个以上机场的进场和离场飞行提供进近管制服务，而进近管制区仅为一个机场的进场和离场飞行提供进近管制服务。空中交通网络的拥堵，主要原因在于由机场、终端区以及航路交叉点的容量限制引发的瓶颈效应。在我国现时条件下，容量限制情况最严重的部分往往是终端区。终端区作为整个空管系统的一个子系统，从某种程度上说，是情况最复杂的一个子系统。降低终端区资源的紧张程度，是治理航班延误，减少其波及的安全风险的重要突破口。

3. 机场净空

机场净空指按照国际民航组织规定划定的限制机场周边建筑物高度和其他设施的飞行空间。机场净空是机场的生命线，它影响到机场起降航班飞机的天气标准，是机场保障航班正常和飞行安全的一项基本适航条件。

经过多年来的持续治理，我国民航机场的净空条件已有了很大改善，新建机场若不符合净空要求便无法开工，原有机场一些不符合净空要求的情况也已得到有效纠正。但是时至今日，我国民航机场净空条件遭到破坏的事件仍时有发生，气球、风筝等干扰航班飞行的飞行物，机场周边焚烧农作物秸秆的浓烟，干扰民航通信的非法无线电设施等，仍时常对民航航班飞行安全构成严重威胁。

4. 飞行区

飞行区是航班飞机在机场地面活动和起降的基本基础设施，对航班正常和安全具有决定性的作用。

为了保证航班正常和飞行安全，机场飞行区必须得到良好的维护。场道两端或近旁有障碍物，例如在飞机起降范围内有车辆、飞机及其他设备停放，有行进和滞留的人员或牲畜，都会影响航空器正常起降。当这些情况发生在跑道范围内时，就构成了跑道侵入。跑道侵入影响机场的正常运行，每年都给各国民航业造成巨大的经济损失。

跑道道面上的金属物、石子、纸屑、树枝等容易被吸入发动机或其他部位的异物没有及时清理，也会影响飞机正常起降，甚至造成严重事故。道面出现积水或积冰后如不及时清理，会降低跑道的摩擦系数，致使航空器在滑行时容易冲出跑道。飞机在湿跑道和积水跑道上着陆时，容易发生滑水事故。

为了保证航班正常和飞行安全，机场飞行区必须配备先进的保障设施。在夜间和恶劣天气条件下，机场的仪表着陆系统和助航灯光系统对航班飞机安全进近和着陆起着关键的作用。在繁忙机场，仪表着陆系统和助航灯光系统是提高机场保障能力和运行效率的关键设施；在天气条件和地形条件复杂的机场，仪表着陆系统和助航灯光系统是保障飞行安全的必需手段。如果机场没有仪表着陆系统和助航灯光系统，将直接导致飞机在夜航和雾霾、大雨等低能见度天气下的起降无法保障，对航班正常和飞行安全构成很大威胁。

5. 航站区

航站区是民航机场实施客货空运服务的基础设施。在大型机场，为了应付巨大的客货吞吐量，航站区必须配备齐全的现代化设施，满足繁忙的客货运输业务的需要，包括站坪上大量飞机的滑入、停靠和滑出，航站区内为飞机提供保障服务的各种车辆的运转和各类人员的活动，航站楼里大量旅客和行李货物的陆空转换，以及往来机场的大量运输车辆的流通和停驻等。航站区有条不紊的运行是机场保证航班正常的核心内容。特别是在大型枢纽机场，航站区更是衔接各种交通运输方式的中心地带。这些都决定了在发生航班延误特别是大面积航班延误和大批旅客滞留的复杂情况下，航站区的高效运行是缓解延误压力进而降低安全风险的关键环节。

6. 军事活动

军事活动对民用航空的影响在世界各国都普遍存在。但是在我国，由于划归民用航空使用的空域比较狭窄，存在众多军民合用机场，空管体制改革还很不到位等原因，军事活动影响民用航空的现象尤为突出，也更加频繁。一旦因军事活动发生管制，相关空域的民航航班都会受到影响而出现较大面积的延误。即使管制解除后，积压在相关空域的大量延误航班也需要较长时间才能恢复正常。

近年来，由于国家军事斗争的需要，军事演习、导弹试射等空中军事活动有所增加，但是总的来说，军事活动不是影响民航航班正常的主要因素。

5.3.3 人的因素

近几十年来，导致各类不安全事件大量发生的人的因素受到了世界民航业的高度重视，关于人为因素消极作用的研究成果层出不穷。但是与此同时，对保证民航安全生产正常进行和服务质量不断提高的人的积极因素却研究不够，对如何从员工队伍数量、素质和结构上充分发挥人的因素的积极作用重视不够。实际上，世间一切事物中，人是第一个宝贵的积极因素。人的因素本身就是一项资源要素，而且同各种物的资源要素相比，人的因素是最重要的资源要素。在我国民航的持续快速发展中，人的因素一直既是一项决定性的促进因素，又是一项刚性很强的约束因素。在减少民航航班延误及其波及安全风险的过程中，人的因素具有更大的决定性作用，造成航班延误和安全风险的自然资源约束只能靠调动人的因素来克服和缓解，即使是人工资源的紧缺状况，也只能靠加强员工激励，充分发挥人的作用来逐步改善。

在减少航班延误及其波及安全风险的努力中，发挥人的因素的资源价值应该从增加员工数量、提高员工素质和改善员工队伍结构 3 个方面努力。目前在我国民航，一些管理者对人的因素的资源价值的认识并不到位，他们往往片面强调降低成本而主张降低人力资源的配置力度。在他们那里，员工数量不足、素质不足，员工队伍结构不合理的状况还亟待改善。鉴于此，在人的因素指标项下，设立 3 个二级指标，即员工的数量、素质和队伍结构来表征人的因素对航班正常和安全水平的影响。

1. 员工数量

我国民航发展的速度之快，持续时间之长令世人瞩目。国家经济社会发展带来的民航市场的巨大需求，我国民航长期高于其他国家民航和国内其他交通运输方式的发展速度，我国民航机队、机场体系和航线网络长期持续的增量扩张，民航运输业务量迅速逼近目前居世界第一位的美国的发展态势，要求我国民航必须具有足够数量的一线员工和后备人力资源。然而目前的情况远不如人意，我国民航的员工队伍在总体上数量不足，而且一线员工数量不足和后备人力资源不足的问题同时存在。一线员工数量不足使他们在一些工作环节和一些时段面对繁忙的航班，不堪重负，关键人才的后备资源不足使我国民航业持续健康发展受到影响。不少航班延误由于人力不足而得不到及时处理，在有些情况下，关键岗位人力不足甚至成为导致航班延误和安全风险的直接致因。

2. 员工队伍结构

我国民航的人力资源不足既表现在数量不足上，在许多情况下也表现在结构失衡上。员工数量不足与结构失衡之间存在有机联系，前者是一般意义上的数量不足，主要表现为民航业从业人员总量不足，而后者是特殊意义上的数量不足，主要表现为分专业、分岗位的从业人员数量不足，即关键专业和关键岗位的员工数量不足。多年来，在我国民航的飞行、空中交通管制、机务维修、机场运行管理等关键专业的员工队伍建设上一直在不同程度上存在着紧缺现象，由于这些关键专业人员紧缺，各民航单位之间屡屡出现争抢人力资源的过度竞争，这是我国民航服务质量时常出现波动的重要原因。在出现较大面积航班延误的关键时刻，员工结构失衡必然表现为关键岗位、关键工作环节紧张，进而导致航班运行的安全风险增大。

3. 员工素质

在应对航班延误及其导致的安全风险上，适当增加员工数量、重视调整员工结构的失衡状态固然十分重要，而大力提高员工队伍的素质也同样重要，甚至更加重要。面对大面积航班延误的突然袭击，高素质的员工队伍具有巨大的潜力，因而既可以弥补员工数量上的不足，又可以缓解员工结构上的失衡。在胜任工作方面，员工素质主要表现为员工的工作态度、工作技能和协作精神。端正的工作态度有利于发挥员工的主观能动性，娴熟的工作技能有利于迅速缓解工作压力，高度的协作精神有利于实现员工队伍的整体效能，这些都是扭转航班延误紧张局面必不可少的正能量，是人的因素中最宝贵之处。

5.3.4 设备设施因素

设备是民航的生产工具，是保证航班正常和安全的基本物质条件。各类设备始终处于良好状态，航班的正常和安全才能有保障，出现了航班延误也才能较快地得到缓解。以功能论，民航运输生产的设备可以分为两大类。一类是直接用于民航生产的运输设备，其中，执行航班任务的飞机是最基本的民航运输生产设备；另一类是服务于民航生产的安全保障设备，这类设备广泛分布于各个机场和各条航路。设备的安全性、可靠性和维修性是衡量其生产能力和保障能力的基本性能指标。这些性能对民航运输安全生产的影响，既有设计、制造的因素，也有运行与管理的因素。设备与设施分不开，民航生产设备与相关的机构、组织、建筑物等构成民航生产设施。在民航生产中，有的设施以设备为主，有的设施以组织机构为主，有的设施以建筑物为主。综合以上考虑，在设备设施因素一级指标下设立 5 个二级指标，其中前 3 个指标集中关注飞机的基本性能，后 2 个指标关注地面设备的完好性及其与机载设备的适配性。

1. 飞机安全性

飞机的安全性是保持航班正常和安全最基本的性能要求。离开了飞机的安全性，航班正常和安全便无从谈起。20 世纪末，一些原苏制机型虽然因价格低廉曾被我国一些航空公司选用，但终因其安全性较差而很快退出了我国民航市场。即使是曾被市场寄予厚望的空客 A380、波音 787 等新型飞机，也曾因安全性方面出现问题而一再推迟交付，又因屡出故障而停用检查。这些都说明了安全性在民航飞机各项性能中的首要地位。正因为飞机的安全性如此重要，航空工业发达国家都对此做了严格要求。例如，美国的 FAR25 和欧盟的 JAR25、CS25 以及相应的咨询通告 AC FAR25.1309、ACJ No.1、JAR25.1309、CS25.1309 等，都对民用飞机的安全性指标提出了要求，并规定了数值范围。按照各国适航规章条例的要求，对民用飞机及发动机规定的安全性水平如表 5.2 所示。

目前我国正大力地研制大型民用飞机，为了提高国产大飞机的市场竞争力，在飞机安全性这一关键指标上，应该充分借鉴航空工业发达国家的经验教训。

表 5.2 民用飞机安全性要求

对飞机的影响	不影响性能或安全极限	性能或安全极限轻微下降	性能或安全极限严重下降	性能或安全极限巨大下降	机体损失
允许的定性概率	无要求	可能	微小	极小	几乎不可能
允许的飞行小时平均概率	无要求	$<10^{-3}$	$<10^{-5}$	$<10^{-7}$	$<10^{-9}$
失效状态	不影响安全	轻微	重大	危险	灾难

2. 飞机可靠性

可靠性对航班飞机的安全正常运行有重要影响。民航业已经提出了一系列描述飞机可靠性的参数，这些参数主要是从保证航班正点和安全等角度提出的。目前民航常用的飞机可靠性参数大致有 3 类，分别用来描述飞机完成航班任务能力，发动机的可靠性，以及飞机各系统、设备或部件的可靠性。着眼于本书关注的航班延误问题，需要重视以下 4 个与飞机可靠性有关的参数[50]：

1）签派可靠度

签派可靠度(dispatching reliability)是使用得十分广泛一个民用飞机可靠性参数，它指的是没有因技术原因而延误或取消的航班数与离站航班总数之比，通常用下式表示：

$$R_{d} = 1 - \frac{技术性延误或取消航班数}{总离站航班数} \qquad (5\text{-}2)$$

签派可靠度描述的不仅是航班飞机本身的性能，也是飞机与地面支援系统的综合能力；它不仅包括了飞机固有可靠性的影响，同时也与航班飞机的运营环境和航空公司的维修保障水平，包括技术能力和维修资源情况都有关系。通常情况下，飞机的可靠性高，故障率低，签派可靠度就高；航空公司人员培训好，用于排故和维修的资料齐全且方便，维修工作花费时间就短，飞机的签派可靠度也就高。

在这里，技术性延误是由于机载设备或部件工作异常而进行检查和必要的修理而使飞机离站时间延迟。对于在起点站的航班，若离站时间迟于了预定的航班离站时间；对于往返航班或短停后起飞的航班，若飞机在地面停留的时间超过了允许的时间；或者，若由于飞机维修交付延迟，致使航班的离站时刻超过预定离站时刻一定时间，则认为航班发生了技术性延误。

2）重要事件率

重要事件是指影响航班正常的重要事件，重要事件率一般用千分比表示：

$$重要事件率(‰) = \frac{重要事件数}{总起落次数} \times 1000 \qquad (5-3)$$

影响航班正常的重要事件一般包括飞机中断起飞、发动机空中停车、发动机地面停车、航班返/改航、空中火警以及假火警等。为了突出关注发动机空中停车问题，可以将其分离出去，另设空中停车率参数。

3）平均故障间隔飞行小时

平均故障间隔飞行小时（Mean Flight-Hour Between Failures，MFHBF）是用来描述飞机及其部件可靠性的一个基本参数，指的是在规定时间内，飞机及其部件积累的总飞行小时与同一期间内的故障总数之比。

$$MFHBF = \frac{总飞行小时数}{总故障数} \qquad (5-4)$$

MFHBF 的参数值影响飞机的日利用率、签派可靠度、航班可靠度以及维修费用和保障资源费用，它受飞机在飞行时间内发生的所有故障数量的影响，是一个涉及飞机设计、制造、使用、维护、检测、管理等方面总体情况的综合量值。

4）发动机空中停车率

发动机空中停车是影响航班飞机安全的一项严重故障。航班飞机的发动机空中停车次数由两部分构成，一部分是由发动机本身故障导致的停车；另一部分是由发动机之外故障（如燃油系统等）造成的停车。前者导致的停车率为发动机的基本空中停车率，两者之和即为发动机的空中停车率（In-Flight Stop Rate，IFSR），其定义为发动机每千飞行小时发生的空中停车总次数。

$$IFSR = \frac{发动机空中停车总次数}{发动机千工作小时（空中）} \qquad (5-5)$$

3. 飞机维修性

维修性与民航飞机的运行可靠性密切相关。从保证航班正常角度看，需要特别关注以下飞机维修性参数。

1）平均修复时间

平均修复时间（Mean Time To Repair, MTTR）是描述飞机维修性的一个基本参数，它指的是在规定的条件下和规定的时间内，修复性维修总时间与被修复的故障总数之比。与航班延误密切相关的是航线 MTTR，它仅包含在航线上进行的维修工作。

平均修复时间的长短直接影响飞机的签派可靠度、维修费用和日利用率，影响航班运行的政策性。

2）每飞行小时直接维修工时

直接维修工时（Direct Maintenance Man-Hour, DMMH）指的是在规定的条件下和规定的时间内，维修飞机及其部件所需的预防性维修和修复性维修工时总数，它不包括后勤供应和管理所花的工时。每飞行小时直接维修工时（DMMH/FH）指的是在规定的时间内，维修特定机队所需的预防性维修和修复性维修工时总数除以在同一期间内的飞行小时数。DMMH 包括短停、航前、航后、周检等航线维护，定检，以及排除故障等具体工作消耗的工时，直接影响航班正常性。

3）故障检测率

故障检测率（Failure Detection Rate，FDR）指的是在规定的时间内，用规定的方法正确地检测到的航班飞机故障数 N_D 与故障总数 N_T 的百分比。

$$r_{FD} = \frac{N_D}{N_T} \times 100\% \tag{5-6}$$

4）故障隔离率

民航运营经验表明，大约 10% 的航班延误是由于错误的故障隔离和故障隔离时间太长造成的。故障隔离率（Failure Isolation Rate，FIR）指的是在规定的时间内，用规定的方法将检测到的故障正确地隔离到不大于规定模糊度的故障数 N_L 与同一时间内检测到的故障数 N_D 的百分比。

$$r_{FI} = \frac{N_D}{N_L} \times 100\% \tag{5-7}$$

5）虚警率

虚警是对航班飞机故障的虚假报警。虚假报警经常会造成航班飞机的部件误拆、维修时间过长和航班延误。虚警率（False Alarm Rate，FAR）指的是在规定时间内发生的虚警次数 N_{FA} 和同一时间内故障指示总数 N（包括真实报警次数 N_F 和虚警次数 N_{FA}）的百分比。

$$r_{FA} = \frac{N_{FA}}{N} = \frac{N_{FA}}{N_F + N_{FA}} \times 100\% \tag{5-8}$$

6）经停时间

经停时间（Turn-Round Time，TRT）也叫过站检查时间，它是航班执行过程中必不可少的一段时间，指的是在规定的条件下，在飞机着陆后准备再次离站所需要的时间。飞机过站经停时的检查工作一般在停机坪进行。过站检查期间，完成基本的环绕飞机检查，目视检查飞机内外有无明显的损伤、泄漏，操纵设备是否正常，连接是否可靠，并按需要完成补充燃油、滑油、特种气体及液体等勤务工作，其目的在于保证过站飞机的连续适航性。经停时间超过规定长度，必然引致航班延误。

4. 地面设备完好性

空地设备数量和性能不足的另一个表现是地面设备完好性不足。一些地面设备按规定要求配备了，但未能按规定得到有效的维护；一些地面设备故障了，但未能得到及时的修复；在雷暴、冰雪等恶劣天气条件下，地面设备数量和性能不足的矛盾还相当突出，成为影响航班正常和安全的薄弱环节。存在种种状况的一个主要原因，是地面设备的维修力量不足。在地面设备维修队伍建设上，既有人员数量不足的问题，也有人员技能不足和工作效率不高的问题。

5. 空地设备配套

好马配好鞍，在这个问题的认识上，我国民航是有过教训的。由于对地面设备在保障航班正常和安全上的重要性认识不足，行业管理上的系统性不强，以及投资来源渠道上的不顺畅，我国民航曾经在较长时期内走过重飞机购置轻机载设备选装，继而是重机载设备选装，轻地面设备配套的弯路。经过几十年的发展，地面设备配套不足的倾向已经得到基本扭转。目前全行业已经普遍认识到，为了保证航班的正常和安全，既需要选用性能安全可靠的飞机，也需要选装性能先进的机载设备；为了保证航班飞机安全正常运行，需要重视在地面配套部署各种先进的设备设施，包括通信、导航、雷达、监视、助航灯光等一系列先进设备。全行业已经比较充分地认识到，没有足够数量和高性能的地面保障设备，航班飞机的正常和安全运行会受到影响，机场和航路设施的正常运行也会受到影响。但是时至今日，这个问题仍未得到彻底解决，彻底改变地面设备配套不足的状况在我国民航尚需时日。

5.3.5 管理因素

在民航管理中，一个重要方面是安全管理。民航安全管理包括持续安全管理、过程风险管理和安全细节管理等方面的管理理念和操作内容，需要系统地、长远地规划和实施。例如，针对民航技术装备现代化程度高、运行风险程度高等特点，加强具有我国民航特色的安全文化建设十分重要。我国民航已培育出了自己的安全文化，但目前还不够系统，不够成熟。安全文化是一种软实力，建设富有竞争力的安全文化仍是我国民航面临的重要任务。与民航发达国家相比，我国民航的安全管理水平还有很大差距，主要表现为规章制度还不够完善，规范化意识淡薄；管理粗放，不少环节还处于经验管理阶段；缺乏行之有效的培训，一些从业人员专业素质不高；科学研究滞后，先进管理和技术的应用不够广泛；缺乏有效的安全评估方式、评估手段和评估系统，安全监督和监察的广度、力度还有待进一步加强。安全管理差距的另一个重要方面是安全信息分析能力不足，尚未建成全行业统一的安全风险预警机制，因而许多关于目前国内外安全问题以及历史上的安全问题的信息，还未能充分地分析利用。

民航航班管理系统是由人员、设备、环境、管理和信息等子系统构成的，其中管理是整个系统中最具综合性、最能体现民航运输生产系统性的子系统。在民航运输生产系统中，人员、设备和环境是系统的硬件子系统，而管理和为管理服务的信息是系统的软件子系统。管理子系统关联和凝聚其他子系统，不仅决定人员、设备和环境子系统局部功能的发挥，而且还形成和加强了各子系统之间的相互联系，从而在全局意义上决定民航运输生产系统整体功能的发挥。

在航班管理中，管理活动是按严格组织体系进行的行为，以实现组织的高效运行。航班管理是依法依规进行的管理，离不开严密的制度规范体系，离不开严格进行的监督检查。在当今信息社会中，信息是航班管理效能得以发挥的内在动力，没有信息就没有高效的航班管理。航班管理的根本是对人的管理，关键是对员工在航班运行和管理中的工作行为进行有效的激励。员工队伍是民航运输生产系统中最活跃、最积极的因素，改进教育培训是提高员工素质的根本出路。文化素质是员工素质的一项核心内容，文化环境是民航运输生产的重要环境。基于这些考虑，在管理因素一级指标项下设立如下 7 个相关的二级指标。

1. 组织体系

组织体系是民航航班运行和管理的组织基础。为了保证航班安全正常运行，需要合理配备各层次、各专业特别是关键专业和关键岗位的操作和管理人员，明确他们的职位、职权、职责及相互关系，实现组织运行的高效率。经过历次改革，我国民航已经形成了比较合理的航班运行和管理组织体系，政府和企业之间的关系，航空公司和机场、空管等保障单位之间的关系，航空公司以及各保障单位内部的运行状况，已经调整得比较顺畅。然而，由于民航运输业务量还在持续快速增长，机队结构、航线结构、旅客结构等状况还在不断变化，天气条件和航班动态每日每时都在不断变化，因此航班运行和管理的组织体系需要适应这些变化不断加强和健全。目前在大面积航班延误条件下时有发生的被动局面，说明我国民航航班运行和管理组织体系应对复杂情况的能力还亟待提高。

2. 制度规范

和其他管理活动一样，航班管理的基本手段包括经济手段、法规手段和行政手段。在我国民航现行管理体制下，管理航班正常性的法规手段往往和行政手段结合运用。航班管理制度规范是一个很大的法规体系，既包括国家法律乃至国际公约，也包括行业层面的管理规章，在日常的航班管理活动中，运用较多的是行业协会发布的行业自律规范和航空公司、机场、空管等企业层次的运行管理制度。

航班延误是航班运行中发生频率颇高的一种例外情况。在例外情况下，为了保证不致使局面陷入混乱，各种应对活动都必须有章可循，因此，健全相关的制度规范是治理航班延误的一项治本之策。针对近年来航班延误率长期居高不下，社会公众意见比较集中的实际情况，我国民航于 2013 年下半年连续发布了一系列针对航班延误管理的制度规范文件，包括《做好航班正常工作若干规定》、《优化空中交通管制运行规范的暂行规定》、《机场航班运行保障标准》以及《航空公司航班正常运行标准(试行)》等。这些规定和标准是对社会公众迫切希望提高民航航班正常率水平的强烈呼声的积极回应，为我国民航治理航班延误，提高航班安全水平提供了更规范的依据。

3. 监督管理

毋庸讳言，落实制度规范离不开监督管理，因为制度规范本身就是一种强制性的管理手段。治理航班延误的制度规范在执行过程中既会得到各方面的接受和认可，也会遇到来自不同方向的抵触和阻力；需要接受实践效果的检验和社会公众的评判，并根据在执行中遇到的问题而不断完善。为了确保相关制度规范的执行效果，使航班正常真正地成为正常状态，需要进行严格的监督管理。

监督管理贵在严格。这里用得上我国民航宝贵的管理经验"严是爱，宽是害"。航班延误是民航运输生产中的一种痼疾，难以根治，易于反复，需要持之以恒的治理和更加严格的监管。航班运行是一个复杂的过程，既需要航空公司主导进行，也需要众多保障单位积极参与，这些公司、单位及其员工对航班运行具有不同的责任分工、价值取向和行为方式，因此，仅靠从业人员的自觉和自律是不够的，还必须靠严格的监管活动来加以规范和制约。监管活动包括监督、检查、惩戒、处置等具体内容，它是航班管理链条中的重要环节，是相关制度规范得以严格执行的重要保证，也是掌握、控制民航运输生产基本情况和发展趋势的主要途径。只有建立健全监管机制，对航班运行进行严格的监管，才能确保航班管理制度规范的实施效果，确保航班正常性的持久稳定。然而现实情况是，目前我国民航在航班正常性方面的监管还需要进一步加强，如何处理好行业、企业自律和政府监管之间的关系，还需要在深化改革中进一步完善。

4. 信息系统

健全的信息系统，顺畅的信息流通，是保证民航运输生产正常进行的重要条件。从本质上说，信息系统本身就是民航运输生产管理系统的一个重要组成部分。在当今信息社会，信息是民航运输生产不可或缺的重要资源，是一种独特的生产要素，无论对航班正常运行，还是对航班延误后的旅客服务，都具有特殊的重要价值，值得予以特别强调。

信息价值的一个基本要素是其及时性。依靠及时的信息收集、处理和传播，航班的运行，航空公司内部各个工作环节，航空公司和机场、空管等保障单位之间的协同配合，才能有条不紊地进行。在航班延误情况下，各工作环节及各相关单位之间也才不至于失去呼应而陷入混乱。特别是在大面积航班延误的情况下，与旅客保持良好的信息沟通更是避免局面失控的最佳策略。

由于信息资源的特殊性，在航班运行各环节之间，在航空公司各部门之间，在航空公司与各保障单位之间，在民航服务窗口与广大旅客之间，航班信息可以而且必须保持足够的透明，实现广泛的共享。在近年来民航信息化的发展过程中，航空公司、机场、空管等单位和民航管理职能部门已经普遍建立了自己的信息网络，并且已经相当重视信息在各网络之间的共享，但是信息共享问题还远未得到圆满解决。一些信息系统仍处于自我服务状态，缺少跨系统互动交流的平台，条块分割、各自为政的做法还时有出现，造成了信息资源低水平重复配置，不足与闲置并存。这种状况严重阻碍了信息资源的透明与共享，减弱了航班延误条件下民航各有关单位应对复杂情况的反应能力。

5. 员工激励

基于民航运输生产的特殊性，在航班管理的长期实践中，我国民航始终突出一个"严"字，坚持严字当头。严格管理强调对员工的强力约束，这是我国民航一条重要的管理经验，应该大力坚持和发扬，这是毫无疑义的。另一方面，在以人为本、和谐发展等观念已经深入人心的今天，仅仅强调严格管理是不够的，需要发扬传统文化精神，借鉴现代管理经验，在航班管理中对严格实施有效的激励。

在航班管理中以人为本，意味着强调航班运行是以人为中心的生产活动，航班管理是以人为中心的管理活动。民航服务的质量和效率归根到底是由航班运行过程中员工的知识技能和努力程度决定的。因此，对在航班运行各个环节、各个单位、各个岗位上以不同形式参与工作的员工实施有效的激励是深化民航航班管理，从根本上提高航班运行效率和管理水平的必然选择。在这个意义上说，员工激励是最重要的管理。

激励可以使员工爱岗敬业，对员工的行为方式和努力程度产生极大影响，这一点已经成为世界管理界的共识。在以现代化飞机和其他现代化设备为基本生产资料，以运用各种现代科技知识和技能为基本生产方式，各种环境条件越来越复杂的民航运输生产中，员工激励更具有特别重要的意义。目前业界关注较多的是企业层次的员工群体激励，可以预见，随着人们对这一问题认识的深化，关注的重点将越来越多地转向员工个体，因为个体是群体的细胞，个体激励是群体激励的基础，只有从根本上解决好员工个体激励问题，才能充分实现员工群体激励的效果。只有每一个岗位上的员工都掌握了足够的知识技能，端正了工作态度，付出了足够的工作努力，民航航班的正常运行才能得到最可靠的保证，由航班延误波及的安全风险才能减少到最低限度。

6. 教育培训

减少航班延误及其波及的安全风险，需要靠高素质的员工来实现，而教育培训是提高员工素质的基本途径。良好的教育培训既可以提高员工的岗位技能，也可以培养员工正确的工作态度，从而全面提高员工的基本素质。实际上，拥有胜任岗位工作的知识和技能，本身就是员工在工作中的一项基本需求，因而满足员工这种需求的教育培训本身就是员工激励的一项基本内容。

多年来我国民航一直强调员工素质跟不上需要是民航发展的一个薄弱环节，近年来我国民航又下了很大力气抓关键专业和关键岗位员工队伍的资质要求，这些都在呼吁教育培训对民航发展做出更大的贡献。员工队伍的资质是其素质的基本内容，没有足够的资质，员工的整体素质就无从谈起。这里应该强调，资质是员工入职从业的门槛，更是其继续从业的通行证，要使员工胜任岗位工作要求，既要求他们具备扎实的教育基础，更需要根据实际工作需求的动态变化和完善员工素质结构的动态要求，持续不断地接受在职培训。

如前所述，在提高民航航班正点率和安全水平的努力中，人的因素至关重要。无论是在航班正常情况下保持稳定的运行状态，还是在航班延误后尽快摆脱运行秩序的混乱局面，减少航班延误波及的安全风险，员工素质都具有决定性的作用。目前我国民航同发达国家相比在服务质量和安全质量上还存在一定差距，主要体现在管理水平和员工素质上的差距，其中员工素质上的差距具有根本性。在这种情况下，对全行业员工进行分专业、分层次、高标准、严要求的教育培训，提高员工在航班运行和管理上的综合素质，无论多么强调都不过分。

7. 文化建设

在与员工息息相关的各种管理活动中，激励较多地关注员工个体，教育培训较多地关注划分为不同专业岗位的群体，而文化建设较多地关注更大的群体，即一个组织、一个专业甚至是整个行业的员工群体。文化是一种无处不在的社会现象，它存在于任何组织和社会群体，存在于任何社会性活动，当然也存在于民航运输生产活动，存在于民航航班运行和管理活动的各个环节。应对航班延误及其波及的安全风险，需要各相关单位和工作环节之间默契的协同配合，在这里，文化是一个重要的决定因素，行业文化和组织文化的建设情况在很大程度上决定了民航航班延误及其波及安全风险的各种应对和治理活动的效果。

文化是价值观念与行为方式的集合，其形态表现为精神文化、行为文化、制度文化及器物文化。文化有优劣高下之分，优秀文化可以引导、化育人们求真向善，做好本职工作。在本书关注的范围内，民航的行业和组织文化是存在于民航员工群体中对待航班正常性和安全性的价值观念与行为方式的集合，其基本功能是引导民航员工建立和保持对待航班正常性和安全性的正确价值观念与行为方式，其中，精神文化通过理想信念和思维方式，行为文化通过道德观和价值观，制度文化通过行为规范的制定和执行过程，器物文化通过器具和标识等物质手段，引导和化育民航员工在航班运行和管理过程中的行为方式和价值概念。

改革开放之前，我国民航曾经长期归军队管理，而且至今仍较多地保留着准军事化的管理色彩。这令人想起毛泽东同志的名言，"没有文化的军队是愚蠢的军队，而愚蠢的军队是不能战胜敌人的"，想到文化建设对于民航这个准军事化色彩浓厚的行业须臾

表5.3 航班延误与安全风险同源性关联指标

序号	一级指标	序号	二级指标	序号	一级指标	序号	二级指标
1	自然环境	1.1	雷暴	3	人的因素	3.3	员工素质
		1.2	大雨	4	设备设施	4.1	飞机安全性
		1.3	冰雪			4.2	飞机可靠性
		1.4	雾霾			4.3	飞机维修性
		1.5	沙尘			4.4	地面设备完好性
		1.6	鸟击			4.5	空地设备配套
2	人工环境	2.1	航路	5	管理与信息	5.1	组织系统
		2.2	终端区			5.2	制度规范
		2.3	机场净空			5.3	监管系统
		2.4	飞行区			5.4	信息系统
		2.5	航站区			5.5	员工激励
		2.6	军事活动			5.6	教育培训
3	人的因素	3.1	员工数量			5.7	文化建设
		3.2	员工队伍结构				

不可缺少。毫无疑问，军事化管理的传统对我国民航在日常生产活动中实行令行禁止的严格管理十分有益，对民航在航班延误状况下迅速应对复杂而紧急的局面十分有益，但它也使我国民航的一些管理者在管理方式上往往忽视了文化的力量，缺少了必要的人本精神和民主作风，他们往往误解了魄力和果断，动辄训斥员工，言谈举止间张扬着几分旧式军人的坏习气。另一方面，改革开放之后市场经济的大环境又使民航的一些管理者沾染了不少老板习气，他们喜欢在自己的管辖范围内颐指气使，在管理活动中往往自以为是、老大气粗。凡此种种都属于没文化的表现，应该在民航文化建设中认真克服，因为在知识经济、信息经济的当今时代，在笃信安全第一、服务至上的现代民航业，在需要员工齐心合力、积极主动地查补疏漏和薄弱环节，细节决定成败的航班运行和管理中，没文化是注定行不通的。

作为本小节的总结，提出航班延误与民航安全风险的同源性关联指标共计5类27项，如表 5.3 所示。

5.4 指标的赋值

由于致因和结果上的复杂性，航班延误波及安全风险的规律性尚未得到充分显示，因而这一问题目前一般表现为定性问题。为了对其进行量化评估，采用专家调查法与统计分析法收集和处理所需数据。为此，在上两节确定两类评估指标的基础上，设计了两个调查表作为调研专家意见的基本工具，见附录1。两个调查表中，一个用来研究航班延误波及民航安全风险的影响程度，另一个用来研究航班延误与安全风险的同源性关联因素。考虑本书研究任务的要求和专家们的表达习惯，两个调查表均采用里克特 5 点评价法赋值，以"1、2、3、4、5"共 5 个等级描述各位专家对航班延误波及安全风险以及二者之间同源性关联的评价意见，等级 1 表示重要性最小，等级 5 表示重要性最大。赋值方法的具体运用如下。

5.4.1 分专业赋值

在从航班运行到安全风险的管理链条上，政府主管部门、航空公司、机场以及空管单位等相关方承担着不同的责任，相应地，他们对链条中各环节的关注重点必然会有所不同，对同一问题的响应程度也会有所不同。考虑到这种情况，在调研过程中，请各单位专家在为调查表指标匿名赋值的同时，反馈其所属单位的性质，是政府主管部门、航空公司、机场还是空管单位，以显示不同单位的员工和管理者对航班延误波及安全风险问题的不同认识取向，为今后必要时开展更深入的研究积累信息。

5.4.2 分层次赋值

如上所述，两个调查表在指标设计上均分为两个层次，在每个一级指标项下均设置若干个二级指标。基于这样的指标体系结构，在实施调研时，先向调查对象说明指标设置的意图和含义，再请各位专家就两个层次的指标分别赋值，以便进行不同细度的分析研究。

5.4.3 关联赋值

在一级指标和二级指标之间存在着系统性关联，在航班延误致因、安全风险致因和安全风险波及效果之间存在着以同源性关联为主的复杂关联。因此，在运用调查表实施调研时，请各位专家按照设计意图注意指标之间的关联性，照应指标的不同层次以及同一层次内的不同指标，在此基础上进行关联赋值，以反映关联指标之间的有机联系。

5.4.4 互动赋值

为了保证指标赋值结果既反映项目研究思路的要求，实现调研目标，又准确反映各位专家的真实判断，符合民航安全生产管理的实际情况，项目组始终注意在调研现场与各位专家保持良好互动。调研开始前，首先向调查对象说明项目研究背景、研究目的、项目进展情况、指标含义和赋值方法，使他们了解本书研究的基本情况，提高参与指标赋值的主动性。对一些调查对象起初不够清楚的地方，当场予以必要的澄清。

5.5 调研数据分析

调研工作在上海、哈尔滨、南京等地实施，始终得到了政府主管部门、航空公司、机场以及空管等受访单位的大力支持，他们都指派专人配合调研工作，有效地提高了指标赋值的准确性和调查表的回收率。关于调研工作的详细情况，见附录2。

5.5.1 数据处理

附录2第一部分用20个表格，图5.1～图5.18用柱状图汇总了本书调研数据的处理结果。各图表对来自上海、哈尔滨和南京的调研数据进行了分地区、分专业、分层次的统计处理，处理方法简述如下。

1. 归一化处理

由于个别指标数据有缺失，所以先对原始调研数据进行归一化处理。针对某一指标 j，x_{ij} 表示有 x_i 名专家认为该指标 j 的重要性属于等级 i，$i = 1,2,3,4,5$。设 $\tilde{x}_{ij}$ 表示归一化之后的标准数据，则有

$$\tilde{x}_{ij} = \frac{x_{ij}}{\sum_{i=1}^{5} x_{ij}}$$

2. 加权平均处理

对如上得到的 $\tilde{x}_{ij}$ 进行加权平均处理。设 5 个重要性等级的权重值向量为 $\boldsymbol{B}$，按指标赋值意图取 $\boldsymbol{B} = (1/15, 2/15, 1/5, 4/15, 1/3)$。设 X_j 为指标 j 的重要性指数，则有

$$X_j = (\tilde{x}_{1j}, \tilde{x}_{2j}, \tilde{x}_{3j}, \tilde{x}_{4j}, \tilde{x}_{5j}) \circ \boldsymbol{B}$$

以上处理结果见附录2中各表。

3. 图示

为了便于进行直观的分析判断，对于用上述方法得到的重要性指数值，使用 Excel 绘制成一套柱状图，如图 5.1～图 5.18 所示。其中，图 5.1～图 5.4 为 3 个地区对航班延误波及安全风险情况的赋值和汇总统计，图 5.5～图 5.8 和图 5.10～图 5.13 分别为航班延误和安全风险各类指标的分区赋值和汇总统计，图 5.9 和图 5.14 分别为考虑了两级指标权重后的二级指标汇总数据偏序，图 5.15～图 5.18 分别对比了 3 个地区对航班延误和安全风险致因的赋值和汇总统计。图 5.1～图 5.4、图 5.5～图 5.8 以及图 5.10～图 5.13 中的一级指标 A、B、C、D、E 分别对应表 5.1 和表 5.3 中的一级指标 1～5，二级指标 A_1～A_6 分别对应表 5.1 和表 5.3 中的二级指标 1.1～1.6，余类推。

观察图 5.1～图 5.18 并对照图中列出的统计数据，可以对航班延误波及安全风险问题做出如下判断。

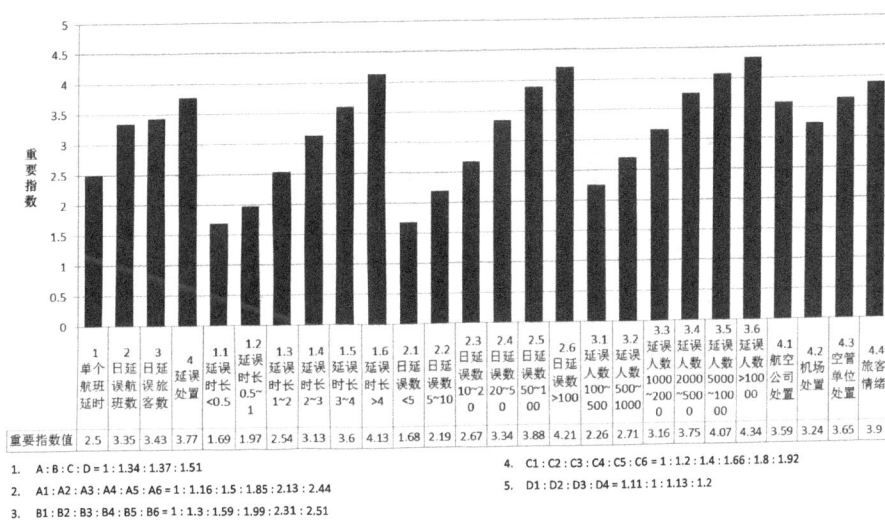

1. A : B : C : D = 1 : 1.34 : 1.37 : 1.51
2. A1 : A2 : A3 : A4 : A5 : A6 = 1 : 1.16 : 1.5 : 1.85 : 2.13 : 2.44
3. B1 : B2 : B3 : B4 : B5 : B6 = 1 : 1.3 : 1.59 : 1.99 : 2.31 : 2.51
4. C1 : C2 : C3 : C4 : C5 : C6 = 1 : 1.2 : 1.4 : 1.66 : 1.8 : 1.92
5. D1 : D2 : D3 : D4 = 1.11 : 1 : 1.13 : 1.2

图 5.1　航班延误波及民航安全风险(上海)

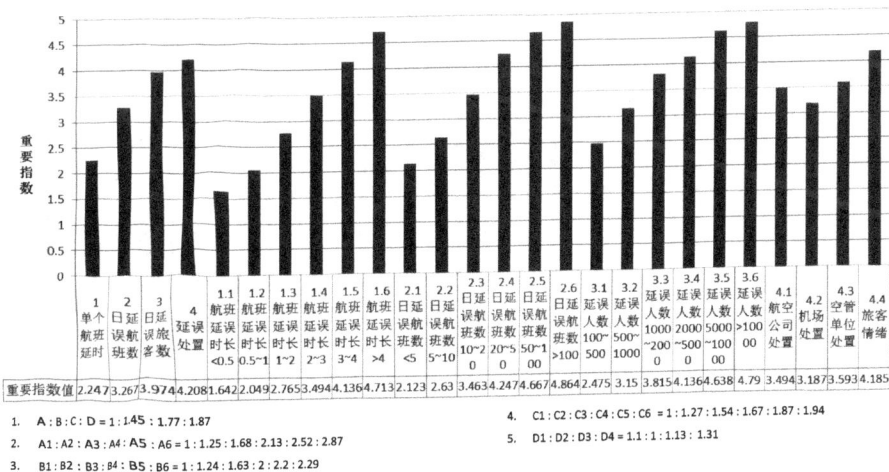

1. A : B : C : D = 1 : 145 : 1.77 : 1.87
2. A1 : A2 : A3 : A4 : A5 : A6 = 1 : 1.25 : 1.68 : 2.13 : 2.52 : 2.87
3. B1 : B2 : B3 : B4 : B5 : B6 = 1 : 1.24 : 1.63 : 2 : 2.2 : 2.29
4. C1 : C2 : C3 : C4 : C5 : C6 = 1 : 1.27 : 1.54 : 1.67 : 1.87 : 1.94
5. D1 : D2 : D3 : D4 = 1.1 : 1 : 1.13 : 1.31

图 5.2　航班延误波及民航安全风险(哈尔滨)

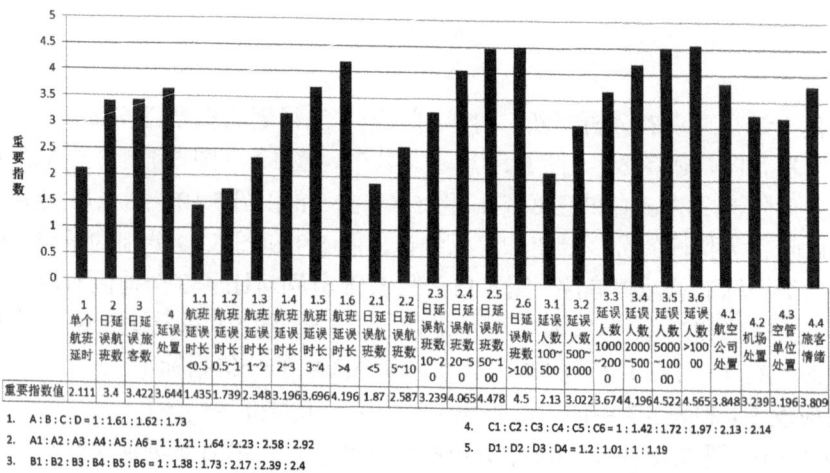

图5.3 航班延误波及民航安全风险(南京)

指标	重要指数值
1 单个航班延时	2.111
2 日延误航班数	3.4
3 日延误旅客数	3.422
4 延误处置	3.644
1.1 航班延误时长<0.5	1.435
1.2 航班延误时长0.5~1	1.739
1.3 航班延误时长1~2	2.348
1.4 航班延误时长2~3	3.196
1.5 航班延误时长3~4	3.696
1.6 航班延误时长>4	4.196
2.1 日延误航班数<5	1.87
2.2 日延误航班数5~10	2.587
2.3 日延误航班数10~20	3.239
2.4 日延误航班数20~50	4.065
2.5 日延误航班数50~100	4.478
2.6 日延误航班数>100	4.5
3.1 延误人数100~500	2.13
3.2 延误人数500~1000	3.022
3.3 延误人数1000~2000	3.674
3.4 延误人数2000~5000	4.196
3.5 延误人数5000~10000	4.522
3.6 延误人数>10000	4.565
4.1 航空公司处置	3.848
4.2 机场处置	3.239
4.3 空管单位处置	3.196
4.4 旅客情绪	3.809

1. A:B:C:D = 1:1.61:1.62:1.73
2. A1:A2:A3:A4:A5:A6 = 1:1.21:1.64:2.23:2.58:2.92
3. B1:B2:B3:B4:B5:B6 = 1:1.38:1.73:2.17:2.39:2.4
4. C1:C2:C3:C4:C5:C6 = 1:1.42:1.72:1.97:2.13:2.14
5. D1:D2:D3:D4 = 1.2:1.01:1:1.19

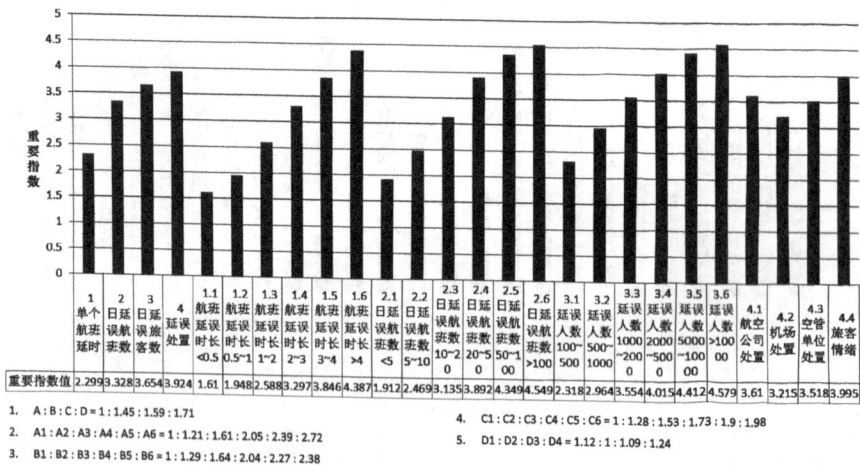

图5.4 航班延误波及民航安全风险(汇总)

指标	重要指数值
1 单个航班延时	2.299
2 日延误航班数	3.328
3 日延误旅客数	3.654
4 延误处置	3.924
1.1 航班延误时长<0.5	1.61
1.2 航班延误时长0.5~1	1.948
1.3 航班延误时长1~2	2.588
1.4 航班延误时长2~3	3.297
1.5 航班延误时长3~4	3.846
1.6 航班延误时长>4	4.387
2.1 日延误航班数<5	1.912
2.2 日延误航班数5~10	2.469
2.3 日延误航班数10~20	3.135
2.4 日延误航班数20~50	3.892
2.5 日延误航班数50~100	4.349
2.6 日延误航班数>100	4.549
3.1 延误人数100~500	2.318
3.2 延误人数500~1000	2.964
3.3 延误人数1000~2000	3.554
3.4 延误人数2000~5000	4.015
3.5 延误人数5000~10000	4.412
3.6 延误人数>10000	4.579
4.1 航空公司处置	3.61
4.2 机场处置	3.215
4.3 空管单位处置	3.518
4.4 旅客情绪	3.995

1. A:B:C:D = 1:1.45:1.59:1.71
2. A1:A2:A3:A4:A5:A6 = 1:1.21:1.61:2.05:2.39:2.72
3. B1:B2:B3:B4:B5:B6 = 1:1.29:1.64:2.04:2.27:2.38
4. C1:C2:C3:C4:C5:C6 = 1:1.28:1.53:1.73:1.9:1.98
5. D1:D2:D3:D4 = 1.12:1:1.09:1.24

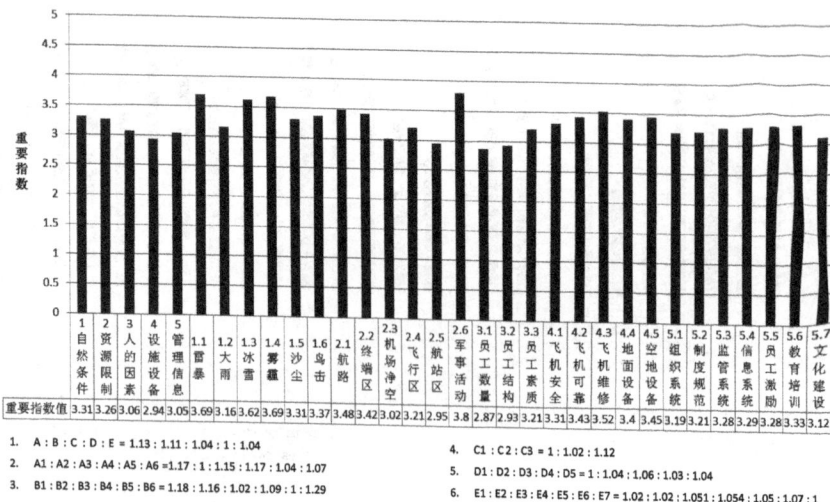

图5.5 同源性关联——延误致因(上海)

指标	重要指数值
1 自然条件	3.31
2 资源限制	3.26
3 人的因素	3.06
4 设施设备	2.94
5 管理信息	3.05
1.1 雷暴	3.69
1.2 大雨	3.16
1.3 冰雪	3.62
1.4 雾霾	3.69
1.5 沙尘	3.31
1.6 鸟击	3.37
2.1 航路	3.48
2.2 终端区	3.42
2.3 机场净空	3.21
2.4 飞行区	2.95
2.5 航站区	3.48
2.6 军事活动	2.87
3.1 员工数量	2.93
3.2 员工结构	3.21
3.3 员工素质	3.43
4.1 飞机安全	3.43
4.2 飞机可靠	3.52
4.3 飞机维修	3.45
4.4 地面设备	3.19
4.5 空地设备	3.21
5.1 组织系统	3.28
5.2 制度规范	3.29
5.3 监管系统	3.38
5.4 信息系统	3.33
5.5 员工激励	3.33
5.6 教育培训	3.12

1. A:B:C:D:E = 1.13:1.11:1.04:1:1.04
2. A1:A2:A3:A4:A5:A6 =1.17:1:1.15:1.17:1.04:1.07
3. B1:B2:B3:B4:B5:B6 = 1.18:1.16:1.02:1.09:1:1.29
4. C1:C2:C3 = 1:1.02:1.12
5. D1:D2:D3:D4:D5 = 1:1.04:1.06:1.03:1.04
6. E1:E2:E3:E4:E5:E6:E7 = 1.02:1.02:1.051:1.054:1.05:1.07:1

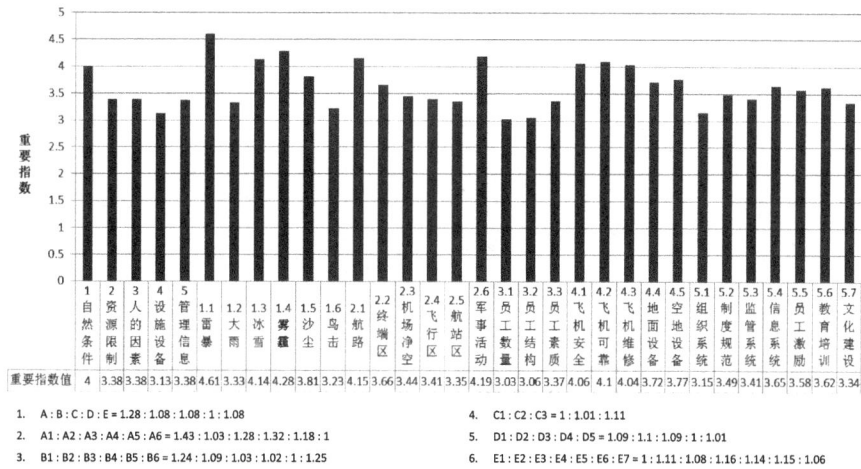

重要指数值	1 自然条件	2 资源限制	3 人的因素	4 设施设备	5 管理信息	1.1 雷暴	1.2 大雨	1.3 冰雪	1.4 雾霾	1.5 沙尘	1.6 鸟击	2.1 航路	2.2 终端区	2.3 机场净空	2.4 飞行区	2.5 航站区	2.6 军事活动	3.1 员工数量	3.2 员工结构	3.3 员工素质	4.1 飞机安全	4.2 飞机可靠	4.3 飞机维修	4.4 地面设备	4.5 空地设备	5.1 组织系统	5.2 制度规范	5.3 监管系统	5.4 信息系统	5.5 员工激励	5.6 教育培训	5.7 文化建设
	4	3.38	3.38	3.13	3.38	4.61	3.33	4.14	4.28	3.81	3.23	4.15	3.66	3.44	3.41	3.35	4.19	3.03	3.06	3.41	4.06	4.1	4.04	3.72	3.77	3.15	3.49	3.41	3.65	3.58	3.62	3.34

1. A : B : C : D : E = 1.28 : 1.08 : 1.08 : 1 : 1.08
2. A1 : A2 : A3 : A4 : A5 : A6 = 1.43 : 1.03 : 1.28 : 1.32 : 1.18 : 1
3. B1 : B2 : B3 : B4 : B5 : B6 = 1.24 : 1.09 : 1.03 : 1.02 : 1 : 1.25
4. C1 : C2 : C3 = 1 : 1.01 : 1.11
5. D1 : D2 : D3 : D4 : D5 = 1.09 : 1.1 : 1.09 : 1 : 1.01
6. E1 : E2 : E3 : E4 : E5 : E6 : E7 = 1 : 1.11 : 1.08 : 1.16 : 1.14 : 1.15 : 1.06

图 5.6　同源性关联——延误致因（哈尔滨）

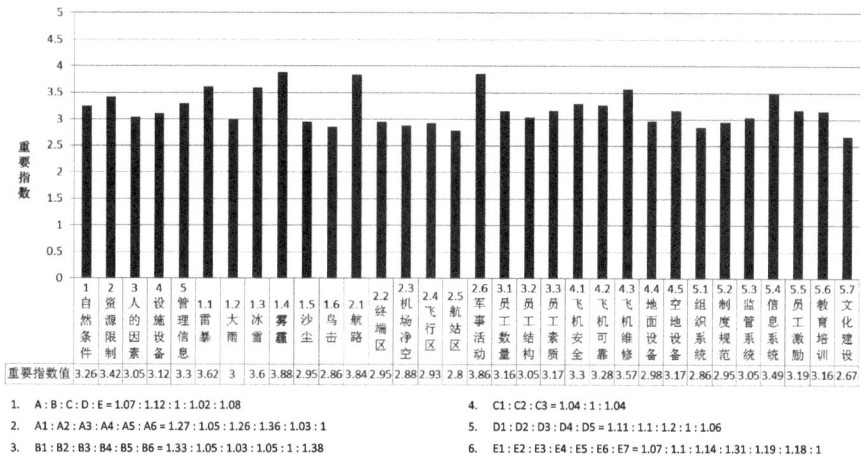

重要指数值	1 自然条件	2 资源限制	3 人的因素	4 设施设备	5 管理信息	1.1 雷暴	1.2 大雨	1.3 冰雪	1.4 雾霾	1.5 沙尘	1.6 鸟击	2.1 航路	2.2 终端区	2.3 机场净空	2.4 飞行区	2.5 航站区	2.6 军事活动	3.1 员工数量	3.2 员工结构	3.3 员工素质	4.1 飞机安全	4.2 飞机可靠	4.3 飞机维修	4.4 地面设备	4.5 空地设备	5.1 组织系统	5.2 制度规范	5.3 监管系统	5.4 信息系统	5.5 员工激励	5.6 教育培训	5.7 文化建设
	3.26	3.42	3.05	3.12	3.3	3.62	3	3.6	3.88	2.95	2.86	3.84	2.95	2.88	2.93	2.8	3.86	3.16	3.05	3.17	3.3	4.28	3.57	2.98	3.17	2.86	2.95	3.05	3.49	3.19	3.16	2.67

1. A : B : C : D : E = 1.07 : 1.12 : 1 : 1.02 : 1.08
2. A1 : A2 : A3 : A4 : A5 : A6 = 1.27 : 1.05 : 1.26 : 1.36 : 1.03 : 1
3. B1 : B2 : B3 : B4 : B5 : B6 = 1.33 : 1.05 : 1.03 : 1.05 : 1 : 1.38
4. C1 : C2 : C3 = 1.04 : 1 : 1.04
5. D1 : D2 : D3 : D4 : D5 = 1.11 : 1.1 : 1.2 : 1 : 1.06
6. E1 : E2 : E3 : E4 : E5 : E6 : E7 = 1.07 : 1.1 : 1.14 : 1.31 : 1.19 : 1.18 : 1

图 5.7　同源性关联——延误致因（南京）

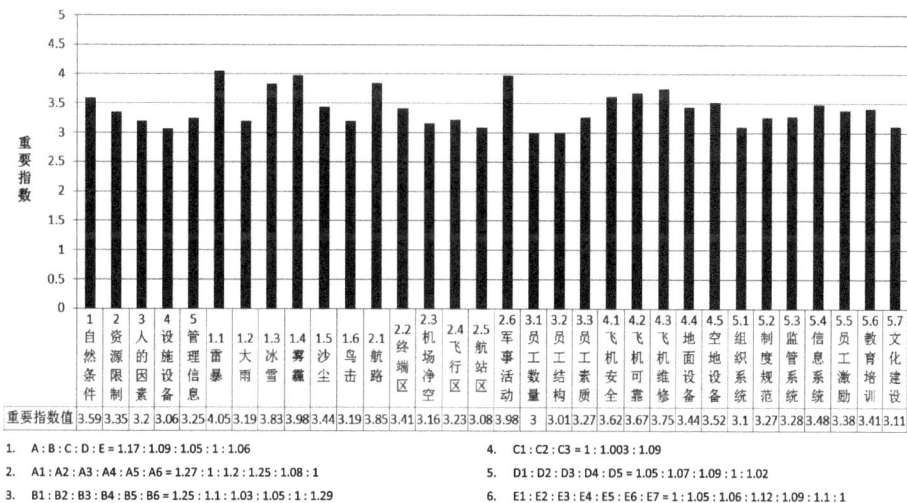

重要指数值	1 自然条件	2 资源限制	3 人的因素	4 设施设备	5 管理信息	1.1 雷暴	1.2 大雨	1.3 冰雪	1.4 雾霾	1.5 沙尘	1.6 鸟击	2.1 航路	2.2 终端区	2.3 机场净空	2.4 飞行区	2.5 航站区	2.6 军事活动	3.1 员工数量	3.2 员工结构	3.3 员工素质	4.1 飞机安全	4.2 飞机可靠	4.3 飞机维修	4.4 地面设备	4.5 空地设备	5.1 组织系统	5.2 制度规范	5.3 监管系统	5.4 信息系统	5.5 员工激励	5.6 教育培训	5.7 文化建设
	3.59	3.35	3.2	3.06	3.25	4.05	3.19	3.83	3.98	3.19	3.19	3.85	3.41	3.16	3.23	3.08	3.98	3	3.01	3.27	3.62	3.67	3.75	3.44	3.52	3.1	3.27	3.28	3.48	3.38	3.41	3.11

1. A : B : C : D : E = 1.17 : 1.09 : 1.05 : 1 : 1.06
2. A1 : A2 : A3 : A4 : A5 : A6 = 1.27 : 1 : 1.2 : 1.25 : 1.08 : 1
3. B1 : B2 : B3 : B4 : B5 : B6 = 1.25 : 1.1 : 1.03 : 1.05 : 1 : 1.29
4. C1 : C2 : C3 = 1 : 1.003 : 1.09
5. D1 : D2 : D3 : D4 : D5 = 1.05 : 1.07 : 1.09 : 1 : 1.02
6. E1 : E2 : E3 : E4 : E5 : E6 : E7 = 1 : 1.05 : 1.06 : 1.12 : 1.09 : 1.1 : 1

图 5.8　同源性关联——延误致因（汇总）

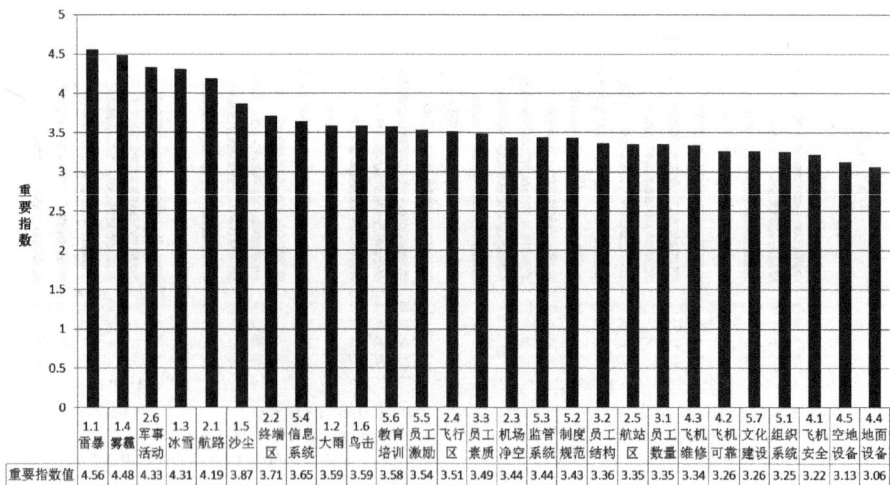

图 5.9　考虑权重排序（延误致因）

	1.1雷暴	1.4雾霾	2.6军事活动	1.3冰雪	2.1航路	1.5沙尘	2.2终端区	5.4信息系统	1.2大雨	1.6鸟击	5.6教育培训	5.5员工激励	2.4飞行区	3.3员工素质	2.3机场净空	5.3监管系统	5.2制度规范	3.2员工结构	2.5航站区	3.1员工数量	4.3飞机维修	4.2飞机可靠	5.7文化建设	5.1信息系统	4.1组织系统	4.5空地设备	4.4地面设备
重要指数值	4.56	4.48	4.33	4.31	4.19	3.87	3.71	3.65	3.59	3.59	3.58	3.54	3.51	3.49	3.44	3.44	3.43	3.36	3.35	3.35	3.26	3.26	3.25	3.25	3.22	3.13	3.06

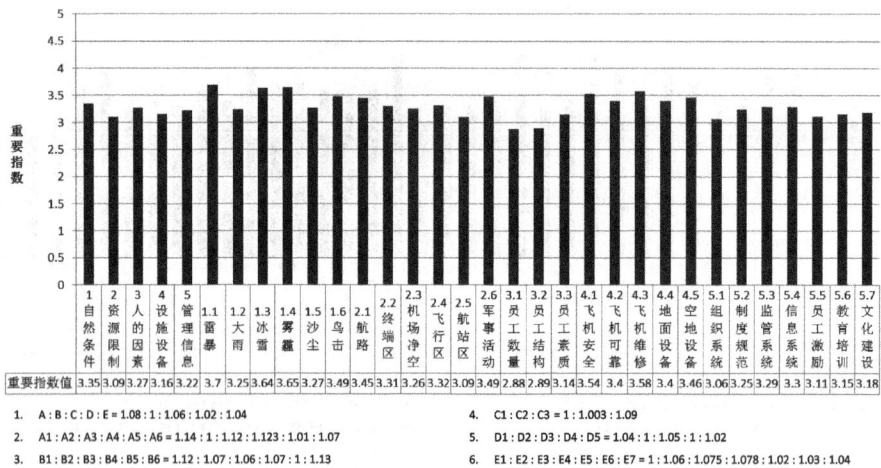

	1自然条件	2资源限制	3人的因素	4设施设备	5管理信息	1.1雷暴	1.2大雨	1.3冰雪	1.4雾霾	1.5沙尘	1.6鸟击	2.1航路	2.2终端区	2.3机场净空	2.4飞行区	2.5航站区	2.6军事活动	3.1员工数量	3.2员工结构	3.3员工素质	4.1飞机安全	4.2飞机可靠	4.3飞机维修	4.4地面设备	4.5空地设备	5.1组织系统	5.2制度规范	5.3监管系统	5.4信息系统	5.5员工激励	5.6教育培训	5.7文化建设
重要指数值	3.35	3.09	3.27	3.16	3.22	3.7	3.25	3.64	3.65	3.27	3.49	3.45	3.31	3.26	3.32	3.09	3.49	2.88	2.89	3.14	3.54	3.4	3.58	3.46	3.06	3.25	3.29	3.3	3.11	3.15	3.18	

1. A : B : C : D : E = 1.08 : 1 : 1.06 : 1.02 : 1.04
2. A1 : A2 : A3 : A4 : A5 : A6 = 1.14 : 1 : 1.12 : 1.123 : 1.01 : 1.07
3. B1 : B2 : B3 : B4 : B5 : B6 = 1.12 : 1.07 : 1.06 : 1.07 : 1 : 1.13
4. C1 : C2 : C3 = 1 : 1.003 : 1.09
5. D1 : D2 : D3 : D4 : D5 = 1.04 : 1 : 1.05 : 1 : 1.02
6. E1 : E2 : E3 : E4 : E5 : E6 : E7 = 1 : 1.06 : 1.075 : 1.078 : 1.02 : 1.03 : 1.04

图 5.10　同源性关联——风险致因（上海）

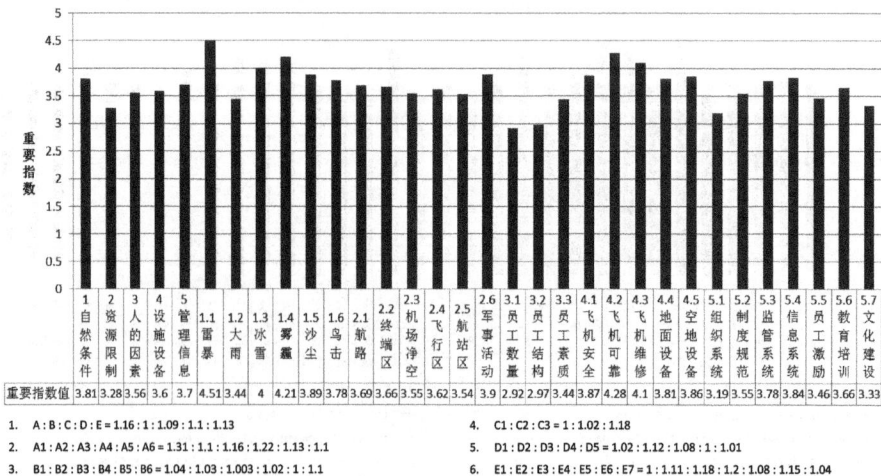

	1自然条件	2资源限制	3人的因素	4设施设备	5管理信息	1.1雷暴	1.2大雨	1.3冰雪	1.4雾霾	1.5沙尘	1.6鸟击	2.1航路	2.2终端区	2.3机场净空	2.4飞行区	2.5航站区	2.6军事活动	3.1员工数量	3.2员工结构	3.3员工素质	4.1飞机安全	4.2飞机可靠	4.3飞机维修	4.4地面设备	4.5空地设备	5.1组织系统	5.2制度规范	5.3监管系统	5.4信息系统	5.5员工激励	5.6教育培训	5.7文化建设
重要指数值	3.81	3.28	3.27	3.6	3.7	4.51	3.44	4	4.21	3.89	3.78	3.69	3.66	3.55	3.62	3.54	3.9	2.92	2.97	3.44	3.87	4.28	4.1	3.81	3.86	3.19	3.55	3.78	3.84	3.46	3.66	3.33	

1. A : B : C : D : E = 1.16 : 1 : 1.09 : 1.1 : 1.13
2. A1 : A2 : A3 : A4 : A5 : A6 = 1.31 : 1.1 : 1.16 : 1.22 : 1.13 : 1.1
3. B1 : B2 : B3 : B4 : B5 : B6 = 1.04 : 1.03 : 1.003 : 1.02 : 1 : 1.1
4. C1 : C2 : C3 = 1 : 1.02 : 1.18
5. D1 : D2 : D3 : D4 : D5 = 1.02 : 1.12 : 1.08 : 1 : 1.01
6. E1 : E2 : E3 : E4 : E5 : E6 : E7 = 1 : 1.11 : 1.18 : 1.2 : 1.08 : 1.15 : 1.04

图 5.11　同源性关联——风险致因（哈尔滨）

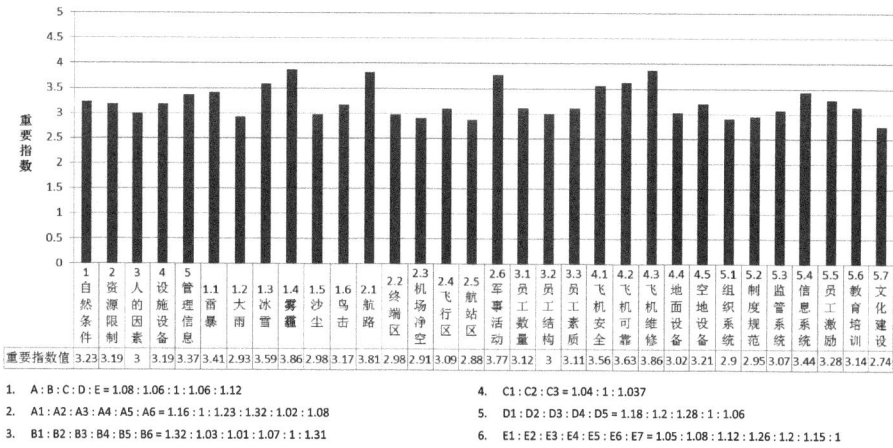

	1 自然条件	2 资源限制	3 人的因素	4 设施设备	5 管理信息	1.1 雷暴	1.2 大雨	1.3 冰雪	1.4 雾霾	1.5 沙尘	1.6 鸟击	2.1 航路	2.2 终端区	2.3 机场净空	2.4 飞行区	2.5 航站区	2.6 军事活动	3.1 员工数量	3.2 员工结构	3.3 员工素质	4.1 飞机安全	4.2 飞机可靠	4.3 飞机维修	4.4 地面设备	4.5 空地设备	5.1 组织系统	5.2 制度规范	5.3 监管系统	5.4 信息系统	5.5 员工激励	5.6 教育培训	5.7 文化建设
重要指数值	3.23	3.19	3	3.19	3.37	3.41	2.93	3.59	3.86	2.98	3.17	3.81	2.91	2.91	3.09	2.88	3.77	3.12	3	3.11	3.56	3.63	3.86	3.02	3.21	2.9	2.95	3.07	3.44	3.28	3.14	2.74

1. A : B : C : D : E = 1.08 : 1.06 : 1 : 1.06 : 1.12
2. A1 : A2 : A3 : A4 : A5 : A6 = 1.16 : 1 : 1.23 : 1.32 : 1.02 : 1.08
3. B1 : B2 : B3 : B4 : B5 : B6 = 1.32 : 1.03 : 1.01 : 1.07 : 1 : 1.31
4. C1 : C2 : C3 = 1.04 : 1 : 1.037
5. D1 : D2 : D3 : D4 : D5 = 1.18 : 1.2 : 1.28 : 1 : 1.06
6. E1 : E2 : E3 : E4 : E5 : E6 : E7 = 1.05 : 1.08 : 1.12 : 1.26 : 1.2 : 1.15 : 1

图 5.12　同源性关联——风险致因（南京）

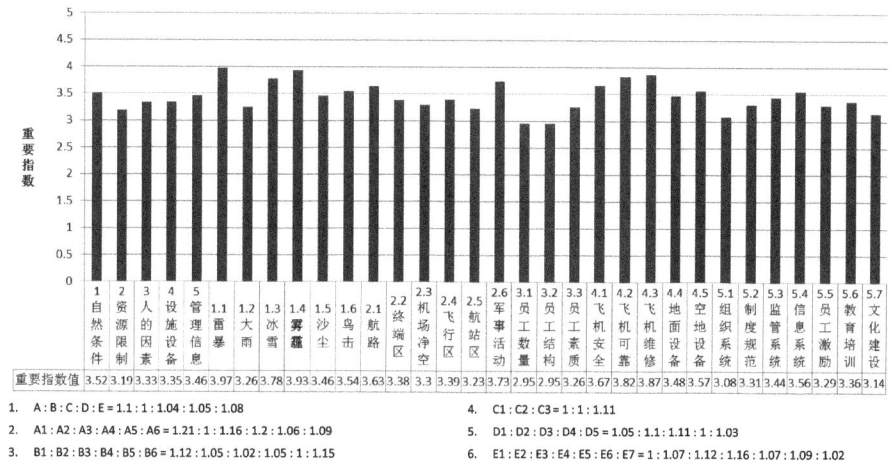

	1 自然条件	2 资源限制	3 人的因素	4 设施设备	5 管理信息	1.1 雷暴	1.2 大雨	1.3 冰雪	1.4 雾霾	1.5 沙尘	1.6 鸟击	2.1 航路	2.2 终端区	2.3 机场净空	2.4 飞行区	2.5 航站区	2.6 军事活动	3.1 员工数量	3.2 员工结构	3.3 员工素质	4.1 飞机安全	4.2 飞机可靠	4.3 飞机维修	4.4 地面设备	4.5 空地设备	5.1 组织系统	5.2 制度规范	5.3 监管系统	5.4 信息系统	5.5 员工激励	5.6 教育培训	5.7 文化建设
重要指数值	3.52	3.19	3.33	3.35	3.46	3.97	3.26	3.78	3.93	3.46	3.54	3.63	3.38	3.3	3.39	3.23	3.73	3	2.95	3.26	3.67	3.67	3.87	3.48	3.57	3.08	3.31	3.44	3.56	3.29	3.36	3.14

1. A : B : C : D : E = 1.1 : 1 : 1.04 : 1.05 : 1.08
2. A1 : A2 : A3 : A4 : A5 : A6 = 1.21 : 1 : 1.16 : 1.2 : 1.06 : 1.09
3. B1 : B2 : B3 : B4 : B5 : B6 = 1.12 : 1.05 : 1.02 : 1.05 : 1 : 1.15
4. C1 : C2 : C3 = 1 : 1 : 1.11
5. D1 : D2 : D3 : D4 : D5 = 1.05 : 1.1 : 1.11 : 1 : 1.03
6. E1 : E2 : E3 : E4 : E5 : E6 : E7 = 1 : 1.07 : 1.12 : 1.16 : 1.07 : 1.09 : 1.02

图 5.13　同源性关联——风险致因（汇总）

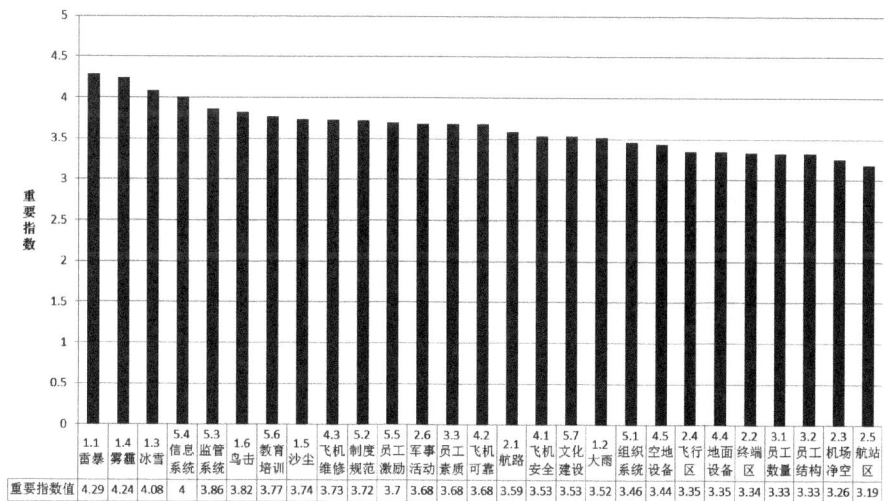

	1.1 雷暴	1.4 雾霾	1.3 冰雪	5.4 信息系统	5.3 监管系统	1.6 鸟击	5.6 教育培训	1.5 沙尘	4.3 飞机维修	5.2 制度规范	5.5 员工激励	2.6 军事活动	3.3 员工素质	4.2 飞机可靠	2.1 航路	4.1 飞机安全	5.7 文化建设	1.2 大雨	5.1 组织系统	4.5 空地设备	2.4 飞行区	4.4 地面设备	2.2 终端区	3.1 员工数量	3.2 员工结构	2.3 机场净空	2.5 航站区
重要指数值	4.29	4.24	4.08	4	3.86	3.82	3.77	3.74	3.73	3.72	3.7	3.68	3.68	3.68	3.59	3.53	3.53	3.52	3.46	3.44	3.35	3.35	3.34	3.33	3.33	3.26	3.19

图 5.14　考虑权重排序（风险致因）

图 5.15（上海）

	1 自然条件	2 资源限制	3 人的因素	4 设施设备	5 管理信息	1.1 雷暴	1.2 大雨	1.3 冰雪	1.4 雾霾	1.5 沙尘	1.6 鸟击	2.1 航路	2.2 终端区	2.3 机场净空	2.4 飞行区	2.5 航站区	2.6 军事活动	3.1 员工数量	3.2 员工结构	3.3 员工素质	4.1 飞机安全	4.2 飞机可靠	4.3 飞机维修	4.4 地面设备	4.5 空地设备	5.1 组织系统	5.2 制度规范	5.3 监管系统	5.4 信息系统	5.5 员工激励	5.6 教育培训	5.7 文化建设
延误致因强度	3.31	3.26	3.06	2.94	3.05	3.69	3.16	3.62	3.69	3.31	3.37	3.48	3.42	3.31	3.21	2.95	3.8	2.87	2.93	3.21	3.31	3.43	3.52	3.4	3.45	3.19	3.25	3.28	3.29	3.3	3.33	3.12
风险致因强度	3.35	3.09	3.27	3.16	3.22	3.7	3.25	3.64	3.65	3.37	3.49	3.45	3.31	3.02	3.22	3.09	3.49	2.88	2.89	3.14	3.54	3.4	3.58	3.4	3.46	3.06	3.25	3.29	3.3	3.11	3.15	3.18
风险>延误	0.04		0.21	0.22	0.17	0.01	0.09	0.02			0.12			0.24	0.11	0.14		0.01			0.23		0.06		0.01			0.04	0.01	0.01		0.06
延误>风险		0.17							0.04	0.04		0.03	0.11				0.31		0.04	0.07		0.03				0.13					0.17	0.18

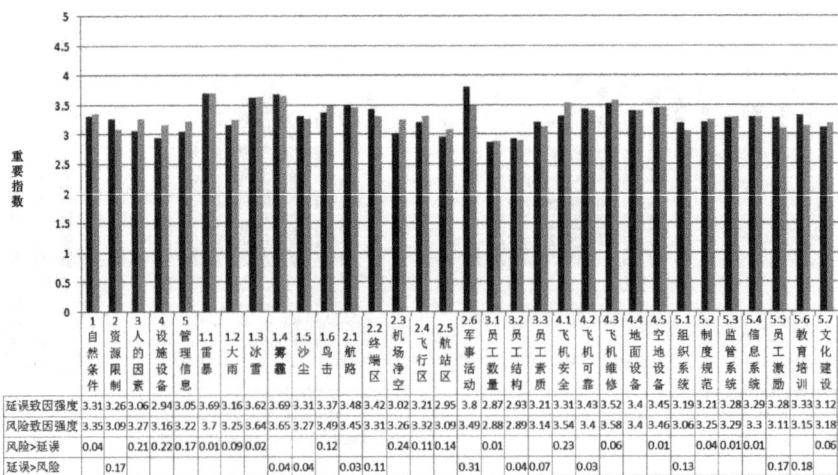

图 5.15　延误致因强度和风险致因强度对比（上海）

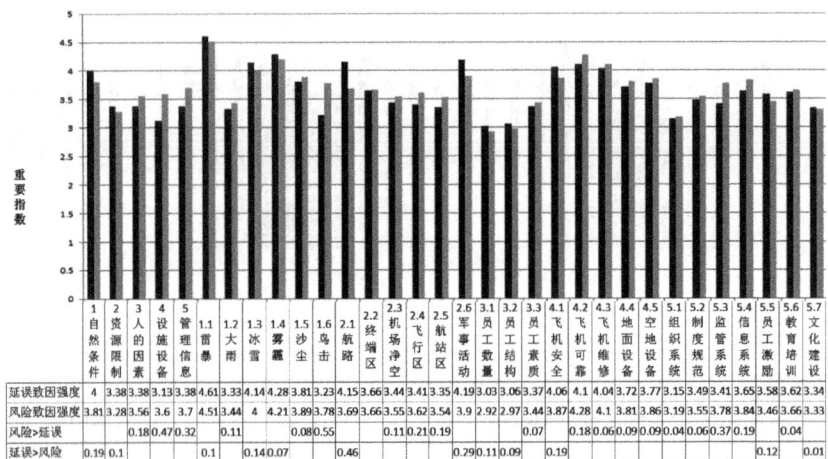

图 5.16（哈尔滨）

	1 自然条件	2 资源限制	3 人的因素	4 设施设备	5 管理信息	1.1 雷暴	1.2 大雨	1.3 冰雪	1.4 雾霾	1.5 沙尘	1.6 鸟击	2.1 航路	2.2 终端区	2.3 机场净空	2.4 飞行区	2.5 航站区	2.6 军事活动	3.1 员工数量	3.2 员工结构	3.3 员工素质	4.1 飞机安全	4.2 飞机可靠	4.3 飞机维修	4.4 地面设备	4.5 空地设备	5.1 组织系统	5.2 制度规范	5.3 监管系统	5.4 信息系统	5.5 员工激励	5.6 教育培训	5.7 文化建设
延误致因强度	4	3.38	3.38	3.13	3.38	4.61	3.33	4.14	4.28	3.31	3.23	4.15	3.66	3.44	3.41	3.31	4.19	3.03	3.06	3.37	4.06	4.1	4.04	3.72	3.77	3.15	3.49	3.41	3.65	3.58	3.62	3.34
风险致因强度	3.81	3.28	3.56	3.6	3.7	4.51	3.44	4.2	4.41	3.89	3.23	3.69	3.66	3.55	3.62	3.54	3.9	2.92	2.97	3.44	3.87	4.26	3.86	3.81	3.86	3.09	3.43	3.78	3.84	3.46	3.46	3.33
风险>延误			0.18	0.47	0.32		0.11	0.06	0.13	0.58				0.11	0.21	0.23				0.07		0.16		0.09	0.09			0.37	0.19			
延误>风险	0.19	0.1				0.1						0.46					0.29	0.11	0.09		0.19		0.18			0.06	0.06			0.12	0.16	0.01

图 5.16　延误致因强度和风险致因强度对比（哈尔滨）

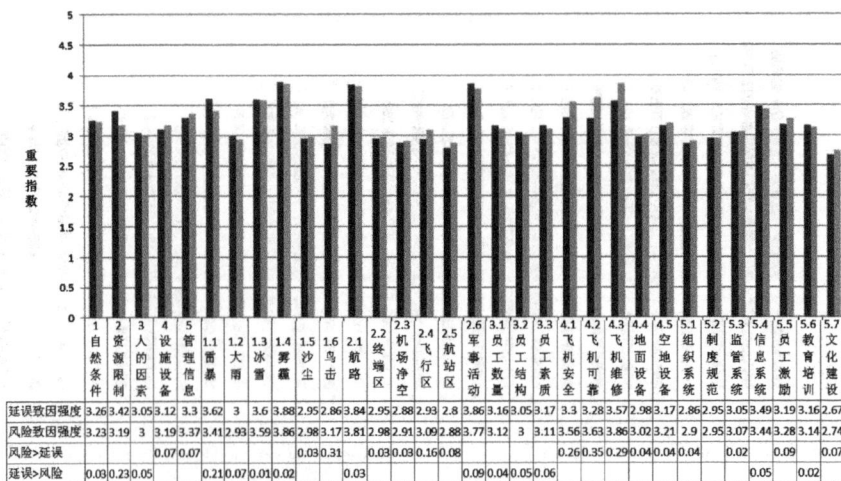

图 5.17（南京）

	1 自然条件	2 资源限制	3 人的因素	4 设施设备	5 管理信息	1.1 雷暴	1.2 大雨	1.3 冰雪	1.4 雾霾	1.5 沙尘	1.6 鸟击	2.1 航路	2.2 终端区	2.3 机场净空	2.4 飞行区	2.5 航站区	2.6 军事活动	3.1 员工数量	3.2 员工结构	3.3 员工素质	4.1 飞机安全	4.2 飞机可靠	4.3 飞机维修	4.4 地面设备	4.5 空地设备	5.1 组织系统	5.2 制度规范	5.3 监管系统	5.4 信息系统	5.5 员工激励	5.6 教育培训	5.7 文化建设
延误致因强度	3.26	3.42	3.05	3.12	3.3	3.62	3	3.6	3.88	2.96	2.86	3.84	2.95	2.88	2.93	2.8	3.86	3.16	3.05	3.17	3.3	3.28	3.57	3.16	3.17	2.86	2.95	3.05	3.49	3.19	3.16	2.67
风险致因强度	3.23	3.19	3.00	3.19	3.37	3.41	2.93	3.59	3.81	2.98	3.17	3.81	2.98	2.91	3.09	2.88	3.77	3.12	3	3.11	3.56	3.63	3.86	3.2	3.21	2.9	2.95	3.07	3.44	3.28	3.14	2.74
风险>延误				0.07	0.07					0.02	0.31		0.03	0.03	0.16	0.08					0.26	0.35	0.29	0.04	0.04	0.04		0.02		0.09		0.07
延误>风险	0.03	0.23	0.05			0.21	0.07	0.01	0.07			0.03					0.09	0.04	0.05	0.06									0.05		0.02	

图 5.17　延误致因强度和风险致因强度对比（南京）

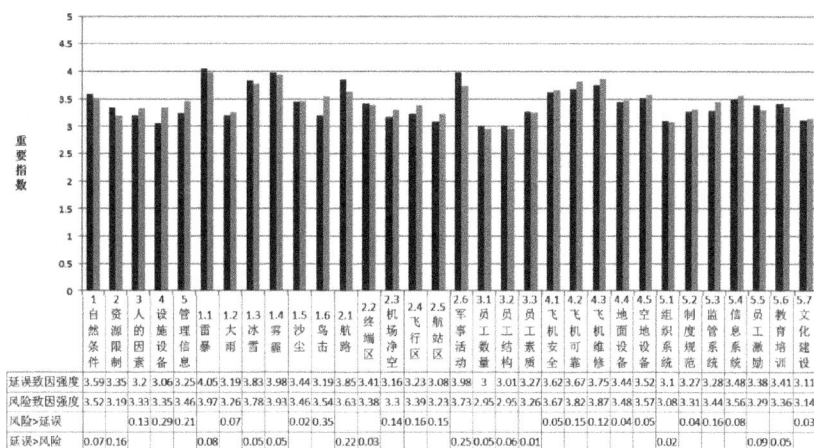

图 5.18　延误致因强度和风险致因强度对比(汇总)

	1 自然条件	2 资源限制	3 人的因素	4 设施设备	5 管理信息	1.1 雷暴	1.2 大雨	1.3 冰雪	1.4 雾霾	1.5 沙尘	1.6 乌击	2.1 航路	2.2 终端区	2.3 机场净空	2.4 飞行区	2.5 航站区	2.6 军事活动	3.1 员工数量	3.2 员工结构	3.3 员工素质	4.1 飞机安全	4.2 飞机可靠	4.3 飞机维修	4.4 地面设备	4.5 空地设备	5.1 距离系统	5.2 制度规范	5.3 监管系统	5.4 信息系统	5.5 员工激励	5.6 教育培训	5.7 文化建设
延误致因强度	3.59	3.35	3.2	3.06	3.25	4.05	3.19	3.83	3.98	3.44	3.85	3.16	3.23	3.08	3.98	3	3.01	3.27	3.52	3.67	3.82	3.75	3.44	3.52	3.48	3.31	3.44		3.38			3.11
风险致因强度	3.52	3.19	3.2		3.46	3.97	3.26	3.78	3.93	3.46	3.54	3.63	3.38	3.39	3.23	3.73		2.95	2.95	3.26	3.67	3.87	3.87	3.75	3.57	3.08	3.31	3.44	3.56	3.29	3.36	3.14
风险>延误				0.13	0.29	0.21		0.07			0.02	0.35		0.14	0.16	0.15				0.05	0.15	0.12	0.04	0.05		0.04	0.16		0.08			0.03
延误>风险	0.07	0.16			0.08		0.05	0.05		0.22	0.03		0.25	0.05	0.06	0.01					0.02					0.09	0.05					

5.5.2　航班延误波及安全风险

1. 一级指标

(1)在一级指标层次上,所选的 4 个一级指标,即单个航班延误、日延误航班数、日延误旅客数、延误处置情况,均可显著波及民航安全风险,可以较好地解释航班延误对民航安全风险的波及影响。

(2)无论是 3 个地区的汇总数据还是分地区数据,4 个一级指标对民航安全风险的波及程度的大小均呈现相同的顺序,依次为单个航班延误<日延误航班数<日延误旅客数<延误处置情况。这说明,单个航班延误对民航安全风险的波及影响一般较小,但是随着延误航班数和滞留旅客数增加,航班延误对民航安全风险的波及影响将迅速增大,而且无论具体延误情况如何,航班延误处置情况对民航安全风险的波及影响均大于航班延误本身。

(3)一个引人注意的"细节"是,哈尔滨对于日滞留旅客数与日延误航班数的差别比起上海和南京要敏感许多。对于这一现象,除了考虑数据中可能存在的随机性以外,一个合理的解释是疏散滞留旅客在环境、设施和难度上的差别。地处北疆的哈尔滨冬季冰天雪地,在冰雪条件下疏散航班延误滞留的旅客,难度比地处南国的上海和南京要大得多。此外,哈尔滨机场的吞吐量比南京少一些,比上海机场少得更多,在这种情况下,机场设施的差别,执飞航班机型的差别,对上述数据差别产生多大影响,需要做进一步研究。

2. 延误时长、延误航班数和滞留旅客数

这 3 个指标揭示的规律有明显共性,应该一并考察。

(1)总的一致趋势十分明显,且完全符合预先假设,即航班延误时间越长,波及的安全风险越大;日延误航班数越多,波及的安全风险越大;日滞留旅客数越多,波及的风险也越大。这种趋势说明,治理航班延误及其波及的安全风险,重点应是治理长时间延误和大面积延误。

(2)航班延误 1 小时以下,其波及的安全风险增加较慢;延误 1 小时以上,其波及的安全风险迅速增加。这再次说明,应该特别警惕航班长时间延误导致的安全风险累积效应。另一方面应该看到,长时间航班延误时对旅客的经济补偿虽然可以缓解旅客情绪,但降低安全风险的效果并不明显。

(3)对于本书调研的大型机场,日延误航班数大于 50 个,日滞留旅客数大于 5000 人时,航班延误波及安全风险的上升率明显放缓。这可以从两方面解释,一是在大面积航班延误情况下,机场启动了应急机制,使安全风险上升势头得到了有效遏制;二是大面积延误一般伴随着长时间延误发生,民航各单位在应对航班延误过程中逐渐提高了协同程度和应对效率,也使风险增加放缓。

3. 航班处置情况

如前所述,在航班延误波及民航安全风险的 4 个一级指标中,对航班延误的处置情况最受各单位专家关注。

(1)对比其他 3 个一级指标项下二级指标的赋值情况,专家们对航班延误处置情况项下二级指标的赋值要一致得多,且普遍较高。这说明,在航班延误发生后,所列 4 个二级指标,即航空公司、机场、空管单位的处置情况以及旅客情绪,均对波及安全风险具有较大影响。

(2)4 个二级指标中,3 个地区对航空公司处置情况的赋值均高于机场。这既说明航空公司在航班延误波及安全风险问题上责任重大,也说明航空公司在治理航班延误上还任重道远。

(3)上海和哈尔滨对空管单位处置情况的赋值均高于机场和航空公司。这既体现了空管在保障航班正常中的重要地位,也凸显了空管资源紧缺对航班正常性的约束,特别是对上海这类繁忙机场来说,空管资源约束对航班延误波及安全风险的影响更不容忽视。

(4)特别值得重视的是,4 个二级指标中,旅客情绪的赋值在 3 个地区均居于高位,在上海和哈尔滨甚至居于首位。这既提示了保持旅客情绪稳定是防止航班延误波及民航安全风险的工作重点,也说明旅客在航班延误后克制过激情绪对于保证民航安全和自身安全十分重要。应该让每一位旅客自觉认识到,保证民航安全归根结底是为了保证旅客自身安全。

5.5.3 同源性关联——延误致因

总体上看,无论在一级指标层次还是在二级指标层次,赋值结果都十分均齐,最小值为南京地区对文化建设的赋值 2.67,最大值为哈尔滨地区对雷暴的赋值 4.61。一方面是因为这里不存在上一小节存在的延误时长、日延误航班数和日滞留旅客数指标中的赋值递增,另一方面也说明所选指标比较全面地反映了航班延误的主要致因。

统观全部 27 个二级指标,无论是分地区赋值还是汇总数据,雷暴、雾霾和冰雪 3 项自然条件与航路和军事活动 2 项资源限制均居前五位。考虑两级权重后,汇总数据中居前五位的二级同源性关联指标依次是雷暴 4.56＞雾霾 4.48＞军事活动 4.33＞冰雪 4.31＞航路限制 4.19。

1. 一级指标

(1)所选 5 个一级指标中，自然条件的赋值最为突出，除了南京地区对其赋值略低以外，哈尔滨和上海均对其赋予最高值。这说明在现有技术和管理水平上，以天气条件为主的自然条件仍在航班延误致因中占据首位。

(2)资源限制的赋值在南京地区航班延误致因中居首位，在上海和哈尔滨均居第二位。考虑本指标涵盖的内容，说明以空域资源为主的资源限制对航班延误影响显著。

(3)其他 3 个一级指标的赋值，除了管理信息在南京地区的赋值居第二位以外，总体上均居于后三位，其中人的因素在南京地区居末位，设备设施在上海和哈尔滨地区居末位。这说明经过多年的努力，曾经长期制约民航发展的"三个跟不上"问题已经有了明显改善。

2. 自然条件

(1)总的来看，自然条件项下所属 6 个二级指标中，无论在南方的上海和南京地区，还是在北方的哈尔滨地区，雷暴、冰雪和雾霾均居前三位，大雨、沙尘和鸟击均居后三位。说明在治理航班延误中，雷暴、冰雪和雾霾是最需要认真应对的 3 种恶劣天气。

(2)雷暴和雾霾的赋值在上海地区并列第一位，雾霾在南京地区的赋值居首位，这本在预料之中，反映了航班延误自然条件致因的地区分布。引人注目的是，雷暴的赋值在地处北疆的哈尔滨地区赫然居于首位，可能反映不常见的恶劣天气容易导致猝不及防的航班延误后果，更值得高度警惕。

3. 资源限制

(1)在全部 3 个地区，航路、终端区和军事活动的赋值均居前三位，其中军事活动和航路的赋值尤为突出；机场净空、飞行区和航站区的赋值明显低于前三位。这说明，机场附近地区的资源约束已明显缓解，今后提高航班正常性应主要依靠改善外部空域资源条件。

(2)与航路相比，军事活动的赋值似更加突出。说明在现时条件下减少航班延误，既需要比较宽松的航路资源条件，也许更需要重视减少与非规律性军事活动的冲突，面对当前军事斗争形势日趋复杂的国际环境，应特别重视军民航空活动沟通协调。

4. 人的因素

(1)在人的因素项下所属的 3 个二级指标中，除了南京地区对员工数量的赋值与员工素质赋值相当接近之外，上海和哈尔滨两地对员工素质的赋值明显高于其他 2 个二级指标。这既说明在减少航班延误波及安全风险方面应该把提高民航员工素质放在首位，也说明我国民航在人力资源管理方面正稳步走向集约化，还说明近年来我国民航从严要求员工资质十分符合行业发展要求。

(2)关于人的因素的以上判断可以从管理与信息项下的员工激励和员工培训 2 个二级指标的赋值得到进一步印证。

5. 设备设施

(1)上海地区对飞机性能和地面设备的赋值大体相当,而哈尔滨和南京地区对飞机的赋值明显高于地面设备。这说明,在飞机性能已经相当先进的情况下,在上海这样的大型枢纽机场,应该更加重视地面设备在减少航班延误波及民航安全风险中的作用。

(2)关于飞机性能的 3 个二级指标,哈尔滨地区对其赋值大致等同,而上海和南京地区对飞机维修性的赋值明显高于安全性和可靠性。这进一步说明,在进口飞机安全性和可靠性较高的情况下,良好的维修对减少航班延误波及民航安全风险更为重要。

6. 管理与信息

与前 4 个一级指标相比,管理信息指标项下 7 个二级指标的赋值相当均齐,特别是在上海地区,均齐的程度显得有些意外。

(1)7 个二级指标中,信息系统、员工激励和员工培训在 3 个地区的赋值均居前三位,准确反映了我国民航的实际情况。其中,信息系统完善和通畅的关键作用在航班延误条件下尤为凸显,而员工激励和培训则是充分发挥人的因素作用的重要基础。

(2)组织系统、制度规范、监管系统及文化建设 4 个二级指标的赋值居后四位,这样的结果有喜有忧。在导致航班延误波及民航安全风险的多项致因中,以上 4 项因素一般表现为间接的然而也往往是更深刻的致因。这样的赋值结果一方面反映了我国民航在安全管理体系建设上取得了长足进展,另一方面,也反映出我国民航对安全文化建设等深层次问题的认识还有待进一步提高。

5.5.4 同源性关联——风险致因

在航班延误和由其波及的安全风险之间存在着内在的关联性,因此无论从赋值情况上看还是从解释效果上看,风险致因与延误致因都有很多相似之处。本节的分析着重突出二者的异同。

同延误致因的情况类似,赋值结果在两个指标层次上都十分均齐,最小值为南京地区对文化建设的赋值 2.34,最大值为哈尔滨地区对雷暴的赋值 4.51。这一结果说明所选指标比较全面地反映了与航班延误关联的主要安全风险致因。

同延误致因的情况类似,自然条件也是主要的风险致因。虽然南京地区对雷暴和冰雪的赋值出人意料地有所下降,但是上海和哈尔滨地区的高赋值还是使雷暴、雾霾和冰雪 3 项自然条件的赋值在汇总数据中名列前茅。

另一方面,管理和信息因素的赋值在风险致因中的地位明显上升,特别是南京和哈尔滨地区对管理和信息因素赋值较高,推动信息和监管两项指标在汇总数据中的地位明显上升。最终,考虑两级权重后,在全部 27 个二级指标的汇总数据中,居前五位的风险致因指标依次是雷暴 4.29＞雾霾 4.24＞冰雪 4.08＞信息系统 4.0＞监管系统 3.86。

1. 一级指标

(1)自然条件的赋值更为突出,包括南京,3 个地区均对其赋予最高值,说明自然条件在航班延误波及民航安全风险的致因中稳居首位。

（2）管理与信息的赋值明显提升，除了在上海地区赋值略低以外，在南京和哈尔滨地区均居第二位，说明管理水平和信息沟通对减少航班延误波及民航安全风险的不利影响十分重要。

（3）同延误致因的情形有很大差别，资源限制的赋值在上海、哈尔滨和汇总数据中居末位，人的因素赋值在南京地区居末位，说明包括人力资源在内的资源条件对民航安全的约束作用已明显缓解。

2. 自然条件

（1）在 6 个二级指标中，上海和哈尔滨地区更强调雷暴，南京地区更强调雾霾，总的结果与航班延误致因情况类似，雷暴、冰雪和雾霾仍居前三位，大雨、沙尘和鸟击仍居后三位。这有力地说明，在航班延误与民航安全风险之间，雷暴、冰雪和雾霾是最显著的 3 项共同致因。

（2）一些文献曾指出大雨是严重威胁飞行安全的恶劣天气，但 3 个地区均对大雨赋予了最低值，说明只要不伴有雷暴，单纯的大雨对飞行安全的影响并不像文献报道的那样严重。

3. 资源限制

（1）3 个地区赋值居前两位的二级指标仍是军事活动和航路，第三位在哈尔滨地区仍是终端区，而在上海和南京地区则变为飞行区。机场净空和航站区的赋值仍然居于后两位，说明与航班延误致因情况类似，从安全角度看，机场附近地区的资源约束也已明显缓解，主要的资源约束来自外部，来自空域。

（2）与航路相比，军事活动仍相当突出，在哈尔滨和上海地区，军事活动的赋值均超过航路而居首。说明为了飞行安全，需要进一步重视减少民航与军事活动的冲突，重视军民航空活动之间的沟通协调。

4. 人的因素

（1）与航班延误致因情况类似，南京地区对员工数量的赋值与员工素质赋值相当接近，说明当地民航员工数量明显不足；上海和哈尔滨地区对员工素质的赋值明显偏高，说明在降低安全风险方面应该进一步重视提高员工素质，从严要求员工资质是我国民航在人力资源方面走向集约化管理的必然要求。

（2）类似地，以上判断也可以从员工激励和员工培训两个相关二级指标的赋值得到进一步印证。

5. 设备设施

（1）与航班延误致因情况相比，对飞机性能的要求明显高于地面设备，进一步凸显了飞机作为民航主要生产工具的地位。

（2）与飞机性能有关的是，3 个地区对空地设备配套的赋值均高于地面设备配备，说明在很大程度上，空地设备的良好配套比单纯强调改善地面设备能够取得更好的安全保障效果。

6. 管理与信息

与航班延误致因情况类似，7 个相关二级指标的赋值仍然相当均齐，但也出现了一些明显差别。

(1)信息系统的关键作用进一步凸显,在各地区和汇总赋值中均居首位,说明在航班延误条件下,保持信息畅通是重中之重。

(2)在上海、哈尔滨地区及汇总数据中,监管系统的赋值仅次于信息系统而跃居第二位,说明监管系统对减少安全风险的作用比减少航班延误的作用更为突出。

(3)组织系统的赋值在上海、哈尔滨地区及汇总数据中均居末位,说明经过历次改革,我国民航的组织体系已经较好地适应了安全管理的需要。

(4)其他4个二级指标的赋值在3个地区参差不齐,但总的来看均处于较低水平。员工激励和文化建设的低赋值有些出乎意料,说明深刻认识安全风险方面这些深层次问题,把安全管理提升到人文式管理的层次,我国民航还有很长的路要走。

5.5.5　延误致因与风险致因的关联性

如前所述,图5.15～图5.18对比显示了5个一级指标及27个二级指标作为航班延误致因与安全风险致因的关联性,而下面的表5.4集中排列了上述图中的对比数据。

分析这些图表,可以对航班延误与安全风险的关联性得出如下判断。

1. 基本判断

总体上看,无论在一级指标层次还是在二级指标层次,3个地区对航班延误致因和安全风险致因的赋值结果都十分接近,差异很小,有力地支持了关于航班延误与安全风险致因之间存在密切关联的基本判断。

2. 赋值个数

"风险＞"与"延误＞"赋值个数的比例,在一级指标层次上,上海为4∶1,哈尔滨为3∶2,南京为2∶3,汇总数据为3∶2;在二级指标层次上,3个地区均为15∶11,汇总数据为15∶12。总的来看差异不大,对风险致因表述得更加充分。说明所选指标比较平衡地反映了它们作为主要致因对航班延误和安全风险的影响。实际上,这种平衡反映了二者之间的密切关联。

3. 赋值差异

对5个一级指标"风险＞"与"延误＞"的累加赋值差异,上海和哈尔滨地区以及汇总数据分别0.64∶0.17,0.97∶0.20,0.63∶0.23,南京地区为0.14∶0.31,累加差异大致处于同一量级。

在二级指标全部216个赋值项中,"风险＞"或"延误＞"差异值大于0.20的只有16项,仅占7%。

赋值差异最大值均出现在哈尔滨地区,对"风险＞"为"鸟击"项的0.55,对"延误＞"为"航线"项的0.46,不太显著。

在3个指标上,即上海地区的"地面设备"项,哈尔滨地区的"终端区"项,南京地区的"制度规范"项,"风险＞""延误＞"差异为零,出现了对航班延误致因和安全风险致因的相等赋值。

综合上述,赋值差异进一步支持了航班延误致因与安全风险致因之间存在密切关联的基本判断。

表 5.4 航班延误和安全风险致因的关联性

	自然条件	资源限制条件	设备设施的因素	管理信息	雷暴	大雨	冰雪	雾霾	沙尘	鸟击	航路	终端区	机场净空	飞行区	航站区	军事活动	员工数量	员工结构	员工素质	飞机安全	飞机可靠	飞机维修	地面设备	空地配套	组织系统	制度规范	监管系统	信息系统	员工激励	教育培训	文化建设
上海 风险>	04	21	22	17	01	09	02			12			24	11	14		01			23		06		01		04	01	01			06
上海 延误>	17							04	04		03	11				31		04	07		03				13				17	18	
哈尔滨 风险>		18	47	32		11			08	55			11	21	19						18	06	09	09	04	06	37	19		04	
哈尔滨 延误>	01		07		01		14	07	03		46					29	11	09	07	19									12		01
南京 风险>	19	05	29	21						31		03	03	16	08					26	35	29	04	04	04		02	05		02	01
南京 延误>	03	23			21	07	01	02	03		03					09	04	05	06										09		07
汇总 风险>		13								35			14	16	15					05	15	12	12	05		04	16	08			03
汇总 延误>	07	16			08	07	05	05	02		22	03				25	05	06	01						02				09	05	

注：1. "风险>"表示相关指标作为安全风险致因的赋值大于其作为航班延误致因的赋值，"延误>"表示相关指标作为航班延误致因的赋值大于其作为安全风险致因的赋值。

2. 小数点及其前的 0 均省略，例如，04 表示 0.04，21 表示 0.21。

第6章　航班延误安全风险评估初探

航班正常和安全是民航运输生产中需要重点关注的两个问题。航班正常是民航服务质量的重要内容，集中体现民航运营的外在形象，安全则关乎人的宝贵生命，集中体现民航发展的内在品质，两者之间存在着十分密切的关系。总体上看，航班正常性要服从安全性，而航班延误的后果最终也往往集中在安全问题上，因此从根本上说，治理航班延误要特别处理好与安全密切相关的关键问题。航班延误带来的安全风险是不容忽视的。航班延误容易导致飞行计划管理混乱，使不安全事件出现的风险大大上升，这样的事例不胜枚举。长时间或大面积的航班延误发生后，一些旅客的过激反应直接给机组、运输服务等人员带来的心理压力，航空公司和机场力图尽快缓解旅客的焦躁情绪而反复劝说的工作压力，以及正常航班链条被打断后重新编排航班起降的资源压力等，都给民航安全带来了严峻考验，从空管、飞行、机场和航班计划等方面形成了安全风险。

航班延误的安全风险是在航班延误既成条件下，可能引致民航不安全事件发生的各种因素，特别是那些本来也许不足以引起不安全事件发生，但在航班延误条件下可能导致不安全事件发生的潜在隐患及其风险。这里之所以特别强调潜在隐患和风险，是为了突出隐患承载风险的表里关系，突出航班延误安全风险和民航不安全事件之间的辩证关系。安全风险和事故等不安全事件之间的关系是非线性的，风险的存在未必导致不安全事件的发生，这主要是由于不安全事件的发生具有很大的随机性。但是不安全事件没有发生，并不意味着不存在安全隐患和风险，风险转化为不安全事件具有很大的偶然性。从根本上说，航班延误的安全风险在于，航班延误发生后，民航生产系统中增添了新的隐患和风险，增加了导致不安全事件发生的可能性。航班延误会造成运行不畅，保障能力不足，工作人员工作量超负荷，压力过大产生不良情绪等后果，这些都是不容忽视的安全风险。

研究民航安全风险评估问题的一般做法是，以民航飞行、机务维修、机场和空管等典型子系统为切入点，从人的因素、设备因素、环境因素和管理因素等方面进行风险源辨识，建立安全风险评价指标体系，继而选择适合系统特点的方法进行综合评估，或者专门对其中的某个子系统进行风险评估。在民航安全生产系统中，这些子系统与这些要素之间存在着复杂的交叉关系[100]，如图6.1所示。

民航机场是一个复杂的巨系统，它涉及多个部门、多个驻场单位及众多员工，是复杂的多任务下的协调作业。机场的安全涉及飞行安全、空防安全、地面安全、消防安全、危险品运输、应急救援等。据统计，70%～80%的飞行不安全事件发生在机场及附近区域。鉴于此，本章重点探讨民航机场子系统在航班延误条件下的安全风险评估问题。

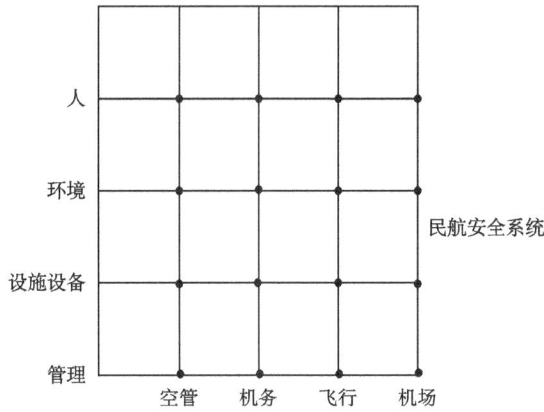

图 6.1　民航子系统与风险要素的关系

6.1　机场子系统航班延误安全风险因素

航班延误后，机场运行和管理中的许多因素都与安全有关，诸如机场的安全运行流程，机场人员的工作技能、心理素质、安全意识，机场的应急救援准备，机场实施的规章制度，机场的安全文化建设，以及对航空器安全起降特别是复杂气象条件下对飞行安全有重要影响的地面设备设施的保障水平等，都与民航安全息息相关。因此，对航班延误条件下机场子系统的安全风险值得进行重点研究。

航班延误条件下机场子系统的安全风险因素，是航班延误诱发机场子系统中的潜在风险，从而引起民航不安全事件发生的各种基本因素，包括人的不安全行为，物的不安全状态，以及有害环境及安全管理上的缺陷。单一风险因素通常不会引起大的不安全事件，但是当多个风险因素相互作用、叠加放大后就可能引起系统失效。研究航班延误条件下机场子系统的安全风险，首先要研究风险的根源，这是有效防控民航不安全事件，提高风险管理水平的关键所在，也是获取安全风险评估指标的根本来源。

研究机场子系统航班延误的安全风险，需要分析在航班延误既成条件下，民航机场上可能导致人员伤亡或经济损失、组织财产损失、工作环境的破坏以及各种情况组合的不安全状态及其各种原因。

机场子系统安全风险的根源可以概括为 4 个方面的因素，即人的风险因素，设备设施的风险因素，环境风险因素和管理风险因素。

人的风险因素是指与不安全事件发生有关的人员因个人素质较低、推脱责任及玩忽职守等原因而引起的风险。人是机场子系统中最具活力、最积极和最具价值的主体，但人的因素也是最难以掌握、容易受到不利影响的因素。国内外民航发生的不安全事件中，70%以上都是人的因素差错引起的，造成的影响也是占主导地位的。航班延误发生后，涉及的机场工作人员很多，对机场各单位工作人员自身的心理素质等都带来了负面效应，这些影响着他们对航班延误引起的安全风险的管控、应急能力。

设备风险因素是指与不安全事件发生有关的机场设备设施(如机场工具设备、飞行区场道状况等)在航班延误后的配置、完好性、利用率下降等情况。机场运行中使用大量的先进设备，这无形中助长了人们的惯性思维和依赖心理，使人们往往容易忽略设备自身存在的隐患，一旦设备发生故障，就会触发不安全事件链。航班延误发生后，在应急设备配备不足的情况下，更应该保证各设备的完好以及设施的井然有序，以便顺利完成航班调度，尽快使航班恢复正常。

环境风险因素包括自然环境和社会环境。环境因素是客观存在，是人的意志往往无法左右的。航班延误，特别是严重的大面积航班延误，会在一定程度上打乱航空公司原定的航班计划，由此带来的一系列群发的负面影响会使得机场赖以正常运行的环境趋于恶劣。航班延误发生后，对其他方面的风险因素一般可以找出源头并采取相应措施加以控制，但对于环境因素却很难实施有效控制。

管理风险因素是指航班延误发生后，机场子系统中在指导思想、运行规范、组织结构、规章制度、运行程序、教育培训、安全文化以及监管力度等方面存在的与不安全事件发生有关的风险。管理是对人员、设备设施和环境等方面的风险因素自身及其相互关系实施人为干预的手段，它具有整体影响效力，贯穿于系统运行的方方面面。

6.2　评估指标体系

在机场航班延误安全风险评估中，评估指标不仅需要考察存在的问题及差错，而且需要考察规范化安全管理必需的制度建设和落实措施。在近年来民航安全管理体系建设中，一些研究者根据系统安全思想，分析、提炼机场子系统的安全风险因素，从总体层、因素层和指标层3个层次，人员、设备设施、环境和组织管理4个方面，以及它们相互组合形成的人—人关系、人—机关系等关系界面入手，形成了适合民航特点的安全风险评估指标体系[100]，参见图6.2。

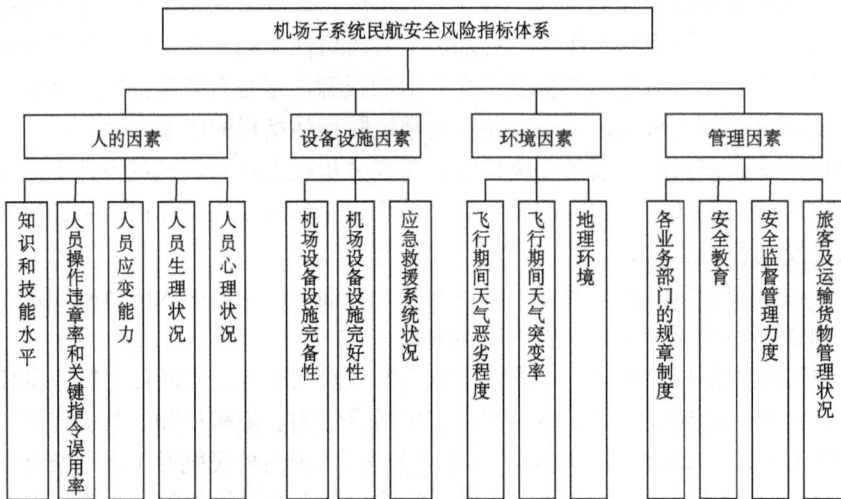

图 6.2　机场子系统安全风险指标体系

本节基于以上对航班延误条件下机场子系统安全风险因素的分析，在已有研究基础上进行分解、提炼、合并和综合，筛选出了用于航班延误条件下机场子系统安全风险评估的23个指标。

1. 人的风险评估指标

航班延误条件下机场人的因素风险评估指标包括：处理航班延误的知识、技能和经验，人员操作违章率和关键指令误用率，人员应变能力，人员心理状况，人员生理状况，工作压力，机场监察员配置状况。

2. 设备设施风险评价指标

航班延误条件下机场设备设施因素风险评估指标包括：机场设备使用状况，飞行场道占用率，应急救援系统状况，机场设备设施完备性，机场设备设施完好性。

3. 环境风险评估指标

航班延误条件下机场环境因素风险评估指标包括：场务作业量，机场秩序状况，飞行期间天气恶劣程度，飞行期间天气突变率，地理环境。

4. 管理风险评价指标

航班延误条件下机场管理因素风险评估指标包括：部门冲突频度和强度，机场净空管理状况，安全监督管理力度，旅客及运输货物的管理状况，各业务部门的规章制度，安全教育状况。

由此得到的航班延误条件下机场子系统安全风险评估指标体系如图6.3所示。

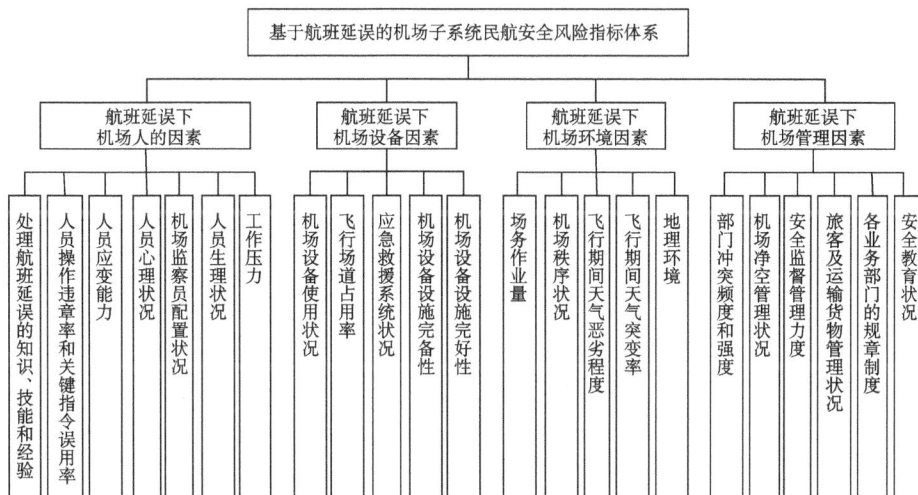

图6.3　机场子系统航班延误安全风险评估指标体系

6.3　经典评价方法

评估机场子系统航班延误安全风险离不开各种经典综合评价方法。

经典综合评价方法是指通过综合多个指标对特定系统进行有效评价的一系列方法，它运用有关数学函数(称为综合评价函数)，将包含的所有评价指标的值融合成一个整体的综合评判值。多指标综合评价具有两个特点：一是包含若干个评价指标，这些指标分别表示被评价系统的不同方面；二是要对被评价系统做出整体性评判，用一个总指标表示被评价系统的一般水平。

20 世纪 60 年代，模糊数学被成功地应用于综合评价领域，形成了模糊综合评价方法，它适合于评价主观、定性指标。70～80 年代，现代科学评价方法蓬勃兴起，出现了层次分析法等多种得到广泛应用的综合评价方法。80～90 年代，现代科学评价方法向纵深发展，人们对综合评价的理论、方法及其应用进行了多方面卓有成效的研究，例如，把人工神经网络技术和灰色系统理论应用于综合评价。下面简要讨论一下当今流行的几种经典综合评价方法。

6.3.1 层次分析法

层次分析法（Analytic Hierarchy Process, AHP）[101]是一种决策方法，它将与决策问题有关的元素依次分成目标、准则和方案等层次，采取一定的标度量化人们的主观判断，然后实施定性分析或定量分析，它将人们的判断过程加以层次化和量化，利用数学理论提供分析、决策和控制的量化依据。层次分析法不仅适用于存在不确定性和主观信息的情况，还允许以合乎逻辑的方式运用经验、洞察力和直觉，比较适合于目标系统具有分层交错评价指标，而目标值又难于定量描述的决策问题。层次分析方法的基本步骤如下。

1. 明确问题

深刻认识系统并对其进行充分的分析，以确定系统总目标，弄清所研究问题涉及的范围、要采取的政策和措施方案、实现目标需要遵循的准则、策略及其他约束等，以便广泛搜集相关信息。

2. 建立层次结构

在深入分析实际问题的基础上，根据目标的差异和实现功能的不同，将有关的各个因素自上而下地分为几个等级层次，用框图的形式说明层次的递阶结构与因素的从属关系，同一层次诸因素和上一层次的因素是从属关系或者影响上一层次因素，同时支配着下一层次因素或者受到下一层次因素的作用。顶层为目标层，通常只有一个因素，底层一般为方案层或对象层，顶层与底层之间可以有一或多个层次，一般是准则层。当某个层次包含的因素较多时，可将该层次进一步划分为若干个子层次。层次分析模型是层次分析法的基础，是层次分析法的第一个基本特征。层次分析模型如图 6.4 所示。

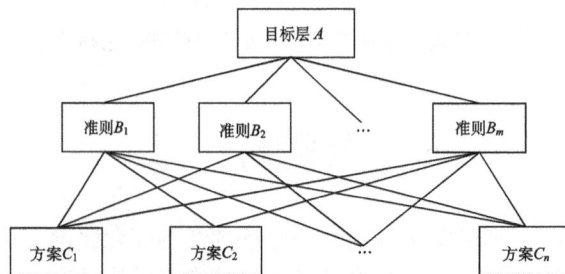

图 6.4　层次分析模型

3. 构造判断矩阵，求解权向量

判断矩阵表示，针对上一层次因素，本层次与之有关因素之间相对重要性的比较。为从判断矩阵中提炼出有用的信息，规律性地认识事物，为科学决策提供依据，需要求出每一个判断矩阵的权重向量及所有判断矩阵合成的权重向量，并通过两两间对比，依据重要性级别进行赋值，以实现由定性分析过渡到定量分析。这是层次分析方法的又一个基本特征。

一般来说，构造的判断矩阵 C 取如下形式：

$$\begin{bmatrix} C_{11} & C_{12} & \cdots & C_{1n} \\ C_{21} & C_{22} & \cdots & C_{2n} \\ \vdots & \vdots & & \vdots \\ C_{n1} & C_{n2} & \cdots & C_{nn} \end{bmatrix}$$

显然，矩阵 C 具有如下性质：

（1）$C_{ij} > 0$

（2）$C_{ij} = 1 / C_{ji} (i \neq j)$

（3）$C_{ii} = 1 (i = 1, 2, \cdots, n)$

关于 C_{ij} 的值，一般采用 1～9 标度，所表示的重要性级别及 C_{ij} 倒数的标度方法如表 6.1 所示。

表 6.1　判断矩阵标度及含义

序号	重要性级别	C_{ij} 赋值
1	i, j 两元素同样重要	1
2	i 元素比 j 元素稍微重要	3
3	i 元素比 j 元素明显地重要	5
4	i 元素比 j 元素强烈地重要	7
5	i 元素比 j 元素极端重要	9
6	i 元素比 j 元素稍不重要	1/3
7	i 元素比 j 元素明显不重要	1/5
8	i 元素比 j 元素强烈不重要	1/7
9	i 元素比 j 元素极端不重要	1/9

4. 层次的单排序及一致性检验

判断矩阵 A 的特征根问题：$AW = \lambda_{\max} W$ 的解 W，经过归一化以后，即是同一层对应因素关于上一层某个因素的相对重要性排序权重，这一过程称作层次的单排序。为检验判断矩阵的一致性，就需要计算出一致性指标

$$\mathrm{CI} = \frac{\lambda_{\max} - n}{n - 1} \tag{6-1}$$

当随机一致性比率

$$CR = \frac{CI}{RI} < 0.10 \tag{6-2}$$

时，可以判断层次的单排序结构有符合要求的一致性，否则就要修正判断矩阵元素的取值。式中，RI 是平均随机一致性指标，对于 1～9 阶的判断矩阵，RI 的值见表 6.2。

表 6.2   平均随机一致性指标

阶数	1	2	3	4	5	6	7	8	9
RI 值	0.00	0.00	0.58	0.90	1.12	1.24	1.32	1.41	1.45

5. 层次的总排序

计算各个层次的元素关于系统总目标的合成权重，进行层次的总排序，以便确定最底层各元素关于总目标的重要度。这一过程应从最高层次到最低层次逐层进行。

6. 决策

根据对计算结果的分析，确定相应的决策。

6.3.2 模糊综合评价法

模糊综合评价[102]是一种多因素决策方法，它能对受多种因素影响的系统做出有效的全面评价。它的特点是，评价结果不是绝对的肯定或否定，而是用一个模糊集合表示。模糊综合评价法的基础是模糊数学，它运用模糊关系合成原理，把一些界限不清、较难定量的因素量化，实现从多个因素综合评判事物隶属度的目标。

模糊综合评价可以归纳为如下几个步骤。

1. 确定模糊综合评价因素集(指标集)

假定要评价的目标(U)由 n 个因素构成，可记为

$$U = (u_1, u_2, \ldots, u_n)$$

它表明被评价事物是从哪些方面进行描述和评价的。

2. 建立综合评价的评价集(等级集)

$$V = \{v_1, v_2, \cdots, v_n\} \tag{6-3}$$

这实际上是对被评价事物变化区间的一个划分。根据评价因素等级值采用相应的评语集，按照评价的指标体系建立评价集。如将评价分为很高、较高、一般、较低、低等 5 个级别，可记作

$$V = \{V_1, V_2, V_3, V_4, V_5\} \tag{6-4}$$

3. 进行单因素模糊评价 γ_{ij}

建立隶属度函数及模糊隶属度矩阵。关于评价指标 u_i 分别给出所属评价等级

$v_j(j=1,2,\cdots,m)$ 的隶属度，从而建立隶属度向量 $R_i=(r_{i1},r_{i2},\cdots,r_{im})$，即是评价因素 u_i 以隶属度 r_{ij} 所属评价等级 v_j，然后通过组合所有风险因素隶属度向量，得模糊隶属度矩阵 $\boldsymbol{R}$。

$$\boldsymbol{R}=(r_{ij})_{m\times n}=\begin{bmatrix} r_{11} & r_{12} & \cdots & r_{1n} \\ r_{21} & r_{22} & \cdots & r_{2n} \\ \vdots & \vdots & & \vdots \\ r_{m1} & r_{m2} & \cdots & r_{mn} \end{bmatrix} \tag{6-5}$$

式中，r_{ij} 表示从 u_i 因素着眼，该评判对象能被评为 v_j 的隶属度（$i=1,2,\cdots,m$；$j=1,2,\cdots,n$）。

具体地说，r_{ij} 表示第 i 个因素 u_i 在第 j 个评语 v_j 上的频率分布，一般将其归一化使之满足

$$\sum_{j=1}^{n}r_{ij}=1 \tag{6-6}$$

4. 确定权重集

依权数向量 $A=\{a_1,a_2,\cdots,a_m\}$，确定权重集 $W=\{w_1,w_2,\ldots,w_n\}$。

通常有两种方法确定权重，一种是由具有权威专家及具有代表性的人按因素的重要度来商定；另一种方法是通过数学方法来确定。

5. 确定合成算法

常用的算法有加权平均型与主要因素突出型两种。总体来说，这两种算法的结果大同小异，加权平均型算法常用于评价因素很多的情况，它能够防止信息的丢失；主要因素突出型算法常用于模糊矩阵中数据相差较悬殊的情况，它能够避免其中一些数据的扰乱。

6. 计算评价指标

被评价事物对各级别模糊子集的隶属度就是模糊综合评价的结果。它一般是一个模糊向量，而不是一个点值，因而它能提供的信息比其他方法更丰富。把模糊隶属度矩阵 $\boldsymbol{R}$ 与各因素的权重矩阵 $\boldsymbol{W}$ 进行模糊运算，经归一化处理后，得到模糊综合评价结果。

$$\boldsymbol{Q}=\boldsymbol{W}\circ\boldsymbol{R}=(w_1,w_2,\cdots,w_n)\circ\begin{bmatrix} r_{11} & r_{12} & \cdots & r_{1n} \\ r_{21} & r_{22} & \cdots & r_{2n} \\ \vdots & \vdots & & \vdots \\ r_{n1} & r_{n2} & \cdots & r_{nn} \end{bmatrix} \tag{6-7}$$

式中，"。"为合成算子。

6.3.3 模糊层次分析法

层次分析法（Analytic Hierarchy Process，AHP）存在判断一致性与矩阵一致性相异、一致性检验困难等问题。针对这些问题，模糊层次分析法（Fuzzy Analytical Hierarchy Process, FAHP）结合层次分析法和模糊综合评判法的优点，做出了重要改进[103]。

FAHP 和 AHP 的分析步骤基本一致，仅在两点上不同：一是通过元素两两比较，AHP 建立的是判断矩阵，而 FAHP 建立的是模糊一致判断矩阵；二是根据模糊一致判断矩阵

求各个元素相对重要性权重的方法与根据判断矩阵求权重的方法有所不同。

1. 模糊一致判断矩阵

模糊一致判断矩阵 R 是对人们思维判断一致性的反映，它表示的是针对上一层次某元素，本层次中与其相关的元素之间相对重要性的比较。假设上一层某元素 B 与下一层的元素 $C_1, C_2, \cdots, C_n$ 有逻辑关系，则对应地，模糊一致判断矩阵 R 可定义为

$$R = \begin{bmatrix} r_{11} & r_{12} & \cdots & r_{1n} \\ r_{21} & r_{22} & \cdots & r_{2n} \\ \vdots & \vdots & & \vdots \\ r_{n1} & r_{n2} & \cdots & r_{nn} \end{bmatrix} \tag{6-8}$$

式中，$0 \leqslant r_{ij} \leqslant 1$，$r_{ii} = 0.5$，$r_{ji} + r_{ij} = 1$，$r_{ij} = r_{ik} - r_{jk} + 0.5$ $(i, j, k = 1, 2, \cdots, n)$。

元素 r_{ij} 的实际意义是：元素 C_i 和元素 C_j 关于上一层次某个因素 B 比较时，C_i 和 C_j 对具有的模糊关系"谁比谁重要的多"的隶属度。为了定量描述任意两个方案对某个准则的相对重要度，可采用 0.1～0.9 标度法给予量化标度。

2. 模糊一致判断矩阵的排序

目前主要采用 3 种方法对模糊一致判断矩阵进行排序，即方根法、按行求和法及归一化法[103]，以及吕跃进推出的排序法[104]，后者根据模糊一致判断矩阵 $R = (r_{ij})_{m \times n}$ 的元素与权重 w_i 的关系式 $r_{ij} = a(w_i - w_j + 0.5)$ 进行排序，其计算公式为

$$w_i = \frac{1}{n} - \frac{1}{2a} + \frac{1}{na} \sum_{k=1}^{n} r_k \tag{6-9}$$

式中，$a = \dfrac{n-1}{2}$。

6.3.4 人工神经网络法

人工神经网络[105]是由大量与自然神经细胞类似的人工神经元互联而成的网络。它依据所提供的数据，通过学习和训练，找出输入与输出间的内在联系，从而求取问题的解。人工神经网络是一种经验模型，一种智能化的数据处理方法，它模仿的是生物神经网络的功能，输入与输出间通常为非线性的变化关系，具有处理非线性关系数据的能力。运用人工神经网络方法时，首先根据输入信息构建神经元，然后通过自组织或者学习规则等过程构建对应的非线性模型，并不断地进行修正，不断缩小输出结果和实际值间的差距，直到得出满意的评判结果。

神经网络把信息、知识分散地储存于大量神经元系统中。它能够全息联想，具有高速运算、适应性强、自学习和自组织的能力。另外，它有较强的容错能力，能够处理那些有噪声或不完全的数据。由于人工神经网络具有上述特征，所以可建立基于人工神经网络的多指标综合评价方法。其中，反向传播(back propagation)人工神经网络是目前应用最为广泛的网络。反向传播神经网络是由 Rumelhart 等与 1985 年提出的一种很有影响的人工神经网络评判法，所使用的是一种有"导师"的学习算法。基于 BP 人工神经网

络的综合评判法具有运算速度快、求解问题效率高、自学习能力强和适应面宽等优点，能较好地模拟专家们进行综合评价的过程。

BP 神经网络是结构网络，一般有三层或者三层以上，相邻的上、下层间各个神经元是全链接，也就是下层的每一个神经元与其上层的每一个神经元都存在权连接，而每一层各个神经元间是没有连接的。BP 算法不但有输入层、输出层节点，而且可以有 1 个或者多个隐含层的节点。BP 神经网络模型如图 6.5 所示。BP 算法的学习过程由正向传播和反向传播组成的。在正向传播过程中，输入信息从输入层经隐含层逐层处理，并传向输出层。如果输出层得不到期望的输出，则转为反向传播，将误差信号沿原来的链接通道返回，通过修改各层神经元的权值，使得误差信号最小。

一般来说，BP 网络的学习算法可依照如下步骤。

(1)对网络和学习参数初始化，如设置网络初始权矩阵,学习因子 η、态势因子 α 等；

(2)给出训练模式来训练网络，直到达到学习要求；

(3)正向传播的过程：输入给定训练模式，计算网络输出模式，且和期望模式进行比较，如果有误差，那么执行步骤(4)，否则，返回步骤(2)；

(4)反向传播的过程：计算出同一层神经元的误差，修正权值和阈值(即 $i=0$ 的连接权值)，返回步骤(2)。

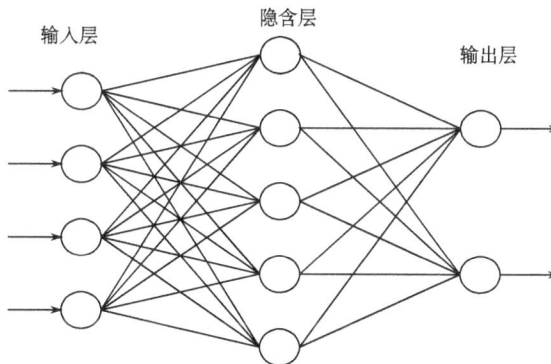

图 6.5　BP 神经网络模型

6.3.5　灰色综合评价法

我国著名学者邓聚龙在 1982 年提出了灰色系统理论[106]，它对部分信息已经获得，部分信息仍未知的贫乏信息不确定性系统进行研究，通过生成和开发部分已知的信息来描述及认识现实世界。也就是说，它主要根据已知的信息确定系统的未知信息，其最大的特点是对样本量没有严格的要求，不要求服从任何分布。灰色系统的普遍存在，决定了灰色系统理论具有十分广阔的发展前景。它从信息的不完备性出发，对复杂系统进行研究与处理，但并非从系统内部的特殊规律开始讨论，而是通过数学方法去处理系统某一层的观测内容，以便更深入地认识系统内部的变化趋势及相互关系等原理。灰色关联度分析，是其应用的一个重要方面。

关联度分析，是对系统中各个元素间的关联程度或相似程度进行分析的方法，根据关联度来对系统进行排序是它的基本思想。所谓关联度表示的是两事物间的关联程度，它是对各因素间的关联性大小进行的量度，定量地分析各因素之间相对改变的情况。下面是最常用的衡量因素之间关联度大小的量化方法。

首先制订参考数据列 x_0，$x_0 = \{x_0(1), x_0(2), \cdots, x_0(n)\}$

关联分析中被比较数列 x_i，$x_i = \{x_i(1), x_i(2), \cdots, x_i(n)\}$，$i = 1, 2, \cdots, m$

对于一个参考数据列 x_0，比较数据列 x_i，其关联系数 $\xi_i(k)$ 可用下述关系表示：

$$\xi_i(k) = \frac{\min\limits_i \min\limits_k |x_0(k) - x_i(k)| + \zeta \max\limits_i \max\limits_k |x_0(k) - x_i(k)|}{|x_0(k) - x_i(k)| + \zeta \max\limits_i \max\limits_k |x_0(k) - x_i(k)|} \tag{6-10}$$

式中，$\xi_i(k)$ 是第 k 个时刻比较数列 x_i 与参考数列 x_0 的相对差值，这一形式的差值叫作 x_i 对 x_0 在 k 时刻相关联的系数。ζ 是分辨系数，$\zeta \in [0, 1]$，引入它的目的是减少极值造成的影响。在实际应用中，分辨系数应按照序列之间的相关联度来选择，一般取 $\zeta \leqslant 0.5$ 最恰当。

如果计算相关联程度数列的量纲不同，就要转化成无量纲。在无量纲转化时，比较常用的方法是初值化和均值化。初值化是拿第一个数据去除以所有的数据，然后获得一个新数列，该新数列就是相对第一个时刻值，各个不同时刻值的百分比。均值化处理就是用序列平均值除以所有数据，得到一个占平均值百分比的数列。另外，还有经常使用的规范化处理方式。

灰色关联度评价具体过程如下。

1）给出比较数列（评价对象）及参考数列（评价标准）

设有 m 个评价对象，有 n 个评价指标，比较数列为

$$X_i = \{X_i(k) | k = 1, 2, \cdots, n\}，\quad i = 1, 2, \cdots, m \tag{6-11}$$

参考数列为

$$X_0 = \{X_0(k) | k = 1, 2, \cdots, n\} \tag{6-12}$$

2）确定各个指标值的权重

可采用层次分析等方法来确定各个指标对应的权重

$$W = \{W_k | k = 1, 2, \cdots, n\} \tag{6-13}$$

式中，W_k 为第 k 个评价指标所对应的权重。

3）计算灰色关联系数见公式（6-10）

4）计算灰色加权关联度以建立相应的灰色关联度

灰色加权关联度的计算公式为

$$r_i = \frac{1}{n} \sum_{k=1}^{n} W_k \xi_i(k) \tag{6-14}$$

式中，r_i 为第 i 个评价系统关于理想系统的灰色加权关联度。

5）评价分析

按照灰色加权关联度的大小，对各评价对象进行排序。可建立评价对象的关联序，关联度越大其评价结果越好。

6.3.6 经典评价方法比较

上述几种方法是风险评价中经常使用的模型方法，表 6.3 对这些评价方法做了

归纳和比较。

表 6.3　经典综合评价方法比较

评价方法	特征	适用范围	优点	缺点
层次分析法	将人们的思维过程数学化、模型化、系统化、规范化，便于人们接受	主要针对方案基本确定的决策问题，一般仅用于方案选优	能统一处理定性与定量因素，具有实用性、系统性、简洁性；所需数据量少，决策花费时间短	对于因素众多、规模较大的问题，该方法容易出错
模糊综合评价法	应用模糊关系合成原理，从多个因素综合评判事物的隶属级别状况	一些用传统方法无法进行量化分析的及存在模糊现象和不确定性的问题	可综合评价涉及模糊因素的系统；克服了结果单一的缺陷，结果所包含的信息量丰富；方法简易可行	不能解决评价信息重复问题；隶属函数的确定没有系统的方法；合成的算法也待进一步探讨
人工神经网络法	一种交互式的评价方法，可根据用户期望的输出不断修改指标的权值，直至满足要求	能处理非线性、非局域性的大型复杂系统	具有自适应能力、可容错性；弱化权重确定中人的因素影响；避免主观因素对变量选取的干扰	需要大量训练样本、精度不高、应用范围有限；评价模型的隐含性；评价算法复杂；网络收敛速度慢
灰色综合评价法	若干个统计数列构成的各条曲线的几何形状越接近，则它们的变化趋势越接近，其关联度就越大	具有"灰色"成分的系统	计算过程简单，通俗易懂，易于掌握；可用原始数据进行计算，可靠性强；无需大量样本	样本需有时间序列特性；"相对评价"的全部缺点；灰色关联系数的计算没有标准；指标体系及权重匹配问题

6.4　经典方法评估实例

本节运用上节讨论的人工神经网络和模糊综合评判两种典型方法，以实例数据评估航班延误状态下机场的安全风险。

6.4.1　人工神经网络风险评估

本例对图 6.2 人的因素中"操作违章和关键指令误用率"这一指标进行风险评估。

1. 数据整理

本例利用对某机场 2010 年 9 月至 2011 年 10 月份航班延误做出的"操作违章和关键指令误用率"监测数据(如表 6.4 所示)，应用反向传播神经网络模型来预测 2011 年 11 月份的操作违章和关键指令误用率。

依据表 6.4 中的数据，在 MATLAB 7.8 的环境下，运用神经网络工具箱建立人员操作违章率和关键指令误用率预测模型。样本归一化处理

$$X_i' = \frac{X_i - X_{\min}}{X_{\max} - X_{\min}} \tag{6-15}$$

式(6-15)中，X_i 为各月份的实际监测值，$X_{\max}$ 取监测值中的最大值或略大于最大值的一个数值，$X_{\min}$ 取监测值中的最小值或略小于最小值的一个数值。得出归一化数值见表 6.5。

表 6.4 操作违章和关键指令误用率

月份	2010.09	2010.10	2010.11	2010.12	2011.01	2011.02	2011.03	2011.04
监测值/%	0.88	2.04	2.85	0.51	0.98	0.35	1.06	0.54
月份	2011.05	2011.06	2011.07	2011.08	2011.09	2011.10	2011.11	
监测值/%	1.94	3.60	0.52	0.98	0.94	0.92	?	

表 6.5 操作违章和关键指令误用率监测值归一化数值

月份	2010.09	2010.10	2010.11	2010.12	2011.01	2011.02	2011.03	2011.04
监测值/%	0.88	2.04	2.85	0.51	0.98	0.35	1.06	0.54
月份	2011.05	2011.06	2011.07	2011.08	2011.09	2011.10	2011.11	
监测值/%	1.94	3.60	0.52	0.98	0.94	0.92	?	

2. 模型应用

1) 构建网络

在样本归一化后，确定网络的输入维数为 3，输出维数为 1（即以 3 个月的数据为输入，预测输出为下个月的数据）。建立一个 3 维输入、单输出的 2 层 BP 神经网络模型。选取隐含层单元个数为 15，设定目标误差为 0.005。

2) 网络学习和数据检验

首先以 2010 年 9 月、10 月、11 月监测值作为一组训练样本的第一次输入，2010 年 12 月的值作为第一次输出。然后再以 2010 年 10 月、11 月、12 月的监测值作为一组输入值，2011 年 1 月的值作为输出，以此类推。当实际输出与期望输出误差在设定的目标误差之内，则退出，否则返回上一层进行修正，调整网络中各神经元的权值和阈值。在此设定训练次数为 100。由图 6.6 的网络训练误差图可以看到，在第 4 次训练时即达到训练误差要求 0.005，停止训练。

3) 数据预测

以 2011 年 8 月、9 月、10 月三个数据作为一组测试数据来预测 2011 年 11 月的人员操作违章率和关键指令误用率。运用 MATLAB 算法程序如下：

```
>> d=[0.1631 0.5200 0.7692;        %输入归一化后的数据
    0.5200 0.7692 0.0492;
    0.7692 0.0492 0.1938;
    0.492 0.1938 0.0000;
    0.1938 0.0000 0.2185;
    0.0000 0.2185 0.0585;
    0.2185 0.0585 0.4892;
    0.0585 0.4892 1.0000;
    0.4892 1.0000 0.0523;
    1.0000 0.0523 0.1938;
    0.0523 0.1938 0.1815]';
```

```
    g=[0.0492 0.1938 0.0000 0.2185 0.0585 0.4892 1.0000 0.0523 0.1938 0.1815
0.1753];                                                      %目标值
    threshold=[0 1; 0 1; 0 1];
    net=newff(threshold,[15,1],{'tansig','logsig'},'trainlm');%建立BP网络
    net.trainParam.epochs=100;                                %设置网络属性
    net.trainParam.show=20;
    net.trainParam.goal=0.005;
    net.trainParam.lr=0.01;
    net=train(net,d,g);                                       %训练网络
    d_test=[0.1938 0.1815 0.1753]';                           %输入预测数据
    out=sim(net,d_test)                                       %进行网络仿真，输出仿真值
    out=0.0624
```

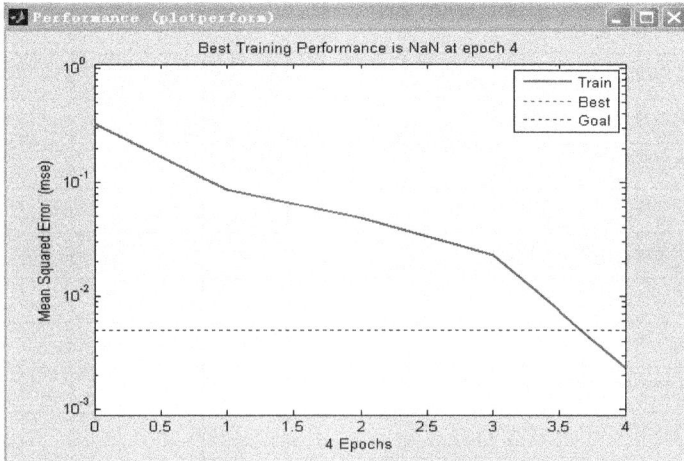

图 6.6　网络训练误差

4)结论

经过网络自身的训练、仿真，得到 2011 年 11 月的仿真预测值 out=0.0624。反归一化得到预测值为 3.1259，这个数值已经达到了二级超限的警戒范围(3%～5%)。可以据此预知,11 月份人员操作违章率和关键指令误用率可能会出现较大的违规现象,相关监察人员应对此有所准备和防范,同时,机场内部应加强对违规人员的处罚、教育、学习和培训。此外,根据网络输出的预测值,安全监察人员还可以判断出下一时期其他安全指标的大致状况,从而能够迅速地采取措施,消除可能带来的隐患,尽可能降低不安全事件的出现概率,保证航班延误条件下机场能在一个相对安全的状态下运行。

6.4.2　模糊层次分析风险评估

在航班延误机场子系统安全风险指标体系中,有很多指标是无法用数值确切表示的,例如人员应变能力等指标。对于这类模糊现象的分析和处理,模糊层次分析是行之有效的评估方法。

1. 评估过程

表 6.6 是由专家给出的指标评判结果。

表 6.6 机场子系统航班延误安全风险指标评判结果

	评价等级	很高	较高	一般	较低	很低
R_{21}	处理航班延误的知识、技能和经验 C_1	7	2	5	2	1
	人员操作违章率和关键指令误用率 C_2	7	5	4	2	2
	人员应变能力 C_3	7	6	3	0	0
	人员心理状况 C_4	8	5	4	1	0
	机场监察员配置状况 C_5	5	4	2	1	0
	人员生理状况 C_6	4	3	1	0	0
	工作压力 C_7	5	3	2	1	0
R_{22}	机场设备使用状况 C_8	7	2	5	0	0
	飞行场道占用率 C_9	6	3	4	1	1
	应急救援系统状况 C_{10}	7	4	1	1	1
	机场设备设施完备性 C_{11}	5	2	1	1	0
	机场设备设施完好性 C_{12}	6	3	2	1	0
R_{23}	场务作业量 C_{13}	5	4	3	1	0
	机场秩序状况 C_{14}	3	6	1	0	0
	飞行期间天气恶劣程度 C_{15}	6	3	4	1	0
	飞行期间天气突变率 C_{16}	7	4	2	1	1
	地理环境 C_{17}	1	3	3	2	1
R_{24}	部门冲突频度和强度 C_{18}	1	7	2	0	0
	机场净空管理状况 C_{19}	1	7	1	1	0
	安全监督管理力度 C_{20}	2	5	3	0	0
	旅客及运输货物管理状况 C_{21}	0	4	4	1	0
	各业务部门的规章制度 C_{22}	1	3	4	0	0
	安全教育状况 C_{23}	1	2	3	3	1

根据专业人员对 23 项指标的评价结果，采用上述评价方法，求出航班延误条件下机场子系统安全风险因素的模糊一致判断矩阵如下：

$$R_{21} = \begin{bmatrix} 0.5 & 0.5 & 0.4 & 0.7 & 0.8 & 0.7 & 0.6 \\ 0.5 & 0.5 & 0.3 & 0.6 & 0.7 & 0.6 & 0.5 \\ 0.6 & 0.7 & 0.5 & 0.6 & 0.7 & 0.7 & 0.6 \\ 0.3 & 0.4 & 0.4 & 0.5 & 0.6 & 0.6 & 0.5 \\ 0.2 & 0.3 & 0.3 & 0.4 & 0.5 & 0.6 & 0.4 \\ 0.3 & 0.4 & 0.3 & 0.4 & 0.4 & 0.5 & 0.3 \\ 0.4 & 0.5 & 0.4 & 0.5 & 0.6 & 0.7 & 0.5 \end{bmatrix}, \quad R_{22} = \begin{bmatrix} 0.5 & 0.4 & 0.3 & 0.5 & 0.4 \\ 0.6 & 0.5 & 0.5 & 0.3 & 0.2 \\ 0.7 & 0.5 & 0.5 & 0.4 & 0.3 \\ 0.5 & 0.7 & 0.6 & 0.5 & 0.5 \\ 0.6 & 0.8 & 0.7 & 0.5 & 0.5 \end{bmatrix}$$

$$R_{23} = \begin{bmatrix} 0.5 & 0.7 & 0.4 & 0.3 & 0.8 \\ 0.3 & 0.5 & 0.3 & 0.2 & 0.6 \\ 0.6 & 0.7 & 0.5 & 0.4 & 0.6 \\ 0.7 & 0.8 & 0.6 & 0.5 & 0.7 \\ 0.2 & 0.4 & 0.4 & 0.3 & 0.5 \end{bmatrix}, \quad R_{24} = \begin{bmatrix} 0.5 & 0.4 & 0.6 & 0.8 & 0.7 & 0.6 \\ 0.6 & 0.5 & 0.5 & 0.7 & 0.8 & 0.7 \\ 0.4 & 0.5 & 0.5 & 0.7 & 0.5 & 0.4 \\ 0.2 & 0.3 & 0.3 & 0.5 & 0.6 & 0.8 \\ 0.3 & 0.2 & 0.5 & 0.4 & 0.5 & 0.4 \\ 0.4 & 0.3 & 0.6 & 0.2 & 0.6 & 0.5 \end{bmatrix}$$

通过式(6-9)计算各风险评价因素的权重向量为

$$w_{21} = \begin{pmatrix} 0.240 & 0.210 & 0.260 & 0.170 & 0.120 & 0.200 & 0.250 \end{pmatrix}$$
$$w_{22} = \begin{pmatrix} 0.267 & 0.367 & 0.367 & 0.394 & 0.419 \end{pmatrix}$$
$$w_{23} = \begin{pmatrix} 0.467 & 0.250 & 0.496 & 0.340 & 0.233 \end{pmatrix}$$
$$w_{24} = \begin{pmatrix} 0.333 & 0.267 & 0.267 & 0.137 & 0.323 & 0.320 \end{pmatrix}$$

由权重向量可以得出各项风险因素对机场班延误安全风险影响的权重排序,由大到小依次为

飞行期间天气恶劣程度(0.496);

场务作业量(0.467);

机场设备设施完好性(0.419);

机场设备设施完备性(0.394);

飞行场道占用率(0.367);

应急救援系统状况(0.367);

飞行期间天气突变率(0.340);

部门冲突频度和强度(0.333);

各业务部门的规章制度(0.323);

安全教育状况(0.320);

机场净空管理状况(0.267);

安全监督管理力度(0.267);

机场设备使用状况(0.267);

人员应变能力(0.260);

工作压力(0.250);

机场秩序状况(0.250);

处理航班延误的知识、技能和经验(0.240);

地理环境(0.233);

人员操作违章率和关键指令误用率(0.210)；

人员生理状况(0.200)；

人员心理状况(0.170)；

旅客及运输货物管理状况(0.137)；

机场监察员配置状况(0.120)。

通过权重分析可得出如下结论：在航班延误发生后，飞行期间天气恶劣程度(0.496)，场务作业量(0.467)，机场设备设施完好性(0.419)，机场设备设施完备性(0.394)，飞行场道占用率(0.367)，应急救援系统状况(0.367)，飞行期间天气突变率(0.340)，部门冲突频度和强度(0.333)，各业务部门的规章制度(0.323)和安全教育状况（0.320）10 项因素是形成机场子系统安全风险的主要潜在因素。

由评判结果表可以得出"人"、"设备"、"环境"和"管理"4 个一级指标的模糊隶属度矩阵如下：

$$
\boldsymbol{R}'_{21} = \begin{bmatrix} 0.7 & 0.2 & 0.5 & 0.2 & 0.1 \\ 0.7 & 0.5 & 0.4 & 0.2 & 0.2 \\ 0.7 & 0.6 & 0.3 & 0 & 0 \\ 0.8 & 0.5 & 0.4 & 0.1 & 0 \\ 0.5 & 0.4 & 0.2 & 0.1 & 0 \\ 0.4 & 0.3 & 0.1 & 0 & 0 \\ 0.5 & 0.3 & 0.2 & 0.1 & 0 \end{bmatrix}, \quad
\boldsymbol{R}'_{22} = \begin{bmatrix} 0.7 & 0.2 & 0.5 & 0 & 0 \\ 0.6 & 0.3 & 0.4 & 0.1 & 0.1 \\ 0.7 & 0.4 & 0.1 & 0.1 & 0.1 \\ 0.5 & 0.2 & 0.1 & 0.1 & 0 \\ 0.6 & 0.3 & 0.2 & 0.1 & 0 \end{bmatrix}
$$

$$
\boldsymbol{R}'_{23} = \begin{bmatrix} 0.5 & 0.4 & 0.3 & 0.1 & 0 \\ 0.3 & 0.6 & 0.1 & 0 & 0 \\ 0.6 & 0.3 & 0.4 & 0.1 & 0 \\ 0.7 & 0.4 & 0.2 & 0.1 & 0.1 \\ 0.1 & 0.3 & 0.3 & 0.2 & 0.1 \end{bmatrix}, \quad
\boldsymbol{R}'_{24} = \begin{bmatrix} 0.1 & 0.7 & 0.2 & 0 & 0 \\ 0.1 & 0.7 & 0.1 & 0.1 & 0 \\ 0.2 & 0.5 & 0.3 & 0 & 0 \\ 0 & 0.4 & 0.4 & 0.1 & 0 \\ 0.1 & 0.3 & 0.4 & 0 & 0 \\ 0.1 & 0.2 & 0.3 & 0.3 & 0.1 \end{bmatrix}
$$

以人的各评价因素为例，运用式(6-7)计算模糊综合评价矩阵为

$$\boldsymbol{B}_1 = \boldsymbol{w}_{21} \circ \boldsymbol{R}'_{21} = (0.693 \quad 0.442 \quad 0.374 \quad 0.119 \quad 0.066)$$

根据隶属度原则，可以得出，人的因素风险为"很高"，这就是说，需要有针对性地进一步加强对航班延误后"人的因素"的管理，才能更有效地把机场安全风险控制在较低水平。

类似地，可以对风险指标体系中的其他一级指标进行风险评价，以完成对系统风险的综合评估。获得的风险值为民航相关部门进行安全管理决策提供了的依据，有利于找出航班延误发生后存在的薄弱环节，从而提高民航机场的整体安全水平。

2. 对比分析

为了便于对比，下面利用图 6.1 所示的指标体系，仍用模糊层次分析法探讨未发生航班延误时机场子系统的安全风险状况。表 6.7 为专家对各指标的评判结果。

表 6.7 机场子系统安全风险指标评判结果

	评价等级	很高	较高	一般	较低	很低
S_{21}	知识和技能水平 C_1'	6	1	4	2	1
	人员操作违章率和关键指令误用率 C_2'	6	4	3	1	1
	人员应变能力 C_3'	7	5	2	0	0
	人员生理状况 C_4'	5	2	2	1	0
	人员心理状况 C_5'	7	4	3	0	0
S_{22}	机场设备设施完备性 C_6'	6	3	5	2	1
	机场设备设施完好性 C_7'	7	5	3	2	2
	应急救援系统状况 C_8'	6	3	1	1	0
S_{23}	飞行期间天气恶劣程度 C_9'	8	5	3	2	1
	飞行期间天气突变率 C_{10}'	6	3	2	1	0
	地理环境 C_{11}'	3	5	2	0	0
S_{24}	各业务部门的规章制度 C_{12}'	2	6	5	0	0
	安全教育 C_{13}'	2	6	2	1	1
	安全监督管理力度 C_{14}'	1	7	2	1	0
	旅客及运输货物管理状况 C_{15}'	1	5	3	1	0

根据专业人员评判结果，计算机场子系统安全风险指标的模糊一致判断矩阵如下：

$$S_{21} = \begin{bmatrix} 0.5 & 0.6 & 0.3 & 0.7 & 0.7 \\ 0.4 & 0.5 & 0.5 & 0.4 & 0.6 \\ 0.7 & 0.5 & 0.5 & 0.6 & 0.5 \\ 0.3 & 0.6 & 0.4 & 0.5 & 0.6 \\ 0.3 & 0.4 & 0.5 & 0.4 & 0.5 \end{bmatrix}, \quad S_{22} = \begin{bmatrix} 0.5 & 0.5 & 0.6 \\ 0.5 & 0.5 & 0.7 \\ 0.4 & 0.3 & 0.5 \end{bmatrix}$$

$$S_{23} = \begin{bmatrix} 0.5 & 0.6 & 0.8 \\ 0.4 & 0.5 & 0.6 \\ 0.2 & 0.4 & 0.5 \end{bmatrix}, \quad S_{24} = \begin{bmatrix} 0.5 & 0.6 & 0.6 & 0.7 \\ 0.4 & 0.5 & 0.6 & 0.8 \\ 0.4 & 0.4 & 0.5 & 0.6 \\ 0.3 & 0.2 & 0.4 & 0.5 \end{bmatrix}$$

由式(6.9)计算各风险评价因素的权重向量为

$$w_{21}' = (0.230 \quad 0.190 \quad 0.230 \quad 0.190 \quad 0.160)$$
$$w_{22}' = (0.367 \quad 0.400 \quad 0.233)$$
$$w_{23}' = (0.467 \quad 0.333 \quad 0.200)$$
$$w_{24}' = (0.317 \quad 0.300 \quad 0.233 \quad 0.150)$$

由权重向量可以得出，在不发生航班延误的情况下，各项风险因素对民航机场安全影响的权重排序由大到小依次为

飞行期间天气恶劣程度(0.467)；

机场设备设施完好性(0.400)；

机场设备设施完备性(0.367)；

飞行期间天气突变率(0.333)；

各业务部门的规章制度(0.317)；

安全教育(0.300)；

应急救援系统状况(0.233)；

安全监督管理力度(0.233)；

知识和技能水平(0.230)；

人员应变能力(0.230)；

地理环境(0.200)；

人员操作违章率和关键指令误用率(0.190)；

人员生理状况(0.190)；

人员心理状况(0.160)；

旅客及运输货物管理状况(0.150)。

通过权重分析可以看出，在不发生航班延误的情况下，飞行期间天气恶劣程度(0.467)，机场设备设施完好性(0.400)，机场设备设施完备性(0.367)，飞行期间天气突变率(0.333)，各业务部门的规章制度(0.317)，安全教育(0.300)6项因素是影响机场子系统民航安全的主要潜在因素。

由评判结果表可以得出"人"、"设备"、"环境"和"管理"这四个一级指标的模糊隶属度矩阵如下：

$$S'_{21} = \begin{bmatrix} 0.6 & 0.1 & 0.4 & 0.2 & 0.1 \\ 0.6 & 0.4 & 0.3 & 0.1 & 0.1 \\ 0.7 & 0.5 & 0.2 & 0 & 0 \\ 0.5 & 0.2 & 0.2 & 0.1 & 0 \\ 0.7 & 0.4 & 0.3 & 0 & 0 \end{bmatrix}, \quad S'_{22} = \begin{bmatrix} 0.6 & 0.3 & 0.5 & 0.2 & 0.1 \\ 0.7 & 0.5 & 0.3 & 0.2 & 0.2 \\ 0.6 & 0.3 & 0.1 & 0.1 & 0 \end{bmatrix}$$

$$S'_{23} = \begin{bmatrix} 0.8 & 0.5 & 0.3 & 0.2 & 0.1 \\ 0.6 & 0.3 & 0.2 & 0.1 & 0 \\ 0.3 & 0.5 & 0.2 & 0 & 0 \end{bmatrix}, \quad S'_{24} = \begin{bmatrix} 0.2 & 0.6 & 0.5 & 0 & 0 \\ 0.2 & 0.6 & 0.2 & 0.1 & 0.1 \\ 0.1 & 0.7 & 0.2 & 0.1 & 0 \\ 0.1 & 0.5 & 0.3 & 0.1 & 0 \end{bmatrix}$$

以人的各评价因素为例，运用公式(6-7)计算模糊综合评价矩阵为

$$B'_1 = w'_{21} \circ S'_{21} = (0.620 \quad 0.316 \quad 0.281 \quad 0.084 \quad 0.042)$$

根据隶属度原则，可以得出，即使不发生航班延误，人的因素风险同样为"很高"。

对比两种情况可以看出，在航班延误情况下，机场子系统安全风险指标的权重和综合评价风险数值普遍升高。表6.8列出了相同风险指标的权重对比。

表6.8 两种情况下相同风险指标的权重对比

相同指标	未发生航班延误时权重	发生航班延误时权重
人员操作违章率和关键指令误用率	0.190	0.210
人员应变能力	0.230	0.260
人员心理状况	0.160	0.170
应急救援系统状况	0.233	0.367

通过表 6.8 可以看出，两种情况下，发生航班延误时，相同风险指标对系统的影响程度加大，它们的风险增加幅度分别约为：人员操作违章率和关键指令误用率10%，人员应变能力13%，人员心理状况6%，应急救援系统状况57%。

6.5 贝叶斯网络方法风险评估

运用贝叶斯网络方法进行航班延误条件下机场子系统安全风险的综合评价，具有以下突出优点。

1. 有效处理复杂的逻辑关系

贝叶斯网络是一种较新的评价方法，它具有表达不确定性知识、对不确定性问题进行推理更新的功能。利用贝叶斯网络构建的评价模型，可以通过节点的条件概率表（Conditional Probability Table，CPT）来处理复杂逻辑关系。此外，在一般逻辑或门（并联结构）基础上，利用贝叶斯网络特有的 noisy-or 门，可以方便地处理多态变量和变量间的相关性等问题，很好地表达变量之间的不确定性关系，使得构建的模型更加客观、科学。

2. 对系统进行评价并诊断推理

在推理方面，贝叶斯网络不区分向前推理和向后推理，拓扑结构中的任一节点均可以输入或输出信息，且同时向多个节点输入、输出信息都不会影响新算法，因此评价模型具有灵活的信念推理功能。模型中每个节点的信念都能够传送给与它非"d-分离"节点，能够在任何时刻、任一节点加入信念以作为判据进行推理，信念（判据）加入的越多，得到的评价结果越精确。用贝叶斯网络进行推理更新，一种是能够对系统进行前向推理的预测分析，当影响因素的状态已知时，求出航班延误条件下机场子系统风险引起不安全事件发生的概率，由此获得对机场安全水平的评价结果。另一种是在不安全事件已经发生的情况下进行后向诊断推理，求出各指标（影响因素）的后验概率。通过分析各指标后验概率和其边缘概率之间的变化幅度，找出导致不安全事件发生的敏感指标，即系统的薄弱环节，以便于有针对性地采取措施加以改善。

3. 有效集结多位专家的意见

用贝叶斯网络方法对航班延误条件下机场子系统的安全风险进行评价时，得到的评价结果不是通过专家的讨论得到的，而是将各位专家的不同意见如实地反映到模型中。贝叶斯网络的这一优点对专家意见不一致的情况非常适用。

从 6.3 节对各种综合评价方法的对比分析可知，每种典型评估模型都有其独有的特征和优劣，因而不能达到十分理想的效果。即使是模糊层次分析法实现了对无法定量的模糊性指标的描述、处理和分析，完成了对人的因素的综合评价，但也仍未考虑风险因素之间的因果关系，而这正是导致许多民航不安全事件的重要根源。鉴于机场航班延误安全风险因素之间的复杂性，以及样本量少、具有较大不确定性和主观性的特点，以下将尝试采用贝叶斯网络评价方法作进一步研究。

6.5.1　构建网络

本节构建的贝叶斯网络有两类节点：第一类为不安全事件节点，第二类为事件原因即风险源节点，由可能导致系统失效的因素组成。依据评估指标体系设计思想，本节所建贝叶斯网络的节点选择了三级结构，即指标、子指标和因素节点。

当确定了贝叶斯网络节点后，需要确定各个节点的值域。由于航班延误安全风险因素具有随机性、模糊性及历史数据缺乏等不确定性问题，因而采用专家打分法来获得数据。

分析图 6.3 所示的机场子系统航班延误安全风险指标体系可以得出，每层指标与上层指标之间的连接是贝叶斯网络典型连接方式中的汇连(也称聚合连接)，即上层指标的状况是由下层指标来确定的。例如，机场子系统的安全状况这一总指标 A 是依据 4 个一级指标来衡量的，即人的因素(B_1)、设备因素(B_2)、环境因素(B_3)和管理因素(B_4)；而人的因素(B_1)是由 7 个二级指标来推断的，即处理航班延误的知识、技能和经验(C_1)、人员操作违章率和关键指令误用率(C_2)、人员应变能力(C_3)、人员心理状况(C_4)、机场监察员配置状况(C_5)、人员生理状况(C_6)和工作压力(C_7)。各层指标都是与下一层存在因果关系的指标的子节点，由父节点指向子节点的有向边来表达这种汇连接，即由二级指标(C_i)指向有连接的一级指标(B_i)，最终汇到目标指标 A。针对最下层指标($C_1 \sim C_{23}$)，需要集结多个专家 E_i 的准则来确定它们的先验边缘概率，这时需要采用网络局部连接方式中的"分连结构"来建模。

根据上述分析，构建机场子系统航班延误安全风险评估贝叶斯网络结构，如图6.7所示。

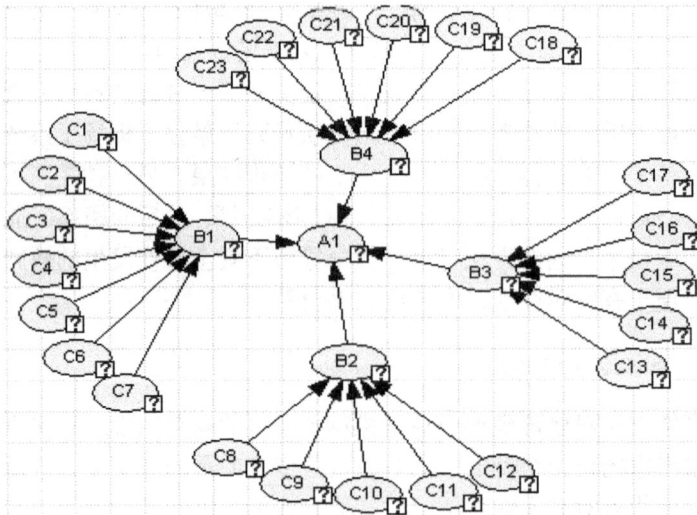

图 6.7　风险评估贝叶斯网络结构

6.5.2　确定节点的条件概率表

把航班延误后发生不安全事件的概率 P 视为目标值，对机场子系统的安全风险进行评估，按照各层指标之间的因果关系来计算贝叶斯网络各节点变量的条件概率。

通过以上分析可知，由人的因素(B_1)、设备因素(B_2)、环境因素(B_3)和管理因素(B_4)

这 4 个一级指标来评估航班延误条件下机场子系统的安全风险 A，是基于贝叶斯网络的 noisy-or 门关系，即若 $B_1 \sim B_4$ 中任何一个发生，则 A 便不为 0，即有可能发生不安全事件。如果其中某些指标的值（导致不安全事件发生的概率）很高，即使其他指标的值都很低，那么 A 值也可能很大，即机场的安全风险很大，安全水平很低。此外，由于总有一些尚未考虑到的因素，即使上述 4 个一级指标值都为 0，总指标 A 也不应为 0，即还是有可能发生不安全事件，尽管这种可能性很小——这是一种符合实际的假设。这种情况可以采用贝叶斯网络的 leak noisy-or 门方法，用条件概率表（CPT）来表示[107]。CPT 描述在父节点变量所有取值组合下，每一个子节点变量可能取值的条件概率。例如，当 4 个一级指标所表达的不安全事件发生概率都是 0 时，机场发生不安全事件的概率可取为 0.009。

类似地，二级指标与一级指标间的逻辑关系也可采用上述 leak noisy-or 门方法，用条件概率表表示出来。于是，图 6.7 所示的拓扑结构中的每个节点，包括 A 和 $B_1 \sim B_4$，根节点除外，均可用这种方法来确定条件概率表。

对根节点变量（指标 $C_1 \sim C_{23}$）的先验边缘概率，在没有任何判据的情况下，可以假设这些指标表示的不安全事件发生与不发生的概率相等，即取它们的初始概率值为 0.5，因为在这里的评估过程中，关注的是更新后的值而不是初始值。

6.5.3　更新节点的边缘概率

由于许多指标不能用数值描述出来，无法根据某一具体准则进行科学、客观的量化，因此在对航班延误条件下机场子系统的安全风险进行评价时，这些指标主要依靠专家的知识、经验来进行赋值。为了得到比较客观的指标值，需要获取多位专家的意见并进行考查和综合，由于他们各自的标准、看待问题的侧重面不同，不同的专家对同一问题的评价结果很难达到统一，故而如何有效地集结所有专家的所有意见，就成为风险评估中的一个关键环节。

假定在某次航班延误后对机场子系统的安全风险进行评价时，针对某一指标 C_i（风险因素），专家 E 认为，当指标 C_i 处于某一状态 e 时，该次航班延误后发生不安全事件的概率为 $P(C_i = \text{Yes})$。为了获取该概率，首先需要集结不同专家的不同意见（准则），构建相应的贝叶斯网络模型，然后按照判据对每个 i 上的 $P(C_i = \text{Yes})$ 进行推理更新。

假设对于某一根节点，例如处理航班延误的知识、技能和经验（C_1），有 n 个专家对其进行评价，即 n 个不同专家的意见、准则对该指标的不同反应，这种结构属于分连。在此"分连"拓扑结构中，指标 C_1 为父节点，n 个专家的评价准则 $E_1, E_2, \cdots, E_n$ 为子节点，指标 C_1 指向 n 个专家的评价准则为有向边。图 6.8 所示的是集结 3 位专家准则的贝叶斯网络拓扑结构。

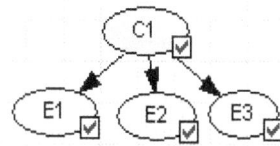

图 6.8　指标 C_1 集结专家意见的 BN 拓扑结构

接下来确定根节点 C_1 的先验边缘概率 $P(C_1)$ 及其子节点的条件概率 $P(E_{ij}|C_1)$。网络中的每个变量（节点）都有有限个互斥的状态：变量 C_1 有 Yes 和 No 两个状态，表示依据指标 C_1，机场子系统中的风险是否会引起不安全事件的发生。由于关注的是更新后的 $P(C_1)$，因而可取初始值 $P(C_1 = \text{Yes}) = P(C_1 = \text{No}) = 1/2$。在估计 $P(C_1|E_{ij})$ 时，要求专家

给出其确定值难度很大，为此，可用区间化方法处理，如表 6.9 所示，这些区间的中值即是 $P(C_1|E_{ij})$。当然，如果条件许可，也可以请专家直接给出确定值 $P(C_1|E_{ij})$。

表 6.9 专家评价的区间值

可能性程度	$P(C_i = \text{Yes}|E_{ij})$	$P(C_i = \text{No}|E_{ij})$
极大可能	1.0～0.8(0.9)	0.2～0.0(0.1)
可能	0.8～0.6(0.7)	0.4～0.2(0.3)
潜在可能	0.6～0.4(0.5)	0.6～0.4(0.5)
基本不可能	0.4～0.2(0.3)	0.8～0.6(0.7)
不可能	0.2～0.0(0.1)	1.0～0.8(0.9)

对于 $P(E_{ij}|C_1)$，由于变量 E_{ij} 有多个状态(专家 E_i 对指标 C_1 的评价意见) $e_{11}, e_{12}, \cdots, e_{1m}$，要求专家给出 $P(E_{ij}|C_1)$ 十分困难，因为必须要同时估计多个条件概率 $P(E_{ij}|C_1)$，并对其进行归一化处理。而由于变量 C_1 只有 Yes 和 No 两种状态，所以 $P(C_1|E_{ij})$ 比 $P(E_{ij}|C_1)$ 容易得到。因此，可以先让专家给出 $P(C_1|E_{ij})$，再利用贝叶斯定理计算 $P(E_{ij}|C_1)$。依据贝叶斯定理有

$$P(E_{ij}|C_1) = \frac{P(C_1|E_{ij})P(E_{ij})}{P(C_1)} = \frac{P(C_1|E_{ij})P(E_{ij})}{\sum\limits_{j=1}^{m} P(C_1|E_{ij}=e_{ij})P(E_{ij}=e_{ij})} \tag{6-16}$$

在无法获得关于变量 E_{ij} 的其他信息时，可估计 $P(E_{i1}=e_{i1})=\cdots=P(E_{im}=e_{im})=1/m$。利用式(6-16)，可由 $P(E_{ij})$ 和 $P(C_1|E_{ij})$ 将 $P(E_{ij}|C_1)$ 计算出来。

通过贝叶斯网络模型来集结不同专家的准则，过程如下。

假定有 3 位专家依据指标 C_1 的状态来评价系统的安全风险，专家 E_1 对于指标"处理航班延误的知识、技能和经验"与发生不安全事件的关系给出如下 3 条准则：

(1)当处理航班延误的知识、技能和经验不足时，则不安全事件发生的概率为 0.5，即 $P(C_1|E_{11})=0.5$；

(2)当处理航班延误的知识、技能和经验一般时，则不安全事件发生的概率为 0.3，即 $P(C_1|E_{12})=0.3$；

(3)当处理航班延误的知识、技能和经验丰富时，则不安全事件发生的概率为 0.1，即 $P(C_1|E_{13})=0.1$。

这里，$m=3$。对应(1)、(2)、(3)这 3 条准则，变量 E_1 有 e_{11}, e_{12}, e_{13} 三个状态，表示的含义是对于指标 C_1，专家 E_1 判定该系统落入某一个评价准则的情形。则当发生不安全事件时，利用式(6-16)可以计算出指标 C_1 落入各评价准则的概率：$P(E_{11}|C_1=\text{Yes})=0.5556$，$P(E_{12}|C_1=\text{Yes})=0.3333$，$P(E_{13}|C_1=\text{Yes})=0.1111$。

相应地，当不发生不安全事件时，指标 C_1 落入各评价准则的概率为：$P(E_{11}|C_1=\text{No})=0.2381$，$P(E_{12}|C_1=\text{No})=0.3333$，$P(E_{13}|C_1=\text{No})=0.4286$。由此便可获得子节点 E_1 的条件概率表。

专家E_2认为"处理航班延误的知识、技能和经验"与发生不安全事件的关系遵循下面3条准则：

(1) 当处理航班延误的知识、技能和经验不足时，则不安全事件发生的概率为0.6，即$P(C_1|E_{21}) = 0.6$；

(2) 当处理航班延误的知识、技能和经验一般时，则不安全事件发生的概率为0.4，即$P(C_1|E_{22}) = 0.4$；

(3) 当处理航班延误的知识、技能和经验丰富时，则不安全事件发生的概率为0.2，即$P(C_1|E_{23}) = 0.2$。

这里，$m = 3$。对应(1)、(2)、(3)这3条准则，变量E_2有e_{21}, e_{22}, e_{23}三个状态，表示的含义是对于指标C_1，专家E_2判定该系统落入某一个评价准则的情形。则当发生不安全事件时，根据式(6-16)可以计算出指标C_1落入各评价准则的概率：$P(E_{21}|C_1 = \text{Yes}) = 0.5$，$P(E_{22}|C_1 = \text{Yes}) = 0.3333$，$P(E_{23}|C_1 = \text{Yes}) = 0.1667$。

相应地，当不发生不安全事件时，指标C_1落入各评价准则的概率为：$P(E_{21}|C_1 = \text{No}) = 0.2222$，$P(E_{22}|C_1 = \text{No}) = 0.3333$，$P(E_{23}|C_1 = \text{No}) = 0.4445$。由此便可获得子节点$E_2$的条件概率表。

专家E_3对于指标"处理航班延误的知识、技能和经验"与发生不安全事件的关系给出的3条准则为：

(1) 当处理航班延误的知识、技能和经验不足时，则不安全事件发生的概率为0.4，即$P(C_1|E_{31}) = 0.4$；

(2) 当处理航班延误的知识、技能和经验一般时，则不安全事件发生的概率为0.2，即$P(C_1|E_{32}) = 0.2$；

(3) 当处理航班延误的知识、技能和经验丰富时，则不安全事件发生的概率为0.1，即$P(C_1|E_{33}) = 0.1$。

这里，$m = 3$。对应(1)、(2)、(3)这3条准则，变量E_3有e_{31}, e_{32}, e_{33}三个状态，表示的含义是关于指标C_1，专家E_3判定该系统落入某一个评价准则的情形。则当发生不安全事件时，根据式(6-16)可以计算出指标C_1落入各评价准则的概率为：$P(E_{31}|C_1 = \text{Yes}) = 0.5714$，$P(E_{32}|C_1 = \text{Yes}) = 0.2857$，$P(E_{33}|C_1 = \text{Yes}) = 0.1429$。

相应地，当不发生不安全事件时，指标C_1落入各评价准则的概率为：$P(E_{31}|C_1 = \text{No}) = 0.2609$，$P(E_{32}|C_1 = \text{No}) = 0.3478$，$P(E_{33}|C_1 = \text{No}) = 0.3913$。由此便获得了子节点$E_3$的条件概率表。

从上述过程可以看出，就如何衡量指标"处理航班延误的知识、技能和经验"对不安全事件发生的概率这一问题，3位专家提出了不同的准则，他们相互间并没有进行交流，也没有达成一致的意见，但他们的这些意见都可以通过贝叶斯网络如实反映出来。关于此评价问题的贝叶斯网络模型建成后,对于选定的任一指标因素，都可以利用各专家给出的该指标在该问题上的判据,对$P(C_1 = \text{Yes})$进行推理更新。如"处理航班延误的知识、技能和经验"为一般时，对照上面构建的贝叶斯网络模型，E_1的判据落入e_{12}准则，E_2的判据落入e_{22}准则，E_3的判据落入e_{32}准则，继而

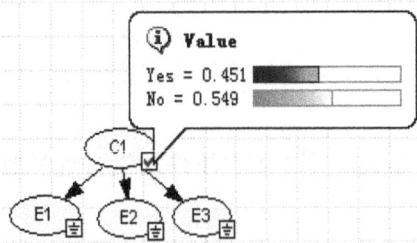

图 6.9　通过推理更新得到节点 C_1 的边缘概率

可以根据这 3 个判据对 $P(C_1 = \text{Yes})$ 进行推理更新，得到更新后的概率 $P(C_1 = \text{Yes}) = 0.451$，说明此次航班延误发生后，指标 C_1 即"机场人员处理航班延误的知识、技能和经验"，使得机场发生不安全事件的概率为 0.451。利用贝叶斯网络可以自动完成这一推理过程。本节采用匹兹堡大学开发的软件 GeNIe 来进行推理更新，得到的结果如图 6.9 所示。

上述过程证明了贝叶斯网络具有集结不同专家的不同准则进行风险评价的功能。类似地，可以获得其他根节点的先验边缘概率。表 6.10 给出了在一些指标上不同专家的准则，表 6.11 给出的是这些指标 C_i 落入各评价准则的概率。这里仅列举一部分。

表 6.10　不同专家对某些影响因素的评价准则

影响因素 C_i	专家 1	专家 2	专家 3
	$P(C_i = \text{Yes}|C_n)$	$P(C_i = \text{Yes}|C_n)$	$P(C_i = \text{Yes}|C_n)$
处理航班延误的知识、技能和经验 C_1	(1)不足 0.5 (2)一般 0.3 (3)丰富 0.1	(1)不足 0.6 (2)一般 0.4 (3)丰富 0.2	(1)不足 0.4 (2)一般 0.3 (3)丰富 0.1
人员应变能力 C_3	(1)弱 0.5 (2)一般 0.3 (3)强 0.2	(1)弱 0.5 (2)一般 0.3 (3)强 0.1	(1)弱 0.6 (2)一般 0.3 (3)强 0.15
安全监督管理力度 C_{20}	(1)差 0.6 (2)一般 0.4 (3)好 0.1	(1)差 0.6 (2)一般 0.35 (3)好 0.15	(1)差 0.5 (2)一般 0.3 (3)好 0.1

表 6.11　所选指标 C_i 落入各准则的概率

指标 C_i 落入各评价准则的概率	概率值	指标 C_i 落入各评价准则的概率	概率值
$P(E_{11}|C_1 = \text{Yes})$	0.5556	$P(E_{11}|C_1 = \text{No})$	0.2381
$P(E_{12}|C_1 = \text{Yes})$	0.3333	$P(E_{12}|C_1 = \text{No})$	0.3333
$P(E_{13}|C_1 = \text{Yes})$	0.1111	$P(E_{13}|C_1 = \text{No})$	0.4286
$P(E_{21}|C_1 = \text{Yes})$	0.5	$P(E_{21}|C_1 = \text{No})$	0.2222
$P(E_{22}|C_1 = \text{Yes})$	0.3333	$P(E_{22}|C_1 = \text{No})$	0.3333
$P(E_{23}|C_1 = \text{Yes})$	0.1667	$P(E_{23}|C_1 = \text{No})$	0.4445

指标 C_i 落入各评价准则的概率	概率值	指标 C_i 落入各评价准则的概率	概率值
$P(E_{31} \mid C_1 = \text{Yes})$	0.5714	$P(E_{31} \mid C_1 = \text{No})$	0.2609
$P(E_{32} \mid C_1 = \text{Yes})$	0.2857	$P(E_{32} \mid C_1 = \text{No})$	0.3478
$P(E_{33} \mid C_1 = \text{Yes})$	0.1429	$P(E_{33} \mid C_1 = \text{No})$	0.3913
$P(E_{11} \mid C_3 = \text{Yes})$	0.5	$P(E_{11} \mid C_3 = \text{No})$	0.25
$P(E_{12} \mid C_3 = \text{Yes})$	0.3	$P(E_{12} \mid C_3 = \text{No})$	0.35
$P(E_{13} \mid C_3 = \text{Yes})$	0.2	$P(E_{13} \mid C_3 = \text{No})$	0.4
$P(E_{21} \mid C_3 = \text{Yes})$	0.5556	$P(E_{21} \mid C_3 = \text{No})$	0.2381
$P(E_{22} \mid C_3 = \text{Yes})$	0.3333	$P(E_{22} \mid C_3 = \text{No})$	0.3333
$P(E_{23} \mid C_3 = \text{Yes})$	0.1111	$P(E_{23} \mid C_3 = \text{No})$	0.4286
$P(E_{31} \mid C_3 = \text{Yes})$	0.5714	$P(E_{31} \mid C_3 = \text{No})$	0.2051
$P(E_{32} \mid C_3 = \text{Yes})$	0.2857	$P(E_{32} \mid C_3 = \text{No})$	0.3590
$P(E_{33} \mid C_3 = \text{Yes})$	0.1429	$P(E_{33} \mid C_3 = \text{No})$	0.4359
$P(E_{11} \mid C_{20} = \text{Yes})$	0.5455	$P(E_{11} \mid C_{20} = \text{No})$	0.2105
$P(E_{12} \mid C_{20} = \text{Yes})$	0.3636	$P(E_{12} \mid C_{20} = \text{No})$	0.3158
$P(E_{13} \mid C_{20} = \text{Yes})$	0.0909	$P(E_{13} \mid C_{20} = \text{No})$	0.4737
$P(E_{21} \mid C_{20} = \text{Yes})$	0.5454	$P(E_{21} \mid C_{20} = \text{No})$	0.2105
$P(E_{22} \mid C_{20} = \text{Yes})$	0.3182	$P(E_{22} \mid C_{20} = \text{No})$	0.3421
$P(E_{23} \mid C_{20} = \text{Yes})$	0.1364	$P(E_{23} \mid C_{20} = \text{No})$	0.4474
$P(E_{31} \mid C_{20} = \text{Yes})$	0.5556	$P(E_{31} \mid C_{20} = \text{No})$	0.2381
$P(E_{32} \mid C_{20} = \text{Yes})$	0.3333	$P(E_{32} \mid C_{20} = \text{No})$	0.3333
$P(E_{33} \mid C_{20} = \text{Yes})$	0.1111	$P(E_{33} \mid C_{20} = \text{No})$	0.4286

6.5.4 模型推理及评估实例

根据上述步骤构建好贝叶斯网络模型后，就可以通过它进行推理更新。贝叶斯网络模型进行推理更新的特点是：在网络拓扑结构中的任一节点的信念都可以传送给与它非"d-分离"的节点，且能够在任何时候在任一节点加入信念以便作为判据进行推理，信念(判据)加入的越多，得到的评价结果就越精确。

因此，利用贝叶斯网络进行推理更新，能够在具有一定判据时，得出发生不安全事件的概率，这通常被称为风险综合评价。例如，对于机场子系统航班延误后的安全风险水平，可根据所得概率 $P(A = \text{Yes})$ 利用下面的准则进行评价：如果所得概率 $P(A = \text{Yes}) < 0.2$，则该次航班延误诱发机场不安全事件的风险级别为 1；若 $0.2 \leqslant P(A = \text{Yes}) < 0.4$，则航班延误诱发机场不安全事件的风险级别为 2；若 $0.4 \leqslant P(A = \text{Yes}) < 0.6$，航班延误诱发机场不安全事件的风险级别为 3；若 $P(A = \text{Yes}) \geqslant 0.6$，则航班延误诱发机场不安全事件的风险级别为 4。

当已知贝叶斯网络模型中根节点的先验概率时，可利用模型的因果推理，求出某次航班延误后，机场发生不安全事件的概率 $P(A = \text{Yes})$。对于评价模型中根节点的先验概率，可以通过上述方法集结专家的意见得到。一些更新后的先验概率见表 6.12。通过推理更新，求出该次航班延误后，机场发生不安全事件的概率 $P(A = \text{Yes}) = 0.414$，如图 6.10 所示。依照上一段约定的准则，此次航班延误后，机场发生不安全事件的风险级别为 3 级。

表 6.12 集结专家意见得到的根节点边缘概率

影响因素 C_i	实际数值	$P(C_i = \text{Yes} \vert E_{ij})$
处理航班延误的知识、技能和经验 C_1	一般	$P(C_1 = \text{Yes} \vert e_{12}, e_{22}, e_{32}) = 0.451$
人员应变能力 C_3	弱	$P(C_3 = \text{Yes} \vert e_{11}, e_{21}, e_{31}) = 0.929$
安全监督管理状况 C_{20}	一般	$P(C_{20} = \text{Yes} \vert e_{12}, e_{22}, e_{32}) = 0.517$

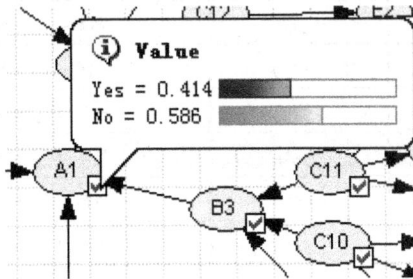

图 6.10 评价结果

第7章　航班延误安全风险评估二探

如第6章所述，机场是民航生产活动赖以进行的主要基础设施，航班延误过程主要发生在机场，它所带来的安全风险也主要表现在机场。鉴于机场在民航安全生产系统中的重要地位，本章在第6章基础上，对航班延误后的机场安全风险评估问题做进一步探讨。

7.1　风险评估在机场安全管理中的地位

2003年，国际民航组织(ICAO)在国际民航公约附件14中明确提出安全管理体系(SMS)的概念及建设SMS的要求。2004年，ICAO对我国北京、西安、昆明等大型机场进行的安全审计，催化了我国民用机场安全管理体系建设的飞速发展。近10多年来，我国民航汲取发达国家SMS的技术与经验，建立起一套符合我国国情的安全管理体系，全面提升了民航安全保障水平。图7.1为我国民航机场安全管理体系的基本结构[108]。

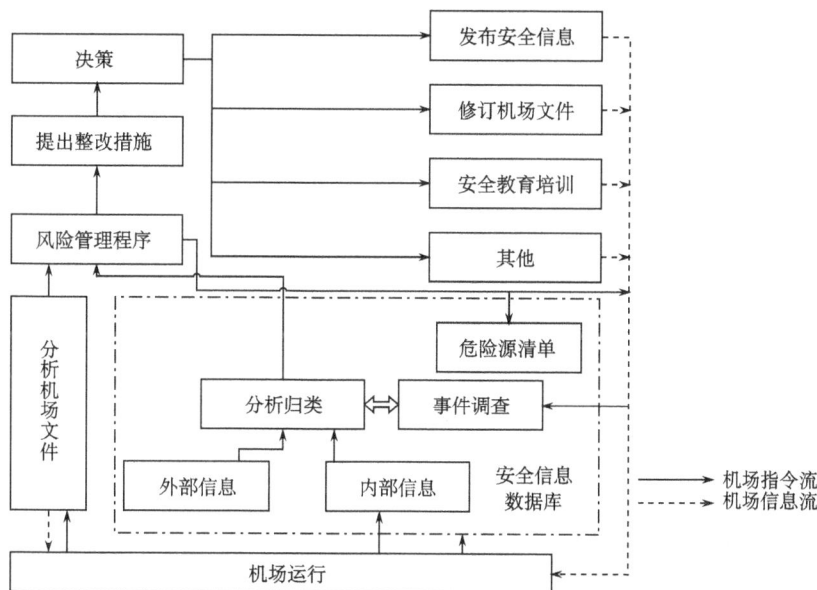

图7.1　机场安全管理体系

风险管理是系统安全管理的核心内容，是各类组织为减少风险的负面影响而进行的管理过程，它通过风险识别、风险评估、选择和优化风险管理技术，达到有效地控制风险，降低风险所致损失的效果。风险管理以确保安全为目的，按照科学的程序和方法，从系统工程的高度对生产工程中的潜在风险进行识别、分析和评估，为制定风险预防措施提供依据和管理决策。

在航班延误条件下，对机场进行安全风险评估是整个机场安全风险管理过程的关键环节。风险是导致不安全事件发生的潜在因素，要想有效的控制航班延误后的机场风险，就必须进行风险辨识、分析和评估，通过对航班延误下的机场系统运行状态进行深入细致的分析，分析各类风险的原因和可能导致的结果，估计不安全事件的发生概率和可能产生的损失程度，从而有的放矢地预防各类不安全事件，如图 7.2 所示。

在航班延误条件下对机场进行安全风险评估，就是在风险辨别、分析与分类工作的基础上，根据想要达到的安全评估目标和评估对象的复杂程度，选用合适的方法与策略对风险的可接受性进行定性与定量的评估。机场为了达到应对航班延误，提高保障系统安全性的目的，常常需要采用多种方法综合评估风险，或者把不同的风险评估方法结合起来运用，然后对风险引致不安全事件发生的可能性和严重程度进行风险分级，将最突出的风险因素作为管理的重点。

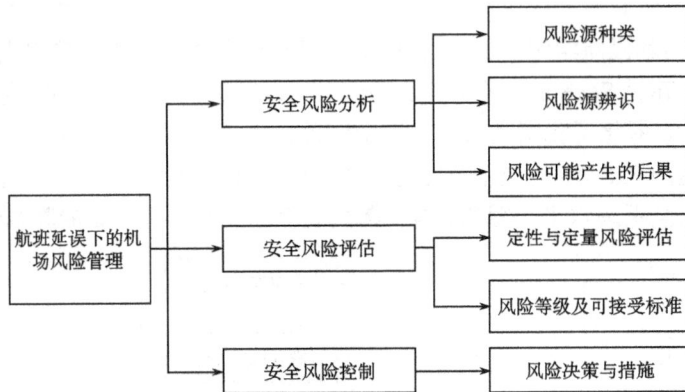

图 7.2　航班延误下的机场风险管理

风险控制是在风险识别和评估的基础上，根据风险控制目标，选择合适的策略去控制风险的过程。控制航班延误下的安全风险，需要根据机场安全风险分析及评估结果，给出合理的风险控制方案。在航班延误既定条件下，机场对高于规定限度的安全风险必须采用一定的措施将其降低或消除；对低于规定限度、处于可接受范围内的风险，应随时进行监测与控制，以防环境突变或累积效应导致不安全事件发生；对无法排除的风险要做好应急救援预案，提高风险预警水平和应对能力。

机场的安全风险源可分为两大类，第一类是以实体形态存在的风险源，指的是已经发生的各种不安全事件及引起这些事件并已得到确认的原因链条所指示的风险。图 7.3 为机场的第一类风险源的大致分布[109]。

第二类是以状态形式存在的风险源，是指由专家在分析不安全事件致因，分析和查找隐患以及分析安全形势等过程中进行经验判断而指出的风险。在一般情况下，航班延误属于第二类风险源。主观性是第二类风险最基本的特点。这类风险一般无法通过测量数据等客观手段揭示，而主要靠专家的主观判断来揭示，这样得出的风险判断不可避免地带有主观上的局限性。其次是虚拟性。第二类风险既然无法通过客观手段揭示，当然也就无法通过客观手段证实。专家指出的种种风险往往只是在经验的意义上虚拟存在，因为一旦出现了由特定风险引起的不安全事件，这种风险也就不再是第二类风险。第三是模糊性。第二类风险的界限一般是不明确的，这也是由机场系统的复杂性决定的，风险往往难以明确界定。第四是综合性。第二类风险一般无法彻底地追根溯源，在专家的判断过程中，第一类风险和第二类风险往往难以明确划分界限。可见，人们对第二类风险源规律性的认识还存在着很多不明确的地方，如何认识第二类风险是机场安全管理需要面对的主要困难，这也是本章研究的意义所在。

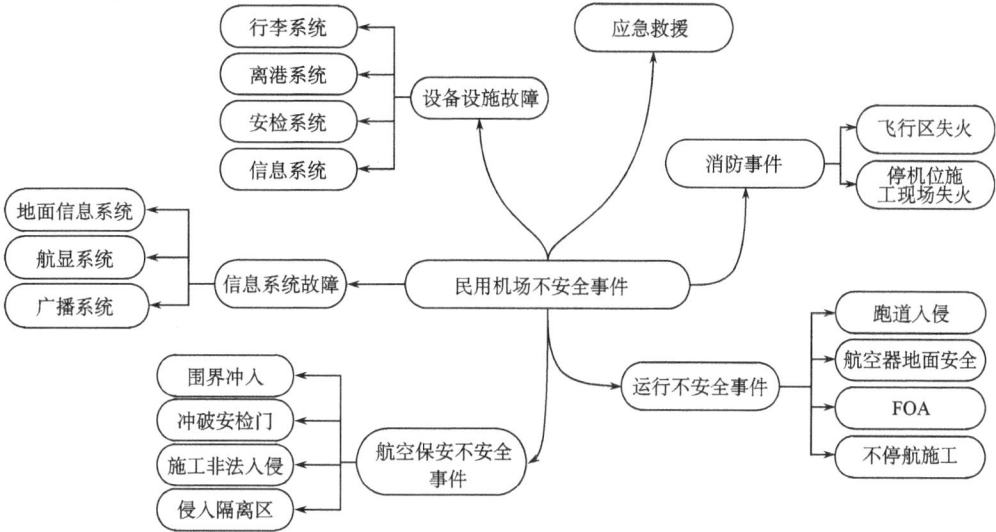

图 7.3　机场的第一类风险源分布

航班延误和安全风险是阻碍我国民航事业发展的两个主要矛盾，两者紧密相连。一方面，航班延误往往会引发安全风险。航班延误是一种重要的风险源，如果积累到一定程度，在一定条件下就有可能酿成不安全事件。另一方面，不安全事件往往伴有航班延误现象，不安全事件群发会导致航班大面积延误。我国民航在机场体系建设上一个突出的倾向是提倡枢纽机场建设。枢纽机场运行的基本机理是航班波的形成，对机场资源的运行效率有很高的要求，这就不可避免地出现了一个两难选择：航班越向大型枢纽机场集中，那里航班延误的压力就越大；越要提高航班正常率，就越要减少枢纽机场的航班集中度。航班延误下的安全风险评估与机场安全管理息息相关，对机场安全管理体系建设有长远的意义。

7.2　评估指标体系

安全管理是一门系统科学，安全生产系统是由人、设备、环境、管理（Man，Machine，Environment，Management，MMEM）4 大子系统构成的复杂系统[110]。民航机场具有运行环境相对复杂、风险因素交叉影响等特点，不安全事件致因更具有动态性、隐蔽性、综合性和因果连带性。因此，机场安全管理系统是一个复杂系统，它具有系统的一般特征，即整体性、相关性、目的性、环境适应性。过去人们把不安全事件理解为是"人、设备、环境"三个子系统矛盾关系导致的伤害性事件，现在人们认为，管理子系统应当是安全系统工程的核心要素，一切涉及系统安全的理论与实务，都是某一要素的内在联系、多要素关系或整体关系的研究和处理。这种 MMEM 系统理论是在传统的人、设备、环境

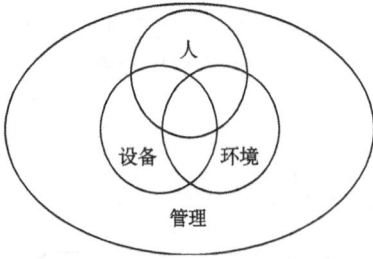

图 7.4 人—设备—环境—管理结构

理论基础上发展起来的，它整合了传统分析方法，突出了十分重要而又常被忽视的管理因素，考虑了管理子系统对其他三个子系统"人、设备、环境"的影响。MMEM 系统理论有利于实施预防措施，避免片面强调人员责任，并且在资源有限的情况下，有利于正确选择预防的优先措施。基于 MMEM 理论的机场安全管理系统的结构如图 7.4 所示。

法国数学家勒内·托姆于20世纪60年代创立了突变理论，研究在连续发展过程中出现突然变化的现象，以及突然变化与连续变化因素之间的关系。从突变理论出发，民航机场不安全事件的发生，表示系统从安全状态转化为危机状态，实际上就是一种突变现象。不安全事件是安全生产系统的环境突变、人的失误、设备失控及管理缺失等因素相互作用的结果，航班延误作为一种能产生诸多不良后果的现象，有可能导致机场系统内某些因素的连续变化，引起系统状态的突然质变，从而导致不安全事件的产生。

从微观角度来分析，航班延误下机场不安全事件的发生是由于人的因素、物的因素、环境因素和管理因素共同作用的结果。由于人、设备设施、环境与管理之间的相互作用，以及在复杂系统的背景下，各种风险因素的交叉影响，航班延误有可能会导致造成恶劣后果的不安全事件发生。航班延误下机场不安全事件的发生机理可用图 7.5 表示。

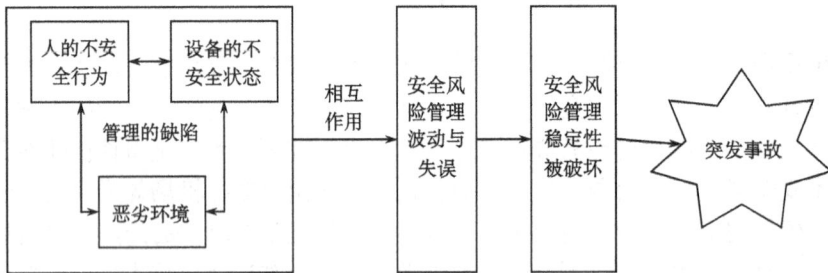

图 7.5 不安全事件发生机理

本节本着系统安全工程的核心思想，从 MMEM 理论入手，经征询业内专家意见对繁杂的指标进行必要的筛选，形成比较客观、合理的航班延误下机场安全风险评估指标体系[111]。指标体系建立流程见图 7.6。这里强调，虽然"人、设备、环境、管理"4 个子系统也可以作为一般意义上风险管理的考察对象，但是在航班延误这种资源高度紧张，矛盾高度集中的特殊情境中，对于这 4 个子系统的考察与风险评估有更为突出的意义。由于本章研究工作是在第 6 章研究完成之后一年内陆续进行的，所以本章的评估指标体系在第 6 章基础上做了适当的简化和调整。

7.2.1 人员子系统

据长期以来民航不安全事件致因的分析统计，70%以上的不安全事件是由于人的风险因素所致，造成的影响也是占主导地位的。机场一切安全保障工作都是以人为中心的，在涉及机场安全风险的诸多因素中，人为风险因素占据首位。当航班延误发生时，对机场各单位工作人员的心理素质等都带来负面效应，影响他们对安全风险的管控、应急能力等。机场人员子系统安全风险评估指标可分为人员的基本素质和可靠度两类，共包括以下 5 个指标：身心状况 C_1、知识技能水平 C_2、工作态度 C_3、操作失误率 C_4、纠错能力 C_5。

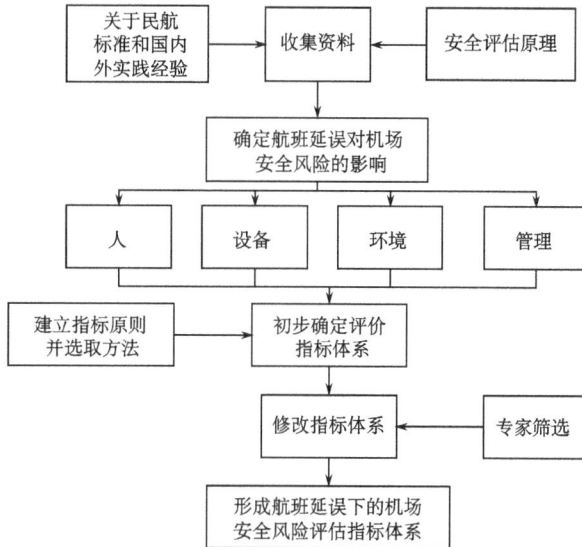

图 7.6　评估指标体系建立流程

1. 人员基本素质

1）身心状况 C_1

该指标用来衡量在航班延误下机场从业人员生理、心理的基本状况，反映机场人员整体身体健康水平、疲劳状况、对压力的适应程度及应变能力。机场安全生产需要从业人员身心状况均处于比较健康的水平。当发生航班延误特别是严重航班延误时，良好的身心素质有助于从业人员迅速反应，及时规避由此引发的安全风险。提高从业人员的身心素质能帮助从业人员迅速处理突发情况，从而使机场运营系统保持正常的安全状态，避免不安全事件的发生。

2）知识技能水平 C_2

该指标用于衡量机场员工处理航班延误的知识技能水平。机场人员必须具备较高的业务理论水平和较强的实际操作能力，对影响机场运行的各个环节和各个方面的因素有比较全面的了解，才能及时发现问题，高质量、有保证地完成机场运行工作，有的放矢地实施安全管理。机场运行过程中涉及的作业种类繁多，员工必须具备扎实的专业知识与处理问题的技能。

3）工作态度 C_3

该指标用来衡量机场人员处理航班延误的工作态度。工作态度代表了机场安全保障人员对安全工作的重视程度，这是做好安全管理的重要因素。没有端正的工作态度，员工就可能会在航班延误发生时出现一系列玩忽职守、脱离岗位等影响安全的行为。在机场运行过程中，机场人员要与其他员工协同工作，他们是否具有较强的人际关系协调能力和团队精神，将直接影响到安全保障能否顺利进行。

2. 人的可靠度

人的可靠度定义为：人在规定的时间内、规定的条件下，无差错地完成规定任务的概率。人的可靠性是在 20 世纪 50 年代发展起来的一门综合性的边缘学科。1958 年 H. L. Williams 首先提出，在系统可靠性预测中必须包括人的可靠性，否则，预测的系统可靠性不能代表实际情况[112]。

人具有学习能力，失误率会随时间增长而逐步降低；人还具有纠偏能力，产生致命性错误时，人具有发现并纠正自己所犯错误的能力。人的主观能动性使机场从业人员在很多场合下能及时发现自己的失误并在造成不安全事件前加以纠正，因此，在分析人的可靠度时必须考虑人的动作的可校正性。多人作业时，操作人员之间有相互纠偏的能力。在连续工作条件下，人的可靠度可表示为

$$R_H(t) = e^{-\int_0^t \lambda(t)dt} \tag{7-1}$$

式中，$\lambda(t)$ 为 t 时间内人的失误率，由人的学习曲线理论知，λ 为人的初始失误率

$$\lambda(t) = \lambda e^{-t} \tag{7-2}$$

人的失误概率密度函数可近似表达为

$$f_H(t) = \lambda(-\lambda e^{-t}t) \tag{7-3}$$

基于这 3 个因素，人的不可靠度函数表达式为

$$F(t) = \int_0^t f_H(t)dt(1-P_e(t))(1-P_a(t)) \tag{7-4}$$

式中，$P_e(t)$ 为人的自我纠错概率，$P_a(t)$ 为群体纠错概率。

根据以上分析，人的可靠性因素可以细化为以下两个指标。

1) 操作失误率 C_4

该指标用于衡量机场从业人员处理航班延误时，对于机场运行的相关制度与操作规范的执行情况。违章违规操作会为机场正常运营埋下安全隐患，是导致机场不安全事件的重要因素。对操作失误率的衡量能够很好地反映机场运行的安全水平，是评估其安全风险的一个重要指标。

2) 纠错能力 C_5

该指标用来衡量机场员工的自我纠错能力和协同作业时的群体纠错能力。航班延误发生时，往往使员工处于高压状态，失误率与违章违规率大幅提升，因此员工自我校正失误的能力对航班延误条件下减少不安全事件的发生可以起到至关重要的作用。

7.2.2 设备设施子系统

设备设施子系统安全风险评估指标关注在应对航班延误时，机场设备设施的完备性、完好性及航班延误之下的故障率等情况。当航班延误发生时，机场的离港系统、行李处理系统、供油系统、供电系统、信息系统对于保障机场的正常运行非常关键，一旦这些

关键系统发生故障，必然影响机场对航班和旅客的保障作业。机场设备设施子系统风险评估包括以下5个指标：设备设施完备性、设备设施完好性、设备设施故障率、应急救援系统状况、跑道利用率。

1. 设备设施完备性 C_6

该指标用来衡量设备设施的配备种类、数量是否足够并符合安全标准，可以进行定性评估，也可以通过符合标准的比率进行定量。

完备率=符合标准要求数量/应当设置的数量

完备性是对设备配置数量上的要求，它是保障机场安全、正常运行对设备的基本要求。例如，针对机场助航灯光系统状况、机场供电保障系统状况、供油设备和除冰雪设备等，按照标准要求，第 i 项应该设置的总数为 Z_i，缺设、漏设、不符合标准的数量为 X_i，则该项的完备性可以用完备率 $U_i = (Z_i - X_i) / Z_i$ 表示。每类设备设施可作为一个整体检查，看其是否符合标准。

2. 设备设施完好性 C_7

该指标用来衡量按照标准要求投入使用的设备设施能够安全、可靠运行的状况。通过完好性进行模糊定量评估，或者通过完好率定量评估。完好率可以通过工作记录确定。

完好率=正常工作时间/（正常工作时间+因故障不能正常工作时间）

完好性是对设备设施质量上的要求，反映其运行的稳定性与可靠性，是对设备设施保障水平的衡量。

3. 设备设施故障率 C_8

设备设施故障是指由于航班延误导致设备设施在一定时间、条件内达不到其功能要求的状态。设备设施故障一般发生于设备运转过程中，一旦发生会造成机场运行环节的中断或运行效率的降低，直接导致其安全保障水平下降。因此，对设备设施故障状态进行监控和评估，将有利于控制设备的不安全状态，保证机场安全运行。

故障率=设备设施停用时间 / 运用时间×100%

4. 应急救援系统状况 C_9

应急救援系统是指机场应对航班延误，特别是严重航班延误的紧急医疗、消防救援设备设施、应急救援信息系统等。应急救援系统的良好状态有利于机场建立有效的应急救援反应机制，果断处置各种紧急事件，避免或者减少人员伤亡和财产损失，减少不安全事件对机场正常运行带来的影响。

5. 跑道利用率 C_{10}

与机场跑道利用率相关的是飞机起降的时间间隔，当航班延误发生时，航站楼、机位、跑道等设施的利用率和飞机周转率都将降低，该指标从侧面反映了机场能够处理延误的设备水平。但是跑道利用率并不是越高越好，跑道利用率高表示该机场已达到饱和程度，当大规模的航班延误发生时，滞留现象将更为严重。

7.2.3　环境子系统

航班延误下机场环境子系统的安全风险评估指标主要包括：作业时间、气象服务、机场秩序、工作环境、自然环境。

1. 作业时间 C_{11}

该指标用于衡量机场航班延误后运行人员的工作时间。由于工作性质决定，很多机场运行工作必须在夜晚进行，严重航班延误发生时，其波及效应可能导致短时间内，机场难以恢复正常运行水平，进而导致从业人员作业时间过长，人为差错率大大提升。

2. 气象服务 C_{12}

该指标用于衡量机场航空气象服务情况。航空气象服务的内容是搜集、整理、分析气象情报资料，包括航空气象观测、预报、机场警报和风切变警报等气象预警，并及时准确地将这些情报提供给相关部门。航班延误的产生跟气象关系极大，及时准确的航空气象服务有助于机场安全运行、有效预警，是衡量航班延误下机场保障能力的一项重要指标。

3. 机场秩序 C_{13}

该指标用来衡量航班延误下机场运行秩序的保障情况。例如候机楼旅客秩序、安检秩序等。

4. 工作环境 C_{14}

这个指标用于衡量机场在航班延误下的工作环境。恶劣的工作环境直接影响机场从业人员的身心健康，从而影响到安全保障工作的开展与实施，直接关系到机场的运行与效益，因此需要评估机场工作环境应对航班延误的保障能力。

5. 自然环境 C_{15}

航班延误下的机场安全风险涉及的环境因素主要是指自然环境。机场的自然环境对其运行安全的影响很大，一般包括地面环境、净空环境与气候环境等，本节主要考察气候因素，例如当地的气候随季节变化的规律，台风、暴雪等恶劣天气的频率等等。气候因素也可以从一个方面反映机场安全保障要面对的压力。例如东南沿海一带的机场，六月份是雷暴、台风高发期，易发生大规模的航班延误与旅客滞留；而冬季的北方机场往往要面临除冰雪的压力。

7.2.4　安全管理子系统

安全管理子系统是指航班延误下机场安全风险管理的指导思想、运行规范、组织结构、规章制度等的总和。安全管理子系统具有整体影响效力，从时空角度贯穿于整个系统运行过程。评估安全管理子系统风险的指标包括：安全监察员配置状况、旅客及运输货物的管理状况、安全激励机制、安全信息管理、安全文化建设、安全教育、技能培训及考核。

1. 安全监察员配置状况 C_{16}

该指标用来衡量民用机场安全监察员的配置状况。机场监察员是机场安全运行和管理的保障人员，负责制止正在进行中的违规、违章，巡视、检查现场，上报监察过程中发现的各种问题等。

2. 旅客及运输货物管理状况 C_{17}

该指标用来衡量民用机场旅客及运输货物的管理状况。当航班延误发生时，有可能造成大范围旅客滞留及货运不畅等后果，这就对机场的客运、货运的保障能力及管理能力提出了很高的要求。

3. 安全激励机制 C_{18}

该指标用于衡量机场安全激励机制的建设水平，评估机场运用员工奖惩制度等激励手段的合理性。激励是管理学中组织行为学的基本概念，合理的安全激励机制具有驱动效果、调节效果和约束效果，有效地减少员工不安全行为发生的频率。

4. 安全信息管理 C_{19}

该指标用于衡量机场安全信息传递的及时性和可靠性。安全信息管理主要作用是收集、分析、传递安全管理过程中的重要情况，例如航班延误状况、设备故障、恶劣天气等信息，为安全管理提供基本信息。安全信息管理对发生的不安全事件数据进行收集、整理，建立数据库，有助于安全管理人员提高管理效率。

5. 安全文化建设 C_{20}

该指标用于衡量机场安全文化的建设状况。安全文化是企业文化的重要内容和自然产物，由员工对待安全的共同信念、做法和态度等构成。安全文化的引入会使机场安全管理更具有内涵，建设积极的安全文化是保证机场安全运营的有效方法。良好的安全文化氛围使员工对安全有正确的价值观，安全至上的观念才会深入人心，也更有利于人们提高安全意识和警惕性，自觉主动地落实各项预防措施。

6. 安全教育、培训及考核 C_{21}

该指标用于衡量机场安全教育、技能培训及考核情况。安全教育和技能培训是防止从业人员产生不安全行为，防止人失误的重要途径。安全教育培训能够提高从业人员的责任感和自觉性，有利于安全技术知识的普及和安全技能的提高，使其掌握不安全事件发生发展的客观规律，掌握应对突发事件的方法，在面对严重航班延误等突发事件时，能够做到从容不迫，采取适当的手段和方法，把问题控制在萌芽状态。

汇总以上讨论建立的航班延误下机场安全评估指标体系如表 7.1 所示。

表 7.1　航班延误下的机场安全风险评估指标体系

评估目标	评估对象	评估指标
航班延误影响下的机场安全风险监测指标	人员子系统	身心状况 C_1
		知识技能水平 C_2
		工作态度 C_3
		操作失误率 C_4
		纠错能力 C_5
	设备设施子系统	设备设施完备性 C_6
		设备设施完好性 C_7
		设备设施故障率 C_8
		应急救援系统状况 C_9
		跑道利用率 C_{10}
	环境子系统	作业时间 C_{11}
		气象服务 C_{12}
		机场秩序 C_{13}
		工作环境 C_{14}
		自然环境 C_{15}
	安全管理子系统	安全监察员配置状况 C_{16}
		旅客及运输货物管理状况 C_{17}
		安全激励机制 C_{18}
		安全信息管理 C_{19}
		安全文化建设 C_{20}
		安全教育、培训及考核 C_{21}

7.3　风险因素模糊聚类

上一节设计的航班延误下机场安全风险评估指标体系是一个多指标、多层次的评估体系，对于这样的指标体系，需要采取一定手段对每个指标赋予适当的权重并评估其对整个系统的影响程度。本节采用数理统计结合模糊数学中的模糊聚类方法完成这一分析。

近年来，各种相关知识围绕着评估与决策问题不断渗入，复杂系统综合评估逐渐成为一个多学科边缘交叉、相互渗透、多点支撑的新兴研究领域。在这方面，常用的方法有层次分析法、模糊综合评价法、数据包络分析法、灰色综合评价法等等，参见第 6.3 节。模糊理论由美国加州大学伯克利分校自动控制理论专家 Zadeh L. A.教授于 1965 年创立，标志着模糊信息处理方法的诞生。模糊理论是描述和处理事物模糊性和系统不确定性的理论。模糊理论与技术的突出优点是能较好地描述和模仿人的思维方式，总结和反映人的体会和经验，可以对复杂事务和系统进行模糊度量、识别、推理与决策[113]。

聚类分析属于多元数理统计分析的一支，它是一种用数学手段定量考察样本间的亲疏关系，从而客观地划分类型的方法。传统的聚类分析是一种硬性划分方法，它按照事物的某种特征将事物进行明确分类，这种分类具有"非此即彼"的性质。而在现实中，大多数研究客体并没有严格的属性，它们在特点与类别方面存在着中介性和模糊性，具有"亦此亦彼"的性质，因此不适合硬性划分而适合进行软性划分。将模糊理论与聚类问题结合的方法称之为模糊聚类分析。在模糊聚类中，每个样本不再仅属于某一个类别，而是以一定的隶属度隶属于每一个类别，换句话说，通过模糊聚类分析方法得到每个样本属于各个类别的不确定性程度，建立起样本对于类别的不确定性的描述。由于模糊聚类可以得到样本属于各个类别的不确定性程度，表达样本类属的中介性，能够更客观地反映现实世界，因而已经成为聚类分析研究的主流。

在多因素决策与分析方法中，以层次分析法中将指标"两两对比"得到指标权重的方法最为常用。但是这种方法过分依赖专家的知识与经验，不易准确判断且主观性太强，此外，得到判别矩阵之后的一致性检验也比较困难。应用模糊聚类方法，可以对多指标评估系统的指标多寡、相关性强弱进行分类，融合主观和客观赋权法的优点，可以找到安全风险评估体系中各指标的亲疏关系与影响程度，从而更有效地进行安全风险管理。

7.3.1 基本概念

定义 7.1 论域 $\mathbf{X}$ 上的模糊集合 $\tilde{A}$ 由隶属函数 $\mu_{\tilde{A}}(x)$ 来表征，其中 $\mu_{\tilde{A}}(x)$ 在闭区间 $[0,1]$ 上取值，$\mu_{\tilde{A}}(x)$ 的值反映 $\mathbf{X}$ 中的元素 x 对于 $\tilde{A}$ 的隶属程度。

定义 7.2 设论域 $\mathbf{X}$ 和 $\mathbf{Y}$，称 $\mathbf{X} \times \mathbf{Y}$ 的一个模糊子集 $\tilde{R} \subseteq \tilde{R} \in \mathbf{X} \times \mathbf{Y}$ 为从 $\mathbf{X}$ 到 $\mathbf{Y}$ 的模糊二元关系，记为 $\mathbf{X} \xrightarrow{\tilde{R}} \mathbf{Y}$。其隶属度函数为映射

$$\mu_{\tilde{R}} : \mathbf{X} \times \mathbf{Y} \to [0,1]$$

这时隶属度 $\mu_{\tilde{R}}(x,y)$ 表示 x 与 y 具有关系 $\tilde{R}$ 的程度。特别地，当 $\mathbf{X} = \mathbf{Y}$ 时，称 $\tilde{R}$ 为 $\mathbf{X}$ 上的模糊关系。

定义 7.3 设 $X = \{x_1, x_2, \cdots, x_m\}, Y = \{y_1, y_2 \cdots, y_n\}$，$\tilde{R}$ 是 X 到 Y 的模糊关系，记 $\mu_{\tilde{R}}(x_i, y_j) = r_{ij}$，$\tilde{R} = (r_{ij})_{m \times n}$，$i = 1, 2, \cdots, m; j = 1, 2, \cdots, n$，$r_{ij} \in [0,1]$，则 $\tilde{R}$ 称为模糊矩阵。

定义 7.4 设 $\tilde{Q} = (q_{ik})_{m \times l}$，$\tilde{R} = (r_{kj})_{l \times n}$ 分别为 $\mathbf{X} \times \mathbf{Y}$ 和 $\mathbf{Y} \times \mathbf{Z}$ 上的两个模糊关系。则 $\tilde{Q}$ 与 $\tilde{R}$ 的合成记为

$$\tilde{Q} \circ \tilde{R} = \tilde{S} = (s_{ij})_{m \times n}$$

式中，$s_{ij} = \vee(q_{ik} \wedge r_{kj})$ $(i = 1, 2, \cdots, m; j = 1, 2, \cdots, n; k = 1, 2, \cdots, l)$，则 $\tilde{S}$ 为矩阵 $\tilde{Q}$ 与 $\tilde{R}$ 的合成（也称为模糊矩阵乘积或模糊乘积）。其中"$\vee$"与"$\wedge$"为逻辑符号，分别表示取大、取小。

定义 7.5 设论域 $\mathbf{X}$ 为有限集合，$\mathbf{X}$ 上的一个模糊关系为 $\tilde{R}$，与其对应的模糊矩阵为 $\tilde{R} = (r_{ij})_{m \times n}$，若满足

(1) 自反性：$r_{ii} = 1$ $(i = 1, 2, \cdots, n)$

(2) 对称性：$r_{ij} = r_{ji}$ $(i, j = 1, 2, \cdots, n)$

(3) 传递性：$\tilde{R} \circ \tilde{R} \subseteq \tilde{R}$

则称 $\tilde{R} = (r_{ij})_{m \times n}$ 为一个模糊等价矩阵，其关系是模糊等价关系。若只满足自反性和对称性则，则称其关系为相似关系。

定理 7.1 设 R 是模糊相似矩阵，则存在一个最小自然数 $k(k \leqslant n)$，使得传递闭包

$t(\tilde{R}) = \tilde{R}^k$ 对于一切大于 k 的自然数 l，恒有 $\tilde{R}^l = \tilde{R}^k$。此时，$t(\tilde{R})$ 为模糊等价矩阵。

定义 7.6 设 $\tilde{R} = (r_{ij})_{m \times n}$ 为模糊矩阵，对于任意的 $\lambda \in [0,1]$，称 $\tilde{R}_\lambda = (r_{ij}^{(\lambda)})_{m \times n}$ 为模糊矩阵 $\tilde{R} = (r_{ij})_{m \times n}$ 的 λ-截矩阵，其中

$$r_{ij}^{(\lambda)} = \begin{cases} 1, & r_{ij} \geqslant \lambda \\ 0, & r_{ij} < \lambda \end{cases}$$

显然，截矩阵为布尔矩阵[114]。

7.3.2 分析步骤

1. 数据标准化

设论域 $\mathbf{X} = \{x_1, x_2, \cdots, x_m\}$ 为待聚类的对象，x_i 由 n 个指标表示其属性

$$x_i = (x_{i1}, x_{i2}, \cdots, x_{in}), \quad i = 1, 2, \cdots, m$$

于是，得到原始数据矩阵为

$$\begin{bmatrix} x_{11} & x_{12} & \cdots & x_{1n} \\ x_{21} & x_{22} & \cdots & x_{2n} \\ \vdots & \vdots & & \vdots \\ x_{m1} & x_{m2} & \cdots & x_{mn} \end{bmatrix}$$

在实际问题研究中，不同指标之间的观测值数据可能有不同的量纲，只有对数据进行适当的数学变换，使其标准化，才能将不同量纲的样本数据进行分类比较。根据前文所述模糊矩阵的性质，要求数据转化到区间[0,1]。

数据标准化通常可以使用以下几种方法进行。

1) 平移-标准差变换

$$x_{ik}' = \frac{x_{ik} - \bar{x}_k}{s_k}, \quad i = 1, 2, \cdots, m; \quad k = 1, 2, \cdots, n \tag{7-5}$$

式中，$\bar{x}_k = \dfrac{1}{m} \sum_{i=1}^{m} x_{ik}$，$s_k = \sqrt{\dfrac{1}{m} \sum_{i=1}^{m} (x_{ik} - \bar{x}_k)^2}$。

经过变换后，每个变量的均值为 0，标准差为 1，且消除了量纲的影响。但是这样得到的 x_{ik}' 还不一定在区间[0,1]上。

2) 平移-极差变换

$$x_{ik}'' = \frac{x_{ik}' - \min\limits_{1 \leqslant i \leqslant m} \{x_{ik}'\}}{\max\limits_{1 \leqslant i \leqslant m} \{x_{ik}'\} - \min\limits_{1 \leqslant i \leqslant m} \{x_{ik}'\}}, \quad k = 1, 2, \cdots, n \tag{7-6}$$

显然有 $0 \leqslant x_{ik}'' \leqslant 1$，而且也消除了量纲的影响。

3) 对数变换

$$x_{ik}' = \lg x_{ik}, \quad i = 1, 2, \cdots, m; \quad k = 1, 2, \cdots, n \tag{7-7}$$

取对数以缩小变量间的数量级。

2. 建立模糊相似矩阵

建立模糊相似矩阵又称为标定，即标出衡量被分类对象间相似程度的统计量 r_{ij}。

设论域 $\mathbf{X} = \{x_1, x_2, \cdots, x_m\}$，$x_i = (x_{i1}, x_{i2}, \cdots, x_{in})$，依照传统聚类方法确定相似系数，建立模糊相似矩阵，x_i 与 x_j 的相似程度 $r_{ij} = R(x_i, x_j)$。确定 $r_{ij} = R(x_i, x_j)$ 的方法可以根据问题的特点，选取下列公式之一来计算。

1）相似系数法

（1）数量积法

$$r_{ij} = \begin{cases} 1, & i = j \\ \dfrac{1}{M} \sum_{k=1}^{n} x_{ik} \cdot x_{jk}, & i \neq j \end{cases} \tag{7-8}$$

式中，r_{ij} 为 x_i 与 x_j 的数量积，$M = \max\limits_{i \neq j} \left(\sum\limits_{k=1}^{n} x_{ik} \cdot x_{jk} \right)$。

显然 $|r_{ij}| \in [0,1]$，若 r_{ij} 中出现负值，也可采用以下方法将 r_{ij} 压缩到 $[0,1]$ 上：令

$$r'_{ij} = \frac{r_{ij}+1}{2}, \quad r'_{ij} \in [0,1]$$

当然也可用上述的平移-极差变换。

（2）相关系数法

$$r_{ij} = \frac{\displaystyle\sum_{k=1}^{n} |x_{ik} - \overline{x}_i \| x_{jk} - \overline{x}_j|}{\sqrt{\displaystyle\sum_{k=1}^{n} (x_{ik} - \overline{x}_i)^2} \cdot \sqrt{\displaystyle\sum_{k=1}^{n} (x_{jk} - \overline{x}_j)^2}} \tag{7-9}$$

式中，$\overline{x}_i = \dfrac{1}{n} \sum\limits_{i=1}^{n} x_{ik}, \overline{x}_j = \dfrac{1}{n} \sum\limits_{j=1}^{n} x_{jk}$。

（3）夹角余弦法

$$r_{ij} = \frac{|x_i \circ x_j|}{\|x_i\| \cdot \|x_j\|} \quad \|x_i\| = \left(\sum_{k=1}^{m} x_{ik}^2 \right)^{\frac{1}{2}}, \quad i = 1, 2, \cdots, n \tag{7-10}$$

2）主观评分法

邀请专家直接对 x_i 与 x_j 的相似程度评分，作为 r_{ij} 的值。

（1）百分制

采用百分制，将评出的总分数除以 100，即得闭区间 $[0,1]$ 的一个 r_{ij}。可以请多位专家进行评分，再取平均值定出 r_{ij}，以降低主观性的影响。

（2）相似度和自信度

假定请 N 个专家组成专家组，这时有

$$r_{ij} = \frac{\displaystyle\sum_{k=1}^{N} r_{ij}(k)a_{ij}(k)}{\displaystyle\sum_{k=1}^{N} a_{ij}(k)} \tag{7-11}$$

式中，$r_{ij}(k)$ 为第 k 个专家给出的 x_i 与 x_j 的相似度，$a_{ij}(k)$ 是专家对自己给出相似度时的自信度。r_{ij} 和 a_{ij} 都是在 $[0,1]$ 区间的数值。

3. 模糊聚类分析

用上面方法建立的模糊矩阵 $\tilde{R}$ 只是模糊相似矩阵，不一定具有传递性。因此，要将 $\tilde{R}$ 改造成模糊等价矩阵，然后以 $\tilde{R}$ 作为基础，进行动态聚类分析。

1）传递闭包法

根据定理 7.1，可以用二次方法求传递闭包 $t(\tilde{R})$，$\tilde{R}$ 的传递闭包 $t(\tilde{R})$ 就是一个模糊等价矩阵。以 $t(\tilde{R})$ 为基础进行分类的聚类方法称为模糊传递闭包法。

适当选取置信水平值 $\lambda \in [0,1]$，求出 $t(\tilde{R})$ 的 λ-截矩阵 $t(\tilde{R})_\lambda$。$t(\tilde{R})_\lambda$ 是 $\mathbf{X}$ 上一个等价的布尔（Boole）矩阵，按 $t(\tilde{R})_\lambda$ 进行分类，就可以得到在 λ 水平上的等价分类。设 $t(\mathbf{R}) = (r'_{ij})_{n \times n}$，$t(\mathbf{R})_\lambda = (r'_{ij}(\lambda))_{n \times n}$，则

$$r'_{ij}(\lambda) = \begin{cases} 1, & r'_{ij} \geqslant \lambda \\ 0, & r'_{ij} < \lambda \end{cases} \tag{7-12}$$

对于 $x_i, x_j \in \mathbf{X}$，若 $r'_{ij}(\lambda) = 1$，则在 λ 水平上将对象 x_i 和对象 x_j 归为同一类。

为了能直观地看到被分类指标之间的相似程度，通常将 $t(\tilde{R})$ 中所有互不相同的数据从大到小排序：$1 > \lambda_1 > \lambda_2 > \cdots$，得到针对 $t(\tilde{R})_\lambda$ 的一系列分类。可以将这些分类直观表现出来，形成动态聚类分析图，如图 7.7 所示。

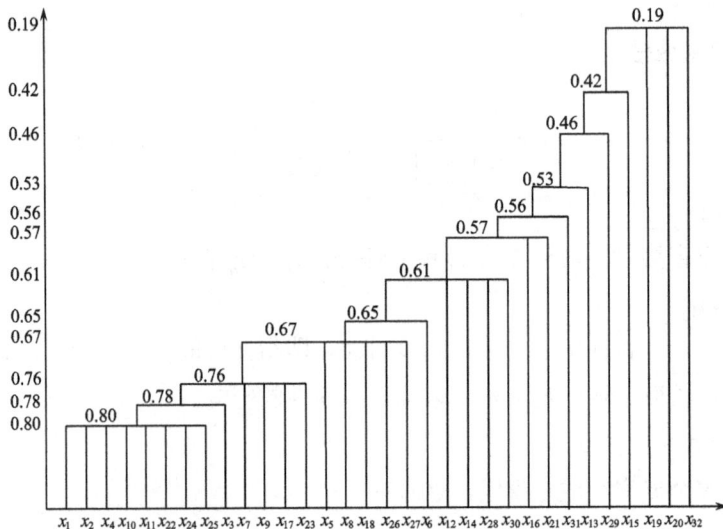

图 7.7　动态聚类分析示意图

2)布尔矩阵法

设 $\tilde{R}$ 是论域 $\mathbf{X}=\{x_1, x_2, \cdots, x_m\}$ 上的模糊相似矩阵,若要得到 $\mathbf{X}$ 的元素在 λ 水平上的分类,使用布尔矩阵的具体做法如下:

(1)求模糊相似矩阵的 λ-截矩阵 $\tilde{R}_\lambda$,显然 $\tilde{R}_\lambda$ 为布尔矩阵。

(2)判断 $\tilde{R}_\lambda$ 是否是等价的。如果 $\tilde{R}_\lambda$ 在任一排列下都没有下列形式的特殊子矩阵

$$\begin{bmatrix} 1 & 1 \\ 1 & 0 \end{bmatrix}, \begin{bmatrix} 1 & 1 \\ 0 & 1 \end{bmatrix}, \begin{bmatrix} 1 & 0 \\ 1 & 1 \end{bmatrix}, \begin{bmatrix} 0 & 1 \\ 1 & 1 \end{bmatrix}$$

则 $\tilde{R}_\lambda$ 具有传递性,为等价矩阵,可以证明 $\tilde{R}$ 为等价矩阵。

(3)如果判断 $\tilde{R}_\lambda$ 是等价的,则由 $\tilde{R}_\lambda$ 可得 $\mathbf{X}$ 在 λ 水平上的分类。

(4)如果判断 $\tilde{R}_\lambda$ 不是等价的,只要将 $\tilde{R}_\lambda$ 中上述特殊形式子矩阵的 0 一律改成 1,直到不再出现特殊形式子矩阵为止,则修改后的 $\tilde{R}_\lambda$ 为等价矩阵,可以获得 λ 水平上的分类。

7.4　模糊聚类风险分析实例

本节以上海地区机场为研究对象,对航班延误下的机场安全风险因素进行主从排序和重要程度评估。以上海地区浦东/虹桥机场为实例研究对象,用模糊聚类分析方法对航班延误下的机场安全风险因素进行主从排序和重要程度评价。对来自上海地区资深民航业内人士进行了调研。调研采用座谈讨论与问卷调查相结合的方式进行,参与调研的单位包括民航地区管理局、航空公司、机场、空管等单位,参与调研的部门包括旅客服务、质量监督、飞行、机务、空管、公安、计划、人事等部门,参与调研的人员包括从管理局领导到企业一线操作人员的各个层次,覆盖了航班延误和安全管理的相关领域。筛选之后确定的指标见 7.2 节,设计的调查评分表见表 7.2,为每个指标的重要程度分别设计了"很强,较强,一般,较弱,很弱"5 个等级,见表 7.3。选择"人、设备、环境、管理"下的指标体系作为论域 $\mathbf{U}=\{u_1, u_2, \cdots, u_m\}$。

表 7.2　调查评分表

序号	指标名称	影响程度					备注
		1	2	3	4	5	
1 人员子系统	身心状况						
	知识技能水平						
	工作态度						
	操作失误率						
	纠错能力						
2 设备设施子系统	设备设施完备性						
	设备设施完好性						
	设备设施故障率						
	应急救援系统状况						
	跑道利用率						

序号	指标名称	影响程度					备注
3 环境子系统	作业时间 气象服务 机场秩序 工作环境 自然环境						
4 安全管理子系统	安全监察员配置状况 旅客及运输货物的管理状况 安全激励机制 安全信息管理 安全文化建设 安全教育、技能培训及考核						

表 7.3 评分标准

评估分值	1-很强	2-较强	3-一般	4-较弱	5-很弱
等级描述	发生航班延误时，该指标对机场安全的影响程度很高，发生不安全事件的几率极大	发生航班延误时，该指标对机场安全的影响程度较高	发生航班延误时，该指标对机场安全有影响，可能会发生不安全事件	发生航班延误时，该指标对机场安全影响程度不太高	发生航班延误时，该指标对机场安全影响程度几乎可以忽略

7.4.1 数据处理

以人的因素风险分析为例。根据调查结果，累加每个指标中选择相同等级的专家的数目，可以得到各指标重要程度的原始评分矩阵 $\boldsymbol{X}_{ij} = (x_{ij})_{m \times n}$。对原始评分数据进行归一化处理，可以得到标准评分矩阵 $\boldsymbol{Y}_{ij} = (y_{ij})_{m \times n}$，如表 7.4 所示。

由于个别指标数据有缺失，所以首先对数据进行归一化处理。针对某一指标 j，x_{ij} 表示有 x_i 名专家认为该指标 j 的重要程度落入等级 i 中，$i = 1,2,3,4,5$。设 $\tilde{x}_{ij}$ 为归一化之后的标准数据，则有

$$\tilde{x}_{ij} = \frac{x_{ij}}{\sum_{i=1}^{5} x_{ij}}$$

再对 $\tilde{x}_{ij}$ 进行加权平均处理。设 5 个重要程度等级的权重值向量为 $\boldsymbol{B}$，取

$$\boldsymbol{B} = (1/15, 2/15, 1/5, 4/15, 1/3)$$

设 X_j 为指标 j 的重要指数值，则有

$$X_j = (\tilde{x}_{1j}, \tilde{x}_{2j}, \tilde{x}_{3j}, \tilde{x}_{4j}, \tilde{x}_{5j}) \circ \boldsymbol{B}$$

使用这种方法得到表中所有指标的重要程度值。

表 7.4 人的因素标准评分矩阵

类别			因素	专家评分结果标准化					
				很强	较强	一般	较弱	很弱	重要指数
人的因素分析	人员子系统	人员基本素质	身心状况 C_1	0.145	0.188	0.339	0.226	0.102	0.203
			知识技能水平 C_2	0.124	0.177	0.231	0.253	0.215	0.183
			工作态度 C_3	0.220	0.241	0.189	0.181	0.169	0.211
		人员可靠性	操作失误率 C_4	0.157	0.289	0.214	0.172	0.168	0.206
			纠错能力 C_5	0.332	0.257	0.189	0.126	0.096	0.240
	安全管理子系统		监察员配置状况 C_{16}	0.069	0.138	0.312	0.243	0.238	0.170
			旅客及运输货物管理状况 C_{17}	0.108	0.183	0.355	0.231	0.124	0.195
			安全激励机制 C_{18}	0.048	0.198	0.337	0.246	0.171	0.180
			安全信息管理 C_{19}	0.037	0.123	0.337	0.246	0.257	0.162
			安全文化建设 C_{20}	0.112	0.181	0.314	0.239	0.154	0.191
			安全教育培训及考核 C_{21}	0.096	0.134	0.267	0.316	0.187	0.176

从而得到模糊矩阵如表 7.5 所示。

表 7.5 人的因素标准评分模糊矩阵

	1	2	3	4	5
C_1	0.145	0.188	0.339	0.226	0.102
C_2	0.124	0.177	0.231	0.253	0.215
C_3	0.220	0.241	0.189	0.181	0.169
C_4	0.157	0.289	0.214	0.172	0.168
C_5	0.332	0.257	0.189	0.126	0.096
C_{16}	0.069	0.138	0.312	0.243	0.238
C_{17}	0.108	0.183	0.355	0.231	0.124
C_{18}	0.048	0.198	0.337	0.246	0.171
C_{19}	0.037	0.123	0.337	0.246	0.257
C_{20}	0.112	0.181	0.314	0.239	0.154
C_{21}	0.096	0.134	0.267	0.316	0.187

采用数量积法，建立模糊相似关系矩阵 $\tilde{R} = (r_{ij})_{m \times m}$

$$\tilde{R} = \begin{bmatrix} r_{11} & r_{12} & \cdots & r_{m1} \\ r_{21} & r_{22} & \cdots & r_{m2} \\ \vdots & \vdots & & \vdots \\ r_{m1} & r_{m1} & \cdots & r_{mm} \end{bmatrix} \qquad (7\text{-}13)$$

式中

$$r_{ij} = \begin{cases} 1, & i=j \\ \dfrac{1}{M}\sum_{k=1}^{n} y_{ik}y_{jk}, & i \neq j \end{cases} \qquad (7\text{-}14)$$

由于所给数据 $y_{ij} > 0$，且没有单位，因此无需做变换。选取 M 使得对一切 i, j，有 $0 \leqslant r_{ij} \leqslant 1$。在本例中由数量积法，可得 $M = 0.25$。

得到的模糊相似矩阵 $\tilde{R}$ 见表 7.6。

表 7.6 人的因素标准评分模糊相似矩阵

	C_1	C_2	C_3	C_4	C_5	C_{16}	C_{17}	C_{18}	C_{19}	C_{20}	C_{21}
C_1	1.000	0.835	0.798	0.823	0.795	0.884	0.941	0.926	0.898	0.906	0.880
C_2	0.835	1.000	0.783	0.799	0.731	0.871	0.852	0.871	0.887	0.848	0.870
C_3	0.798	0.783	1.000	0.817	0.839	0.766	0.791	0.782	0.758	0.788	0.771
C_4	0.823	0.799	0.817	1.000	0.819	0.797	0.826	0.832	0.796	0.816	0.787
C_5	0.795	0.731	0.839	0.819	1.000	0.683	0.764	0.712	0.653	0.752	0.698
C_{16}	0.871	0.766	0.797	0.683	1.000	0.916	0.945	0.982	0.902	0.919	0.884
C_{17}	0.941	0.852	0.791	0.826	0.764	0.916	1.000	0.956	0.939	0.924	0.903
C_{18}	0.926	0.871	0.782	0.832	0.712	0.945	0.956	1.000	0.977	0.929	0.923
C_{19}	0.898	0.887	0.758	0.796	0.653	0.982	0.939	0.977	1.000	0.922	0.943
C_{20}	0.906	0.848	0.788	0.816	0.752	0.902	0.924	0.929	0.922	1.000	0.893
C_{21}	0.880	0.870	0.771	0.787	0.698	0.919	0.903	0.923	0.943	0.893	1.000

经过布尔乘传递闭包计算，求 $\tilde{R}$ 的传递闭包 $t(\tilde{R})$：$\tilde{R} \to \tilde{R}^2 \to \tilde{R}^3$，$\tilde{R}^4 = \tilde{R} \circ \tilde{R}^3 = \tilde{R}^3$，得到模糊等价矩阵 $t(\tilde{R}) = \tilde{R}^3$，故 $t(\tilde{R})$ 即为进行聚类分析的模糊等价关系矩阵。$t(\tilde{R})$ 见表 7.7 的计算结果。

表 7.7 人的因素标准评分传递闭包矩阵

	C_1	C_2	C_3	C_4	C_5	C_{16}	C_{17}	C_{18}	C_{19}	C_{20}	C_{21}
C_1	1.000	0.887	0.819	0.832	0.819	0.941	0.941	0.941	0.941	0.929	0.941
C_2	0.887	1.000	0.819	0.832	0.819	0.887	0.887	0.887	0.887	0.887	0.887
C_3	0.819	0.819	1.000	0.819	0.839	0.819	0.819	0.819	0.819	0.819	0.819
C_4	0.832	0.832	0.819	1.000	0.819	0.832	0.832	0.832	0.832	0.832	0.832
C_5	0.819	0.819	0.839	0.819	1.000	0.819	0.819	0.819	0.819	0.819	0.819
C_{16}	0.941	0.887	0.819	0.832	0.819	1.000	0.956	0.977	0.982	0.929	0.943
C_{17}	0.941	0.887	0.819	0.832	0.819	0.956	1.000	0.956	0.956	0.929	0.943
C_{18}	0.941	0.887	0.819	0.832	0.819	0.977	0.956	1.000	0.977	0.929	0.943
C_{19}	0.941	0.887	0.819	0.832	0.819	0.982	0.956	0.977	1.000	0.929	0.943
C_{20}	0.929	0.887	0.819	0.832	0.819	0.929	0.929	0.929	0.929	1.000	0.929
C_{21}	0.941	0.887	0.819	0.832	0.819	0.943	0.943	0.943	0.943	0.929	1.000

7.4.2 λ 值的确定

根据模糊等价关系矩阵 $\boldsymbol{R}^*$，可以得到与之对应的 λ 水平聚类结果。对于 λ 值从 0.53 到 0.84 的不同聚类，可以得到动态聚类分析图，参见图 7.7。由于根据 λ 的取值可以得到不同的聚类结果，因此在对航班延误下的机场风险影响因素进行聚类时，根据对问题剖析的详细程度(本节分成4类)确定λ的取值。

设论域$\mathbf{X} = \{x_1, x_2, \cdots, x_{11}\}$，其中$x_1 \sim x_5$分别与$C_1 \sim C_5$相对应，$x_6 \sim x_{11}$分别与$C_{16} \sim C_{21}$相对应。本节利用Matlab将上述求解过程程序化，计算每个λ-截矩阵，并判断聚类分析结果是否符合要求，以选取合适的λ值。

选取适当的置信水平值$\lambda \in [0,1]$，按λ-截矩阵$t(\tilde{R})_\lambda$进行动态聚类。把$t(\tilde{R})$中的元素从大到小排序。依次选取λ的数值，得结果如下：

$$t(\boldsymbol{R})_1 = \begin{pmatrix} 1 & 0 & 0 & 0 & 0 & 0 & 0 & 0 & 0 & 0 & 0 \\ 0 & 1 & 0 & 0 & 0 & 0 & 0 & 0 & 0 & 0 & 0 \\ 0 & 0 & 1 & 0 & 0 & 0 & 0 & 0 & 0 & 0 & 0 \\ 0 & 0 & 0 & 1 & 0 & 0 & 0 & 0 & 0 & 0 & 0 \\ 0 & 0 & 0 & 0 & 1 & 0 & 0 & 0 & 0 & 0 & 0 \\ 0 & 0 & 0 & 0 & 0 & 1 & 0 & 0 & 0 & 0 & 0 \\ 0 & 0 & 0 & 0 & 0 & 0 & 1 & 0 & 0 & 0 & 0 \\ 0 & 0 & 0 & 0 & 0 & 0 & 0 & 1 & 0 & 0 & 0 \\ 0 & 0 & 0 & 0 & 0 & 0 & 0 & 0 & 1 & 0 & 0 \\ 0 & 0 & 0 & 0 & 0 & 0 & 0 & 0 & 0 & 1 & 0 \\ 0 & 0 & 0 & 0 & 0 & 0 & 0 & 0 & 0 & 0 & 1 \end{pmatrix}$$

取$\lambda = 1$时，$\mathbf{X}$分为11类：$\{x_1\}$，$\{x_2\}$，$\{x_4\}$，$\{x_6\}$，$\{x_7\}$，$\{x_8\}$，$\{x_9\}$，$\{x_{10}\}$，$\{x_5\}$，$\{x_3\}$，$\{x_{11}\}$。

$$t(\tilde{\boldsymbol{R}})_{0.956} = \begin{pmatrix} 1 & 0 & 0 & 0 & 0 & 0 & 0 & 0 & 0 & 0 & 0 \\ 0 & 1 & 0 & 0 & 0 & 0 & 0 & 0 & 0 & 0 & 0 \\ 0 & 0 & 1 & 0 & 0 & 0 & 0 & 0 & 0 & 0 & 0 \\ 0 & 0 & 0 & 1 & 0 & 0 & 0 & 0 & 0 & 0 & 0 \\ 0 & 0 & 0 & 0 & 1 & 0 & 0 & 0 & 0 & 0 & 0 \\ 0 & 0 & 0 & 0 & 0 & 1 & 1 & 1 & 1 & 0 & 0 \\ 0 & 0 & 0 & 0 & 0 & 1 & 1 & 1 & 1 & 0 & 0 \\ 0 & 0 & 0 & 0 & 0 & 1 & 1 & 1 & 1 & 0 & 0 \\ 0 & 0 & 0 & 0 & 0 & 1 & 1 & 1 & 1 & 0 & 0 \\ 0 & 0 & 0 & 0 & 0 & 0 & 0 & 0 & 0 & 1 & 0 \\ 0 & 0 & 0 & 0 & 0 & 0 & 0 & 0 & 0 & 0 & 1 \end{pmatrix}$$

取$\lambda = 0.956$时，$\mathbf{X}$分为8类：$\{x_1\}$，$\{x_2\}$，$\{x_4\}$，$\{x_6, x_7, x_8, x_9\}$，$\{x_{10}\}$，$\{x_5\}$，$\{x_3\}$，$\{x_{11}\}$。

$$t(\tilde{R})_{0.943}=\begin{pmatrix} 1 & 0 & 0 & 0 & 0 & 0 & 0 & 0 & 0 & 0 & 0 \\ 0 & 1 & 0 & 0 & 0 & 0 & 0 & 0 & 0 & 0 & 0 \\ 0 & 0 & 1 & 0 & 0 & 0 & 0 & 0 & 0 & 0 & 0 \\ 0 & 0 & 0 & 1 & 0 & 0 & 0 & 0 & 0 & 0 & 0 \\ 0 & 0 & 0 & 0 & 1 & 0 & 0 & 0 & 0 & 0 & 0 \\ 0 & 0 & 0 & 0 & 0 & 1 & 1 & 1 & 1 & 0 & 1 \\ 0 & 0 & 0 & 0 & 0 & 1 & 1 & 1 & 1 & 0 & 1 \\ 0 & 0 & 0 & 0 & 0 & 1 & 1 & 1 & 1 & 0 & 1 \\ 0 & 0 & 0 & 0 & 0 & 1 & 1 & 1 & 1 & 0 & 1 \\ 0 & 0 & 0 & 0 & 0 & 0 & 0 & 0 & 0 & 1 & 0 \\ 0 & 0 & 0 & 0 & 0 & 1 & 1 & 1 & 1 & 0 & 1 \end{pmatrix}$$

取 $\lambda=0.943$ 时，$\mathbf{X}$ 分为 7 类：$\{x_1\}$，$\{x_2\}$，$\{x_4\}$，$\{x_6,x_7,x_8,x_9,x_{10}\}$，$\{x_5\}$，$\{x_3\}$，$\{x_{11}\}$。

$$t(\tilde{R})_{0.929}=\begin{pmatrix} 1 & 0 & 0 & 0 & 0 & 1 & 1 & 1 & 1 & 1 & 1 \\ 0 & 1 & 0 & 0 & 0 & 0 & 0 & 0 & 0 & 0 & 0 \\ 0 & 0 & 1 & 0 & 0 & 0 & 0 & 0 & 0 & 0 & 0 \\ 0 & 0 & 0 & 1 & 0 & 0 & 0 & 0 & 0 & 0 & 0 \\ 0 & 0 & 0 & 0 & 1 & 0 & 0 & 0 & 0 & 0 & 0 \\ 1 & 0 & 0 & 0 & 0 & 1 & 1 & 1 & 1 & 1 & 1 \\ 1 & 0 & 0 & 0 & 0 & 1 & 1 & 1 & 1 & 1 & 1 \\ 1 & 0 & 0 & 0 & 0 & 1 & 1 & 1 & 1 & 1 & 1 \\ 1 & 0 & 0 & 0 & 0 & 1 & 1 & 1 & 1 & 1 & 1 \\ 1 & 0 & 0 & 0 & 0 & 1 & 1 & 1 & 1 & 1 & 1 \\ 1 & 0 & 0 & 0 & 0 & 1 & 1 & 1 & 1 & 1 & 1 \end{pmatrix}$$

取 $\lambda=0.929$ 时，$\mathbf{X}$ 分为 5 类：$\{x_2\}$，$\{x_4\}$，$\{x_1,x_6,x_7,x_8,x_9,x_{10},x_{11}\}$，$\{x_5\}$，$\{x_3\}$。

$$t(\tilde{R})_{0.887}=\begin{pmatrix} 1 & 1 & 0 & 0 & 0 & 1 & 1 & 1 & 1 & 1 & 1 \\ 1 & 1 & 0 & 0 & 0 & 1 & 1 & 1 & 1 & 1 & 1 \\ 0 & 0 & 1 & 0 & 0 & 0 & 0 & 0 & 0 & 0 & 0 \\ 0 & 0 & 0 & 1 & 0 & 0 & 0 & 0 & 0 & 0 & 0 \\ 0 & 0 & 0 & 0 & 1 & 0 & 0 & 0 & 0 & 0 & 0 \\ 1 & 1 & 0 & 0 & 0 & 1 & 1 & 1 & 1 & 1 & 1 \\ 1 & 1 & 0 & 0 & 0 & 1 & 1 & 1 & 1 & 1 & 1 \\ 1 & 1 & 0 & 0 & 0 & 1 & 1 & 1 & 1 & 1 & 1 \\ 1 & 1 & 0 & 0 & 0 & 1 & 1 & 1 & 1 & 1 & 1 \\ 1 & 1 & 0 & 0 & 0 & 1 & 1 & 1 & 1 & 1 & 1 \\ 1 & 1 & 0 & 0 & 0 & 1 & 1 & 1 & 1 & 1 & 1 \end{pmatrix}$$

取 $\lambda = 0.887$ 时，$\mathbf{X}$ 分为 4 类：$\{x_4\}$，$\{x_1, x_2, x_6, x_7, x_8, x_9, x_{10}, x_{11}\}$，$\{x_5\}$，$\{x_3\}$。

$$t(\tilde{\boldsymbol{R}})_{0.839} = \begin{pmatrix} 1 & 1 & 0 & 0 & 0 & 1 & 1 & 1 & 1 & 1 & 1 \\ 1 & 1 & 0 & 0 & 0 & 1 & 1 & 1 & 1 & 1 & 1 \\ 0 & 0 & 1 & 0 & 1 & 0 & 0 & 0 & 0 & 0 & 0 \\ 0 & 0 & 0 & 1 & 0 & 0 & 0 & 0 & 0 & 0 & 0 \\ 0 & 0 & 1 & 0 & 1 & 0 & 0 & 0 & 0 & 0 & 0 \\ 1 & 1 & 0 & 0 & 0 & 1 & 1 & 1 & 1 & 1 & 1 \\ 1 & 1 & 0 & 0 & 0 & 1 & 1 & 1 & 1 & 1 & 1 \\ 1 & 1 & 0 & 0 & 0 & 1 & 1 & 1 & 1 & 1 & 1 \\ 1 & 1 & 0 & 0 & 0 & 1 & 1 & 1 & 1 & 1 & 1 \\ 1 & 1 & 0 & 0 & 0 & 1 & 1 & 1 & 1 & 1 & 1 \\ 1 & 1 & 0 & 0 & 0 & 1 & 1 & 1 & 1 & 1 & 1 \end{pmatrix}$$

取 $\lambda = 0.839$ 时，$\mathbf{X}$ 分为 3 类：$\{x_4\}$，$\{x_1, x_2, x_6, x_7, x_8, x_9, x_{10}, x_{11}\}$，$\{x_5, x_3\}$

同理，取 $\lambda = 0.982$ 时，$\mathbf{X}$ 分为 10 类：$\{x_1\}$，$\{x_2\}$，$\{x_4\}$，$\{x_6, x_9\}$，$\{x_7\}$，$\{x_8\}$，$\{x_{10}\}$，$\{x_5\}$，$\{x_3\}$，$\{x_{11}\}$。

取 $\lambda = 0.982$ 时，$\mathbf{X}$ 分为 9 类：$\{x_1\}$，$\{x_2\}$，$\{x_4\}$，$\{x_6, x_8, x_9\}$，$\{x_7\}$，$\{x_{10}\}$，$\{x_5\}$，$\{x_3\}$，$\{x_{11}\}$。

取 $\lambda = 0.832$ 时，$\mathbf{X}$ 分为 2 类：$\{x_1, x_2, x_4, x_6, x_7, x_8, x_9, x_{10}, x_{11}\}$ $\{x_5, x_3\}$。

取 $\lambda = 0.819$ 时，$\mathbf{X}$ 分为 1 类：$\{x_1, x_2, x_4, x_6, x_7, x_8, x_9, x_{10}, x_5, x_3\}$。

动态聚类结果如图 7.8 所示。

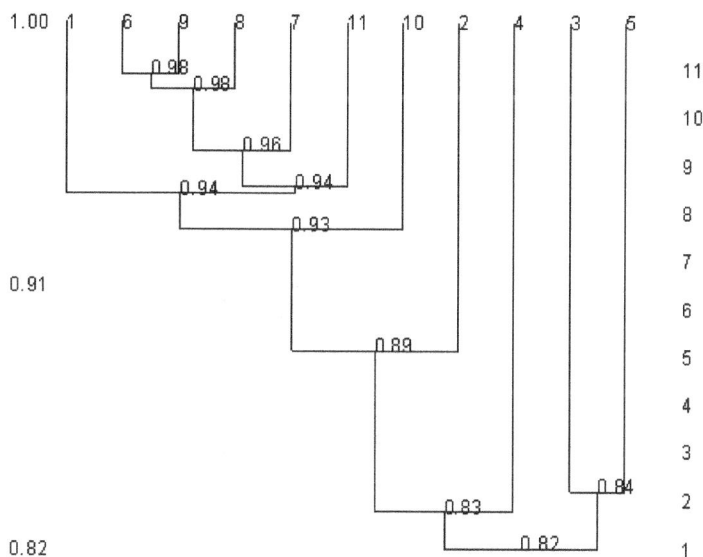

图 7.8　安全风险因素动态聚类

经 Matlab 程序计算发现，当 $\lambda = 0.929$ 时，11 个影响因素分为 5 类比较合理。根据总分情况及专家意见，对模糊聚类分析结果进行调整，见表 7.8。

表 7.8 人的因素风险聚类分析结果

类别		指标	总分	层次
人的因素分析	人员子系统	纠错能力 C_5	0.240	1
		工作态度 C_3	0.211	2
		操作失误率 C_4	0.206	3
		知识技能水平 C_2	0.183	4
	人员子系统	身心状况 C_1	0.203	
	安全管理子系统	安全激励机制 C_{18}	0.195	5
		安全文化建设 C_{20}	0.191	
		旅客及运输货物的管理状况 C_{17}	0.180	
		安全教育、技能培训及考核 C_{21}	0.176	
		安全监察员配置状况 C_{16}	0.170	
		安全信息管理 C_{19}	0.162	

对航班延误下机场客观因素安全风险进行模糊聚类分析的方法同上，不再赘述。表 7.9 为专家对客观因素评分标准化的结果。

表 7.9 客观因素指标标准评分矩阵

类别		因素	得分标准化评分标准					
			很强	较强	一般	较弱	很弱	重要指数值
客观因素分析	设备设施子系统	设备设施完备性 C_6	0.086	0.080	0.251	0.342	0.241	0.162
		设备设施完好性 C_7	0.082	0.082	0.310	0.332	0.196	0.169
		设备设施故障率 C_8	0.075	0.128	0.134	0.225	0.439	0.145
		应急救援系统状况 C_9	0.231	0.342	0.189	0.128	0.110	0.230
		跑道利用率 C_{10}	0.146	0.082	0.164	0.175	0.433	0.156
	环境子系统	作业时间 C_{11}	0.164	0.312	0.214	0.156	0.154	0.212
		气象服务 C_{12}	0.171	0.289	0.291	0.153	0.096	0.219
		自然环境 C_{15}	0.139	0.314	0.256	0.167	0.124	0.212
		工作环境 C_{14}	0.161	0.242	0.321	0.167	0.109	0.212
		机场秩序状况 C_{13}	0.167	0.342	0.212	0.152	0.167	0.221

在本例中由数量积法，可得 $M = 0.39$。于是，得到模糊相似矩阵 $\tilde{R}$ 如表 7.10 所示。

表 7.10　客观因素指标标准评分模糊相似矩阵

	C_6	C_7	C_8	C_9	C_{10}	C_{11}	C_{12}	C_{15}	C_{14}	C_{13}
C_6	1.000	0.924	0.854	0.604	0.823	0.672	0.683	0.690	0.723	0.686
C_7	0.924	1.000	0.802	0.622	0.779	0.687	0.724	0.719	0.767	0.699
C_8	0.854	0.802	1.000	0.599	1.000	0.673	0.606	0.648	0.628	0.704
C_9	0.604	0.622	0.599	1.000	0.597	0.813	0.819	0.817	0.784	0.855
C_{10}	0.823	0.779	1.000	0.597	1.000	0.655	0.604	0.626	0.632	0.682
C_{11}	0.672	0.687	0.673	0.813	0.655	1.000	0.803	0.809	0.782	0.839
C_{12}	0.683	0.724	0.606	0.819	0.604	0.803	1.000	0.830	0.831	0.837
C_{15}	0.690	0.719	0.648	0.817	0.626	0.809	0.830	1.000	0.813	0.846
C_{14}	0.723	0.767	0.628	0.784	0.632	0.782	0.831	0.813	1.000	0.811
C_{13}	0.686	0.699	0.704	0.855	0.682	0.839	0.837	0.846	0.811	1.000

得到模糊等价矩阵 $t(\tilde{R}) = \tilde{R}^3$，故 $t(\tilde{R})$ 即为进行聚类分析的模糊等价关系矩阵。得到的 $t(\tilde{R})$ 见表 7.11。

表 7.11　客观因素指标标准评分模糊等价关系矩阵

	C_6	C_7	C_8	C_9	C_{10}	C_{11}	C_{12}	C_{15}	C_{14}	C_{13}
C_6	1.000	0.924	0.854	0.767	0.854	0.767	0.767	0.767	0.767	0.767
C_7	0.924	1.000	0.854	0.767	0.854	0.767	0.767	0.767	0.767	0.767
C_8	0.854	0.854	1.000	0.767	1.000	0.767	0.767	0.767	0.767	0.767
C_9	0.767	0.767	0.767	1.000	0.767	0.839	0.837	0.846	0.831	0.855
C_{10}	0.854	0.854	1.000	0.767	1.000	0.767	0.767	0.767	0.767	0.767
C_{11}	0.767	0.767	0.767	0.839	0.767	1.000	0.837	0.839	0.831	0.839
C_{12}	0.767	0.767	0.767	0.837	0.767	0.837	1.000	0.837	0.831	0.837
C_{15}	0.767	0.767	0.767	0.846	0.767	0.839	0.837	1.000	0.831	0.846
C_{14}	0.767	0.767	0.767	0.831	0.767	0.831	0.831	0.831	1.000	0.831
C_{13}	0.767	0.767	0.767	0.855	0.767	0.839	0.837	0.846	0.831	1.000

表 7.12　客观因素风险聚类分析结果

	类别	指标	总分	层次
客观因素	设备设施子系统	应急救援系统状况 C_9	0.230	
	环境子系统	机场秩序状况 C_{13}	0.224	1
		气象服务 C_{12}	0.220	
	环境子系统	作业时间 C_{11}	0.212	2
		自然环境 C_{15}	0.212	3
		工作环境 C_{14}	0.212	4
	设备设施子系统	设备设施完备性 C_6	0.188	
		设备设施完好性 C_7	0.169	5
		跑道利用率 C_{10}	0.156	
		设备设施故障率 C_8	0.145	

论域 $\mathbf{X} = \{x_1, x_2, \cdots, x_{10}\}$ 分别对应因素 $C_6 \sim C_{15}$。选取适当的置信水平值 $\lambda \in [0,1]$，按 λ -截矩阵 $t(\tilde{\mathbf{R}})_\lambda$ 进行动态聚类。把 $t(\tilde{\mathbf{R}})$ 中的元素从大到小排序: 1>0.70>0.63>0.62>0.53。依次取 $\lambda=1$，0.982，0.977，0.956，0.943，0.941，0.929，0.887，0.839，0.832，0.819，得到不同的聚类结果。最终取 $\lambda = 0.943$，把 $\mathbf{X}$ 分为 5 类：$\{x_1, x_2, x_3, x_5\}$，$\{x_4, x_7, x_8\}$，$\{x_6\}$，$\{x_8\}$，$\{x_9\}$。最终分析结果见表 7.12。

7.4.3 模糊聚类结果分析

分析得到的模糊聚类结果可以发现，纠错能力、工作态度、操作失误率、知识技能水平和身心状况 5 项指标彼此相似，水平不高，较为疏远。从重要指数值来看，这 5 个指标均排在前列，可见在人员和安全管理子系统中，人的因素最为重要。对于航班延误下机场客观因素安全风险来说，应急救援系统状况、机场秩序状况、航空气象服务列为第一层，影响程度最高。

在实地调研中了解到，目前存在的主要问题可归纳如下（参见附录2）：

1. 员工队伍方面

1) 企业强调成本，人员配置数量不足

机务维修人员不足，检修过程不能保障一机一人，不能保证一项工作连续做完；长时间高强度维修工作容易出现错忘漏。在岗人员工作强度过大，往往为了保证后面航班正常，只好撂下前面延误航班的工作，这样既加剧了前面航班的延误，又容易因中断工作而出错。

2) 人员结构不合理

企业考虑成本而少用正式员工，多用合同工。外聘的合同工工资低，流动性大，责任心不强，存在安全隐患。

3) 员工素质有差距

员工职业技能达不到要求，培训周期长，培训后人员流失大，队伍不稳定。正式员工培训好了容易跳槽，外聘人员培训少了不够用，培训多了成本高，如果他们能力强了因工资低跳槽，原单位就更不合算。

2. 安全管理方面

1) 组织系统

条块管理，存在管理上的交叉和盲区现象，管理组织系统有待优化。

2) 制度规范

许多问题是由于制度规范的缺失，导致操作无法规范统一。例如，延误补偿的规定，各航空公司不统一。

3) 员工激励

不重视员工激励，员工任务重而待遇较低，缺乏对一线员工的激励，导致员工积极性不高。

4) 教育培训

由于人员配置较少，培训周期长，许多员工没有时间接受培训。

5）文化建设

缺少和谐的氛围，缺少公开、公正、公平的考核激励机制。

3. 信息系统方面

很多延误是因为信息不畅，应该把信息作为第一要素加以重视。在信息系统建设上，空管、航空公司、机场之间的信息往往不能共享，对旅客信息传递不及时、不准确。信息系统的顶层设计和管理有待完善。

4. 保障设备方面

某些专用设备配备不到位。

对比可见，这些调研结果与上面用模糊聚类分析得到结果相当吻合，说明模糊聚类是分析航班延误下机场安全风险的有效方法。

7.5　贝叶斯网络安全风险评估

提高机场安全水平的有效方法是将安全关口前移，防患于未然。安全关口前移的重要基础是对机场安全生产中存在的各种风险进行综合评估，发现系统的薄弱环节，进而对其加以管理和控制。机场风险评估的主要任务就是要清晰地认识各种风险的性质和大小，确定风险的可接受性，对于那些不可接受的风险，无论是性质上还是程度上，都要提出警告信息和采取控制措施的建议。为此，本节进一步研究运用贝叶斯网络建模技术评估航班延误下机场安全风险。

7.5.1　方法的适用性

民航机场是一个高度复杂的系统，机场风险具有不确定性、动态性、积累性和可控制性。其中，风险的不确定性是进行机场风险评估的主要障碍。风险在来源、大小和构成上的不确定性，风险动态性的突变形式，都大大增加了机场风险评估的难度。因此，选择的风险评估方法应具有处理不确定性知识和模糊信息的功能。航班延误下机场安全风险评估涉及的因素很多，要全面、客观的给出评估结果，必须充分利用各种信息来源，因此选用的评估手段必须具有信息融合功能。航班延误下机场安全风险评估是融合客观信息和主观信息的过程，所以使用的方法必须能够同时处理主观信息和客观信息。由于贝叶斯网络具有解决不确定性知识和融合定性与定量描述的强大功能，采用这一方法比较适用于航班延误下机场安全风险评估问题。

机场安全风险评估本身含有主观经验色彩，但是这种基于经验知识的主观性判断归根到底还是有其客观依据的，和统计数据等信息一样具有科学性，是进行评估的宝贵信息资源。本节运用贝叶斯网络方法，将专家意见等具有主观特性的知识和客观知识联系起来，拓宽风险评估有效信息的范围，实现比较准确的评估。

应用贝叶斯网络进行航班延误下机场系统安全风险评估，需要经过以下5个步骤：

（1）选取评级指标体系中各因素模块和具体指标为网络节点；

(2)构造能反映节点间因果关系的贝叶斯网络结构图,随机变量间的拓扑关系形成有向无环图(DAG)。通常要建立一个好的拓扑结构，需要不断迭代和改进;

(3)确定根节点的边缘概率;

(4)确定各个节点的条件概率;

(5)确定贝叶斯网络结构图中各节点的后验概率，正向推理出系统的安全性。

贝叶斯网络是一种使用数学语言和计算机方法集结不确定性知识的强有力的工具，它提供了一种自然的表示因果信息的方法，用来发现数据间的潜在关系，模拟人的认知思维推理模式，因此具有很高的实用价值。

7.5.2 建模工具

为了更方便地进行贝叶斯网络建模与推理，人们发明了多种贝叶斯网络建模分析工具软件，例如 GeNIe，Netica，MATLAB 的 BNT 工具箱，微软开发的 MSBN 等等。比较常用的是以下两种。

1. GeNIe

Pittsburgh 大学决策系统实验室开发了 GeNIe 软件包作为贝叶斯网络推理平台的仿真建模工具。GeNIe 软件包由两个主模块和一些应用程序组成。两个主模块是 GeNIe 图形编辑器和 GeNIe 运行环境。GeNIe 通过 DDE、OPC 和 ODBC 3 种标准与第三方软件数据交换，可以实现程序间的自由数据交换。GeNIe 的 Input/Output 驱动能力很强，能与绝大多数控制装置相连。此外，GeNIc 软件可以提供丰富的通用图形界面，使用优于行式结构文本语言编程的数据流编程模式。

贝叶斯网络节点的条件概率表可以通过下列途径给出:

(1)专家直接给出，即直接针对节点输入条件概率表;

(2)基于案例的参数学习获得;

(3)直接编辑概率公式。

本节使用 GeNIe 软件的参数学习功能获取网络节点的条件概率表。

2. Netica

Netica 是由加拿大 Norsys 公司开发的一款易于使用而且完整的处理贝叶斯网络建模问题的强大软件。Netica 提供了一个直观的绘制网络的用户界面，可以从数据文件读取表述变量之间关系的概率。Netica 可以使用快速、高效的优化算法来执行各种推理。当给定一个知识有限的新案例时，Netica 可以恰当地推测出全部未知变量的值或概率。本文也将使用 Netica 对航班延误下机场安全风险进行预警、诊断和敏感性分析。

7.5.3 评估过程

1. 网络节点及拓扑结构

贝叶斯网络建模包括两个方面，即确定网络拓扑结构的定性描述和确定节点条件概率分布的定量描述。因此，进行安全风险评估的首要步骤就是构建描述问题的网络拓扑结构。本节依据第 7.2 节建立的航班延误下机场安全风险评估指标体系建立网络拓扑结构，然后依据专家对风险安全状况等级的划分，结合调研采集到的数据，通过参数学习方法获取各节点的条件概率表。

依据第 7.2 节建立的指标体系，网络的节点选择了三级结构，即目标、指标和子指标。当确定了贝叶斯网络节点后，需要确定各个节点的值域。要使安全风险评估模型较为实用，就应当利用合理的因素作为模型的网络节点。令 A 为航班延误下机场安全风险的整体状况，这是贝叶斯网络模型的中心。将 7.2 节建立的指标体系作为贝叶斯网络模型的节点。具体主要由 4 个一级指标，即人员子系统 B_1、设备设施子系统 B_2、环境子系统 B_3 和安全管理子系统 B_4 构成的节点，加上 $C_6, C_7, \cdots, C_{15}$ 等 10 个子指标构成的节点。在这里，由于节点众多，计算量大，而且人员子系统和安全管理子系统下诸子指标的主观性较强，因此删去这部分节点构成贝叶斯网络拓扑结构图。

从指标体系的建立过程可以看出，上层指标的状况是由下层指标来确定的，在贝叶斯网络典型连接方式中，这称为分连。

使用 GeNie 软件建立贝叶斯网络拓扑结构如图 7.9 所示。

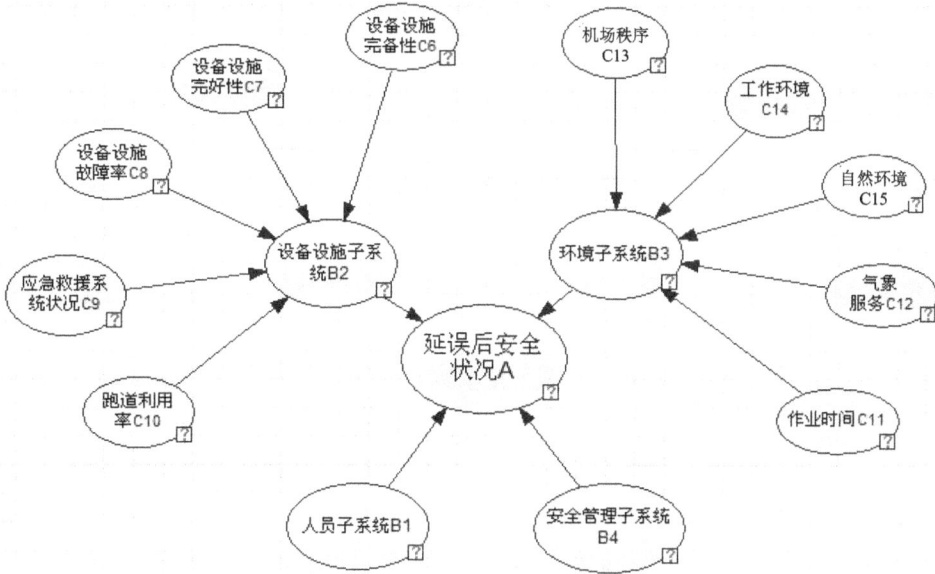

图 7.9 航班延误下机场安全风险评估的贝叶斯网络拓扑结构

2. 节点推理更新

由于航班延误下的机场安全风险因素具有随机性、模糊性及数据严重缺乏等诸多不确定性问题，很多指标都没有可以用数值具体表示出来的指标值，无法依据具体的标准进行精准的量化，因而在进行风险评估时，采用专家打分法来获得数据。为了使评估结果较为准确，需要将多名专家的评分进行融合，而每位专家因知识水平、经验技能、思考方式等方面的差异性，对同一问题会有不同的侧重，因此，如何有效集结专家意见，是航班延误下机场安全风险评估的一个关键问题。利用贝叶斯网络处理不确定性问题的强大功能，可以较好地集结专家意见。

当专家 E 对航班延误下的机场安全风险进行评价时，假定 E 认为，当指标 C_i 处于状态 e 时，机场发生不安全事件的风险概率为 $P(C_i = \text{Yes})$。使用集结专家意见的方法得到该概率，以此为依据，构建相应的贝叶斯网络模型，然后按照判据对每个 i 上的 $P(C_i = \text{Yes})$ 进行推理更新。

假定针对某一指标 C_i（风险因素），例如"应急救援系统状况 C_9"，有 n 个专家对其进行评价。在贝叶斯网络中，这种结构属于分连。其中，指标 C_9 为父节点，n 个专家的评价准则 $E_1, E_2, \cdots, E_n$ 为子节点，有向边由节点 C_9 指向 n 个专家评价准则的节点。图 7.10 所示是集结 n 位专家准则的分连式贝叶斯网络拓扑结构。

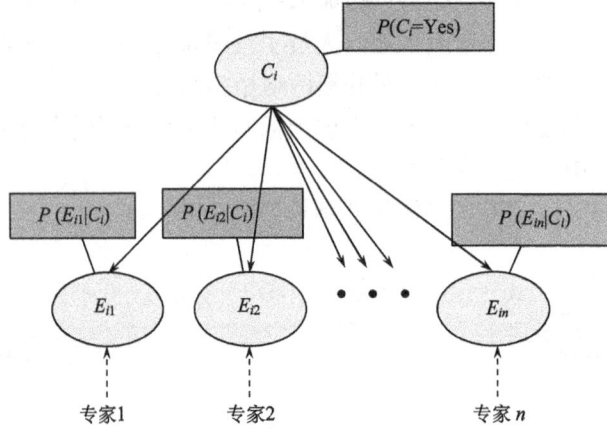

图 7.10 "分连"网络结构

贝叶斯模型的每个节点都有有限个互斥的状态。评估关注的是节点更新后的 $P(C_9)$，而并非初始 $P(C_9)$。节点 C_9 有 Yes 和 No 两个状态，所以取 $P = (C_9 = \text{Yes}) = P = (C_9 = \text{No}) = 1/2$。

没有父节点的节点称为根节点。对于根节点 C_9，我们需要求出其边缘概率 $P(C_9)$ 及各子节点的条件概率 $P(E_{ij} | C_9)$。由于变量 E_i 有多个状态 $e_{11}, e_{12}, \cdots, e_{1m}$，条件概率 $P(E_{ij} | C_9)$ 表示专家 i 对"应急救援系统状况 C_9"给出的评价准则。条件概率 $P(E_{ij} | C_9)$ 的数值很难取得，因为这要求每位专家同时估计多个 $P(E_{ij} | C_9)$，并且要进行归一化处理。而对于节点 C_9，只有发生不安全事件（Yes）和不发生（No）两种状态，因而 $P(C_9 | E_{ij})$ 比 $P(E_{ij} | C_9)$ 容易求得。因此，可先由专家给出 $P(C_9 | E_{ij})$，再利用式(7-15)表示的贝叶斯定理求出 $P(E_{ij} | C_9)$。

$$P(E_{ij} | C_9) = \frac{P(E_{ij})P(C_9 | E_{ij})}{P(C_9)} = \frac{P(E_{ij})P(C_9 | E_{ij})}{\sum\limits_{j=1}^{n} p(C_9 | E_{ij} = e_{ij}) p(E_{ij} = e_{ij})} \tag{7-15}$$

在估计 $P(C_9 | E_{ij})$ 时，可以采用两种方式，一种是由专家根据经验和对问题的理解判断，进行不安全事件发生概率估计，直接给出确定的 $P(C_9 | E_{ij})$ 数值，但是由于具体数值难以确定，所以还可以采取另一种方法，即进行区间化处理。区间的中值即为 $P(C_9 | E_{ij})$ [115]。表 7.13 为评估的区间值。

表 7.13 评估区间值

风险程度	$P(C_i = \text{Yes} \mid E_{ij})$	$P(C_i = \text{No} \mid E_{ij})$
非常可能	1.0~0.8(0.9)	0.2~0.0(0.1)
可能	0.8~0.6(0.7)	0.4~0.2(0.3)
潜在可能	0.6~0.4(0.5)	0.6~0.4(0.5)
基本不可能	0.4~0.2(0.3)	0.8~0.6(0.7)
不可能	0.2~0.0(0.1)	1.0~0.8(0.9)

对于 $P(E_{ij})$ 的估计，在没有获得变量 E_{ij} 的其他信息之前，可以取 $P(E_{i1}=e_{i1}) = P(E_{ij}=e_{ij})=1/j$，然后利用贝叶斯公式代入 $P(E_{ij})$ 和 $P(C_9 \mid E_{ij})$ 计算 $P(E_{ij} \mid C_9)$。具体过程说明如下[116]。

请 3 名专家($n=3$)对指标 C_9 的状态进行系统评价，采用贝叶斯网络模型集结专家意见，专家 E_1 对于准则 C_9 给出以下 3 个准则：

(1) 当 C_9 评价为"优"时，表示在航班延误下，机场发生不安全事件的风险概率为 0.1，即 $P(C_9 \mid E_{11})=0.1$；

(2) 当 C_9 评价为"中"时，表示在航班延误下，机场发生不安全事件的风险概率为 0.3，即 $P(C_9 \mid E_{12})=0.3$；

(3) 当 C_9 评价为"差"时，表示在航班延误下，机场发生不安全事件的风险概率为 0.5，即 $P(C_9 \mid E_{13})=0.5$。

专家给出的以上 3 个准则即是变量 E_1 的 e_{11}, e_{12}, e_{13} 三个状态。表示对于指标 C_9，专家 E_1 判断机场系统落入某一个评价准则的情形。然后，根据贝叶斯定理可以计算出，指标 C_1 落入各评价准则的概率。

当航班延误后，机场发生不安全事件时：
$$P(E_{11} \mid C_9 = \text{Yes}) = 0.1111$$
$$P(E_{12} \mid C_9 = \text{Yes}) = 0.3333$$
$$P(E_{13} \mid C_9 = \text{Yes}) = 0.5556$$

当航班延误后，机场不发生不安全事件时：
$$P(E_{11} \mid C_9 = \text{No}) = 0.4286$$
$$P(E_{12} \mid C_9 = \text{No}) = 0.3333$$
$$P(E_{13} \mid C_9 = \text{No}) = 0.2381$$

这样就确定了 E_1 子节点的条件概率表，见表 7.14。

表 7.14 E_1 条件概率表

	风险发生 $P(C_9 = \text{Yes})$	风险不发生 $P(C_9 = \text{No})$
$P(E_{11} \mid C_9)$	0.1111	0.4286
$P(E_{12} \mid C_9)$	0.3333	0.3333
$P(E_{13} \mid C_9)$	0.5556	0.2381

同理，可由专家 E_2 按照上述方法给出其评价准则。E_2 条件概率表见表 7.15。

表 7.15　E_2 条件概率表

	风险发生 $P(C_9 = \text{Yes})$	风险不发生 $P(C_9 = \text{No})$
$P(E_{21} \mid C_9)$	0.1429	0.3913
$P(E_{22} \mid C_9)$	0.2857	0.3478
$P(E_{23} \mid C_9)$	0.5714	0.2609

(1)当 C_9 评价为"优"时，表示在航班延误下，机场发生不安全事件的风险概率为 0.1，即 $P(C_9 \mid E_{21})=0.1$；

(2)当 C_9 评价为"中"时，表示在航班延误下，机场发生不安全事件的风险概率为 0.2，即 $P(C_9 \mid E_{22})=0.2$；

(3)当 C_9 评价为"差"时，表示在航班延误下，机场发生不安全事件的风险概率为 0.4，即 $P(C_9 \mid E_{23})=0.4$。

专家 E_3 按照上述方法给出其评价准则。E_3 条件概率表见表 7.16。

表 7.16　E_3 条件概率表

	风险发生 $P(C_9 = \text{Yes})$	风险不发生 $P(C_9 = \text{No})$
$P(E_{31} \mid C_9)$	0.125	0.4092
$P(E_{32} \mid C_9)$	0.25	0.3636
$P(E_{33} \mid C_9)$	0.625	0.2272

(1)当 C_9 评价为"优"时，表示在航班延误下，机场发生不安全事件的风险概率为 0.1，即 $P(C_9 \mid E_{31})=0.1$；

(2)当 C_9 评价为"中"时，表示在航班延误下，机场发生不安全事件的风险概率为 0.2，即 $P(C_9 \mid E_{32})=0.2$；

(3)当 C_9 评价为"差"时，表示在航班延误下，机场发生不安全事件的风险概率为 0.5，即 $P(C_9 \mid E_{33})=0.5$。

从建立贝叶斯模型的过程中可以看出，三个专家对于 C_9 指标的判断有不同的标准，贝叶斯网络模型如实反映了这一风险评价过程。贝叶斯网络模型建成后，对于选定的任意一个节点，可以逐个利用集结专家意见的方法，对各节点发生不安全事件的风险概率进行推理更新。对于节点 $P(C_9)$，当应急救援系统状况为"优"时，对照上面构建的贝叶斯网络模型，E_1 的判据落入 e_{11} 准则，E_2 的判据落入 e_{12} 准则，E_3 的判据落入 e_{13} 准则，继而可根据这些判据对 $P(C_9)$ 进行推理更新，得到更新后的概率 $P(C_9 = \text{Yes})=0.034$，$P(C_9 = \text{No}) = 0.966$。因此指标"应急救援系统状况 C_9"在航班延误下机场安全发生不安全事件的风险概率为 0.034。利用

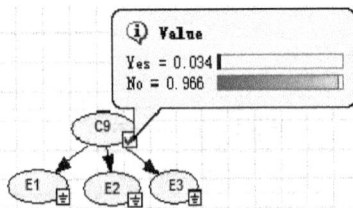

图 7.11　C_9 的边缘概率

GeNIe 得到的结果如图 7.11 所示。

上述过程表明，贝叶斯网络具有集结不同专家的不同准则进行风险评价的功能。类似地，可通过这一方法来获得其他根节点的边缘概率，表 7.17 给出了不同专家在一些指标上的准则，表 7.18 给出的是这些指标 C_i 落入各评价准则的概率。由于篇幅有限，这里未列出所有节点。

表 7.17 专家对部分指标的评价准则

节点名称	分类	专家 1 准则 $P(C_i = \text{Yes} \mid E_{1j})$	专家 2 准则 $P(C_i = \text{Yes} \mid E_{2j})$	专家 3 准则 $P(C_i = \text{Yes} \mid E_{3j})$
机场设备设施完好性 C_7	差	0.5	0.5	0.6
	中	0.3	0.3	0.3
	优	0.2	0.1	0.1
机场设备设施故障率 C_8	高	0.5	0.6	0.4
	中	0.3	0.4	0.3
	低	0.2	0.2	0.1
跑道利用率 C_{10}	高	0.6	0.7	0.5
	中	0.4	0.4	0.3
	低	0.1	0.1	0.1
气象服务 C_{12}	差	0.6	0.7	0.5
	中	0.5	0.4	0.3
	优	0.1	0.2	0.1
机场秩序 C_{13}	差	0.6	0.5	0.5
	中	0.4	0.4	0.3
	优	0.1	0.1	0.2

表 7.18 部分指标落入评价准则的概率

所选指标落入准则的概率	概率值	所选指标落入准则的概率	概率值
$P(E_{11} \mid C_7 = \text{Yes})$	0.2051	$P(E_{11} \mid C_7 = \text{No})$	0.2609
$P(E_{12} \mid C_7 = \text{Yes})$	0.3590	$P(E_{12} \mid C_7 = \text{No})$	0.3478
$P(E_{13} \mid C_7 = \text{Yes})$	0.4359	$P(E_{13} \mid C_7 = \text{No})$	0.3913
$P(E_{21} \mid C_7 = \text{Yes})$	0.5556	$P(E_{21} \mid C_7 = \text{No})$	0.2381
$P(E_{22} \mid C_7 = \text{Yes})$	0.3333	$P(E_{22} \mid C_7 = \text{No})$	0.3333
$P(E_{23} \mid C_7 = \text{Yes})$	0.1111	$P(E_{33} \mid C_7 = \text{No})$	0.4286
$P(E_{31} \mid C_7 = \text{Yes})$	0.2105	$P(E_{31} \mid C_7 = \text{No})$	0.1765
$P(E_{32} \mid C_7 = \text{Yes})$	0.3158	$P(E_{32} \mid C_7 = \text{No})$	0.3529
$P(E_{33} \mid C_7 = \text{Yes})$	0.4737	$P(E_{33} \mid C_7 = \text{No})$	0.4706
$P(E_{11} \mid C_8 = \text{Yes})$	0.5455	$P(E_{11} \mid C_8 = \text{No})$	0.2727
$P(E_{12} \mid C_8 = \text{Yes})$	0.3636	$P(E_{12} \mid C_8 = \text{No})$	0.3182
$P(E_{13} \mid C_8 = \text{Yes})$	0.0909	$P(E_{13} \mid C_8 = \text{No})$	0.4091
$P(E_{21} \mid C_8 = \text{Yes})$	0.5454	$P(E_{21} \mid C_8 = \text{No})$	0.2105
$P(E_{22} \mid C_8 = \text{Yes})$	0.3182	$P(E_{22} \mid C_8 = \text{No})$	0.3158
$P(E_{23} \mid C_8 = \text{Yes})$	0.1364	$P(E_{23} \mid C_8 = \text{No})$	0.4737
$P(E_{31} \mid C_8 = \text{Yes})$	0.5556	$P(E_{31} \mid C_8 = \text{No})$	0.1905
$P(E_{32} \mid C_8 = \text{Yes})$	0.3333	$P(E_{32} \mid C_8 = \text{No})$	0.3810
$P(E_{33} \mid C_8 = \text{Yes})$	0.1111	$P(E_{33} \mid C_8 = \text{No})$	0.4285

3．评价结果分析

完成上述贝叶斯网络建模后，就可以开始由上而下进行推理分析。已知贝叶斯网络模型中根节点的先验概率，并且有一定量的专家意见或监测数据等证据时，可利用模型的因果推理，获得航班延误发生时机场发生不安全事件的风险概率 $P(A = \text{Yes})$，这正是进行安全风险评估想要达到的效果。利用集结专家意见的方法求得网络拓扑结构中根节点的边缘概率，见表 7.19，就可以使用软件进行前向推理，求得 $P(A = \text{Yes})$。在本例中，使用 GeNIe 得到航班延误下机场不安全事件发生的风险概率 $P(A = \text{Yes}) = 0.234$，如图 7.12 所示。

表 7.19　根节点边缘概率

影响因素	实际数值	$P(C_i = \text{Yes} \mid E_{ij})$
机场设备设施完备性 C_6	优	$P(C_6 = \text{Yes}) = 0.027$
机场设备设施完好性 C_7	优	$P(C_7 = \text{Yes}) = 0.039$
机场设备设施故障率 C_8	中	$P(C_8 = \text{Yes}) = 0.134$
应急救援系统状况 C_9	优	$P(C_9 = \text{Yes}) = 0.284$
跑道利用率 C_{10}	高	$P(C_{10} = \text{Yes}) = 0.279$
作业时间 C_{11}	高	$P(C_{11} = \text{Yes}) = 0.667$
气象服务 C_{12}	优	$P(C_{12} = \text{Yes}) = 0.088$
机场秩序 C_{13}	中	$P(C_{13} = \text{Yes}) = 0.149$
工作环境 C_{14}	中	$P(C_{14} = \text{Yes}) = 0.128$
自然环境 C_{15}	差	$P(C_{15} = \text{Yes}) = 0.758$
人员子系统 B_1	中	$P(B_1 = \text{Yes}) = 0.347$
安全管理子系统 B_4	中	$P(B_4 = \text{Yes}) = 0.340$

可以利用所得到的概率 $P(A = \text{Yes})$ 评估航班延误下机场的安全风险等级。可以设定，如果评估得出的 $P(A = \text{Yes}) \leqslant 0.2$，机场在航班延误下的安全风险级别为 1；若 $0.2 < P(A = \text{Yes}) \leqslant 0.4$，则机场在航班延误下的安全风险级别为 2；若 $0.4 < P(A = \text{Yes}) \leqslant 0.6$，机场在航班延误下的安全风险级别为 3；若 $P(A = \text{Yes}) > 0.6$，机场在航班延误下的安全风险级别为 4[92]。本例中，$P(A = \text{Yes}) = 0.234$，可以认定该机场在航班延误下的安全风险级别为 2。

在贝叶斯网络推理中，无论是前向推理还是后向推理，网络中的每个节点都可以输入、输出信息，并且同时向几个节点输入信息也不会影响结果，可以随时在某一点加入有效信息作为判据进行推理，加入有效判据信息越多，推理结果越精确，在拓扑结构图上的任意一个节点的信息都能传送给与它非"d-分离"的节点，而且信息可以在任一点、任何时候作为判据加入来进行推理更新，加入的信息（判据）越多，所得到的推理结果就越准确。所以，贝叶斯网络模型可以进行有效的综合安全风险评估，且评估模型较为灵活，信息融合能力强。

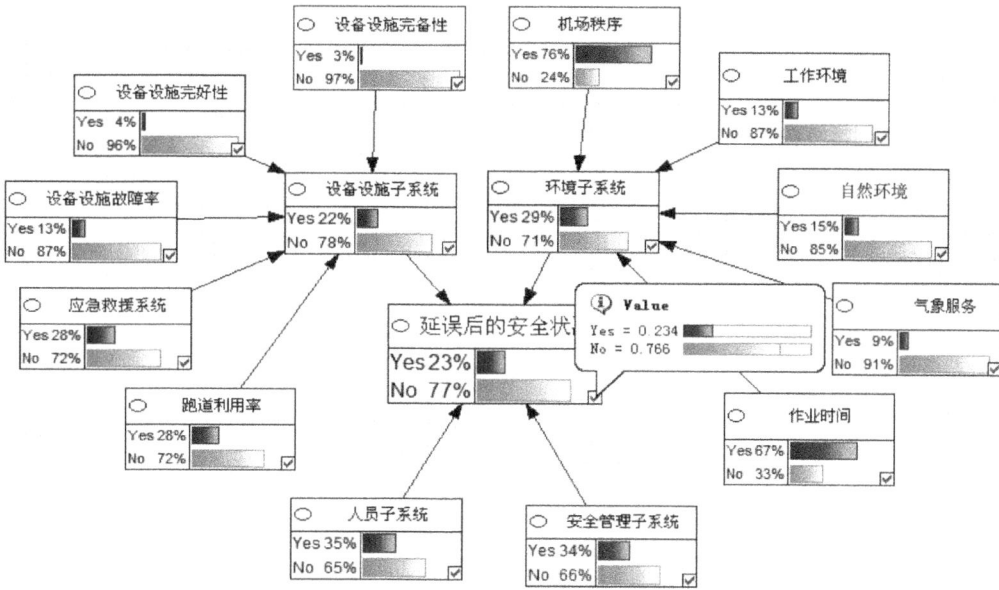

图 7.12　风险评估结果

4. 反推查找薄弱环节

采用贝叶斯网络推理进行航班延误下的机场安全风险评估时，一方面可以对整个系统进行前向的预测分析，在已知影响指标状态的条件下，求出航班延误下机场发生不安全事件的风险概率，获得机场系统安全评价结果；另一方面，又能在得知系统当前安全风险状况的情况下，进行后向诊断推理，求出各个指标的后验概率，从而通过对比各个指标的后验概率与其先验概率的变化幅度，找出导致航班延误下机场系统发生不安全事件的敏感因素，从而能够方便地找出系统的薄弱环节，有针对性地加以改进。

例如，当航班延误下机场安全风险状况为"差"时，可以对其安全风险状况下降的原因进行反推诊断。在 GeNIe 中，将节点"延误后的安全状况 A"设为证据变量，状态为 Yes 的概率为 100%。如图 7.13 所示，更新整个网络后可以发现，二级节点"应急救援系统状况"和"跑道利用率"导致不安全事件发生的概率由 28% 提升至 29%，"机场秩序状况"的影响提升至 77%，"作业时间"的影响由 67% 提升至 68%，均只提升了 1%。而"人员子系统"由 35% 提升至 44%，"安全管理子系统"由 34% 提升至 43%，"环境子系统"由 29% 提升至 38%，均提升 9%。据此可以认定，机场在航班延误下安全风险状况下降的主要原因可以归结为以上 3 点，具体原因可追溯到有变化的节点上。

通过上述对机场在航班延误下的安全风险状况的评估与反推诊断，说明基于贝叶斯网络进行概率推理进行安全评估、风险预测及原因诊断是可行的。

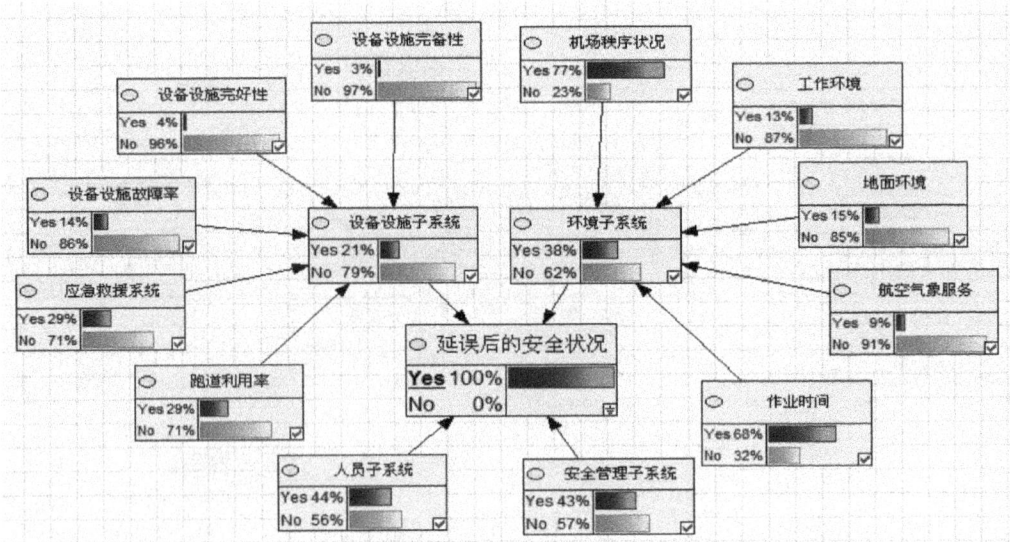

图 7.13　安全风险状况的反向推理结果

第8章　航班延误安全风险评估三探

航空公司是航空承运人，是航班的主要执行者，对减少航班延误，降低其安全风险，负有不可推诿的直接责任。航班是航空公司的基本运营手段，航班发生延误将直接影响航空运输的正常进行，给航空公司带来经济损失和安全风险。航班正常既是广大旅客的基本要求，社会公众的普遍关注，也是航空公司利益攸关、安全攸关之所在。实际上，作为航班延误经济损失的直接承担者，如何正确处理经济效益和安全风险的关系，是世界各国航空公司在航班延误情况下必须面对的管理难题。之所以如此，是因为航班延误给航空公司经济效益带来的损失实在太大，不容忽视。在经济效益方面，航班延误导致的航空公司经济损失主要包括直接经济损失和间接经济损失两部分[117]，如图 8.1 所示。

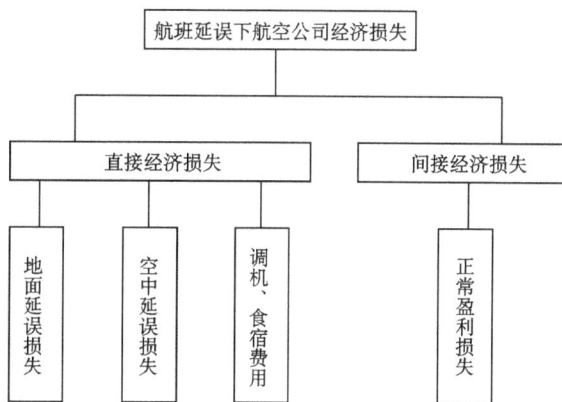

图 8.1　航班延误下航空公司经济损失

鉴于此，本章在第 6、7 章研究航班延误机场安全风险评估的基础上，主要从航空公司角度探讨航班延误安全风险评估问题。

8.1　从航班延误到风险管理

风险管理是民航系统安全管理的核心内涵，而认识安全风险与航班延误的内在联系是对航班延误安全风险进行有效控制的逻辑起点。

8.1.1　航班的正常与不正常

航班延误是航班运行中最常见的不正常情况。航班延误是指航班服务在时间上的延迟、耽误，即航班在到达目的地机场(进港)或离开出发机场(离港)时超过了民航主管部门批准的航班时刻表所规定的时间，俗称"晚点"或"误点"。

相对于航班正常运行，航班不正常是指航班不能按公布的时间正常飞行，包括航班改变航线、合并、取消、中断、推迟或延期。航班不正常包括航班延误，事实上，95%

以上的航班不正常事件属于航班延误或取消。同国外相比，我国关于航班延误的标准有一些差异。欧美国家把在计划时间之后 15 分钟到达或出发的航班视为延误，其统计指标采用航班正点率(on-time performance)。我国对于航班延误的评判指标有两个，一个是航班正常率，另一个是机场放行正常率[118]。

根据中国民航局 2013 年 11 月颁布的《民航航班正常统计办法》，航班延误是指下列情况之一：一是不符合正常航班条件的航班，二是发生返航、改航和备降等不正常情况的航班，三是未经民航总局或地区管理局主管部门批准、航空公司自行改变计划的航班，见表 8.1[119]。其中，在班期时刻表公布的离站时间内正常起飞而发生返航、改航和备降等不正常情况的航班很少，而且肯定不能在原定目的地机场按时降落；未经民航总局或地区管理局主管部门批准、航空公司自行改变航班计划更是不允许发生。所以在一般情况下，不正常航班指的就是在出发机场未在计划离港时间前后 5 分钟之内撤去轮挡，或在到达机场晚于计划到港时间挡上轮挡的航班。这既是社会公众对航班延误的一般理解，也是绝大部分航班延误的实际情况，因此可以说，航班延误是航班运行中的最经常发生的一种不正常情况。

表 8.1　不正常航班与正常航班

不正常航班(满足一种情况即符合)	1.不符合正常航班条件的航班
	2.发生返航，改航和备降等不正常情况的航班
	3.未经批准，航空公司自行改变计划的航班
正常航班(满足一种情况即符合)	1.在计划离港时间前后 5 分钟之内撤去轮挡，且按航班运行正向进程起飞，不发生滑回、中断起飞、返航、备降等特殊情况
	2.不晚于计划到港时间挡上轮挡

8.1.2　航班延误致因

导致航班延误的原因诸多，由于各个国家、各个地区的情况有差异，导致航班延误的诱因会有很大差别。一般来说，航班延误的致因可分为六大类，即天气原因、航空公司原因、机场原因、空管原因、旅客原因和军事活动原因。在我国，这些致因源自民航业发展过程中的一系列深层次矛盾，包括民航服务品质与社会公众要求不相适应的矛盾，快速增长的航空运输需求和空域资源不足的矛盾，航空运输的系统性要求与民航各单位缺乏协调配合之间的矛盾，旅客对航班即时性需求与民航航班信息反馈滞后的矛盾[120]。由于致因如此复杂，矛盾如此深刻，受不可抗力支配的因素众多，航班延误是世界民航运输中的一种顽疾，难以根治。

正因为如此，虽然航班延误属于不正常情况，但是少量的航班延误，或者短时间的航班延误，既在所难免，也不难得到社会公众理解。给广大旅客带来很大不便，社会公众难以接受的，是长时间、大面积的航班延误。发生航班延误后，如果航空公司等民航单位没有及时采取有效的解决措施，或者造成航班延误的外部不可抗力因素长时间得不到缓解，就会导致航班延误链累积延长，酿成长时间、大面积的航班延误。如第 3 章所述，航班延误的累积效应有 3 种基本表现。一是单架飞机的航班延误累积。当航空公司用一架飞机执行多个连续航班时，如果上游航班发生的延误得不到及时解决，就会影响下游航班的航班计划。二是单个机场的航班延误传递。当繁忙机场发生航班延误时，因受跑道容量或其他资源条件限制，无法通过机场资源调度化解前面延误的影响，就会把延误传递到后续航班。三是多个机场间的航班延误传播。在有航线连接的机场之间，由于上游机场的离港航班延迟起飞导致到达本场的航班延误，会使航班延误在相连机场之间陆续传播。经过这些积累、传递和传播过程，航班延误有可能从个别航班不太长时间的延误积累成多个航班的长时间延误，将个别机场的少数航班延误演化为多个机场的大面积延误，形成严重的安全风险。

8.1.3 航班延误的安全风险

由航班延误诱发的安全风险可以出现在航班运行的各个环节，主要表现在飞行机组、机务维修、航班计划、机场保障、交通管制 5 个基本环节，如图 8.2 所示。航班延误发生后，机场和航空公司首当其冲，需要直接面对航班延误引致的一系列异常情况，直接执行航班任务的飞行机组更处在应对异常情况的风口浪尖。长时间、大面积的航班延误会给飞行机组人员造成巨大压力，使他们陷入疲惫状态。长时间疲惫会使机组人员获取、收集、分析、判断信息的能力明显降低，无法高质量地完成正常飞行所需的程序步骤，更难以冷静处理客舱内外的混乱秩序。航班延误迫使机务人员长时间从事计划外、有压力的高强度维修工作，有时为了赶进度而不得不缩短飞机检修时间，这必然会致使维修差错率提高。航班正常的要点就是按计划执行，发生航班延误时，航空公司被迫调整原先的航班计划，尽量缩短延误时间，降低延误成本，这往往会在一定程度上减少安全裕度。航班延误会使机场变得拥挤，尤其当大型枢纽机场发生大面积航班延误时，大量旅客滞留会使机场十分拥挤，资源格外紧张，从而干扰机场正常的运行保障活动。出现航班延误时，航路和机场空域都会随即变得拥堵起来，管制员将面临高强度的工作压力，增加出现错、忘、漏等差错的可能。凡此种种，都会使航班延误演变成不容忽视的安全风险。

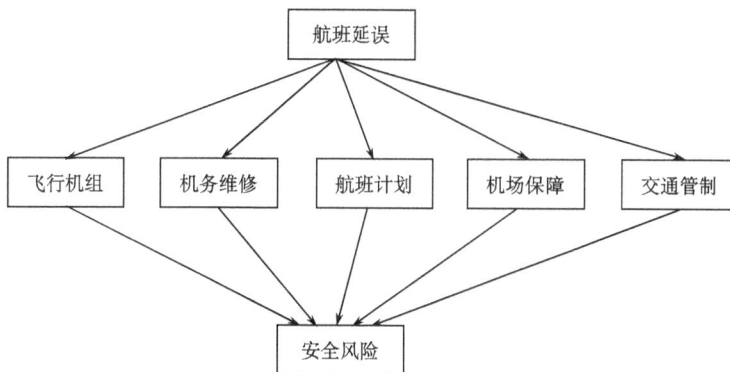

图 8.2 航班延误诱发安全风险的环节

8.1.4 风险管理

从本质上讲，安全与风险是一个硬币的两面。风险是在给定条件下和特定时期内，未来结果变动和损失的不确定性。安全则是指免除不可接受的损害风险的状态，即通过持续进行的危险源识别和安全风险管理使系统达到新的良性状态，将系统中的人员伤害或财产损失风险降低到或保持在可接受的水平以下。这就是说，安全是一种相对安全的状态，是与风险并存的状态。在安全状态下，各种能够造成人员伤害或财产损失的风险并没有完全消失，只是被有效地控制在可接受的范围内。风险在安全状态遭到破坏时表现出来，导致种种不安全事件发生；组织也可以采取保障措施进行预防，使风险在不安全事件发生之前得到有效控制。当风险的严重程度是合理的，在经济、身体、心理上是可承受的，人们便认为系统处于安全状态。当风险达到不可接受的水平时，便称为不安全状态。

在保障民航安全运输生产的过程中，需要不断深化对民航风险特性的认识。总的来看，民航生产中的安全风险具有不确定性、动态性、累积性和可控制性4个方面的特性。不确定性是安全风险最基本的特性。在航班运行过程中，我们时刻能够感到风险压力的存在，但是却往往没有能力去预知风险在哪里存在，风险的大小，以及不安全事件发生的准确位置和时间。动态性是安全风险不确定特性的两种具体表现形式，一种是渐变，另一种是突变。无论是以简单形式存在的单一风险还是由多种单一风险组合形成的复合风险，其严重程度都是动态变化的，人们需要根据风险的严重程度采取相应的应对措施。累积性是安全风险动态性在消极方向上的表现形式。风险的累积导致民航安全生产水平降低，当累积的量变足以引发质变时，民航生产系统便进入到危险状态。可控制性是安全风险动态性在积极方向上的表现形式。只要对风险有足够的重视，无论单一风险还是复合风险，都能够得到有效的控制，把各种不安全事件防患于未然。

作为现代安全管理的核心内容，风险管理起源于美国。风险管理包含对威胁组织功能的危险源进行风险评估，并将其降低到合理的可接受程度。风险管理强调用系统的方法进行危险识别与风险管理，将人员伤亡、财产损失、财政、环境和社会损失等最小化，其目的是提供一个管理基础，针对被评估的安全风险进行资源配置，达到安全生产过程的平衡。目前，国际民航组织将风险分为可接受、可容忍和不可接受三个级别，通过建立严重度/可能性对比表来说明风险级别，用"风险容忍度倒三角形"来形象地加以描述，倒三角形的宽度表示风险程度[121]，如图8.3所示。

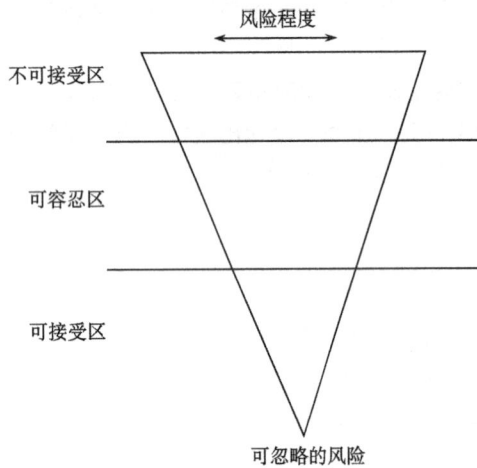

图8.3 "风险容忍度"倒三角形

8.2 安全风险与航班延误的同源性关联

航班运行系统和安全管理系统之间有很强的关联性。若干共同的不利因素影响两个系统的运行状态和行为表现，由这些共同的不利因素形成的关联即为两者间的同源性关联。同源性关联是安全风险与航班延误之间最基本的关联。除了同源性关联以外，安全风险与航班延误之间还存在相互诱发的关系，即诱发性关联。本节在第3、5章基础上，进一步探讨安全风险与航班延误之间的同源性关联机理。

如前所述，航班延误和安全风险的同源性关联有两层含义。一是安全风险与航班延误有共同的致因，这些致因一方面导致航班延误的发生，另一方面增加安全风险。二是安全风险与航班延误具有同时性，即在航班延误发生的同时安全风险也相应增加。

安全风险与航班延误存在同源性关联的主要原因，一是因为航班运行和安全管理的主体在本质上一致；二是因为资源约束对两者都有影响，既形成航班延误，又降低民航安全系数；三是环境因素，包括恶劣天气和人为干扰等，既造成航班延误，又增加安全风险。

认识安全风险与航班延误之间的同源性关联，离不开对具体关联因素的归纳和分析。总的来看，这些同源性关联因素可大致归纳为5个方面，即自然条件、资源限制、人的因素、设备设施和管理及信息。其中，自然条件多属客观因素，人的因素多属主观因素，而资源限制、设备设施、管理及信息则二者兼有。自然条件是对安全风险和航班延误造成共同影响的外部条件，最直接也最不可控；资源限制包括投资不足、空域紧张等方面，是我国民航快速发展的瓶颈；人的因素是影响航班正常的重要可控因素，但目前尚未受到足够重视，一是对人力资源价值的价值地位认识不足，二是对人力资源的开发力度不足。设备设施包括飞机和各类地面设施，是民航的生产工具，是保证航班正常和安全的基本物质条件。管理和信息在民航航班运行和安全管理中的地位越来越高，成为民航持续健康发展进程中十分重要的软实力。

对安全风险与航班延误的同源性关联的研究可以从两个方面进行。一是从单一因素角度研究安全风险与航班延误的同源性关联。这可以利用问卷调查表获取数据，对所得数据进行分析，对比各因素对航班延误和安全风险的致因强度，从而判断两者间的同源性关联。二是从多因素角度研究安全风险与航班延误的同源性关联。这可以在已知安全风险与航班延误程度的情况下，运用贝叶斯网络模型分析各因素对两者的系统性影响，进一步了解安全风险与航班延误的多因素同源性关联。本节主要研究安全风险与航班延误的单因素同源性关联，下一节再研究两者的多因素同源性关联。本节以下内容可参见第5章及附录2。

8.2.1 指标设计原则

第5.1节讨论过设计航班延误安全风险评估指标体系的5项原则，即符合实际、力求全面、突出重点、含义明确、便于扩展。一般来说，为了设计用于分析安全风险与航班延误同源性关联的指标体系，还应该遵从以下普遍原则[122]。

1. 系统性

设计安全风险与航班延误同源性关联指标体系，首先需要从整体上分析两者的系统性。同源性关联指标的选取，要涵盖引发安全风险与航班延误的各方面因素。同时，为了建立合理清晰的同源性关联指标体系，需考虑各指标间的相关性及分类等级，避免将各种指标杂乱无章地罗列在一起，增加研究的难度。

2. 重要性

确定安全风险与航班延误同源性关联指标是一项工作量较大的任务。安全风险与航班延误的致因各种各样，很难将所有致因都一一罗列出来。因此，建立安全风险与航班延误同源性关联指标体系，需抓住有代表性的主要原因，认真分析与筛选，避免将重复的、很难验证的及相对次要的原因放到体系中。最终选取有代表性、有重要意义的指标，构建同源性关联指标体系。

3. 科学性

同源性管理指标体系要建立在科学的理论基础之上，反映安全风险与航班延误自身的基本特征和发展规律。科学地设置同源性关联指标体系有助于全面分析两者之间的内在关联，得出正确的分析结果，为航空公司制定有效的安全管理策略提供有力的参考依据。

4. 可操作性

构建安全风险与航班延误同源性关联指标体系还需坚持可操作性原则。可操作性一方面有助于获得所需要的数据信息，另一方面也有利于相关部门较好地开展工作，避免航班延误，提高安全水平。

8.2.2 指标设计

以上关于同源性关联因素的分析及指标设计原则的讨论是建立安全风险与航班延误同源性管理指标体系的基础。同源性关联指标体系的构建要围绕两者的共同致因及两者的关联性来进行。本书建立的同源性关联指标体系分为两个层次：首先对安全风险与航班延误的主要共同致因进行分类，包括自然条件、资源限制、人的因素、设备设施和管理及信息 5 个方面；其次对 5 类主要共同致因进行深入细化，建立更具体的指标，共计27 项。如上建立的安全风险与航班延误同源性关联指标体系如图 8.4 所示[123]。

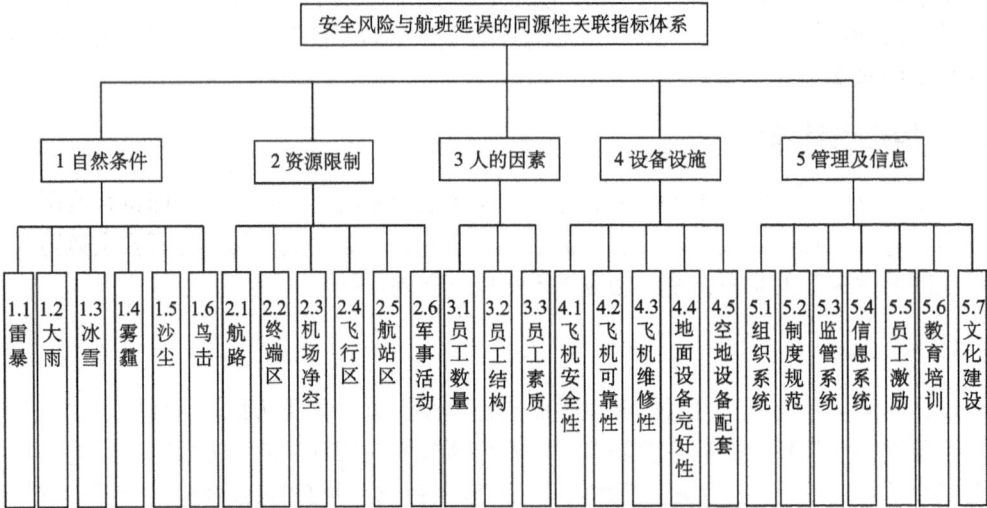

图 8.4　安全风险与航班延误同源性关联指标体系

为了对安全风险与航班延误的同源性关联进行定量分析，在建立安全风险与航班延误同源性指标体系后，需要为各个指标赋予相应的等级。本书采用李克特 5 点评价法赋值，描述被调查专家关于各项致因对安全风险与航班延误影响强度的评估意见。其中等级 1 表示致因强度最小，等级 5 表示致因强度最大，等级 2 至等级 4 表示致因强度的递增。这样设计的调查表参见表 5.3 和附表 1.2。

8.2.3 数据收集与处理

用如上设计的调查表对东航江苏公司等民航单位的员工进行问卷调查，获取安全风险与航班延误各个评估指标的致因强度等级，整理和筛选后得到 191 份有效问卷。对每份有效问卷中各指标的致因强度进行统计，得到各指标对安全风险与航班延误 5 个致因强度的选择人数。汇总有效数据得到统计结果，如表 8.2 所示。

表 8.2　同源性关联指标的致因强度统计

指标	延误致因强度					风险致因强度				
	1	2	3	4	5	1	2	3	4	5
1 自然条件	20	26	37	32	72	16	30	39	44	57
1.1 雷暴	13	14	20	43	96	16	16	18	47	93
1.2 大雨	14	30	80	37	29	16	28	70	45	32
1.3 冰雪	11	14	41	53	70	12	9	43	71	55
1.4 雾霾	8	12	34	55	78	7	14	36	58	72
1.5 沙尘	19	30	40	49	51	15	31	44	51	49
1.6 鸟击	27	30	58	29	46	20	22	48	32	66
2 资源限制	8	36	59	49	34	7	47	59	47	25
2.1 航路	9	24	34	41	80	12	30	46	28	73
2.2 终端区	14	30	53	46	45	14	37	48	41	48
2.3 机场净空	14	34	65	57	18	13	34	56	55	31
2.4 飞行区	9	42	60	53	25	7	31	68	45	37
2.5 航站区	20	36	63	48	22	15	28	68	47	27
2.6 军事活动	12	11	33	43	87	15	21	41	34	77
3 人的因素	10	35	72	43	24	9	36	66	33	41
3.1 员工数量	29	34	66	30	31	28	47	49	30	32
3.2 员工结构	26	30	69	44	20	27	35	63	42	19
3.3 员工素质	20	26	61	46	35	23	33	43	47	40
4 设备设施	13	43	62	48	16	7	23	75	55	23
4.1 飞机安全	23	17	40	39	71	25	14	28	30	74
4.2 飞机可靠	16	21	38	49	66	14	24	25	42	82
4.3 飞机维修	5	24	38	66	54	7	14	44	53	68
4.4 地面设备	10	30	53	56	38	15	15	57	61	36
4.5 空地设备	11	28	49	52	48	16	15	47	64	45
5 管理信息	17	29	68	35	37	11	23	63	46	42
5.1 组织系统	16	37	71	42	23	20	34	66	43	23

指标	延误致因强度					风险致因强度				
	1	2	3	4	5	1	2	3	4	5
5.2 制度规范	12	26	80	40	30	13	32	64	42	37
5.3 监管系统	12	33	70	36	37	13	26	59	46	45
5.4 信息系统	5	26	75	40	44	7	23	63	46	48
5.5 员工激励	7	27	75	48	33	9	37	63	46	32
5.6 教育培训	9	29	72	33	46	18	25	50	59	35
5.7 文化建设	21	35	68	32	33	21	34	59	45	29

由于部分调查表中有个别指标没有得到受访者评估,所以上表统计中这些指标的评估人数之和小于191。为了得出更明确的同源性关联对比数据,需要对表8.2中的数据进行归一化和加权平均处理。两种处理方法如下。

1. 归一化

针对某一指标 X ,若其5个致因强度等级中专家的评估选择分别为 $X_i(i=1,2,3,4,5)$,用 Y_i 表示各个等级致因强度中专家的选择比例。则有

$$Y_i = \frac{X_i}{\sum\limits_{i=1}^{5} X_i}, \quad i=1,2,3,4,5 \tag{8-1}$$

2. 加权平均

为得出各项指标关于安全风险与航班延误的同源性关联强度,对每个指标的各个等级进行加权平均处理。根据指标的赋值确定权向量 $\boldsymbol{B}=(1/15,2/15,3/15,4/15,5/15)$ 。指标 X 的致因强度 Q_X 表示为

$$Q_X = \sum_{i=1}^{5} \frac{Y_i \times i}{15}, \quad i=1,2,3,4,5 \tag{8-2}$$

经过归一化和加权平均两种处理之后,可得各项指标关于安全风险与航班延误的同源性关联强度对比,如图8.5所示。

8.2.4 结果分析

由图 8.5 可知,在导致安全风险与航班延误的各种致因中,延误致因强度和风险致因强度间的差异很小。从一级指标的对比上可以看出,5 类主要同源性指标没有明显的差异。其中,管理信息这一同源性指标对延误的致因强度为3.2,对风险的致因强度为3.5,属于5类指标中差异最大的,但0.3的差异值在5个等级的致因强度中仅仅占6%。27 个二级指标中,差值大于0.3的指标共有2个,分别为鸟击、飞机安全性,占总指标的比例不足8%。

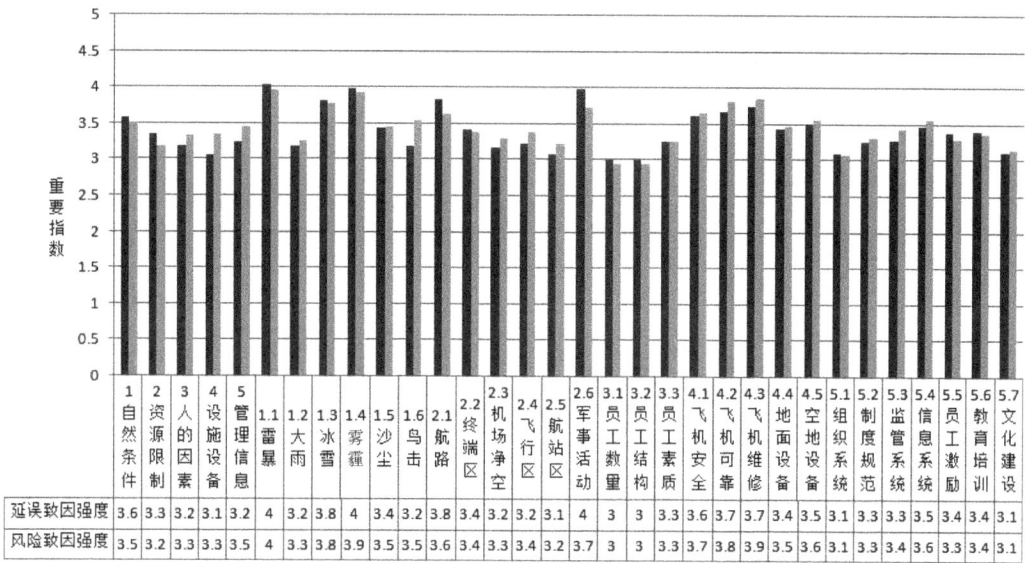

图 8.5　安全风险与航班延误致因强度对比

	1 自然条件	2 资源限制	3 人的因素	4 设施设备	5 管理信息	1.1 雷暴	1.2 大雨	1.3 冰雪	1.4 雾霾	1.5 沙尘	1.6 鸟击	2.1 航路	2.2 终端区	2.3 机场净空	2.4 飞行区	2.5 航站区	2.6 军事活动	3.1 员工数量	3.2 员工结构	3.3 员工素质	4.1 飞机安全	4.2 飞机可靠	4.3 飞机维修	4.4 地面设备	4.5 空地设备	5.1 组织系统	5.2 制度规范	5.3 监管系统	5.4 信息系统	5.5 员工激励	5.6 教育培训	5.7 文化建设
延误致因强度	3.6	3.3	3.2	3.1	3.2	4	3.2	3.8	4	3.4	3.2	3.8	3.4	3.2	3.2	3.1	4	3	3	3.3	3.6	3.7	3.7	3.4	3.5	3.1	3.3	3.3	3.5	3.4	3.4	3.1
风险致因强度	3.5	3.2	3.3	3.3	3.5	4	3.2	3.8	3.9	3.5	3.5	3.6	3.4	3.3	3.4	3.2	3.7	3	3	3.3	3.7	3.8	3.9	3.5	3.6	3.1	3.3	3.4	3.6	3.3	3.4	3.1

这说明，安全风险与航班延误的致因之间存在很强的关联性，这一结论可以为航空公司制定安全风险管理策略提供有益的思考途径。

8.3　航班延误安全风险模糊综合评估

可用于民航安全风险分析和评估的方法种类众多，在进行分析评估时，需根据实际需要采取一种或多种恰当的方法解决问题。分析和评估的方法可分为两大类：定性分析和定量分析。定性分析法适用于对民航生产系统中的各种不安全因素进行非量化分析，从专家的经验中挖掘有价值的思想，令问题的分析结论更加透彻、令人信服。但由于仅仅依据专家经验和历史教训等条件做出即时判断，主观性很强，很多时候不能很好地解决实际问题。定量分析法是在定性分析的基础上，采用数学方法进行分析研究，以指标的形式对各因素进行评估，评估结果更加客观、科学、全面且有说服力。定量分析法主要有蒙特卡罗模拟法、神经网络法、模糊综合评价法、事故树分析法、事件树分析法等。有时为了结合两种类型分析法的优点，可以综合定性和定量方法进行分析评估。常用的分析评估法的比较如表 8.3 所示。

其中，事故树、事件树等方法在工程建设项目中应用较多，德尔菲、蒙特卡罗、神经网络、层次分析等方法在本书第 4～7 章已有应用。此外，证据理论(也称为 Dempster-Shafer 证据理论或 D-S 证据理论)近年来也获得了较多应用。证据理论是由 Dempster 于 1967 年首先提出，由他的学生 Shafer 于 1976 年进一步发展起来的一种不精确推理理论，属于人工智能范畴，最早应用于专家系统中，具有处理不确定信息的能力。证据理论方法的优点是满足比贝叶斯概率论更弱的条件，具有直接表达"不确定"和"不知道"的能力，因此可以减少评估中的不确定性，提高评估的准确性；缺点是其前提条件是合成的证据之间必须相互独立，由于复杂系统的因素必然会相互关联，因此有一定局限性[124]。

表 8.3 常用分析评估方法

序号	方法名称	方法类别		应用范围			特点
		定量分析	定性分析	风险识别	风险评估	风险评价	
1	蒙特卡罗	◆			◆	◇	在很大程度上简化复杂问题的计算，缺点是费用较高，一般应用于较精细的分析中
2	故障树		◇	◆	◇		采用图示的方式，简单易行，常用于直接经验很少的风险辨识问题中
3	影响图	◆		◇	◇	◆	系统性强，简洁直观，可以与很多技术结合使用，定量与定性相结合，适合风险因素较多的大型复杂工程项目
4	层次分析	◆	◇	◇	◇	◆	应用领域广泛，特别适用于多目标决策系统，能给决策提供直观的量化支持
5	德尔菲	◇	◆	◆	◇	◇	集中了诸多领域专家的意见，结果更接近客观实际
6	事故树	◆	◇		◇	◆	具有应用广泛、形象化、逻辑性强等特点，分析结果具有准确性、系统性和预测性，对比较复杂系统的风险分析与评价十分有效
7	$R=P \times C$	◆	◇		◇	◆	适合于多因素影响的大的决策系统，能够从复杂的系统中找出主要影响因素，从而为决策者提供清晰的决策依据
8	模糊综合评价	◇	◇		◇	◆	方法简单易行，综合了评价模糊事件的通用方法，使得结果更符合实际

注：◆表示主要应用；◇表示次要应用。

本节采用基于层次分析法（Analytic Hierarchy Process, AHP）的模糊综合评价模型对航班延误安全风险进行评估，通过评估结果分析两者间的联系，为判断安全风险与航班延误之间存在的同源性关联提供必要的支撑。层次分析法因其具有综合专家经验、系统分析项目总体风险的优点，所以经常被引入到分析评估中。层次分析法适用面广，容易操作，易于实现，其缺点是受自身的计算规则限制，很难在庞大的项目中有所建树。层次分析法融合各种主客观因素进行评估，本质上是一种决策方法[125]。

模糊综合评价法是一种有效且运用广泛的模糊数学方法。模糊数学具有不确定性，它的研究对象间存在模糊关系，即使通过时间检验或实验验证后，这些对象仍然是不确定的。模糊综合评价的实质是综合考虑多种因素对涉及模糊因素的对象进行评估和判决。模糊综合评价涉及 3 个要素：因素集、评价集和单因素评判。在单因素评判的基础上，再进行多因素的综合评判。模糊综合评判法的优点是可以量化不确定的因素，能够考虑复杂系统内部关系的复杂性和模糊性；缺点是各评估指标的风险等级和权重依赖于专家的知识和经验，由于每个专家会得出不同的主观评价结果，使这种方法的主观性往往过强，主观上的微小偏差有可能对评估结果产生较大的影响，造成评估结果与客观实际偏差较远。在航班延误安全风险评估中，由于客观数据往往无法得到，为了对众多不确定因素得到合理的评估结果，使用模糊综合评价法具有明显优势。

8.3.1 建模步骤

1. 确定评估指标集合

集合由对象的全体组合构成。在模糊综合评价模型中，需要以集合的方式对研究的问题加以概念化，为进一步分析研究提供良好的基础。当研究的问题过于庞大，不可能简单地透过问题得到评估结果时，应该分层确定评估指标，对各级指标进行分析，将要研究的较大问题以研究各个指标的形式逐步探索出来。本节根据研究问题的需要，以第8.2节确定的两级指标集合评估安全风险与航班延误之间的同源性关联。

2. 确定评语集合和等级分值

评语集合是建立评估指标集合时，由评判标准构成的集合。考虑人们的分级判断能力和理解习惯，在评价事物优劣时，评语集合一般包括5个评语元素，分别为好、较好、一般、较差和差，5个评语元素构成评语集合{好，较好，一般，较差，差}。为了更准确地评估一个或一类对象的整体水平，一般将评语集合中的各个元素在0～100之间选取合适的数值来表示其指标定量。本节建立以5个评语元素构成的评语集合{小，较小，一般，较大，大}，用以为定量评估航班延误的安全风险水平奠定基础。

3. 确定指标权重矩阵

层次分析法对确定权向量十分有效。将模糊综合评价模型中确定的评估指标与评价问题联合起来，建立目标、准则、方案等层次，这是层次分析法的关键和名称由来。层次分析法的这种层次结构模型可以很好地解释决策问题与各个评估指标之间的内在联系。本节使用3个层的层次结构模型评估航班延误的安全风险，如图8.6所示。

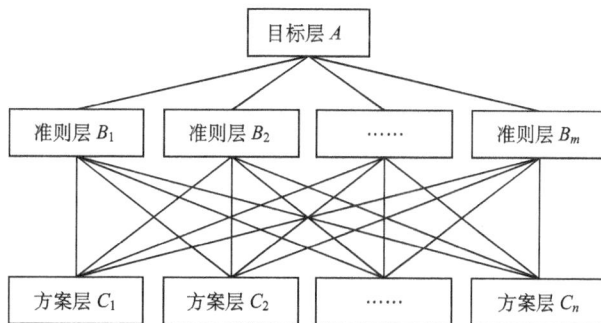

图 8.6　层次分析法层次结构

层次分析法的一个重要步骤是建立评估指标的判断矩阵。判断矩阵是参与评判的专家对各指标重要性的认识判断。由判断矩阵可以进一步得到各评估指标的权重值，组成权重矩阵。在判断矩阵的建立上，层次分析法一般采用1～9级比例标度，这种标度同时具有互反性，即若甲与乙的重要性之比为9，则乙与甲的重要性之比为1/9。其具体含义见表8.4。

表 8.4 判断矩阵的标度及含义

甲与乙相比较	标度	含　义
同等重要	1	甲、乙对总目标有相同的贡献
稍微重要	3	甲的贡献稍微大于乙
明显地重要	5	甲的贡献明显大于乙
十分重要	7	甲的贡献十分明显大于乙
极其重要	9	甲的贡献以绝对优势大于乙
处于上述两相邻之间	2、4、6、8	相邻判断的折中

根据比例标度对要素之间的关系进行适当的权衡，得出如式(8-3)所示的判断矩阵

$$A = \begin{bmatrix} C_K & B_1 & B_2 & \cdots & B_n \\ B_1 & b_{11} & b_{12} & \cdots & b_{1n} \\ B_2 & b_{21} & b_{22} & \cdots & b_{2n} \\ \vdots & \vdots & \vdots & & \vdots \\ B_n & b_{n1} & b_{n2} & \cdots & b_{nn} \end{bmatrix} \qquad (8\text{-}3)$$

简写为 $A = (a_{ij})_{n \times n}$，其中 a_{ij} 是元素 B_i 和 B_j 的重要性之比。

得出评估指标的判断矩阵后，可以采用几何平均法、算术平均法、特征向量法和最小二乘法等方法计算权重矩阵，也可以使用层次分析法专用软件计算指标的权重。

4. 确定评判矩阵

评判矩阵 R 汇总各位被调查专家对评估指标的综合评判而得到，它反映评估指标所属的级别。评判矩阵能清楚直观地反映各个评估指标在所属评价集中拥有的比例，得出各评估指标的隶属度。

5. 建立模糊综合评价矩阵

模糊综合评价矩阵 B 是一个一行多列矩阵，它是已知评判矩阵 R 和指标权重矩阵 W 后，对评估指标的整体综合评估。模糊综合评价矩阵=指标权重矩阵·评判矩阵，即 $B = W \circ R$。通过模糊综合评价矩阵可以得出评估对象的整体水平[126]。

6. 确定评估值

求出模糊综合评价矩阵可得向量 $B = (x_1, x_2, x_3, x_4, x_5)$。经讨论并咨询专家，在[0,100]中选取最能表示各等级特性的点，对各等级分别赋以分值，例如 5、15、25、35 和 50。采用公式 $k = 5x_1 + 15x_2 + 25x_3 + 35x_4 + 50x_5$，可以得出评估对象的初始水平值。由于在安全风险与航班延误等级所对应数值中，致因控制得越好，其相应数值越低，为了适应人们在[0,100]中以 100 为满分的评判习惯，根据综合评价矩阵和延误等级的对应强度计算出 k 值后，以 $(100 - k)$ 表示整体评估值 G。

8.3.2 实例分析

利用表 8.2 汇总的安全风险与航班延误致因强度数据,运用模糊综合评估模型对南京地区航班延误和安全风险的水平进行评估。评估结果一方面能反映民航控制航班延误和安全风险的成果,同时在一定程度上也反映了航空公司与安全风险之间的关联性,即航空公司航班延误的控制水平将影响安全风险的高低,侧面佐证了安全风险与航班延误之间存在关联性的判断。

下面用航空公司的调研数据对其安全风险水平进行评估。由于用模糊综合评估模型评估安全风险与航班延误的方法相同,仅仅是数据上存在区别,本小节仅讨论用模糊综合评价模型对安全风险进行评估。

1. 确定权重矩阵

对各个评估指标进行整体评价可得判断矩阵,将自然条件因素、资源限制因素、人的因素、设备设施因素和管理信息因素的安全风险和总体安全风险共 6 个判断矩阵代入层次分析软件求出各指标的权重比。

$$W_1 = [0.1384, 0.0251, 0.2517, 0.4896, 0.0335, 0.0617]$$
$$W_2 = [0.4797, 0.0467, 0.0368, 0.0820, 0.0283, 0.3262]$$
$$W_3 = [0.4286, 0.1428, 0.4286]$$
$$W_4 = [0.1585, 0.2328, 0.5287, 0.0283, 0.0517]$$
$$W_5 = [0.0427, 0.0577, 0.0972, 0.4064, 0.2436, 0.1286, 0.0238]$$
$$W = [0.2269, 0.1413, 0.0574, 0.1413, 0.4331]$$

2. 确定评判矩阵

将 191 份调查问卷中各指标的安全评估等级(小,较小,一般,较大,大)统计出来,根据统计结果计算各等级所占比重,得到相关指标在评估集中的隶属度。自然条件、资源限制、人的因素、设备设施、管理及信息 5 个一级指标下各二级指标的安全风险评判矩阵见表 8.5~表 8.9。

表 8.5 自然条件安全风险评判矩阵

等级 / 指标	小	较小	一般	较大	大
雷暴	0.084	0.084	0.095	0.247	0.489
大雨	0.084	0.147	0.366	0.236	0.168
冰雪	0.063	0.047	0.226	0.374	0.289
雾霾	0.037	0.075	0.193	0.310	0.385
沙尘	0.079	0.163	0.232	0.268	0.258
鸟击	0.106	0.117	0.255	0.170	0.351

表 8.6 资源限制安全风险评判矩阵

指标 \ 等级	小	较小	一般	较大	大
航路	0.063	0.159	0.243	0.148	0.386
终端区	0.074	0.197	0.255	0.218	0.255
机场净空	0.069	0.180	0.296	0.291	0.164
飞行区	0.037	0.165	0.362	0.239	0.197
航站区	0.081	0.151	0.368	0.254	0.146
军事活动	0.080	0.112	0.218	0.181	0.410

表 8.7 人的因素安全风险评判矩阵

指标 \ 等级	小	较小	一般	较大	大
员工数量	0.151	0.253	0.263	0.161	0.172
员工结构	0.145	0.188	0.339	0.226	0.102
员工素质	0.124	0.177	0.231	0.253	0.215

表 8.8 设备设施安全风险评判矩阵

指标 \ 等级	小	较小	一般	较大	大
飞机安全性	0.146	0.082	0.164	0.175	0.433
飞机可靠性	0.075	0.128	0.134	0.225	0.439
飞机维修性	0.038	0.075	0.237	0.285	0.366
地面设备	0.082	0.082	0.310	0.332	0.196
空地设备	0.086	0.080	0.251	0.342	0.241

表 8.9 管理及信息安全风险评判矩阵

指标 \ 等级	小	较小	一般	较大	大
组织系统	0.108	0.183	0.355	0.231	0.124
制度规范	0.069	0.170	0.340	0.223	0.197
监管系统	0.069	0.138	0.312	0.243	0.238
信息系统	0.037	0.123	0.337	0.246	0.257
员工激励	0.048	0.198	0.337	0.246	0.171
教育培训	0.096	0.134	0.267	0.316	0.187
文化建设	0.112	0.181	0.314	0.239	0.154

3. 确定评价元素对应数值

本节将评价集的元素分成小、较小、一般、较大和大 5 个级别，经过讨论并咨询专家， 在[0,100] 中确定了最能表示各指标风险致因强度等级的点和最终评估指标风险特性的区间，见表 8.10。

表 8.10 风险致因强度等级和风险评估值

风险致因强度等级	对应数值	风险特性	对应区间
小	5	小	[90,100]
较小	15	较小	[80,90)
一般	25	一般	[70,80)
较大	35	较大	[60,70)
大	50	大	[0,60)

4. 求出综合评价矩阵和评估值

由综合评价矩阵公式 $\boldsymbol{B} = \boldsymbol{W} \circ \boldsymbol{R}$，求出 5 个一级指标的综合评价矩阵，然后利用 $\boldsymbol{W}$ 和 5 个一级指标的综合评价矩阵求出总体安全风险的综合评价矩阵。

自然条件指标的综合评价矩阵 $\boldsymbol{B}_1$ 为

$$\boldsymbol{B}_1 = \boldsymbol{W}_1 \circ \boldsymbol{R}_1 = [0.1384 \quad 0.0251 \quad 0.2517 \quad 0.4896 \quad 0.0335 \quad 0.0617] \circ$$

$$\begin{bmatrix} 0.084 & 0.084 & 0.095 & 0.247 & 0.489 \\ 0.084 & 0.147 & 0.366 & 0.236 & 0.168 \\ 0.063 & 0.047 & 0.226 & 0.374 & 0.289 \\ 0.037 & 0.075 & 0.193 & 0.310 & 0.385 \\ 0.079 & 0.163 & 0.232 & 0.268 & 0.258 \\ 0.106 & 0.117 & 0.255 & 0.170 & 0.351 \end{bmatrix}$$

$$= [0.084, 0.084, 0.226, 0.310, 0.385] \tag{8-4}$$

用相同方法计算，可得出另外 4 个一级指标的综合评价矩阵如下：

$$\boldsymbol{B}_2 = [0.080, 0.159, 0.293, 0.181, 0.386]$$
$$\boldsymbol{B}_3 = [0.151, 0.253, 0.263, 0.253, 0.215]$$
$$\boldsymbol{B}_4 = [0.146, 0.128, 0.237, 0.285, 0.366]$$
$$\boldsymbol{B}_5 = [0.096, 0.198, 0.337, 0.246, 0.257]$$

利用已求出的各个一级指标评价矩阵最终得到总体安全风险评价矩阵 $\boldsymbol{B}$ 为

$$\boldsymbol{B} = \boldsymbol{W} \circ \boldsymbol{R} = \boldsymbol{W} \circ \begin{bmatrix} B_1 \\ B_2 \\ B_3 \\ B_4 \\ B_5 \end{bmatrix}$$

$$=[0.2269 \quad 0.1413 \quad 0.0574 \quad 0.1413 \quad 0.4331] \circ \begin{bmatrix} 0.084 & 0.084 & 0.226 & 0.310 & 0.385 \\ 0.080 & 0.159 & 0.243 & 0.181 & 0.386 \\ 0.151 & 0.253 & 0.263 & 0.253 & 0.215 \\ 0.146 & 0.128 & 0.237 & 0.285 & 0.366 \\ 0.096 & 0.198 & 0.337 & 0.246 & 0.257 \end{bmatrix}$$

$$=[0.141 \quad 0.198 \quad 0.337 \quad 0.246 \quad 0.257] \tag{8-5}$$

得出总体安全风险综合评价矩阵后，再根据综合评价矩阵确定评估值

$G = 100 - (5 \times 0.141 + 15 \times 0.198 + 25 \times 0.337 + 35 \times 0.246 + 50 \times 0.257) = 66.44$

对应评估等级，南京地区航班安全风险的总体情况是"较大"。这说明，南京地区民航各单位还需针对安全风险致因情况做出更多努力，提高安全水平，为旅客出行提供更好的保障。

用相同方法，采用模糊综合评价模型对延误情况作评估，最终得出的结果为 68.33。可以看出，南京地区航班安全风险与航班延误处于相同的级别，评估值几近相等，仅相差 1.89。相近的评估结果也验证了安全风险与航班延误之间有较强同源性关联的判断。

8.4 减少航班延误安全风险的管理策略

对安全风险与航班延误单一指标同源关联强度的分析以及对两者的模糊综合评估，都在一定程度上反映了安全风险与航班延误之间存在关联性。航班延误的程度能直接反映安全风险的等级，这一认识能为航空公司制定安全风险管理策略提供理论支持。但以上在验证安全风险与航班延误之间存在关联性时，并没有考虑多项同源性指标之间的联系。实际存在的安全风险与发生的航班延误事件，很多时候是由多个因素共同导致的，这是控制安全风险与航班延误的关键点和难点。在这方面，贝叶斯网络能以概率的形式呈现航班延误、安全风险以及各项指标间的关联强度，具有较强的学习和分析能力。因此，本节采用贝叶斯网络模型进一步研究安全风险与航班延误的多指标同源性关联强度。

8.4.1 贝叶斯网络模型补充

运用贝叶斯网络模型进行分析，既能准确找出安全风险各项致因的影响强度，同时又可以验证安全风险与航班延误的多指标同源关联强度，从而提出有效的安全风险管理策略。关于贝叶斯网络的特点和优势，本书第 4 章已有过讨论，这里再稍作补充。

贝叶斯网络的主要理论基础是概率论。贝叶斯概率表示观测者对某一事件可能发生的信任程度。与客观规律不同，贝叶斯概率是根据统计数据和先验知识预测某一事件发生的可能性。在贝叶斯网络理论中，常用的概率公式是条件概率、乘法概率、链式规则、全概率公式及贝叶斯公式等，这里简要地讨论全概率公式和贝叶斯公式[127]。

1. 全概率公式

设 $B_1, B_2, \cdots B_n$ 是 E 的事件，且满足

(1) $\bigcup_{i=1}^{n} B_i = \boldsymbol{\Omega}$，（$\boldsymbol{\Omega}$ 为样本空间）

(2) $B_iB_j = \emptyset, i \neq j$，称

$$p(A) = \sum_{i=1}^{n} p(B_i)p(A \mid B_i) \tag{8-6}$$

为全概率公式。

2. 贝叶斯公式

设 $B_1, B_2, \cdots B_n$ 是 E 的一个互不相容的完备事件组，且 $p(B_i) > 0 (i = 1, 2, \cdots, n)$，$A$ 是 E 的任意事件，称

$$p(B_i \mid A) = \frac{p(B_i)p(A \mid B_j)}{\sum_{i=1}^{n} p(B_i)p(A \mid B_j)}，\quad i = 1, 2, \cdots, n \tag{8-7}$$

为贝叶斯公式。

贝叶斯公式推导过程如下：

当另一事件 A 发生时，事件 B 的条件概率是 $p(B \mid A)$，由条件概率公式可以得

$$p(B \mid A) = \frac{p(AB)}{p(A)}$$

又

$$p(A \mid B) = \frac{p(AB)}{p(B)} \tag{8-8}$$

所以

$$p(A)p(B \mid A) = p(B)p(A \mid B) \Rightarrow p(B \mid A) = \frac{p(A \mid B)P(B)}{p(A)} \tag{8-9}$$

因为 $B_1, B_2, \cdots, B_n$ 互不相容，有 $p(A) = \sum_{i=1}^{n} p(B_i)p(A \mid B_i)$，代入式 (8-7) 可得贝叶斯公式 (8-9)。

由贝叶斯公式可以看出，如果诱发事件 A 的原因有 n 种，其中这 n 种原因互不相容，当已知事件 A 发生时，可以利用贝叶斯公式求出由原因 B_i 导致事件 A 发生的概率。

通常把符合如下 4 点要求的有向无环图称作贝叶斯网络：

(1) 存在一个变量集 $V = \{x_1, x_2, \cdots, x_n\}$，以及变量对应节点之间有向边的集合 E；

(2) 每一个变量都有有限个离散值；

(3) 由变量对应的节点和节点之间的有向边，构成一个有向无环图 $G = (V, E)$；

(4) 对于每个节点 x_i 和它的父节点集 $\prod_i$，都对应一个条件概率分布表 $p(x_i \mid \pi_i, G)$，而且满足 $p(x_1, \cdots, x_n) = \prod_{i=1}^{n} p(x_i \mid \pi_i, G)$，其中 π_i 是 $\prod_i$ 的配置。

贝叶斯网络的本质是基于用由父节点指向子节点的有向弧段构成的网络结构表示各个节点 (变量) 之间的连接概率，能在不完备或不确定信息的基础上做出推断。没有父节点的节点称为根节点，它是所论问题的出发点。当某个子节点的概率分布独立于它的父节点时，称这个子节点是条件独立节点。图 8.7 表示一个包含 4 个节点的简单贝叶斯网络。

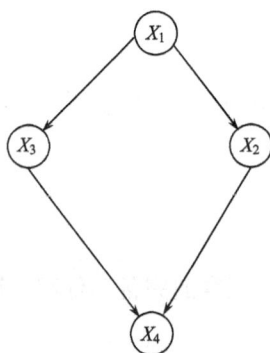

图8.7 贝叶斯网络结构示意

贝叶斯网络有一个十分重要的性质,就是贝叶斯网络是以节点 x_i 的父节点为条件,x_i 与任意非 x_i 子节点条件独立。贝叶斯网络的这个性质与 Markov 过程相似,所以我们可以将其视为 Markov 链的非线性扩展。这条特性的重要意义在于明确了贝叶斯网络可以方便计算联合概率分布。一般情况下,多变量非独立联合条件概率分布有如下求取公式:

$$P(x_1, x_2, \cdots, x_n) = P(x_1)P(x_2 \mid x_1) \cdots P(x_n \mid x_1, x_2, \cdots, x_{n-1}) \tag{8-10}$$

由于存在前述性质,贝叶斯网络中的任意随机变量组合的联合条件概率分布被化简成

$$P(x_1, x_2, \cdots, x_n) = \prod_{i=1}^{n} P(x_i \mid P_a(x_i)) \tag{8-11}$$

所以,X 的联合概率分布表示为

$$p(X) = \prod_{i=1}^{n} p(x_i \mid P_{a_i}) \tag{8-12}$$

以 P 表示上式中的局部概率分布,即乘积中的项 $p(x_i \mid P_{a_i})$ $(i=1,2,\cdots,n)$,则二元组 (S,P) 表示了联合概率分布 $p(X)$。

为了建立贝叶斯网络,可以按下面步骤进行。

(1)确定研究问题的目标及变量,收集相关的监测值。

(2)建立一个有向无环图。根据概率乘法公式有

$$p(X) = \prod_{i=1}^{n} p(x_i \mid x_1, x_2, \cdots, x_{i-1}) = p(x_1)p(x_2 \mid x_1)p(x_3 \mid x_1, x_2) \cdots p(x_n \mid x_1, x_2, \cdots, x_{n-1}) \tag{8-13}$$

对于每个变量 x_i,如果有某个子集 $\pi_i \subseteq \{x_1, x_2, \cdots, x_{i-1}\}$ 使得 x_i 与 $\pi_i \subseteq \{x_1, x_2, \cdots, x_{i-1}\} \backslash \pi_i$ 是条件独立的,即对任何 X,有

$$p(x_i \mid x_1, x_2, \cdots, x_{i-1}) = p(x_i \mid \pi_i), \quad i=1,2,\cdots,n \tag{8-14}$$

由式(8-13)、式(8-14)可得

$$p(X) = \prod_{i=1}^{n} p(x_i \mid \pi_i) \tag{8-15}$$

变量集合 $(\pi_1, \pi_2, \cdots, \pi_n)$ 对应于父节点 $P_{a_1}, \cdots, P_{a_n}$,故又可写成

$$p(X) = \prod_{i=1}^{n} p(x_i \mid Pa_i) \tag{8-16}$$

于是，为了决定贝叶斯网络的结构，需要：①将变量 $x_1, x_2, \cdots, x_i$ 按某种次序排序；②决定满足式(8-16)的变量集 $\pi_i(i = 1, 2, \cdots, n)$。

(3)为每一个变量 x_i 的各个父节点 $p(x_i \mid Pa_i)$ 的状态求得一个分布。

上面 3 个步骤没有先后顺序，可以交错进行。

在贝叶斯网络发展初期阶段，各个节点的条件概率分布一般是由专家依据自己的经验给定的，这样容易造成较大误差，于是有了贝叶斯网络参数学习技术。贝叶斯网络参数学习的功能是，在已知贝叶斯网络结构 G 和学习样本集 D 的情况下，通过先验知识训练贝叶斯网络模型，得到贝叶斯网络模型中各节点的条件概率分布(Conditional Probability Distribution, CPD)。贝叶斯网络参数学习是对节点集的估计，这在统计学中称为参数估计。利用参数学习能够确定各个节点的条件概率表(Conditional Probability Table，CPT)。在贝叶斯网络参数学习中，常见的有最大似然估计(Maximum Likelihood Estimation, MLE)和贝叶斯估计(Bayesian Estimation, BE)两种方法。最大似然估计是依据参数与数据样本的似然程度进行估计的一种传统的统计方法。计算给定父节点集合的值，把节点各种可能取值出现的频率作为该节点的条件概率参数。与传统的统计方法相比，贝叶斯估计方法最大的差异体现在对不确定性问题的认识中。传统统计方法的概率认识是频率上的无限趋近，而贝叶斯估计方法中认识的不确定性是人们对于某一事件的认知程度，认知程度取决于决策者的主观判断和实际观测现象。在贝叶斯估计方法的学习中，节点的条件概率是考虑先验知识的影响，从而使得贝叶斯估计比最大似然估计方法更为科学合理。

贝叶斯网络结构学习是为了确定更好的网络结构，目前已经发展出很多的结构学习方法，这些方法各有优点，大概可分为两类，一类是打分—搜索算法，另一类是依赖分析方法。打分—搜索方法过程比较简单，适用于变量较少的稠密结构学习；依赖分析方法相对复杂，适用于建立多变量稀疏贝叶斯网络[128]。

8.4.2 构建模型

随着贝叶斯网络的广泛应用，为方便利用贝叶斯网络建模分析问题，国际上推出了一些常用的贝叶斯网络建模工具。应用较为广泛的有 GeNIe、Netica 和 Matlab 的贝叶斯网络(Bayesian Networks Toolbox)工具箱等。其中，GeNIe 是一款由美国匹兹堡大学决策系统实验室创建的图形化决策理论模型应用软件，目前在科学研究、商业应用、工业生产中得到了广泛应用。GeNIe 用 Visual C++创建，微软基础类库(Microsoft Foundation Classes, MFC)使 GeNIe 有更好的用户操作界面，更加直观，这使该建模工具在方便用户建模应用的同时也得到广泛认可。由于 GeNIe 是一个开发工具，因此利用该软件建立的模型能够应用到任何计算机程序中[129]。以下利用问卷调查得到的相关数据进行分析整理，借助 GeNIe 工具辅助建模，利用数据训练贝叶斯网络模型，得出各个变量节点间的关联强度，从节点间的关联强度得出各个延误致因和风险致因的概率大小，为确定安全风险与航班延误的同源性关联强度提供进一步的数据支撑。

利用贝叶斯网络建立安全风险与航班延误同源性关联分析及评估模型，可分为以下4步进行。

1. 明确建模思路

构建航班延误与安全风险贝叶斯网络模型的基本思路是，综合分析安全风险与航班延误的各自致因，对比两者之间共同致因发生的概率值。首先，对航班延误进行致因分析，建立贝叶斯网络模型，将调查得到的数据代入贝叶斯网络模型进行参数学习，得出航班延误各致因的发生概率。其次，按同样的方法得出安全风险各致因的概率。第三，对比分析共同致因之间的概率大小，研究安全风险与航班延误之间的同源性关联强度。

2. 确定网络结构

确定贝叶斯网络结构的关键在于确定模型中各个节点及节点之间的相互关系。在建立航班延误与安全风险的贝叶斯网络模型时，需要定义合适的节点。首先将航班延误与安全风险定义为目标节点，作为模型的研究目标。8.2节中已经建立了安全风险与航班延误的同源性关联指标体系，并给出一级指标和二级指标。利用该指标体系中的一级和二级指标，确定模型中各个节点。例如，在安全风险贝叶斯网络模型中，把安全风险作为子节点。将安全风险下的5个一级指标，即自然条件、资源限制、人的因素、设备设施和管理及信息作为其5个父节点。父节点与子节点之间用有向弧连接，即5个一级指标节点均指向风险节点。再将每个一级指标作为子节点，以每个一级指标下建立的二级指标作各自的父节点，二级指标用有向弧指向各自所属的一级指标。

在安全风险与航班延误模型中，为了更清楚直观地表示各个节点之间的关联，本文使用指标体系中各指标所对应的数字进行标示，将安全风险和航班延误分别作为模型的目标节点，以1、2、3、4、5这5个一级指标作为各目标节点的父节点，并将1、2、3、4、5这5个一级指标作为各自二级指标的子节点，节点之间用有向弧连接，最终都指向目标节点，即安全风险与航班延误。建立的航班延误与安全风险贝叶斯网络模型分别见图8.8和图8.9。

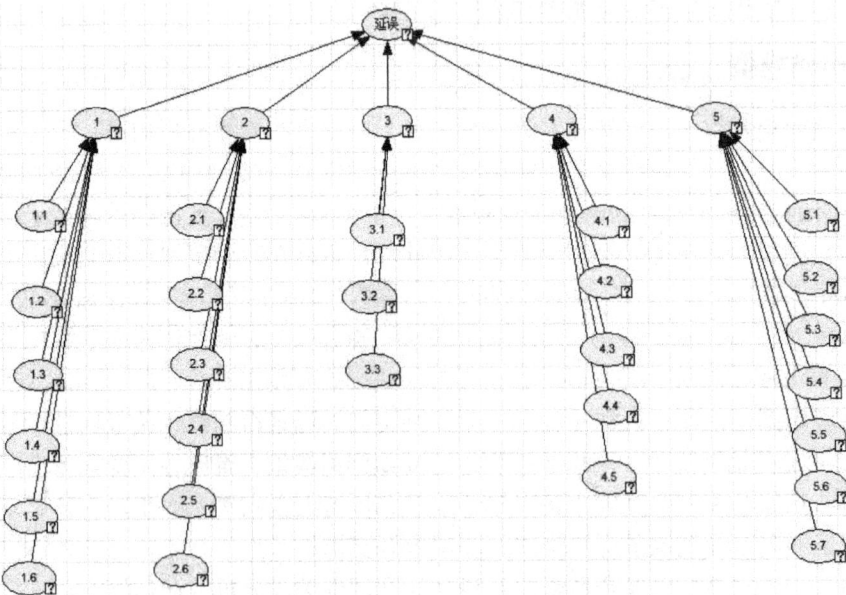

图8.8　航班延误贝叶斯网络模型

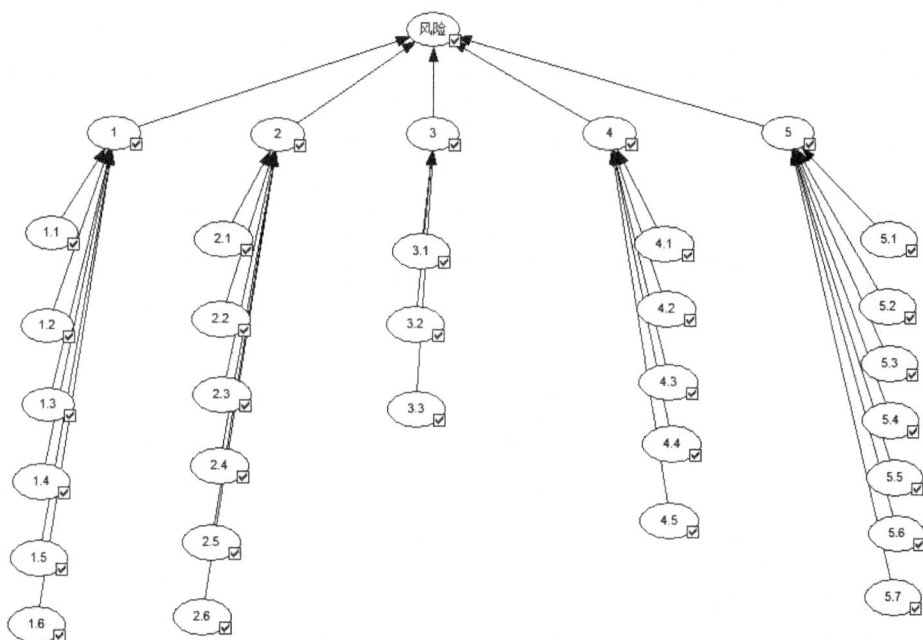

图 8.9　安全风险贝叶斯网络模型

3. 数据整理及分析

贝叶斯网络数据学习是基于数据建立贝叶斯网络的基础部分，对数据的结构整理和分析将影响贝叶斯网络的学习结果。本节数据来源于中国民航局科研项目《航班延误波及民航安全风险评估技术研究》所用调查表。对南京地区民航相关人员进行问卷调查，获取南京地区航班延误与安全风险各个指标的评估等级，在整理和筛选后得到46份有效问卷。由于数据量较小，为减少样本不足带来的误差影响，将各个节点的评估值仅分为 a、b 两类，其中 a 表示该指标的致因强度为 1、2、3，即影响较小，b 表示该指标的致因强度为 4、5，即影响较大。整理 46 份问卷调查表可得到 46 个训练案例，用于训练贝叶斯网络模型。采用 a、b 两类级别定义安全风险与航班延误的致因强度及评估结果，主要是验证本方法在理论上的可行性，为航空公司今后制定安全风险管理策略提供一个参考导向。

4. 模型参数学习

依据同源性关联指标体系构建贝叶斯网络拓扑结构之后，需要对模型进行参数学习，得到每个节点的条件概率分布。对比学习后的结果可以得到安全风险与航班延误多项同源性关联指标间的关联强度，同时也可对航班延误的安全风险进行评估。使用 GeNIe 建模软件建立航班延误与安全风险的贝叶斯网络模型进行参数学习。使用该软件能清楚直观地了解安全风险与航班延误模型中各节点的联合影响概率强度，同时可在已知安全风险与航班延误等级的情况下得到各节点的概率强度[130]。

8.4.3 多指标同源性关联评估

下面使用 GeNIe 建模软件分析南京地区航班延误与安全风险多指标同源性关联强度。分析整理调查表中的数据，得到 191 个航班延误训练样本和 191 个安全风险训练样本，数据如表 8.11 和表 8.12 所示。

表 8.11 航班延误训练样本集

样本号	1	2	3	4	5	1.1	…	5.7	延误等级
1	a	b	a	a	a	a	…	a	a
2	a	b	a	a	b	a	…	b	b
3	a	a	a	b	b	b	…	a	b
4	a	a	a	a	b	b	…	a	b
5	b	a	a	b	a	b	…	b	b
6	b	a	a	a	a	b	…	a	b
7	b	a	a	b	b	b	…	a	b
8	b	b	a	a	a	b	…	b	b
9	b	b	b	b	b	b	…	a	b
⋮	⋮	⋮	⋮	⋮	⋮	⋮		⋮	⋮
187	b	b	b	b	b	b	…	a	b
188	b	b	b	a	a	b	…	a	b
189	a	a	b	b	b	a	…	a	b
190	b	a	b	a	a	b	…	a	b
191	a	a	a	b	a	b	…	a	b

表 8.12 安全风险训练样本集

样本号	1	2	3	4	5	1.1	…	5.7	风险等级
1	a	b	a	a	b	a	…	a	a
2	a	b	a	b	b	a	…	b	b
3	a	a	a	b	b	b	…	b	b
4	a	a	a	b	b	b	…	a	b
5	b	a	a	b	a	b	…	b	b
6	a	a	a	a	a	a	…	a	a
7	b	b	a	b	b	b	…	b	b
8	b	b	a	a	a	a	…	b	a
9	a	a	b	a	b	b	…	a	b
⋮	⋮	⋮	⋮	⋮	⋮	⋮		⋮	⋮
187	b	a	b	a	b	b	…	a	b
188	b	b	a	b	a	b	…	a	a
189	a	a	b	b	b	a	…	a	b
190	a	a	b	b	b	a	…	b	b
191	b	a	b	b	b	b	…	a	b

用表 8.11 和表 8.12 中的训练样本集分别训练航班延误和安全风险贝叶斯网络模型，得到包含各节点条件概率分布表的贝叶斯网络模型。

1. 安全风险分析

如图 8.10 所示是目标节点风险等级为 a 和 b 的概率值，由图可见

p(风险等级 $=a$) $=80.5\%$

p(风险等级 $=b$) $=19.5\%$

分析各种因素对安全风险的致因强度，寻找安全风险的较大隐患。在模型中，将目标节点的风险等级设为 $b=99\%$，即 $p(b=99\%)$，得出模型中各个节点的概率如表 8.13 所示。

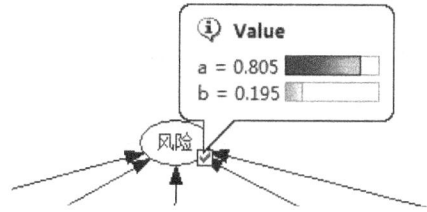

图 8.10　节点风险的概率值

表 8.13　安全风险分析概率表

节点	1	2	3	4	5	1.1	1.2	1.3	1.4	1.5	1.6
$p(a=1\%)$	0.344	0.538	0.807	0.330	0.551	0.406	0.674	0.384	0.286	0.621	0.504
$p(b=99\%)$	0.656	0.462	0.193	0.670	0.449	0.594	0.326	0.616	0.714	0.379	0.496
节点	2.1	2.2	2.3	2.4	2.5	2.6	3.1	3.2	3.3	4.1	4.2
$p(a=1\%)$	0.390	0.695	0.743	0.701	0.722	0.325	0.566	0.599	0.548	0.394	0.396
$p(b=99\%)$	0.610	0.305	0.257	0.299	0.278	0.675	0.434	0.401	0.452	0.606	0.604
节点	4.3	4.4	4.5	5.1	5.2	5.3	5.4	5.5	5.6	5.7	
$p(a=1\%)$	0.270	0.527	0.415	0.690	0.669	0.576	0.343	0.572	0.457	0.716	
$p(b=99\%)$	0.730	0.473	0.585	0.310	0.331	0.424	0.657	0.428	0.543	0.284	

从表 8.13 可以看出，在航班安全风险等级为 b，即确定存在安全风险的情况下，一级指标中，p(自然资源 $b=99\%$) $=65.6\%$，p(设施设备 $b=99\%$) $=67.0\%$。

这两个致因的影响强度明显偏大。因此，在制定安全风险管理策略时，需要重视自然条件和设备设施这两方面的保障计划。

二级指标下，p(指标等级 $b=99\%$) $\geqslant 50\%$ 的指标有 11 个，占比例达 40.7%。其中，在自然资源和设备设施两个一级指标下的二级指标有 7 个。这些数据说明，目前南京地区航班运行存在着较多的安全风险，应该加以重视并积极采取防范措施。尤其在对待自然资源和设备设施两个影响因素时更需谨慎，以保证航空运输生产活动的安全进行。

2. 同源性关联分析

在航班延误和安全风险均较少的情况下研究两者的同源性关联。假设目标节点的状态均为 $a=99\%$，其余各节点的概率分布由模型获得，训练贝叶斯网络模型后得到条件概率表。各节点的概率分布如表 8.14 所示。

表 8.14 同源性关联分析概率表

节点	1	2	3	4	5	1.1	1.2	1.3	1.4	1.5	1.6
延误 a=99%	0.616	0.259	0.677	0.757	0.925	0.347	0.714	0.393	0.265	0.576	0.625
风险 a=99%	0.488	0.23	0.714	0.537	0.876	0.438	0.684	0.415	0.298	0.619	0.502
差值	0.128	0.029	0.037	0.220	0.049	0.091	0.030	0.022	0.033	0.043	0.123

节点	2.1	2.2	2.3	2.4	2.5	2.6	3.1	3.2	3.3	4.1	4.2
延误 a=99%	0.356	0.574	0.644	0.692	0.741	0.342	0.624	0.616	0.606	0.537	0.514
风险 a=99%	0.367	0.639	0.655	0.607	0.709	0.386	0.584	0.589	0.516	0.399	0.398
差值	0.011	0.065	0.011	0.085	0.032	0.044	0.040	0.027	0.090	0.138	0.116

节点	4.3	4.4	4.5	5.1	5.2	5.3	5.4	5.5	5.6	5.7	
延误 a=99%	0.429	0.559	0.522	0.674	0.628	0.571	0.537	0.651	0.628	0.743	
风险 a=99%	0.330	0.522	0.452	0.632	0.616	0.566	0.469	0.584	0.526	0.663	
差值	0.099	0.037	0.070	0.042	0.012	0.005	0.068	0.067	0.102	0.080	

在航班延误和安全风险的贝叶斯网络模型中，令航班延误与安全风险两个目标节点的等级都为 a=99%，可得其余节点的概率。通过对比可以看出，航班延误与安全风险模型中各节点的概率值都比较接近，差值几乎全部小于 0.1。其中，资源限制、人的因素和管理及信息这 3 个一级指标的概率非常接近，仅有自然条件和设备设施两个一级指标的差值大于 0.1。而在 27 个二级指标中，只有 4 个指标的差值大于 0.1，所占比例仅为14.8%。

综上可见，安全风险与航班延误在多项同源指标之间有很强的关联度，导致安全风险较大的致因对延误的影响也相应较大，反过来，在影响航班延误的多项指标中，延误致因强度的大小与安全风险的致因大小正相关。这一结论为我们提供了一种新思路，为航空公司从航班延误的角度制定安全风险管理策略提供了理论支撑。

8.5 基于同源性关联的安全风险管理策略

安全风险与航班延误两者之间存在很强的同源性，为民航制定安全风险管理策略提供一个新的途径，即从治理航班延误角度出发，寻找安全风险的根源，提早做出预防处理，提高民航航班运行的安全水平。

以下基于贝叶斯网络模型方法，利用已得出的目标节点和一级指标节点的条件概率表，在 Netica 建模软件中建立简化模型，说明控制航班延误的相关指标能够相应地提高航班运行的安全水平。模型结果将验证以上提出的民航安全风险管理策略的可行性。

首先，建立航班延误与 5 个一级指标的贝叶斯网络模型，如图 8.11 所示。在模型中，已知南京地区的航班延误水平有 61.7% 的概率处于等级 a，即航班延误水平相对较低；有 38.3%的可能性处于等级 b，即航班延误水平相对较高。在造成航班延误的 5 个一级指标中，各指标水平可以在模型中得出。正是 5 个指标共同决定着南京地区航班的延误水平。

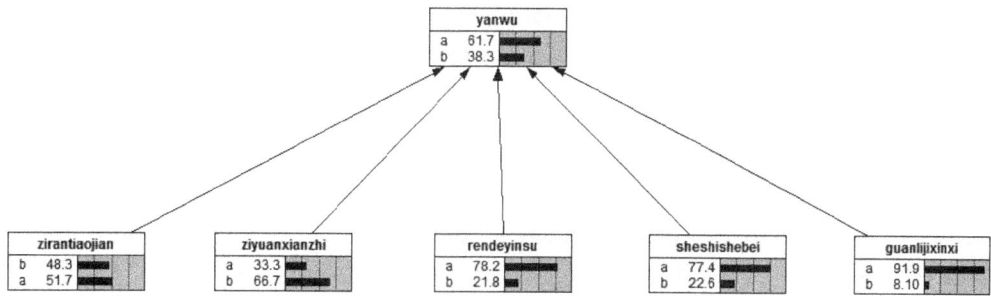

图 8.11　航班延误与一级指标的贝叶斯网络模型

为了降低航班延误的整体水平，现在主要控制一级指标中的自然条件指标以及管理和信息指标。将两个指标的影响等级都控制到较低水平，即 $a=99\%$。于是，通过贝叶斯网络模型得出航班延误较低的水平值，如图 8.12 所示。

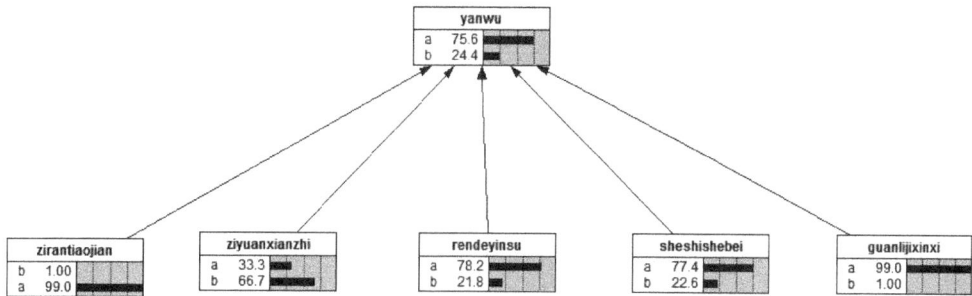

图 8.12　控制后航班延误等级模型

图 8.11 和图 8.12 的对比可看出，在控制一级指标中的自然条件指标和管理及信息指标之前，航班延误的等级为 $p(航班延误等级 = a) = 61.7\%$，$p(航班延误等级 = b) = 38.3\%$；而对两个一级指标给予控制后，航班延误的等级为 $p(航班延误等级 = a) = 75.6\%$，$p(航班延误等级 = b) = 24.4\%$，延误水平显著降低。

为了验证控制两个一级指标后安全风险水平也会降低，需要依照同样的方法建立安全风险模型，如图 8.13 所示。

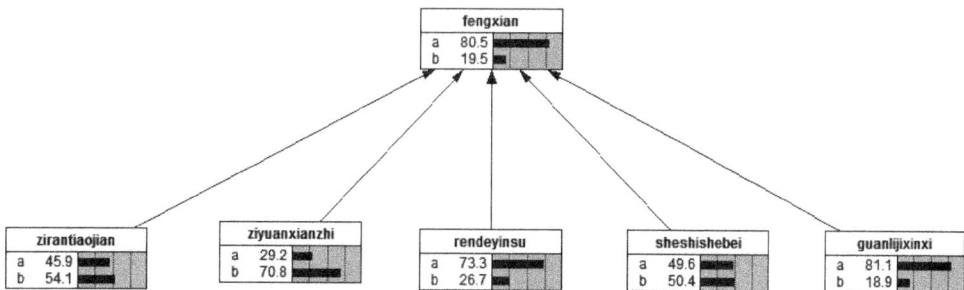

图 8.13　安全风险与一级指标的贝叶斯网络模型

从图 8.13 中可以看出，南京地区航空公司的安全风险控制水平为

$p(安全风险等级 = a) = 80.5\%$，　$p(安全风险等级 = b) = 19.5\%$

对安全风险下的两个一级指标自然条件和管理及信息进行控制，设置较低的风险等级，即$a=99\%$。控制后的结果如图 8.14 所示。

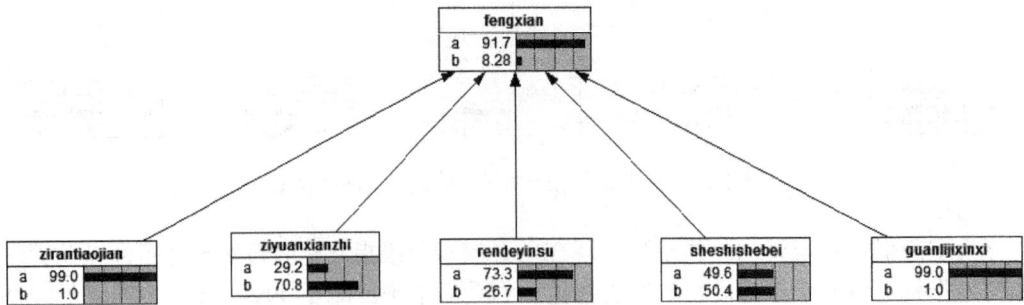

图 8.14　控制后安全风险等级模型

从模型中可以看出，提高自然条件指标和管理及信息指标的等级后，安全风险 $p(安全风险等级 = a) = 91.7\%$，　$p(安全风险等级 = b) = 8.28\%$，与控制之前航空公司安全风险等级相比有所降低。与航班延误改善情况基本一致，符合验证之前的设想。

综上，在民航运输生产过程中，安全风险与航班延误之间存在关联，有很强的同源性。治理航班延误的同时可以相应提高航空公司的安全水平。因此，在民航运营管理中，应该重视从航班延误的角度出发，抑制可能导致航班延误的各种因素，制订安全风险管理策略。

第9章 航班延误安全风险综合评估

第 5 章用分解方法对航班延误波及民航安全风险的诸因素分别进行了分析,这对我们针对不同因素采取相应对策,治理航班延误及其波及的民航安全风险,具有实证和应用价值。但是显然,所提取的这些因素之间具有相关性,实际的航班延误和波及的民航安全风险往往是多种因素共同作用的结果,试图从个体因素分析和改善整体状态将显得无能为力。本章进一步深入进行实证分析,从系统角度出发,解析引发航班延误和安全风险的关键要素。

9.1 航班延误影响强度

为进一步研究各因素对航班延误的影响强度,对上述 27 个同源性影响要素进行了因子分析,分析结果如表 9.1～表 9.4 所示。

表 9.1 航班延误各影响因素提取的信息量

变量	原信息量	提取信息量	变量	原信息量	提取信息量
var001	1.000	0.999	var015	1.000	0.962
var002	1.000	1.000	var016	1.000	0.984
var003	1.000	0.986	var017	1.000	0.998
var004	1.000	0.994	var018	1.000	1.000
var005	1.000	0.997	var019	1.000	1.000
var006	1.000	1.000	var020	1.000	0.998
var007	1.000	0.973	var021	1.000	0.996
var008	1.000	0.995	var022	1.000	0.994
var009	1.000	0.996	var023	1.000	0.985
var010	1.000	0.957	var024	1.000	0.998
var011	1.000	0.999	var025	1.000	0.999
var012	1.000	0.998	var026	1.000	0.987
var013	1.000	0.999	var027	1.000	0.992
var014	1.000	0.950			

由表 9.1 可知,提取的信息量超过 95%,说明利用因子分析得到的结果能够有效地代表原样本。

表 9.2　提取的影响因子

因子	初始特征值			提取平方和载入			旋转平方和载入		
	合计	方差的 %	累积 %	合计	方差的%	累积 %	合计	方差的%	累积 %
1	16.888	62.548	62.548	16.888	62.548	62.548	13.172	48.785	48.785
2	8.048	29.807	92.355	8.048	29.807	92.355	9.978	36.954	85.739
3	1.801	6.672	99.027	1.801	6.672	99.027	3.588	13.288	99.027
4	0.263	0.973	100.000						
5	8.229E-16	3.048E-15	100.000						
6	6.112E-16	2.264E-15	100.000						
7	5.355E-16	1.984E-15	100.000						
8	4.483E-16	1.661E-15	100.000						
9	3.495E-16	1.294E-15	100.000						
10	3.121E-16	1.156E-15	100.000						
11	2.794E-16	1.035E-15	100.000						
12	2.189E-16	8.108E-16	100.000						
13	1.287E-16	4.768E-16	100.000						
14	1.079E-16	3.995E-16	100.000						
15	4.664E-17	1.728E-16	100.000						
16	5.439E-18	2.014E-17	100.000						
17	−2.666E-17	−9.874E-17	100.000						
18	−5.784E-17	−2.142E-16	100.000						
19	−1.331E-16	−4.928E-16	100.000						
20	−1.583E-16	−5.862E-16	100.000						
21	−2.063E-16	−7.642E-16	100.000						
22	−2.421E-16	−8.966E-16	100.000						
23	−2.830E-16	−1.048E-15	100.000						
24	−3.428E-16	−1.270E-15	100.000						
25	−4.229E-16	−1.566E-15	100.000						
26	−4.926E-16	−1.824E-15	100.000						
27	−1.415E-15	−5.239E-15	100.000						

注：1. 提取方法：主成分。2. 旋转法：具有 Kaiser 标准化的正交旋转法，旋转在 5 次迭代后收敛。

与因子 1 相关的影响因素包括：

(1) 自然条件，大雨(var002)和鸟击(var006)；

(2) 资源限制，终端区(var008)、机场净空(var009)、飞行区(var010)和航站区(var011)；

(3) 人的因素，员工数量(var013)、员工结构(var014)和员工素质(var015)；

(4) 管理及信息系统，组织系统(var021)、制度规范(var022)、监管系统(var023)、信息系统(var024)、员工激励(var025)、教育培训(var026)和文化建设(var027)。

表 9.3　旋转后的影响因子载荷矩阵

变量	因子			变量	因子		
	1	2	3		1	2	3
var001	−0.172	0.976	−0.126	var015	0.851	0.291	0.391
var002	0.980	0.054	0.189	var016	0.132	0.966	−0.181
var003	0.179	0.961	0.176	var017	0.118	0.982	0.143
var004	0.048	0.984	0.152	var018	0.150	0.780	0.607
var005	0.236	0.878	0.413	var019	0.585	0.466	0.664
var006	0.870	0.401	−0.287	var020	0.496	0.715	0.491
var007	0.058	0.983	−0.049	var021	0.919	−0.090	0.380
var008	0.676	0.619	0.392	var022	0.961	0.125	0.233
var009	0.723	−0.056	0.686	var023	0.950	0.229	0.175
var010	0.700	0.048	0.682	var024	0.891	0.409	0.191
var011	0.821	−0.118	0.558	var025	0.886	0.246	0.391
var012	0.024	0.994	−0.097	var026	0.907	0.403	0.045
var013	0.989	−0.125	−0.067	var027	0.994	0.030	0.058
var014	0.883	−0.194	0.365				

与因子 2 相关的影响因素包括：

（1）自然条件，雷暴（var001）、冰雪（var003）、雾霾（var004）和沙尘（var005）；

（2）资源限制，军事活动（var012）；

（3）设备设施，飞机安全性（var016）、飞机可靠性（var017）、飞机维修性（var018）和空地设备配套（var020）。

与因子 3 相关的影响因素包括：

设备设施，地面设备完好性（var019）。

由表 9.3 可以看到，从对航班延误的影响强度看，所选同源性因素大致可以分为 3 类：

第一类是部分自然条件、大部分资源限制、人的因素以及管理相关要素，这些要素可以看成是当前导致航班延误的最主要因素。

第二类是部分自然条件、军事活动引发的资源制约及设备设施，这些因素是导致航班延误的次要因素。

第三类是地面设备的完好性，地面设备完好性对于航班延误的影响相对较小。

综合上述分析，对 27 个同源性因素按照因子得分进行排队，获取当前导致航班延误的关键性因子排序，见表 9.4。

从综合因子得分排序来看，当前影响航班延误的前 5 位关键因素依次为：教育培训、信息系统、制度规范、大雨、监管系统。

在前 5 位关键因素中，除了大雨是不可控因素以外，其他因素都可以通过管理手段加以改善。

表 9.4 各因素的因子得分、综合得分及排序

变量	因子得分			综合得分	排序
	1	2	3		
var001	−0.029	0.219	−0.163	0.036765	14
var002	0.148	−0.013	−0.115	0.082114	4
var003	−0.025	0.095	0.065	0.017587	18
var004	−0.063	0.139	0.112	0.009442	21
var005	−0.021	0.022	0.066	−0.00215	23
var006	0.073	0.011	−0.135	0.04013	10
var007	0.016	0.118	−0.098	0.039029	12
var008	0.011	0.018	0.041	0.014798	19
var009	−0.029	−0.029	0.287	−0.00792	26
var010	−0.026	−0.016	0.232	−0.00551	24
var011	0.011	−0.020	0.113	0.008485	22
var012	0.028	0.169	−0.173	0.056763	6
var013	0.088	−0.010	−0.123	0.044381	9
var014	0.052	−0.026	0.035	0.027242	16
var015	0.028	0.004	0.031	0.020915	17
var016	0.043	0.072	−0.140	0.039804	11
var017	−0.018	0.064	0.035	0.010209	20
var018	−0.135	0.060	0.387	−0.04131	27
var019	−0.036	0.013	0.196	−0.00581	25
var020	−0.019	0.027	0.114	0.003741	13
var021	0.065	−0.023	0.036	0.036443	14
var022	0.143	−0.007	−0.084	0.082697	3
var023	0.103	0.004	−0.090	0.060389	5
var024	0.134	0.027	−0.108	0.085176	2
var025	0.076	0.003	0.061	0.052952	7
var026	0.148	0.025	−0.192	0.088126	1
var027	0.096	−0.006	−0.113	0.05107	8

9.2 安全风险影响强度

为进一步研究各要素对安全风险的影响强度，对上述 27 个要素进行了因子分析，分析结果如表 9.5～表 9.8 所示。

表 9.5　安全风险各影响因素提取的信息量

变量	初始信息量	提取信息量	变量	初始信息量	提取信息量
var001	1.000	0.996	var015	1.000	0.949
var002	1.000	0.966	var016	1.000	0.954
var003	1.000	1.000	var017	1.000	0.984
var004	1.000	0.996	var018	1.000	1.000
var005	1.000	0.944	var019	1.000	0.980
var006	1.000	0.939	var020	1.000	0.998
var007	1.000	1.000	var021	1.000	0.989
var008	1.000	0.933	var022	1.000	0.997
var009	1.000	0.963	var023	1.000	0.993
var010	1.000	1.000	var024	1.000	0.992
var011	1.000	0.983	var025	1.000	0.981
var012	1.000	0.991	var026	1.000	0.997
var013	1.000	0.950	var027	1.000	0.999
var014	1.000	0.974			

由表 9.5 可知，提取的信息量平均超过 95%，说明利用因子分析得到的结果能够有效地代表原样本。

表 9.6　提取的安全风险关键因子

成分	初始特征值/%			提取平方和载入/%			旋转平方和载入/%		
	合计	方差	累积	合计	方差	累积	合计	方差	累积
1	16.978	62.880	62.880	16.978	62.880	62.880	12.680	46.963	46.963
2	7.432	27.527	90.407	7.432	27.527	90.407	8.977	33.249	80.211
3	2.036	7.541	97.948	2.036	7.541	97.948	4.789	17.737	97.948
4	0.554	2.052	100.000						
5	7.805E-16	2.891E-15	100.000						
6	6.194E-16	2.294E-15	100.000						
7	5.113E-16	1.894E-15	100.000						
8	4.022E-16	1.490E-15	100.000						
9	3.192E-16	1.182E-15	100.000						
10	2.977E-16	1.103E-15	100.000						
11	1.925E-16	7.128E-16	100.000						
12	1.778E-16	6.584E-16	100.000						
13	1.653E-16	6.120E-16	100.000						
14	9.125E-17	3.380E-16	100.000						
15	5.587E-17	2.069E-16	100.000						

成分	初始特征值/%			提取平方和载入/%			旋转平方和载入/%		
	合计	方差	累积	合计	方差	累积	合计	方差	累积
16	−1.529E-17	−5.663E-17	100.000						
17	−1.089E-16	−4.032E-16	100.000						
18	−1.281E-16	−4.745E-16	100.000						
19	−2.075E-16	−7.684E-16	100.000						
20	−2.708E-16	−1.003E-15	100.000						
21	−2.952E-16	−1.093E-15	100.000						
22	−3.148E-16	−1.166E-15	100.000						
23	−3.896E-16	−1.443E-15	100.000						
24	−4.094E-16	−1.516E-15	100.000						
25	−6.394E-16	−2.368E-15	100.000						
26	−6.733E-16	−2.494E-15	100.000						
27	−9.388E-16	−3.477E-15	100.000						

注：1. 提取方法：主成分。2. 旋转法：具有 Kaiser 标准化的正交旋转法，旋转在 5 次迭代后收敛。

表9.7 旋转后的安全风险因子载荷矩阵

变量	因子			变量	因子		
	1	3	3		1	3	3
var001	−0.245	0.907	0.337	var015	0.667	0.414	0.577
var002	0.954	0.111	0.210	var016	−0.221	0.937	0.164
var003	0.303	0.495	0.814	var017	−0.134	0.949	0.256
var004	0.158	0.805	0.569	var018	0.301	0.807	0.508
var005	0.531	0.625	0.521	var019	0.673	0.205	0.697
var006	0.267	0.929	0.071	var020	0.453	0.378	0.806
var007	0.250	0.965	−0.082	var021	0.975	−0.155	0.118
var008	0.689	0.664	0.134	var022	0.951	0.272	0.141
var009	0.866	0.072	0.455	var023	0.804	0.485	0.333
var010	0.943	0.277	0.186	var024	0.788	0.526	0.306
var011	0.956	0.011	0.263	var025	0.965	0.147	0.169
var012	0.107	0.981	0.127	var026	0.670	0.155	0.724
var013	0.773	-0.084	-0.587	var027	0.972	−0.038	0.231
var014	0.914	-0.363	0.085				

与各因子相关的影响因素包括：

(1) 自然条件，大雨(var002)；

(2) 资源限制，终端区(var008)、机场净空(var009)、飞行区(var010)和航站区(var011)；

(3) 人的因素，员工数量(var013)、员工结构(var014)和员工素质(var015)；

(4) 管理及信息系统，组织系统(var021)、制度规范(var022)、监管系统(var023)、信息系统(var024)、员工激励(var025)和文化建设(var027)。

与因子 2 相关的影响因素包括：

(1)自然条件，雷暴(var001)、雾霾(var004)、沙尘(var005)和鸟击(var006)；

(2)资源限制，航路(var007)和军事活动(var012)；

(3)设备设施，飞机安全性(var016)、飞机可靠性(var017)和飞机维修性(var018)。

与因子 3 相关的影响因素包括：

(1)自然条件，冰雪(var003)；

(2)设备设施，地面设备完好性(var019)和空地设备完好性(var020)；

(3)管理及信息系统，教育培训(var026)。

表 9.8 各因素的因子得分、综合得分及排序

变量	因子得分			综合得分	排序
	1	2	3		
var001	−0.058	0.105	0.038	0.014413	24
var002	0.085	−0.006	−0.027	0.033135	11
var003	−0.047	−0.027	0.232	0.0101	27
var004	−0.037	0.058	0.105	0.020532	20
var005	0.009	0.036	0.073	0.029144	12
var006	0.027	0.147	−0.125	0.039385	5
var007	0.041	0.174	−0.190	0.043408	2
var008	0.066	0.096	−0.106	0.044113	1
var009	0.051	−0.046	0.087	0.024088	18
var010	0.087	0.025	−0.058	0.038883	6
var011	0.080	−0.030	0.008	0.029015	13
var012	0.003	0.147	−0.093	0.03379	10
var013	0.146	0.069	−0.305	0.03741	8
var014	0.092	−0.068	−0.009	0.019	22
var015	0.018	−0.006	0.110	0.025969	17
var016	−0.037	0.133	−0.039	0.019927	21
var017	−0.037	0.123	−0.012	0.021392	19
var018	−0.015	0.067	0.066	0.026939	16
var019	0.005	−0.058	0.187	0.016232	23
var020	−0.030	−0.044	0.230	0.012077	26
var021	0.096	−0.038	−0.030	0.027129	15
var022	0.093	0.030	−0.076	0.04017	3
var023	0.058	0.039	−0.012	0.038077	7
var024	0.059	0.050	−0.027	0.039544	4
var025	0.091	0.006	−0.049	0.03604	9
var026	0.002	−0.070	0.205	0.014026	25
var027	0.085	−0.034	0.000	0.028614	14

可以看到，从对民航安全风险的影响角度看，所选同源性因素大致可以分为3类：

第一类是部分自然条件、大部分资源限制、人的因素及管理相关要素，这些要素可以看成是当前导致安全风险的最主要因素。

第二类是大部分自然条件、部分资源制约及设备设施因素，这些因素是导致安全风险的次要因素。

第三类是冰雪、设备设施完好性和培训教育的影响。

从综合因子得分排序来看，当前影响安全风险的前5位关键因素依次为：终端区、航路、制度规范、信息系统和鸟击。

在前5位的关键因素中，资源限制是当前影响民航安全的主要因素，管理因素也是当前导致民航安全风险的重要因素。

9.3 各因素风险评估

本节采用前面研究的贝叶斯线性模型，融合各同源性风险源的信息，采用蒙特卡洛方法，运用采集的调查问卷信息和实际安全风险数据，仿真各同源性因素的风险变化规律，如图9.1～图9.27所示。

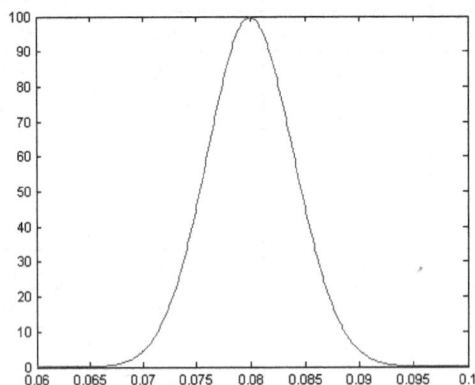

图9.1 雷暴诱发民航安全风险概率密度函数[①]

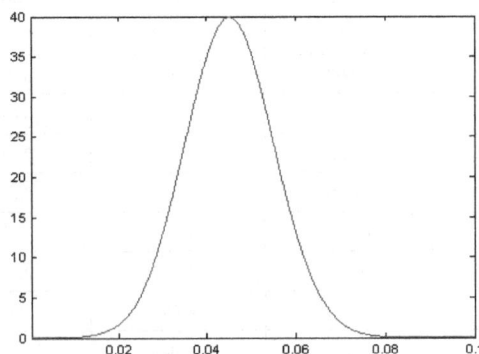

图9.2 大雨诱发民航安全风险概率密度函数

---

① 图9.1～图9.39中的纵坐标为"概率密度函数"，横坐标是"风险度"。

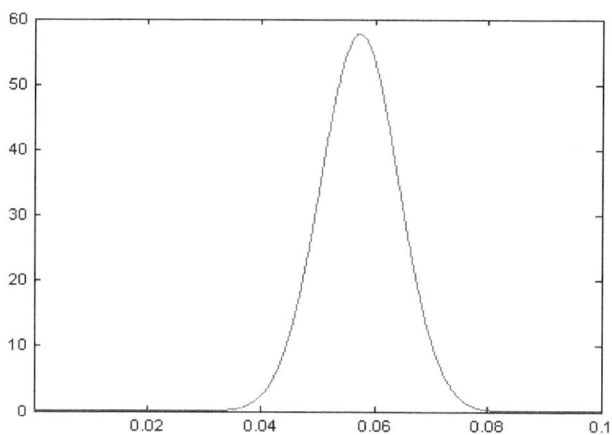

图 9.3　冰雪诱发民航安全风险概率密度函数

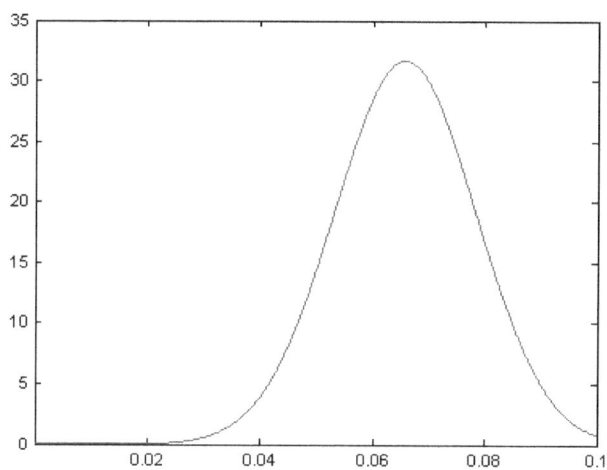

图 9.4　雾霾诱发民航安全风险概率密度函数

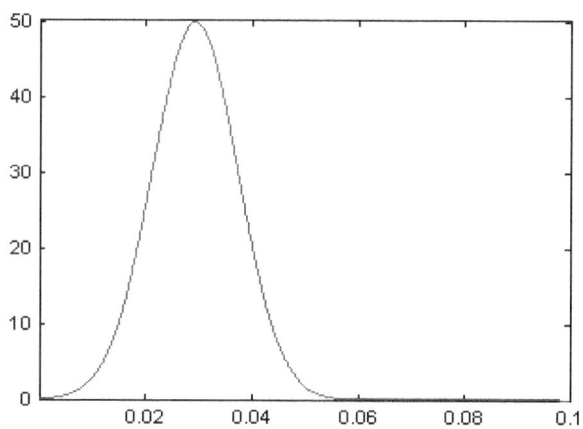

图 9.5　沙尘诱发民航安全风险概率密度函数

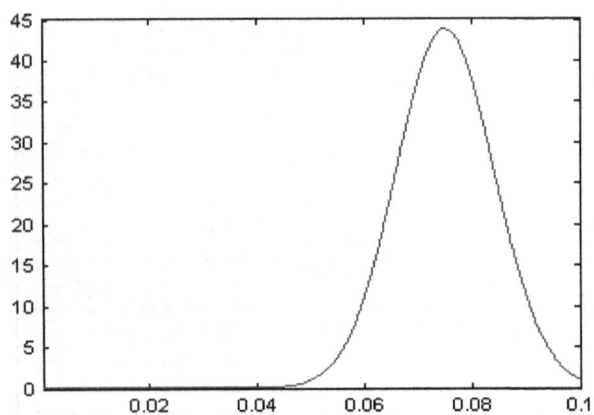

图 9.6　鸟击诱发民航安全风险概率密度函数

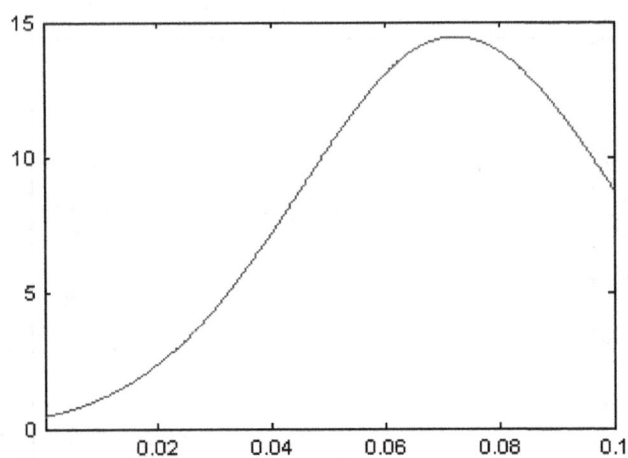

图 9.7　航路因素诱发民航安全风险概率密度函数

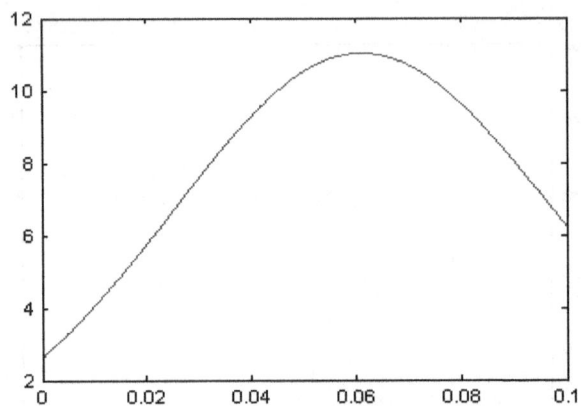

图 9.8　终端区各因素诱发民航安全风险概率密度函数

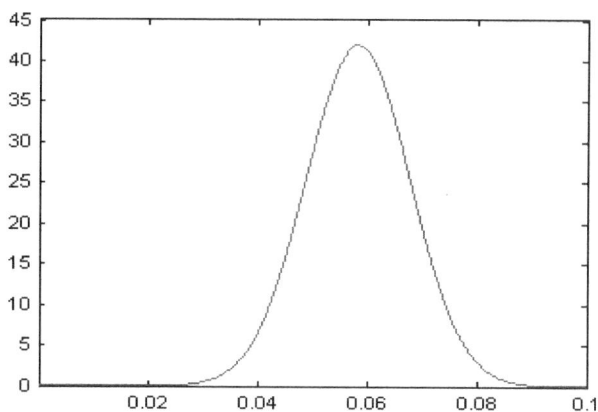

图 9.9　机场净空因素诱发民航安全风险概率密度函数

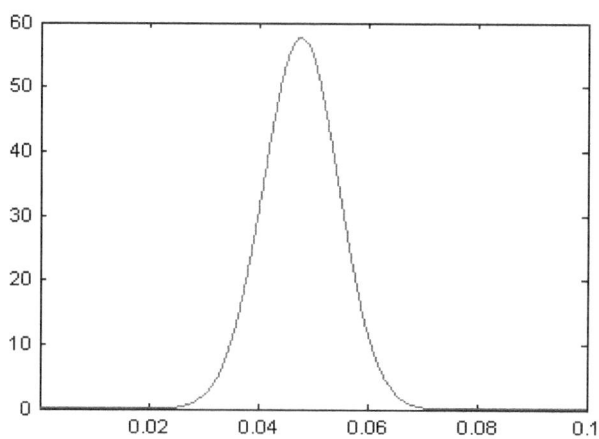

图 9.10　飞行区各因素诱发民航安全风险概率密度函数

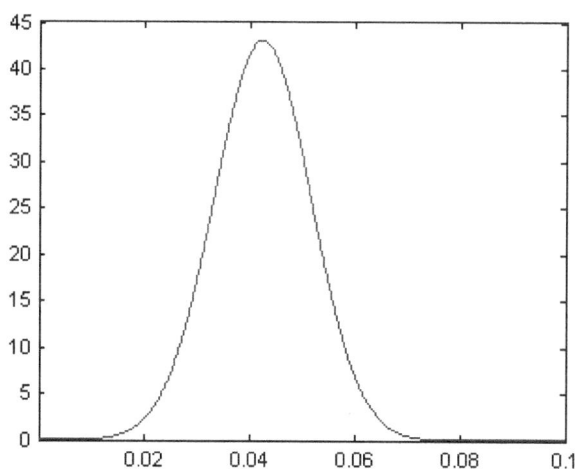

图 9.11　航站区各因素诱发民航安全风险概率密度函数

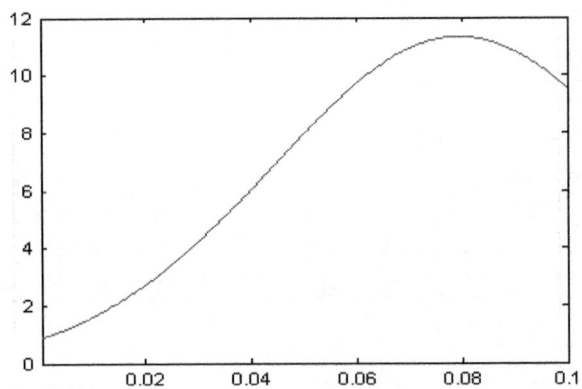

图 9.12　军事活动诱发民航安全风险概率密度函数

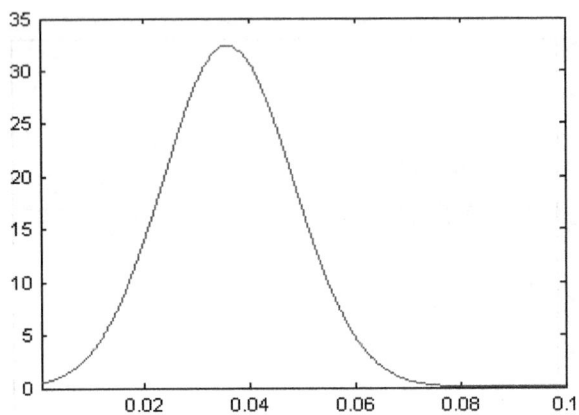

图 9.13　员工数量因素诱发民航安全风险概率密度函数

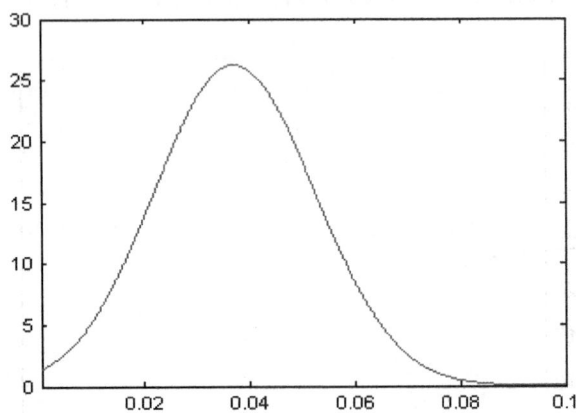

图 9.14　员工结构因素诱发民航安全风险概率密度函数

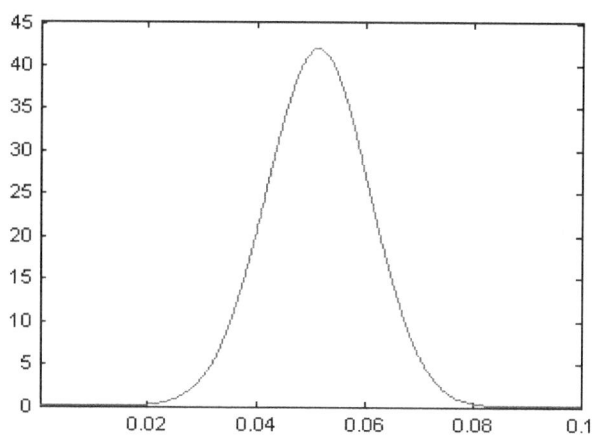

图 9.15 员工素质因素诱发民航安全风险概率密度函数

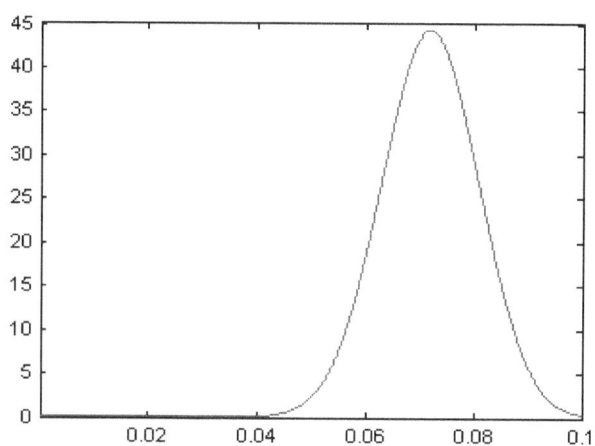

图 9.16 飞机安全性因素诱发民航安全风险概率密度函数

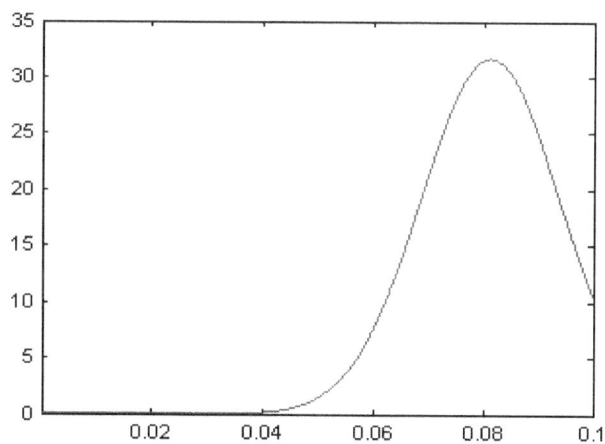

图 9.17 飞机可靠性因素诱发民航安全风险概率密度函数

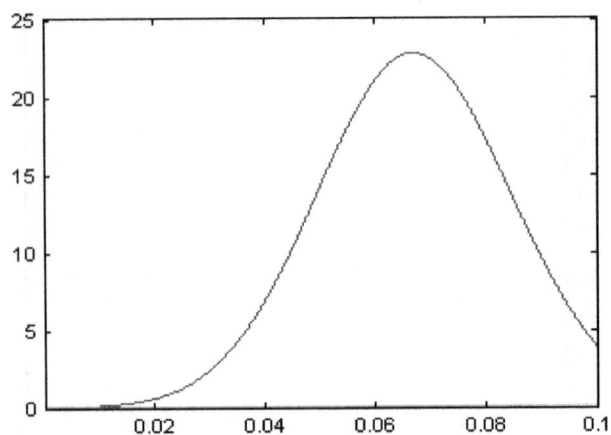

图 9.18　飞机维修性因素诱发民航安全风险概率密度函数

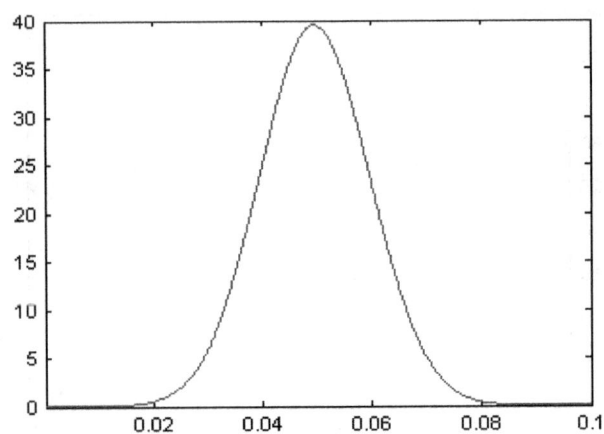

图 9.19　地面设备完好性因素诱发民航安全风险概率密度函数

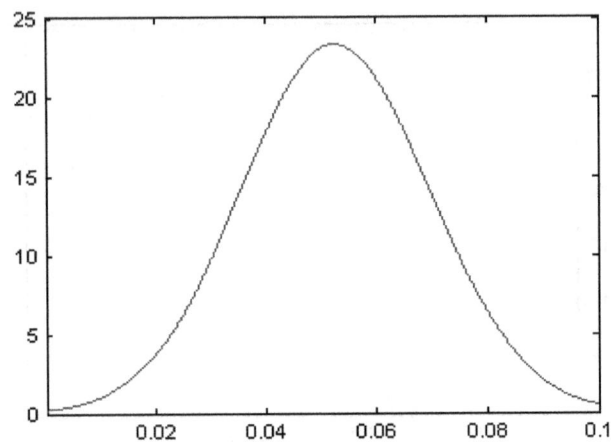

图 9.20　空地设备配套因素诱发民航安全风险概率密度函数

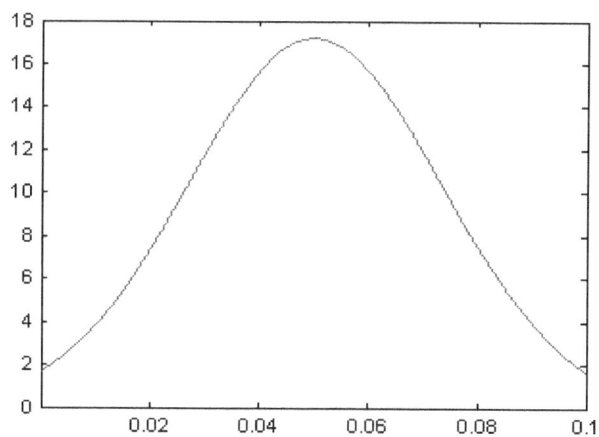

图 9.21　组织系统因素诱发民航安全风险概率密度函数

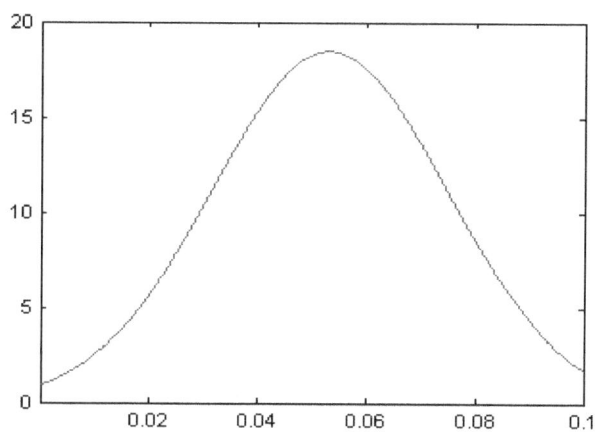

图 9.22　制度规范因素诱发民航安全风险概率密度函数

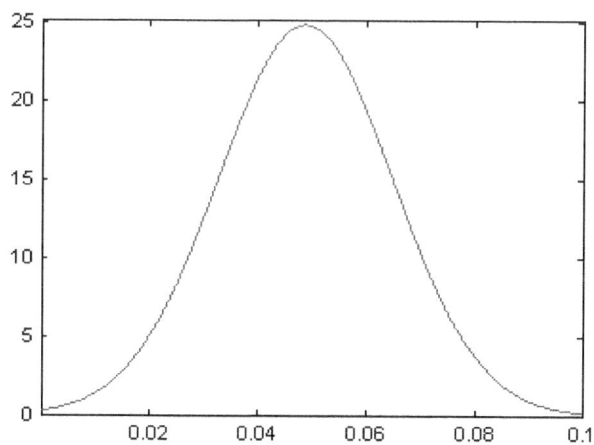

图 9.23　监管系统因素诱发民航安全风险概率密度函数

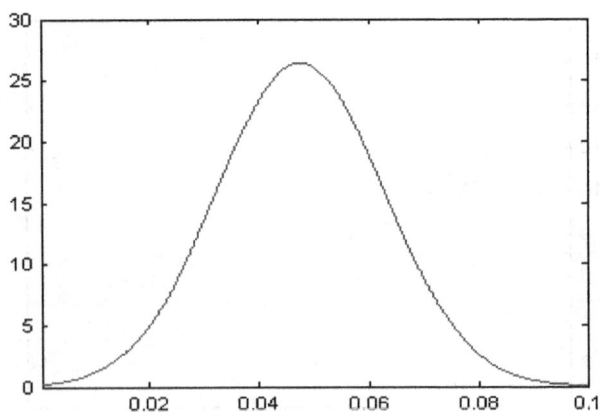

图 9.24　信息系统因素诱发民航安全风险概率密度函数

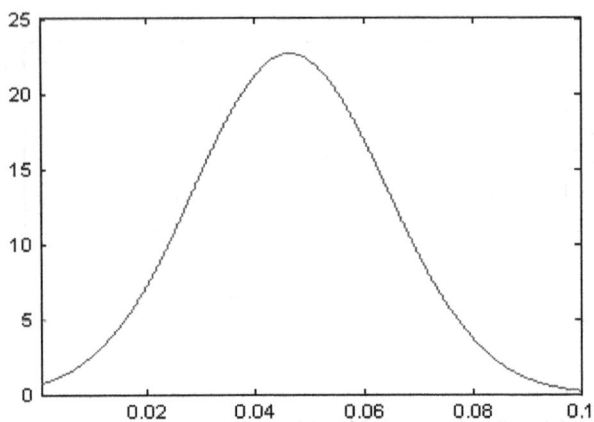

图 9.25　员工激励因素诱发民航安全风险概率密度函数

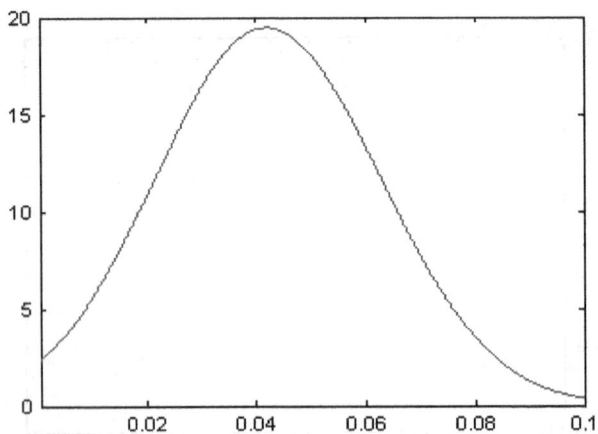

图 9.26　教育培训因素诱发民航安全风险概率密度函数

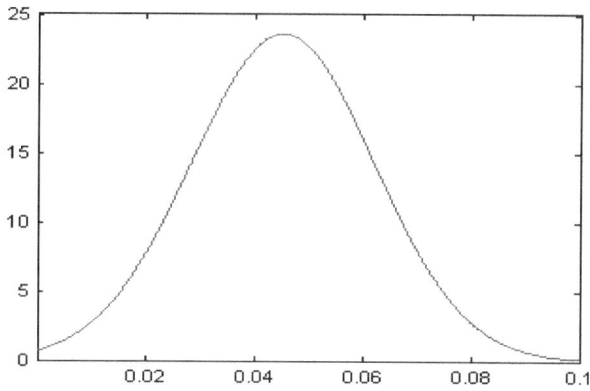

图 9.27　文化建设因素诱发民航安全风险概率密度函数

如图 9.1～图 9.27 所示，各项风险因素的变化是通过均值和方差来表示的。据此，上述 27 种影响因素的变化图大致可以分为以下 5 类，针对不同的风险类型，应采取不同的风险控制策略。

第一类，安全风险均值低，且方差小的，如沙尘要素。这类因素风险小，在安全管理中无须重点关注。

第二类，安全风险均值低，但方差较大。这类因素虽然安全风险低，但其风险具有不稳定性和随意性，往往会产生意想不到的风险，这类风险是需要加以关注的。

第三类，安全风险均值和方差都比较适中。这类风险是常规管理的内容，适合通过制度和程序来完善其管理。

第四类，安全风险均值高，且方差较小。这类风险是民航安全管理中需要重点加以关注的高风险要素，风险控制工作艰巨。

第五类，安全风险均值高，且方差较大。这类风险要素虽然具有高风险，但是降低安全风险的难度并不大，如采取有效措施，也可以显著降低风险，是风险管理中的敏感性要素。

以下针对各项同源性因素计算安全风险率。基本思想如下：

(1)针对同源性风险的各个二级指标，包括自然条件、资源限制、人的因素、设备设施、管理及信息各类，采用贝叶斯线性模型融合各要素导致的安全风险。

(2)针对自然条件、资源限制、人的因素、设备设施、管理及信息各类因素，采用贝叶斯线性模型融合各因素导致的安全风险。

(3)在计算不同要素同源性风险的基础上，通过计算各要素之间的协方差，采用贝叶斯线性模型方法，融合成各分系统和整体系统的安全风险。

自然条件类各要素之间的协方差矩阵为

$$
\begin{bmatrix}
0.031 & -0.002 & 0.017 & 0.023 & 0.009 & 0.014 \\
-0.002 & 0.011 & 0.009 & 0.006 & 0.006 & 0.003 \\
0.017 & 0.009 & 0.018 & 0.019 & 0.010 & 0.011 \\
0.023 & 0.006 & 0.019 & 0.022 & 0..01 & 0.013 \\
0.009 & 0.006 & 0.010 & 0.010 & 0.006 & 0.006 \\
0.014 & 0.003 & 0.011 & 0.013 & 0.006 & 0.008
\end{bmatrix}
$$

仿真得到的自然条件类因素影响民航安全风险概率密度函数如图 9.28 所示。由图 9.28 可见，自然条件诱发的民航安全风险（图中黑色曲线表示）是诸项风险因素的平均效果，显示自然环境对民航安全的影响具有随机性。

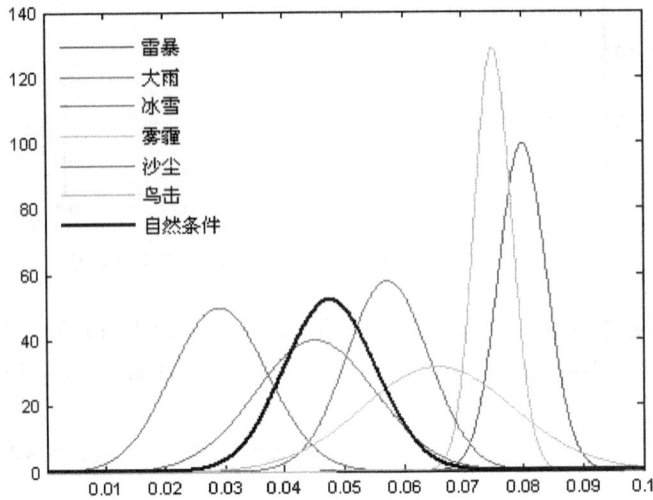

图 9.28 自然条件影响民航安全风险概率密度函数

资源限制类各要素之间的协方差矩阵为

$$\begin{bmatrix} 0.015 & 0.007 & 0.003 & 0.007 & 0.003 & 0.015 \\ 0.007 & 0.005 & 0.005 & 0.008 & 0.006 & 0.007 \\ 0.003 & 0.005 & 0.009 & 0.011 & 0.010 & 0.002 \\ 0.007 & 0.008 & 0.011 & 0.014 & 0.013 & 0.006 \\ 0.003 & 0.006 & 0.010 & 0.013 & 0.012 & 0.002 \\ 0.015 & 0.007 & 0.002 & 0.006 & 0.002 & 0.016 \end{bmatrix}$$

仿真得到的资源限制类因素影响民航安全风险概率密度函数如图 9.29 所示。

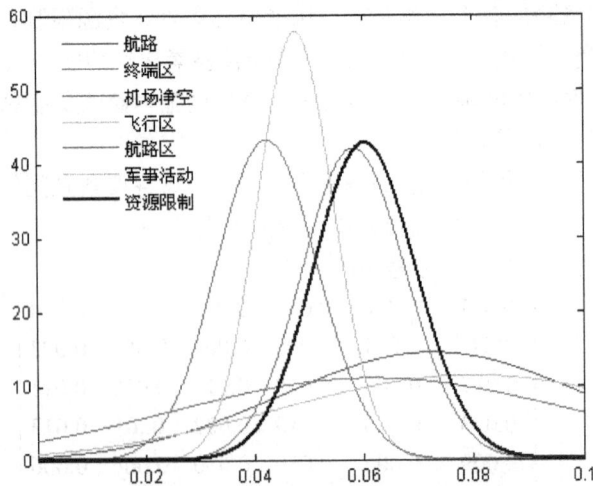

图 9.29 资源限制影响民航安全风险概率密度函数

由图 9.29 可见，资源限制诱发的民航安全风险(图中黑色曲线表示)接近诸多限制类安全风险的最大值，与自然条件风险相比，区别在于风险方差更小，体现了资源限制对于民航安全风险的瓶颈效应。优先改进最大的资源限制因素，将显著提高民航安全水平。

人的因素类各要素之间的协方差矩阵为

$$\begin{bmatrix} 0.002 & 0.004 & 0.001 \\ 0.004 & 0.008 & 0.002 \\ 0.001 & 0.002 & 0.001 \end{bmatrix}$$

仿真得到的人的因素影响民航安全风险概率密度函数如图 9.30 所示。

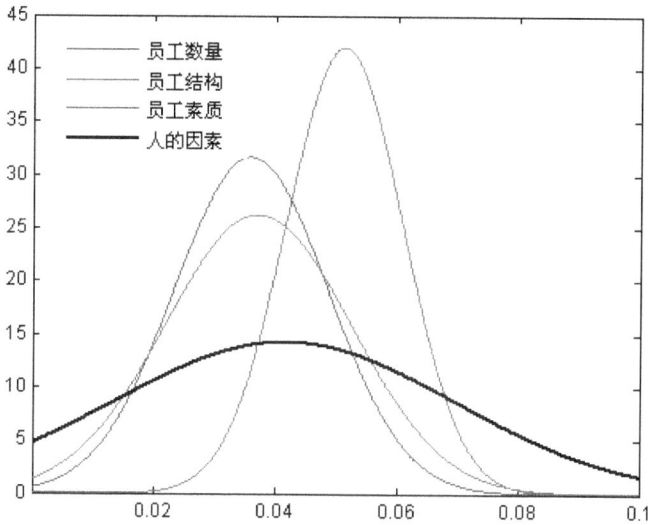

图 9.30　人的因素影响民航安全风险概率密度函数

由图 9.30 可见，人的因素诱发的民航安全风险(图中黑色曲线表示)，其均值体现为各种人的因素的平均效果，但是其方差有明显的扩大趋势，其主要原因是当各种人的因素叠加时，会显著增大民航安全风险；当一种人的因素能弥补另外人的因素不足时，会显著降低民航安全风险。

设备设施类各要素之间的协方差矩阵为

$$\begin{bmatrix} 0.018 & 0.019 & 0.015 & 0.003 & 0.006 \\ 0.019 & 0.020 & 0.017 & 0.005 & 0.008 \\ 0.015 & 0.017 & 0.019 & 0.012 & 0.014 \\ 0.003 & 0.005 & 0.012 & 0.014 & 0.013 \\ 0.006 & 0.008 & 0.014 & 0.013 & 0.013 \end{bmatrix}$$

仿真得到的设备设施类因素影响民航安全风险概率密度函数如图 9.31 所示。

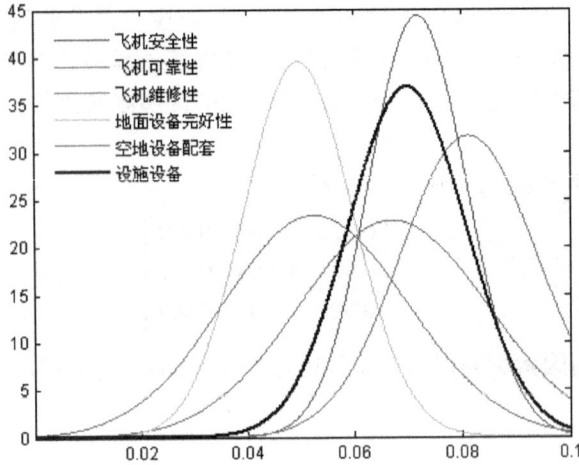

图9.31 设备设施因素影响民航安全风险概率密度函数

由图9.31可见，设备设施诱发的民航安全风险(图中黑色曲线表示)，其均值和方差数值均体现为设备设施类各因素的平均效果，体现为多种因素对民航安全风险的共同作用。

管理及信息类各要素之间的协方差矩阵为

$$
\begin{bmatrix}
0.008 & 0.009 & 0.008 & 0.010 & 0.009 & 0.007 & 0.007 \\
0.009 & 0.009 & 0.009 & 0.011 & 0.010 & 0.008 & 0.007 \\
0.008 & 0.009 & 0.009 & 0.010 & 0.010 & 0.007 & 0.007 \\
0.010 & 0.011 & 0.010 & 0.013 & 0.012 & 0.009 & 0.008 \\
0.009 & 0.010 & 0.010 & 0.012 & 0.011 & 0.008 & 0.008 \\
0.007 & 0.008 & 0.007 & 0.009 & 0.008 & 0.006 & 0.006 \\
0.007 & 0.007 & 0.007 & 0.008 & 0.008 & 0.006 & 0.006
\end{bmatrix}
$$

仿真得到的管理及信息类因素影响民航安全风险概率密度函数如图9.32所示。

由图9.32可见，管理及信息类因素诱发的民航安全风险(图中黑色曲线表示)，其均值体现为各项风险源的平均效果，方差缩小，体现为多种因素对民航安全风险的共同作用，且由于管理及信息系统内部各要素的相互作用，系统内的风险呈相对稳定的趋势。

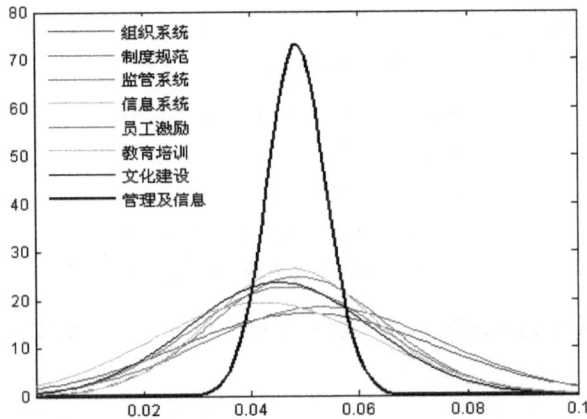

图9.32 管理及信息因素影响民航安全风险概率密度函数

进一步计算得到各分系统风险指标的协方差矩阵为

$$\begin{bmatrix} 0.419 & 0.563 & 0.610 & 0.597 & 0.628 \\ 0.563 & 0.755 & 0.819 & 0.802 & 0.843 \\ 0.610 & 0.819 & 0.888 & 0.869 & 0.914 \\ 0.597 & 0.802 & 0.869 & 0.852 & 0.895 \\ 0.628 & 0.843 & 0.914 & 0.895 & 0.941 \end{bmatrix}$$

仿真得到的同源性安全风险概率密度函数如图 9.33 所示。

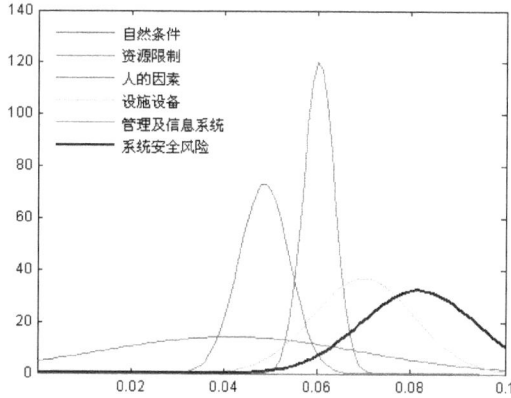

图 9.33　民航系统安全风险概率密度函数

由图 9.33 可见，系统的安全风险（图中黑色曲线表示），其均值是各子系统风险叠加和随机性风险的综合效果，方差具有收敛的趋势，体现系统内各要素的综合作用。

9.4　复合风险分析

复合风险分析是在评估各因素安全风险的基础上，进一步研究航班延误对民航安全风险的波及效应。这涉及民航安全风险和航班延误两个系统，两个系统既有其自身变化规律，又相互作用。航班延误的评估计算方法与上一节评估各因素安全风险的计算方法相同，需要通过贝叶斯线性模型，逐级计算各类因素导致的航班延误。仿真结果如图 9.34～图 9.39 所示。

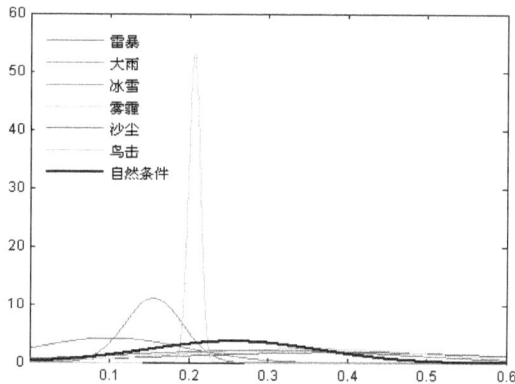

图 9.34　自然条件导致航班延误概率密度函数

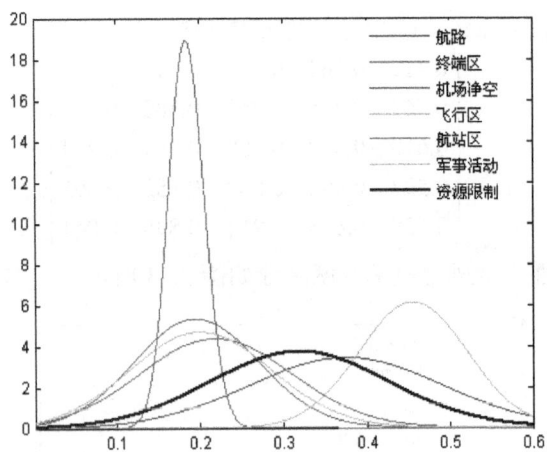

图 9.35　资源限制导致航班延误概率密度函数

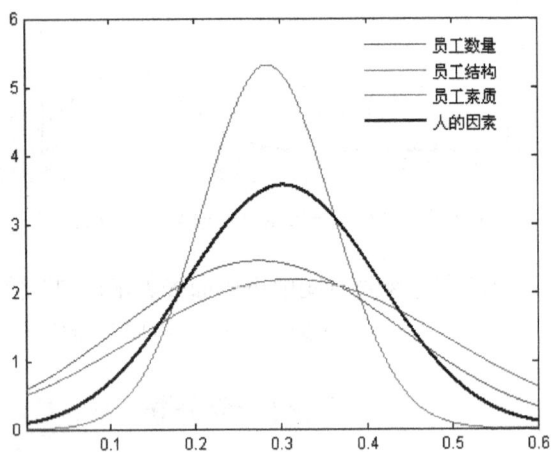

图 9.36　人的因素导致航班延误概率密度函数

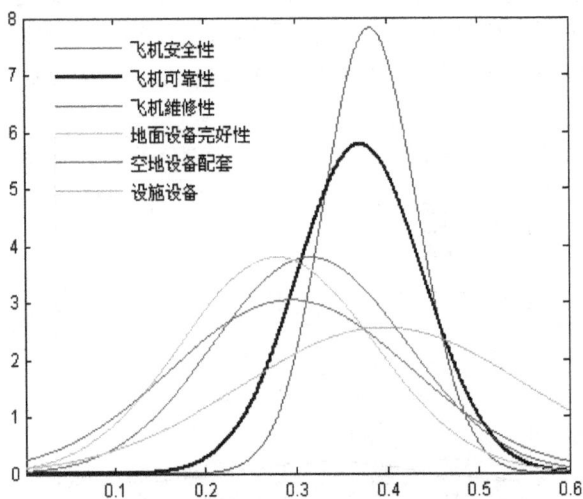

图 9.37　设备设施因素导致航班延误概率密度函数

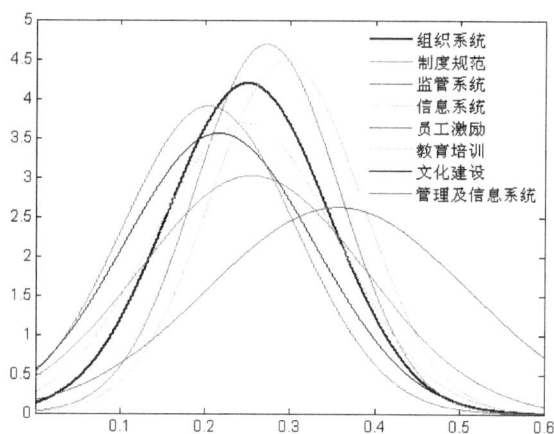

图 9.38　管理及信息系统因素导致航班延误概率密度函数

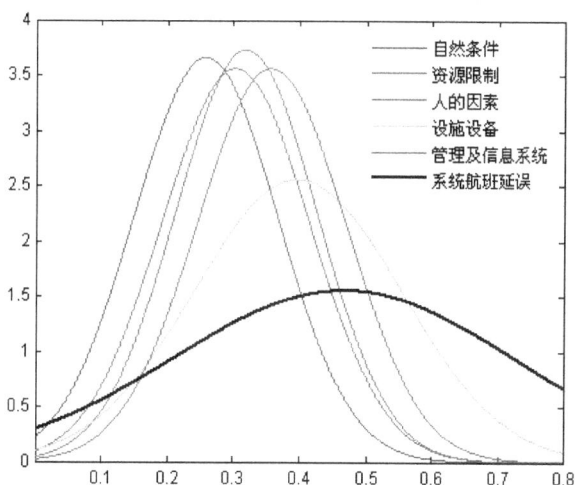

图 9.39　各类因素导致航班延误概率密度函数

　　利用以上两节计算得到的航班延误强度和民航安全风险强度，采用贝叶斯网络方法建模，描述各要素之间的作用机制。所建贝叶斯网络各根节点的含义及概率取值列于表9.9，计算结果如图 9.40 所示。

表 9.9　贝叶斯网络各根节点含义解释及概率取值

序号	符号	含　　义	延误强度/风险强度
1	ZRD	自然条件航班延误率	0.258
2	ZYD	资源限制航班延误率	0.319
3	RFD	人的因素航班延误率	0.302
4	SBD	设备设施航班延误率	0.397
5	GXD	管理及信息航班延误率	0.357

序号	符号	含　义	延误强度/风险强度
6	ZRDR	由自然条件引发航班延误波及的风险率	0.019
7	ZYDR	由资源限制引发航班延误波及的风险率	0.032
8	RFDR	由人的因素引发航班延误波及的风险率	0.025
9	SBDR	由设备设施引发航班延误波及的风险率	0.035
10	GXDR	由管理及信息引发航班延误波及的风险率	0.027
11	DR	航班延误波及的风险率	0.039
12	SR	同源性因素导致的民航安全风险率	0.082
13	RBD	考虑航班延误波及影响的民航安全风险	0.096

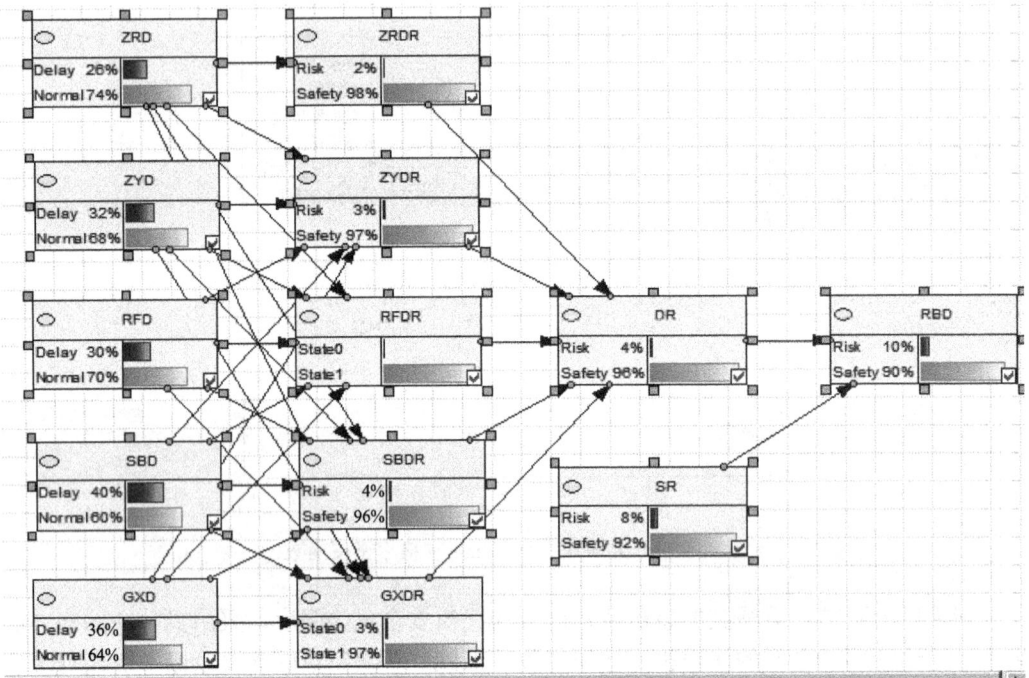

图 9.40　航班延误安全风险仿真结果

由图 9.40 复合安全风险的计算结果，可以得出以下基本结论：

第一，航班延误的存在，确实对民航安全风险产生了波及作用，航班延误对民航安全风险的波及率是 4%。这一波及效果对民航安全运行举足轻重，值得高度重视。

第二，航班延误与安全风险之间的关系是非线性不确定关系，航班延误波及的安全风险既有系统性风险，也有随机性风险，既有同源性风险，也有诱发性风险。复合风险中含有在本书中尚未得到充分揭示的其他风险，值得进一步深化研究。

第三，即使是同源性风险和诱发性风险，实际存在的风险关系也不仅仅是两者的简单叠加，它们之间还存在一定的竞争风险关系。揭示它们之间更复杂的内在联系，需要做进一步深入研究。

第10章　控制航班延误安全风险的对策建议

评估航班延误对民航安全风险的波及影响，目的是对航班延误及其波及的安全风险进行综合治理。本章围绕这一目的，就综合治理的相关问题进行思考，提出一些建议。

10.1　充分认识航班延误的安全风险

20 世纪末以来，我国民航运输逐渐步入了持续快速健康发展的良性循环，"安全第一"的思想在全行业已经深入人心，系统安全、持续安全等先进的安全理念已成为全行业新的安全观，越来越广泛地化作全行业员工的自觉行动。然而，用系统安全、持续安全的安全观看问题，我国民航仍需进一步认识航班延误波及民航安全风险的严重性。我们强调"要像抓安全那样抓航班正点"，这一方面表达了全行业治理航班延误的坚强决心，但是另一方面也反映出我们仍在很大程度上把航班延误和安全看作相互独立的两件事，还没有充分认识两者之间内在的有机联系。中国民航已经取得了世界一流的安全业绩，但是在航班正点上的业绩还未达上佳，航班延误波及的诸多安全隐患，带来的许多安全风险，从一个重要方面说明了我们离世界民航发达国家还有很大差距。

用系统安全、持续安全的安全观看问题，航班延误是影响民航安全生产的重要风险源，治理航班延误是提高民航安全水平的重要途径。航班延误急剧增多是民航持续快速发展过程中的必然现象，它不仅影响民航的服务质量和经济效益，而且会降低民航的安全水平。业内一些专家在民航安全管理实践中已经敏锐地认识到，航班延误是一种重要的安全隐患，其并发和诱发的安全风险如果得不到及时控制，积累到一定程度、在一定条件下就有可能酿成航空事故或严重事故征候，造成重大损失。因此，治理航班延误，既能提高民航的服务质量和经济效益，又能有效地提高民航的安全水平。

本书一再强调，航班延误和民航安全风险之间存在复杂的相互关联，这主要是由于以下几方面原因。首先，航班正常和民航安全的运行与管理主体是一致的。其次，资源紧缺和运行管理行为等因素都会同时对航班正常和安全运行造成约束。第三，恶劣天气、人为干扰等环境因素既会导致航班延误又会酿成安全风险。

治理航班延误是一项系统工程，保证民航安全生产也是一项系统工程，治理航班延误并减少由此波及的安全风险是一项更大的系统工程，两者是一个有机的统一体，它们共存于民航运输生产这个复杂的社会技术巨系统。基于这种系统性认识，才能自觉地研究两者的联系和规律，既把航班延误治理工作引向深入，也把民航安全生产提高到新水平。

10.2　正视矛盾，实事求是

我国的航班延误究竟有多么严重？航班延误有多大安全风险？这是本书立意的出发点，也是一个不太容易说清楚的问题。

改革开放初期，中国民航在世界民航排名中位于 30 名以后，当时国外媒体就借中国民航的英文缩写有过"中国民航总是取消"(CAAC，China Aviation Always Cancels)的戏谑。当年，国际上对我国民航航班不正常状况的这种戏谑态度令许多敬业的中国民航人汗颜。事实上，当年我国民航在安全水平上与世界民航先进国家的差距比航班延误更为突出，只是由于那时的行业规模很小，航班延误和安全风险都不足以引起世界民航业的重视。

如果说国外媒体尖刻的戏谑还不足以引起我们的正视，那么面对国外的航班正点率统计数据，我们就不能不闻不问了。据美国《华尔街日报》2013 年 7 月 14 日报道，美国航空数据网站 FlightStats 发布的一份 2013 年 6 月份的全球航班情况报告显示，中国内地机场与航空公司在航班正点性方面表现最差，6 月共 22019 个航班从北京首都国际机场起飞，其中仅 18.3%航班准点，42%航班至少延误 45 分钟。在全世界 35 个大机场中排名垫底，排在倒数第二位的是上海虹桥国际机场，排名较 6 个月前保持不变，但航班正点率从 38.9%跌至 24%。虽然我们无法苛求国外报道数据的准确性，但是众多旅客对民航航班正常率的信心不足，众多国际航线旅客因此而改乘外国航空公司的航班，众多国内航线旅客因此而改乘高铁，却是不争的事实。近年来，我国民航的增长速度已经明显放缓，其中，航班延误率过高是一个不容忽视的原因。对于航空运输市场需求这一重要转折，习惯于由旺盛需求推动持续多年快速增长的中国民航业应该尽早给予重视。

如果说国外的数据还可能存在偏差甚至偏见，那么中国民航局官方的统计数据也足以表明，航班延误已成为我国民航久治不愈的顽症。据中国民航局发布的《2013 年全国民航行业发展统计公报》，2013 年我国民航航班正常率进一步下滑，航班平均正常率仅为 72.34%，在全行业大力治理航班延误的形势下，反而较 2011 年的 77.2%、2012 年的 75.69%连续下滑，这意味着在不到 4 个民航航班中，就有一个航班出现了进入行业统计范围内的延误。在这种情况下，中央领导同志强调"航班正点就是最大的服务质量"，一针见血地指出了我国民航航班延误的严重性。

诚然，近年来我国民航在治理航班延误上取得了许多成效，积累了许多经验，涌现出许多感人事迹。但是，我国民航不可以因此就在治理航班延误上松一口气。在我国民航，特别是在直接面对航班延误的航空公司、机场和空管等单位，目前在航班延误原因的具体认定上，在航班延误数据的统计口径上，在航班延误对安全风险的影响上，都还存在一些认识不一致、工作不到位的现象。这些都表明，治理航班延误顽疾不可能"毕其功于一役"，需要持之以恒，长期治理。

在认识航班延误的严重性上，我国民航还需要进一步正视矛盾，实事求是。正视矛盾是解决问题的第一步，正视航班延误的严重性和治理航班延误的长期性、艰巨性，正视航班延误的复杂原因，包括航班运行中的表层原因和资源、制度上的深层次原因，治理航班延误才能不断深入，长期坚持下去。认识上不能做到实事求是，就很难做到治理到位，很难做到持之以恒。

从性质上说，航班延误是航班运行基本秩序的失常，而失常本身就意味着风险。毋庸置疑，航班延误这类运行失常越严重，发生的次数越多，民航运输生产的安全风险也随之越大，而对航班延误在性质和程度上的认识不到位，本身就是一种不容忽视的安全风险。

10.3　标本兼治，重在治本

近年来，我国民航在治理航班延误上做了很大努力，提出了一系列果断措施，包括经济补偿等惩罚性措施和运力增长控制、航班时刻控制、空域资源改善等根本性措施，其中不乏"重拳"、"组合拳"，力度之大前所未有。例如，2013 年下半年，在群众路线教育的整改阶段，中国民航局在全行业再次开展了航班延误专项治理工作，加大了对航班延误责任单位的处罚力度，治理内容包括航空公司应对延误的服务工作，旅客机上等候时间过长，航空公司因自身原因导致延误等。在专项整治过程中，对航班正常率排名后 20 位、且航班正常率在 50%以下的国内航班进行内部警告通报；对因空管、机场、油料等原因造成航班延误的，一经查明，给予必要的处罚；航班延误 4 小时以上，因航空公司飞机调配和自身服务等方面原因引发群体性事件，造成重大社会影响的，取消该航班本航季时刻，并不再受理下一航季航班时刻的申请。

经过连续几年的集中整治，民航运输服务质量已经有了很大改进，但航班正点这个"最大的服务质量"的提高迄今仍不尽如人意，其中一个重要原因是需要在航班延误的治本上进一步着力。

在航班延误波及民航安全风险的过程中，航班延误本身是标，即事物的表层现象，导致航班延误的复杂致因及这些致因之间的复杂关系是本，是事物的内在矛盾和客观规律；降低航班延误率是标，加强各相关环节的制度建设是本，是提高航班正常性，巩固航班延误集中治理成果的根本出路。治理航班延误及其波及的安全风险需要治标，首先把航班延误率降下来，但更重要的是在治本上下功夫，即不断深化对导致航班延误的各种复杂致因及其背后复杂关系的认识，不断提高对航班延误安全风险的认识和重视程度，不断加强针对航班延误的各项制度建设。只有这样，才能从根本上降低航班延误及其波及的安全风险，从根本上将民航安全关口前移。

在生产单位治理航班延误的具体行动中，操作层面的行动是标，制度层面的措施是本。在全行业治理航班延误的努力中，生产单位的具体行动是标，企业、行业和政府的管理措施是本。以航班延误率的真实性这个治理航班延误的起点和基本问题为例，据了解，目前仍有一些航空公司的实际航班延误率比披露的数据要大，因此旅客往往感觉航班延误程度比公布的情况更为严重。航空公司之所以低报航班延误数据，一个重要动机是担心影响公司下一季的航班时刻，但在他们这种低报的做法背后，也暴露出民航局在审批航班时刻方面还存在一些更深层次问题。业内人士指出，这些问题主要表现在两个方面。一是民航局在审批航班时刻时不够严格，没有充分利用数据，充分考虑各机场的容量限制，造成某些机场起降架次超过机场容量，容易造成航班延误，带来安全隐患。二是民航局对航班数据的审查不够严格，得到的原始数据就有一定程度的水分。各航空公司上报给民航局的数据中有相当一部分是做出来的数据，这在一定程度上给民航局审定航班时刻带来了干扰。为了在全行业范围内从根本上治理航班延误，民航局作为全行业统一的监管者，需要发挥更强有力的约束作用。在民航局的统一监管下，各民航单位要从自身做起，练好服务质量和安全管理的内功，在治标的同时更重视治本，既要把航班延误率降下来，更要把航班延误的规律性弄清楚，采取切实措施减少航班延误，努力减少航班延误的安全风险和其他消极影响。

10.4 追根求源，综合治理

治理航班延误，减少航班延误波及的安全风险，出路在于从根本上克服导致航班延误的各种原因。由于航空运输系统的复杂性，航班延误的致因的确十分复杂，治理航班延误是一项庞大的系统工程，在这里，应该避免顾此失彼或舍本求末，需要在弄清航班延误复杂致因的基础上进行全方位的综合治理，需要航班运行各个环节上各主要责任单位和保障单位在明确职责的基础上密切沟通，协同配合。

关于航班延误的原因及其分类，各方面见仁见智，本书前面各章已结合研究需要有过反复讨论。中国民航局 2012 年的统计结果显示，在造成航班延误的各种原因中，前 3 大原因分别是航空公司自身原因、流量控制原因和天气原因，分别占 38.5%、25%、21.6%。文献资料的报道频率显示，导致航班延误的原因可以分为 7 类，即航空公司原因、天气原因、空中交通管制原因、流量控制原因、机场保障原因、机械故障原因以及旅客自身原因。其中，航空公司、空管、天气、流量控制是导致航班延误的主要原因，由机械故障、机场、旅客原因引起的航班延误相对较少。近年来，一些学者通过对航班延误原因的分析研究，总结出 11 类造成航班延误的主要原因，其中比较常见的原因有以下 5 类，这里从采取针对性措施的角度再做简要讨论。实际上，这些原因均与航班延误和安全风险密切相关，理应是对航班延误及其波及的安全风险进行综合治理的重点。

10.4.1 天气原因

天气是导致民航航班延误和安全风险的客观原因。

目前国际民航界对因恶劣天气造成航班延误并危及安全的一般解释是：由于天气原因，不够安全飞行标准，导致不能按时起飞。导致航班延误和安全风险的天气原因，按其在航班运行过程中的出现时间一般包括 3 种情况：出发地机场天气状况不宜起飞；目的地机场天气状况不宜降落；飞行航路上气象状况不宜飞越。

在现有技术条件下，民航对一些恶劣的天气现象还难以控制，例如，遇有雷暴、雾霾等天气时，民航航班出现延误甚至取消往往在所难免，这时如果继续执行航班任务就无法保证飞行安全。但是，人们对恶劣天气也并非无能为力，各国民航提高航班正常率和安全水平的的实践证明，配备先进的气象保障设施，完善应对恶劣天气的处置预案，提高气象人员对局部天气的观测和预报能力，都是提高航班正点率的有效手段。

10.4.2 航空公司原因

在中国民航局的航班延误统计中，航空公司自身原因已连续 3 年位居航班不正常原因的首位，也是目前我国民航治理航班延误的重点环节。在中国民航局发布的《做好航班正常工作若干规定》中，对航空公司的要求始终居首位，足见航空公司在治理航班延误中所处的特殊重要地位。

客观地说，面对"航空公司自身原因占延误原因四成"的说法，航空公司是大有苦衷的，因为很多看似航空公司原因造成的航班延误，其实并不是航空公司自己造成的。

据航空公司内部统计，大部分航班延误是因为上游航班飞机晚到造成的，即因空中管制或者天气原因等导致一个航班晚点后，飞机无法及时赶到下一个机场，执行下一个航班任务，而这种情况是航空公司自身无法解决的。

在承担航班延误给民航业带来的经济和商誉等方面的损失时，航空公司首当其冲。根据民航局和行业协会的规定，由航空公司自身原因造成的航班延误超过4小时，航空公司应该向旅客给予适当的经济补偿。航空公司是航班延误和安全风险的直接受害者，这一点已越来越得到社会公众的理解。在民航全行业治理航班延误的系统工程中，航空公司是执行航班任务的首要单位，在治理航班延误方面居于核心地位。这是因为，无论是机场还是空管单位，大家为缓解航班延误所做的努力最终都要通过执行航班任务的航空公司来实现。在航空公司方面，影响航班延误和安全风险的环节很多，包括机务维修、航班计划、运输服务、空勤人员和飞机调配等环节。

飞机处于良好状态是保证航班正常、安全的基本物质条件，因此，机务维修质量在保证航班正常中占有举足轻重的地位。一般来说，绝大部分的故障隐患都会在飞机的例行检查中得到及时处理，但这无法保证飞机设备在执行航班任务过程中不会突然出现故障。飞机一旦在执行航班任务期间出现故障，机务人员必须根据维护程序进行必要的检查，对故障现象进行分析判断，找到故障源头，然后再进行相应的排除故障工作。排除故障需要的时间视故障情况而有很大差别，当故障属于较难排除的疑难故障时，本身就属于比较大的安全隐患，也往往会导致时间较长的航班延误。

在航班计划编排上，航空公司的主要参考因素为市场需求和飞机日利用率等。目前这方面存在的主要问题是，一些航空公司对航班的实际运行情况缺乏足够了解，对影响航班运行的一些实际情况缺乏及时的应对，导致有些航班在计划编排过程中，没有充分考虑飞行时间、停场时间以及后续衔接等因素，出现航班计划性延误。

运输服务质量不佳也是导致航班延误的重要原因。按我国民航目前的运输生产管理水平，一架飞机一天可执行6～10个国内航班，在天上飞行达10小时左右，加上航班执行过程中的上下旅客、清洁、装卸货、例行检查等地面服务环节，一般每天运行16小时左右。每架飞机的航班计划都预先排好，调整余地很小。前一航班执行中出现任何疏漏，都可能引发后续航班的连锁反应，而且由于航班延误的积累，往往越到后面执行的航班延误时间越长。

在执行航班任务的飞机调配和机组人员安排上，会因为某些突发事件和航班延误等原因导致机组值勤超时，而飞机和机组人员的备份调配不当会进一步加剧航班延误。

纵观以上种种情况，治理航班延误在航空公司本身就是一项复杂的系统工程。为了从根本上降低航班延误率，航空公司需要苦练内功，从改进航班计划、改善运输服务、加强飞机和机组资源调配等关键环节全面治理。实践证明，由航空公司自身原因引起的航班延误可以通过改进管理方法、提升管理水平来有效地减少。航空公司要站在战略的高度进行航班规划和安排，既要考虑机型、机龄等可能影响飞机调配的技术因素，也要考虑公司计划、机组人员备份等管理因素，同时还要考虑季节规律、重点航线的航班动态情况等因素。当出现异常情况时，要及时通知相关部门，强化应对异常情况的处置措施，公司各部门要协调运行，统一服从于公司的整体目标和利益。

10.4.3　空中交通管制原因

在民航航班运行中，虽然空中交通管理单位并不同旅客直接接触，但旅客对空管原因导致的航班延误却深有感触，当他们听到"流量控制"、"等待空管放行命令"等十分熟悉的专业术语时往往将信将疑或无可奈何。目前，导致我国民航航班延误的空中交通管制原因主要来自两方面：一方面是流量控制，另一方面是军事活动。

流量控制是导致航班延误的资源性约束。所谓流量控制，是通过限制单位时间内进入某空中交通管制节点的航空器数量来维持安全的空中交通流。流量控制属于非航空公司因素，按照各国惯例，由流量控制导致的航班延误无需对旅客进行经济补偿。

在我国，由流量控制导致的航班延误越来越严重，引发流量控制的根本原因是快速增长的民航需求与有限的空域资源之间的矛盾。多年以来，民航可以使用的空域容量严重不足。近 10 年来，民航运输周转量以年均 14%的速度增长，但是航路和航线里程年均增长率不到 3%，空域调整的余度越来越小，难度也越来越大。

由于我国空域资源短缺严重，而且短期内难以增加，在这种情况下，目前我国民航不得不限制发展，通过控制热点航线的航班数量、提高航空公司准入门槛等措施来抑制航空运输市场需求，以适应有限而紧张的空域资源。这种抑制需求的做法能够在短期内实现削足适履的供需平衡，但不应成为航空运输市场发展的常态。

在这个并不和平的当今世界，在我国这样正在崛起的大国，一定量的军事活动是不可避免的。一旦因军事活动发生管制，相关的民航飞行都要受影响。在地面的飞机要停在地面等待，在空中的要么返航，要么就近降落在其他机场等待。遇到这种情况，只能等待，没有理由，没有预计时间，一切都是最高机密。管制时间少则半小时，多则三四个小时，管制解除后，相关空域往往有大量民航飞机拥挤，要消化积累起来的大量航班，必然会继续延误。由于国家军事斗争的需要，近年来空中军事活动比较频繁，这给民航航班正常增加了压力。

以上两个影响航班正常的原因是互相关联的，其中军事活动对航班延误的影响是次要的，而流量控制及其背后的空域资源紧缺更具有根本性，这一问题的根本解决有待于我国空域管理体制的进一步改革。

10.4.4　机场原因

机场是保证航班安全正常起降的主要基础设施。在由机场原因导致的航班延误中，主要是指机场机务保障、安检、机场环境等方面原因造成的航班延误。

机场机务保障部门代理各航空公司航班的机务维修工作，对于各航空公司的经停和往返航班负有过站检查、排除故障、签字放行、清除冰雪等各项保障工作。任何一个环节出现疏漏或保障不及时，均可能造成航班延误和安全风险。

安检是机场在保证安全方面的重要工作。我国民航对安检历来有十分严格的要求，但随着航班量的增加，机场安检任务越来越重，由于现行安检设备与技术水平的限制，导致安检速度较慢，尤其在节假日旅客较多时，因安检缓慢导致旅客无法及时抵达登机口的情况时有发生，因而会引起航班延误。

机场环境对航班延误也会产生影响，如无线电通信干扰、不明飞行物干扰、跑道入侵事件、场内地勤车辆违章导致的碰撞事件等,均会造成航班延误并直接危及飞行安全。

机场在治理航班延误,减少安全风险中处于枢纽地位。这一来是因为任何航班延误都必然表现在到达或离开机场的晚点上,不管由什么原因导致了航班延误,机场都与航空公司一道,是航班延误的直接承受者;二来是因为在处置航班延误过程中,旅客往往会不分青红皂白,把对民航各服务环节的种种不满一股脑地发泄给机场工作人员。因此,在治理航班延误中,机场除了做好自己的分内职责以外,一项很重要的任务,有时是更重要的任务,就是时刻保持与航空公司和其他各保障单位的良好沟通。

10.4.5 旅客原因

航班延误的原因十分复杂。许多旅客抱怨连连的航班延误在很多情况下其实是由旅客自身原因造成的。旅客原因导致航班延误的常见情形有以下几个方面。

1. 旅客晚到或晚登机

经常有个别旅客在航班办理登机手续截止时间之后才匆匆赶到机场,或者办完登机手续后因疏忽等原因而耽误了登机,特别是当有交运行李的旅客误机时,为了保证安全必须重新处理全部行李,这必然会致使飞机上所有旅客在延误中焦急等待。

2. 旅客不辞而别

一旦有旅客不辞而别,为保证安全必须确认该旅客没有遗留任何物品在飞机上,对客舱及所有托运行李进行全面检查,费时费力,必然导致航班延误。

3. 旅客突发疾病

一些旅客患有某些严重疾病而不宜航空旅行,他们在登机或飞行过程中突发疾病,会使航班运行陷入混乱而导致延误。

4. 旅客的非法干扰行为

在航班延误较久时,个别旅客做出拒绝登机的过激行为,个别旅客不服从民航工作人员疏导而做出强占飞机、强占跑道和停机坪等民航设施的违法干扰行为,这些都使本来就已十分被动的机场秩序更加混乱。

此外,近年来社会上有极个别不法之徒用"诈弹"等方式严重危害民航和社会安全,或者实施炸机、劫机等严重犯罪行为,这些都对民航航班正常和安全运行构成了极其严重的威胁。

航班正常和飞行安全是民航业和广大旅客共同的愿望。要从根本上扭转我国民航的航班延误状况及其安全风险,既需要民航全行业的不懈努力,也离不开广大旅客的关注和支持。

10.5 改革创新,拓展资源

在我国民航持续多年的快速发展中,资源短缺现象十分常见。资金短缺,设备短缺,人员短缺，空域短缺等等，这些常态化的现象使中国民航人已经习惯了在短缺中发展，在挖掘内部潜力中发展。但是内部挖潜毕竟是有限度的，随着约束刚性不断加强，短缺的资源逐渐演化为瓶颈，必然带来严重的航班延误以及由此波及的安全风险。在当下，空域资源不足是限制我国民航持续健康发展的突出瓶颈，应予以特别重视。

在我国民航航班延误的众多原因中，流量控制的地位十分突出，而空域资源严重不足是我国民航航班流量控制背后的深层次原因。按照我国现行空域管理体制，国家空域绝大部分由军方管理，民用空域长期短缺。在许多情况下，空域不足是导致航班延误的刚性约束。虽然随着空域管理体制的逐步改革，民航空域在缓慢扩大，但离满足民航快速发展需要仍相去甚远。同国家以经济建设为中心的发展大局相比，空域管理体制改革的步伐明显滞后。近年来，由于军事斗争的需要，民航空域紧张的局面时有加剧。实践证明，空域管理体制改革不到位，我国民航航班延误的被动局面很难得到根本好转。对现行空域管理体制进行更深层次的改革，在确保空防安全的前提下为民航提供充足的空域资源，是航班延误的治本之策。但是多年来国家空域体制改革的实践证明，这不是仅作为国家民用航空主管部门的民航局一家所能够推动的，这场改革需要国家顶层的战略思维和战略决策，需要由国家顶层的权威机构牵头组织，打破空域改革的深层次阻力，建立市场化的空域管理体制，才能让国家宝贵的空域资源产生出更大的经济和社会价值。

我国民航空域资源短缺是一个短期内很难改变的现实，而提高航班正点率却是当务之急，如何在空域资源严重短缺的现实情况下提高航班正点率是目前需要重点解决的紧迫问题。解决流量拥堵的根本出路在于改革现行的空域管理体制。我国现行的空管体制是在二十世纪五六十年代民航事业不发达的情况下形成的，在民用航空器急剧增加、民用航空飞行量迅速增大的今天，仍延续过去的空管体制显然已不适应，需要大力改革创新，积极拓展民用航空空域资源。

10.5.1 进一步理顺空管体制

早在 1993 年，国务院、中央军委就明确了我国空管体制的发展方向，提出了空管体制改革分三步实施的战略部署。第一步，将北京—广州—深圳航路交由民航管制指挥试点，已于 1994 年 4 月 1 日起顺利实施。第二步，将全国的航路交由民航管制指挥，形成在国家空管委统一领导下，民航和军航分别对航路内外提供管制服务的空管体制，实现"一个空域内一家管制指挥"，这一步改革迄今尚未完成。第三步，借鉴世界上先进国家的做法，采用国家统一管制的模式，这一步改革尚无明确的时间表。现在的问题是要加大改革力度，尽快实现第二步改革目标，积极探索第三步改革。

在民航内部，空管体制正在逐步理顺，但仍未形成集中统一的管制指挥。在占全国机场多数的中小机场，空中交通管理尚未纳入空管局的组织序列，这不利于实施协调统一的空管指挥，不利于空管系统设施建设，不利于保障航班正常和飞行安全，应当参照国际上的通用做法，尽快建立全国范围内统一管理、集中指挥的空管体制。

10.5.2 合理划分管制区域

目前我国空管的区域划分亟待改进。空域作为国家的重要资源，应该确保其安全、有序、高效率的使用，军航、民航管制区域应尽可能一致。世界上大多数国家军、民航管制区是完全一致的，而我国是民航与行政管理区挂钩，军航与部队建制范围挂钩，这就形成了军、民航管制区划分不一致的矛盾。应从国家空域资源的整体考虑，科学、统一地划分管制区，达到军航、民航管制区尽可能一致，这是提高空域利用率，利于军航、民航相互协调的有效方法。

10.5.3　大力改善空管系统基础设施

应加强航路管制中心的建设，重点抓好北京、上海、广州三大管制中心和其他区域管制中心的建设。认真吸取先进国家建设大型管制中心的经验教训，采用统一的系统结构、统一的技术标准、统一的设备型号、统一的建设模式，为未来全系统的联网打好基础。

10.5.4　积极发展新航行系统

发展新航行系统是空管系统的一项重大变革。按照国际民航组织第十届航行会议批准的新航行系统方案，我国空管系统发展新航行系统分三步进行，目前已经走在世界民航前列。即 2000 年前进行新航行系统试验，在我国西部地区筹建新航行系统航路，提供试验性服务，积累使用经验。2010 年前制订并完善新航行系统标准和运行法规，完成飞机的改造，建设新航行系统各子系统，与原有系统并存运行，作为原系统的辅助设施。2010 年以后全面发展推广新航行系统，对原有系统进行根本性的改造，逐步与国际接轨，为航空部门与企业的捷径飞行、自由飞行创造条件。

10.6　全面着力，突出重点

目前，航班延误在我国民航具有相当大的普遍性，需要进行全面治理。另一方面，航班延误在不同航线、不同机场、不同地区的分布存在很大差异，为了提高治理效率，不宜胡子眉毛一把抓，而应突出重点，把更多的资源和精力投入到重点航线、重点机场和重点地区。

以导致大量航班延误的流量拥堵为例。改革开放以来，我国飞行流量以 8%～10%的速度增长。在京广航路以东地区集中了约 90%的飞行流量，其中约 70%的流量分布在北京—上海—广州之间的大三角地区；中西部地区如成都、昆明、西安等地飞行量也呈快速增长势头。目前，流量拥堵主要发生在包括"三点"、"两线"和"三区"的东部地区，"三点"即北京首都机场、上海虹桥/浦东机场和广州白云机场，"两线"即京广线和京沪线，"三区"即长三角地区、珠三角地区和京津冀地区。发生在这"三点"、"两线"和"三区"的航班延误量占全国航班延误的一半以上，发生在其他机场、航线和地区的航班延误也多与"三点"、"两线"和"三区"发生的航班延误有关。因此，治理流量拥堵导致的航班延误，理应以这"三点"、"两线"和"三区"为重点。

实际上，我国民航在治理航班延误的全面部署中，已经对重点航线、重点机场和重点地区给予了很大重视，采取了一系列有效措施。例如，凭借国内大型飞机大量配置先进导航系统的技术优势，规划和实施京广、京沪平行航路，大大增加了航路放飞密度。在北京首都机场增加进离场走廊和等待空域，执行新的进离场程序，有效减轻了走廊口的流量压力；划设和启用等待空域，在天气不正常时指挥飞机按不同的高度层等待，严格遵循各个高度段的速度限制，适当缩小雷达管制下的飞机间距，有效提高了空域资源的利用率。

加强运行控制是航空公司治理航班延误，提高安全水平的重点环节。目前，国内各航空公司加强了运行控制系统(FOC)建设，对飞机放行提供有力的技术支持，减少天气、故障原因的返航和备降。充分利用地空数据链和卫星通信，为运行中的机组提供决策支持，实时监控和掌握运行航空器的工作状况。在民航局统一部署下，努力实现全国协同运控，各大航空公司的 FOC、各大区域管制中心和民航局运控中心实行联网，遇到航班大面积延误时，统一协调解决流量拥堵问题，取得了良好效果。

10.7   研究规律，协同治理

航班延误无疑会给民航运行秩序带来混乱，有时是大面积严重混乱。但是也可以看到，航班延误现象有一定的规律性。认识这些规律，有利于提高治理航班延误的效率。

例如峰谷规律。有研究指出，国外的航班延误多发生于节假日高峰期，而我国的航班延误则是"24 小时制"，不分节假日平日，不分昼夜。由于延误现象比较普遍，我国民航航班延误的峰谷差别的确比较小，这是事实，因此需要施以更加持之以恒的全面治理。但是另一方面，过分夸大国内外航班延误在峰谷规律上的差别也是不合理的。实际上，我国的航班延误还是有明显的峰谷规律可循的，为了使航班延误治理工作迅速取得更大成效，当务之急还是应该重点加强峰值时刻航班延误的治理。

又如季节规律。夏季前后，华南和华东地区在七八月份经常有台风和雷雨，不具备安全飞行条件；冬季前后，华北、东北地区经常有冰雪、雾霾天气，也给飞行安全带来很大威胁；此外，旅游旺季和春节期间，加班飞行较多，航班比平时密集等等。这些都容易导致航班大面积延误，在治理中应该予以更多重视。

航班运行是一个大系统，虽然延误直接表现在机场和航空公司，但其致因源于众多方面和众多保障条件，因此，治理航班延误需要民航各部门密切配合，在掌握延误规律的基础上协同治理。

航空公司作为航空运输的承担者，是航班延误的直接责任人。在治理延误中，航空公司要增强备份运力，加强内部管理，完善应急处置方案，与有关各方保持良好沟通。在发生航班延误时，航空公司应与机场等单位相互配合，确保旅客的知情权，把真实的信息及时提供给旅客，避免旅客对延误产生误解及发生过激行为。

机场作为航空运输的重点保障单位，要特别注意提高航班延误治理工作的系统性，包括机场内部治理的系统性以及与航空公司、空管、油料等相关单位协同配合的系统性。由于大量安全保障工作是在机场进行的，需要机场为相关单位提供各项保障服务，因此机场在处置航班延误过程中经常要担负起协调的重任。在航班运行中，机场要加强内部管理，提高工作效率；按照规范要求实施保障，配合航空公司实现航班顺畅运行；改进安检设备，提高安检水平；加强安全管理，避免入侵事件，及时处置违法干扰；制定和完善应急措施，担负好应急过程中的指挥责任。在发生航班延误时，要特别注意及时疏导旅客，尽量减少滞留；协调各方缓解延误压力，做好航班不正常情况下的恢复工作。

空中交通管制部门作为航班运行的指挥者，在使用和拓展航班运行资源方面居于无可替代的地位。在我国民航空域资源十分紧缺的当下，空管部门要科学合理地使用空域，提高空域利用效率。合理安排飞行流量和地面滑行路线，减少航班对空中和地面资源的占用。积极推动国家空域体制改革，在目前体制没有改变之前，可以积极开辟临时航线以应急需。为了提高空管系统保障能力，要大力改善空管系统基础设施，加快自身的改革步伐。

航班延误治理工作中，机场、航空公司、空管以及信息、油料、航材等单位应各司其职，主动沟通，协同作战，这样才能保持民航各单位之间的密切联系，集聚各单位对治理航班延误的共同关注，真正形成治理航班延误的高效系统和巨大合力。

10.8　以人为本，强化激励

近几年来，我国民航采取了多项措施治理航班延误，包括做好航班延误后的处置工作，加强信息沟通，加大对航空公司航班延误的警告和处罚力度，要求航空公司增加备份运力及对旅客进行经济补偿等。这些治理措施大多是操作层面或制度层面的管理措施，管理对象基本上是航空公司、机场、空管等相关单位，而对如何激励各单位亲手执行航班运行任务的员工，充分调动员工保证航班正常的主观能动性重视不足。

激励可以对员工在民航运输生产中的士气和工作努力程度产生很大影响，显著提高工作绩效。有研究表明，如果没有激励，员工的能力发挥不超过三分之一；而如果施以有效的激励，其能力可以发挥到80%以上。只有解决好员工激励问题，靠有效激励来发挥员工的主观能动性，才能从根本上治理航班延误及其波及的安全风险。

从调查了解到的情况看，目前我国民航在机务、安检等关键专业和关键岗位的人力资源普遍紧张，员工缺编严重、技术水平不高、队伍不稳定等问题十分突出，致使一些关键环节工作效率不高，差错较多，安全风险很大。这些既是航班延误的重要致因，也是制约民航安全生产的严重隐患。在强化民航员工激励方面，在近期，一是要加强培训，努力提高员工的基本素质；二是要调节收入分配，减少员工在收入问题上的不公平感；远期则要适应国内外政治、经济、文化变革，从根本上塑造民航员工的工作价值观，提高民航员工队伍的职业自豪感。

结语　探索航班延误与安全风险的内在联系

在 2013 年全国民航工作会议上,中国民用航空局李家祥局长提出了一个重要命题:实现民航持续安全,需要树立系统的思维方式和思想方法。在国内外普遍把航班延误和安全风险作为两个问题分别进行研究的当下,本书研究航班延误波及民航安全风险问题,把两个看似独立的问题统一到民航安全生产系统这个共同的框架内进行研究,探索航班延误与民航安全风险的内在联系,寻求的就是思维方式和思想方法上的突破。这种方式就是系统的思维方式,这种方法就是系统工程的研究方法。

航班延误与安全风险是我国民航持续快速发展进程中两个绕不开的基本问题,必须正面对待,妥善解决。长期以来,国内外民航在认识和处理这两个问题上普遍存在着两种偏差。一方面,运输生产部门往往倾向于集中关注航班运行是否正点,而对航班延误波及的安全风险重视不够。另一方面,安全管理部门往往集中关注民航生产过程中出现的各种不安全事件,而对航班延误这个导致不安全事件发生的重要风险源没有给予足够重视。人们之所以习惯于分别研究航班延误和安全风险问题,从认识论的根本意义上来说,就是因为对这两个问题之间的系统性关联认识不足。而要有效地减少航班延误对民航安全风险的波及性影响,实现安全关口在航班运行过程中的有效前移,从根本上说,就是要深入探究航班延误与民航安全风险的内在联系。

本书从形成机制和波及影响两个基本方面研究了航班延误与民航安全风险之间的内在联系。研究表明,在航班延误和民航安全风险之间,的确存在着广泛而深刻的内在联系。这种联系是多维的,既有自然的、技术的、管理的联系,也有经济的、社会的、文化的联系,其联系之广且深,各种联系之错综复杂,没有系统的思维方式和思想方法,便不足以得到清晰的认识。

航班延误与民航安全风险之间存在着自然联系。民航人凭经验就知道,恶劣天气袭来的时候,航班很容易出现延误,返航、备降等各种航班不正常情况在恶劣天气下出现最多,而各种安全风险也在这种天气条件下骤然增加。本书调研数据表明,雷暴、雾霾和冰雪对航班延误和安全风险的影响均居前列,清晰地显示了两者之间的自然联系。

航班延误与民航安全风险之间存在着技术联系。技术手段对保证航班正常和民航安全的巨大作用,已经被 100 多年的世界航空史所反复证明,并仍在继续证明。在航班正常和民航安全问题上,科学技术是第一生产力这一命题的正确性比在许多其他场合都表现得更加充分。本书研究表明,航路设施和机场设施建设,地面设备和机载设备配套,运行系统和信息系统更新,这些十分具体的技术手段,都既有利于减少航班延误,也有利于降低安全风险,应该在我国民航发展中予以更多重视。

航班延误与民航安全风险之间存在着管理联系。减少航班延误,降低安全风险,既是技术问题,更是管理问题。航班密度增加,客货运输量增加,对民航管理水平的要求越来越高。民航安全管理从技术安全时期、人的因素安全时期发展到组织安全时期,也反映出管理的地位越来越高。本书研究表明,航班延误后的妥善处置,特别是大面积航班延误时的危机应对，是减少航班延误的消极后果，避免安全风险恶性积累的最有效途径，应该在民航的行业和企业管理中予以更多强调。

航班延误与民航安全风险之间存在着社会联系。一个载客数百人的大型客机航班，本身就构成一个特定时空条件下的小社会，机组和旅客在这个小社会中处于和衷共济的角色地位。如果加上为航班飞行服务的各环节人员，以及旅客的各类亲友，这种社会联系就更加广泛。航班的正常和安全既是旅客的权益，亲友的牵挂，也是民航人义不容辞的社会责任。一旦出现大面积航班延误、飞行事故或严重事故征候，都会迅速引起社会公众的高度关切，说明航班延误和民航安全风险两者之间的社会联系不容忽视。

航班延误与民航安全风险之间存在着文化联系。"保证安全第一，改善服务工作，争取航班正常"，周恩来同志 50 多年前对民航工作做出的这一重要批示既是我国民航业的指导方针，也是我国民航行业文化的精髓。立足本职工作岗位，兢兢业业，恪尽职守，努力为减少航班延误和安全风险做贡献，在任何情况下，都必须以旅客的合法权益和安全为优先考虑，这些已经逐步升华为我国民航员工队伍的文化自觉。我国民航在减少航班延误和保证飞行安全方面付出的不懈努力和取得的长足进步，显示了健康向上的文化在行业和组织发展中的巨大力量。

航班延误与民航安全风险之间存在着经济联系。这是因为，保证航班正常和保证民航安全都需要足够的经济资源，而且在一般情况下，两者需要的是同类的经济资源。新中国民航业半个多世纪的发展历史呈现出明显的循环轨迹：随着民航业的快速增长，原有的资源基础越来越不敷需求，资源约束越来越紧张，航班延误等不正常情况越来越严重，安全压力越来越大，安全隐患越来越多，各种不安全事件频繁发生，先是形形色色的轻微事故征候，后是种种严重事故征候，其严重性往往是与死神擦肩而过，甚至直接酿成事故，使民航发展的持续性受到严重干扰；在事故和严重事故征候面前，全行业认真吸取教训，强化安全管理，从设备、人员、资金投入等各个方面查补漏洞，改善行业发展环境，优化资源配置，推动民航发展回归良性循环。当然，这样的描述只是粗略的简化描述，但是我国民航几十年来的发展轨迹大致的确如此。

在我国民航发展历史上，有两个超乎寻常的高速增长阶段，第一个是"大跃进"的1958、1959 年，第二次是民航改革开放初潮的 1990～1993 年。如表 1 所示，这样超常的高速增长曾经给我国民航留下惨痛的教训，在两个超常高速发展阶段前后发生过 17 次运输飞行事故。血的教训使民航人深刻认识到，资源约束是民航快速发展，特别是持续快速发展的基本约束条件。

表 1 我国民航运输的两个超常增长阶段

年份	增长率/%			
	运输总周转量	旅客运输量	货邮运输量	运输飞行事故
1958	49.3	79.7	89.3	4
1959	48.2	29.0	69.9	3
1990	21.6	29.3	19.4	1
1991	28.3	31.2	22.2	2
1992	33.6	32.5	27.3	3
1993	19.5	17.2	20.6	4

注：表中数据来源于《中国民航年谱》，中国民航出版社，2012。

应该承认，近10多年来我国民航航班延误问题久治不愈，最根本的原因仍在于资源约束。在航班延误和民航安全风险之间的上述诸多联系中，经济联系是最根本的联系，而且除了自然联系以外，其他4种联系都可以从经济联系中找到根源、表现或出路。诚然，恶劣天气等自然因素，从业人员素质等人的因素，外部经济政治环境等社会因素，内部管理等行业和企业因素，都是可能导致航班延误的重要影响因素，但是这些因素有的是不以人的意志为转移的客观因素，有的是资源约束的具体表现形式，因此可以肯定地说，资源约束是民航持续快速健康发展的基本约束条件。刚性的资源约束，轻则造成航班延误率上升，重则导致安全水平下降，两种结果在本质上是一致的，都会给民航发展质量带来严重的不利影响。中国民航业在十分紧张的资源约束条件下保持了令世人瞩目的持续增长速度和安全水平，表明我们在治理航班延误和保证飞行安全上的长期努力取得了良好效果，这些效果对我国乃至世界民航业的发展具有重要的意义。

航班延误和安全风险是困扰民航业健康发展的两个基本矛盾。本书研究表明，两个基本矛盾之间存在密切的内在联系。航班延误和民航安全风险之间的种种联系是客观存在的，但是认识和理清这些联系还需要付出很大的主观努力。从事物发展的整体过程来看，航班延误与安全风险之间的内在联系是一种相互波及、相互激荡的双向联系。一方面，航班延误必然诱发安全风险，危及民航安全生产进程。航班延误是航班运行过程中的一种不正常状态，是对既定计划中航班正常性的偏离，这种不正常和偏离本身就是一种安全隐患，它隐藏着危及航班飞行安全的风险。另一方面，不安全事件的发生必然影响航班正常运行，极易造成延误，特别是严重不安全事件发生或若干不安全事件群发，往往会严重干扰航班运行秩序，导致航班大面积延误。从两者之间内在联系的外在表现来看，航班延误表现得更加突出，更加经常。因此，本书首先从提高民航安全水平出发，着重探索航班延误对安全风险的波及性影响。

我们高兴地看到，作为党的群众路线教育实践活动在民航的一项重要成果，中国民航局先后发布了一系列关于加强治理航班延误的文件，包括《做好航班正常工作若干规定》（下文简称《若干规定》）、《优化空中交通管制运行规范的暂行规定》、《机场航班运行保障标准》以及《航空公司航班正常运行标准（试行）》等，有关文件发布之密集，管理措施力度之大，前所未有。《若干规定》从提高航班运行效率和做好航班延误后的处置和服务两个方面，进一步明确和细化了航空运输生产链条上各相关单位的责任和义务，而与之配套的几项规定和标准则为各单位把《若干规定》落实到位奠定了扎实基础。这些文件为我们进一步深入探索航班延误和民航安全风险之间的内在联系提供了更充分的法规依据。我们相信，有中国民航局对全行业持之以恒的严格管理，有全行业各单位协同一致的高度配合，中国民航一定能像抓安全生产那样治理好航班延误顽症，为提高安全水平奠定更加坚实的基础，在建设民航强国的进程中为社会公众提供世界一流水平的航空运输服务。

参 考 文 献

[1] 中国民用航空局. 2013 年行业发展统计公报[OL].(2014-03-24).http://www.caac.gov.cn.

[2] 中国民航预计 2012 年全行业盈利 295 亿元[OL].(2012-12-20). http://cornoc.com.

[3] "十一五" 中国民航运输飞行 2036 万小时 976 万架次[OL].(2011-2-24). http://news.china.com.cn.

[4] Luo S, Yu G. On the airline schedule perturbation problem caused by the ground delay program [J]. Transportation Science, 1997, 31(4):298-311.

[5] Ruter S M, Mundy R A, Whitaker J. Alternatives for reducing delays at the United States busiest Airport [J]. Transportation Journal, Pring, 1997:18-25.

[6] Xu N, Donohue G, Laskey K B. Estimation of delay propagation in the national aviation system using bayesian networks[C]. The 6th USA/Europe Air Traffic Management Research and Development Seminar, Baltimore,Maryland, USA. The European organization for the safety of Air Navigation, 2005: 353-363.

[7] Laskey K B, Xu N, Chen C H. Propagation of delays in the National Airspace System[C]. The 22nd Conference on Uncertainty in Artificial Intelligence, Cambridge, MA, USA. AUAI Press. 2006:265-272.

[8] Schaefer L, Millner D. Flight delay propagation analysis with the detailed policy assessment tool[C]. 2001 IEEE System, Man, and Cybernetics Conference, Tucson, AE, USA. IEEE,2001:1299-1303.

[9] Wang P T R, Schaefer L A, Wojcik L A. DPAT flight delay modeling and itinerary tracking[C]. 1st AIAA Aircraft, Technology, Integration, and Operations Forum, Los Angeles, CA, AIAA, 2001:16-18.

[10] Wang P T R , Schaefer L A, Wojcik L A. Flight connections and their impacts on delay propagation. The 22nd Digital Avionics Systems Conference, IEEE, 2003, 5.B.4-5.1-9.

[11] Hansen M. Post-deployment analysis of capacity and delay impacts of an airport enhancement [J].Air Traffic Control Quarterly Abstracts, 2004, 12(4): 224.

[12] Bard J, Yu G. Optimizing aircraft routing in response to groundings and delays [J]. IE Transaction, 2001, 33: 931-947.

[13] Roger B, Lee B, James R. Preliminary evaluation of flight delay propagation through an airline schedule[R]. The 2rdUSA/ Europe Air Traffic Management R &D Seminar.Orlando,USA, 2000.

[14] Akira K. Impacts of delay propagation on airline operations: networks. Point to Point Carriers.2011 Integrated Communications Navigation and Surveillance (ICNS)Conference. 2011.

[15] Milan J. Management of airside delays [J]. Journal of Airport Management, 2009, 3(2): 176-195.

[16] Stephane B, Cynthia B. Flight operations recovery. news approaches considering passenger Recovery[J]. Journal of Scheduling, 2006, (9):279-298.

[17] Delgado L, Prats X. En-route speed reduction concept for absorbing air traffic flow management delays [J]. Journal of Aircraft, 2012, 40(4): 214-224.

[18] Rodrigo B, Martin D, Augusto V. The impact of flight delays on passenger demand and societal welfare[J].Transportation Research,2012,48:460-469.

[19] Baumgarten P, Malina R, Lange A. The impact of hub concentration on flight delays within airline

networks: An empirical analysis of the US domestic market[J].Transportation Research,2014,66:103.

[20] 许巧莺, 钟惠存, 黄惠如. 航空公司班机误点延滞扩散与控制之研究[J]. 运输计划季刊, 1992, 32(3):447-478.

[21] 石丽娜. 多等级模糊评价方法在航班延误中的应用[J]. 上海工程技术大学学报, 2006, 20(3):276-279.

[22] 徐肖豪, 李雄. 航班地面等待模型中的延误成本分析与仿真[J]. 南京航空航天大学学报, 2006, 38(1):115-120.

[23] 刘光才, 刘雷. 美国减少航班延误的有效途径及启示[J].技术经济与管理研究, 2010, (04): 92-96.

[24] 刘玉洁. 基于贝叶斯网络的航班延误与波及预测[D]. 天津: 天津大学, 2009.

[25] 陈坦坦. 基于Petri网的航班延误链式反应模型研究[D]. 天津: 中国民航大学, 2009.

[26] 姚韵, 朱金福. 不正常航班管理的可拓预警模型[J]. 运筹与管理, 2006, 15(1): 100-104.

[27] 吕宗平, 胡欣, 丁建立. 航班延误预警指标体系与预警量级构建[J].航空计算技术, 2010, 40(1): 1-4.

[28] 张亮. 航班延误统计指标体系及延误等级评估研究[D]. 天津: 中国民航大学, 2008.

[29] 仝冠生. 基于生物免疫算法的机场航班延误状态监测研究[D]. 天津: 中国民航大学, 2009.

[30] 舒莉. 航空公司航班延误服务补救策略研究[D]. 成都: 西南财经大学, 2006.

[31] 徐涛, 丁健立, 王建东, 等. 基于贝叶斯网络的航班延误与波及分析模型 [J]. 系统仿真学报, 2009, 21(15):4818-4821.

[32] 郑晓洋. 航班延误波及问题中的航班取消策略探讨[D]. 济南: 山东大学, 2011.

[33] 董钰.大规模航班延误恢复调度模型及管理研究[D]. 大连: 大连海事大学, 2009.

[34] 刘小飞. 基于数据挖掘的航班延误预测模型及方法的研究 [D].南京: 南京航空航天大学, 2010.

[35] 计金玲. 免疫算法在航班延误快速恢复中应用研究[D]. 天津: 中国民航大学, 2008.

[36] 赵秀丽, 朱金福, 郭梅. 不正常航班延误调度模型及算法[J]. 系统工程理论与实践, 2008: 129-134.

[37] 刘雄. 基于枢纽机场的航班延误预警评价研究[D]. 广汉: 中国民用航空飞行学院, 2012.

[38] 丁建立, 李华峰. 一种新型航班延误组合预测模型[J]. 中国民航大学学报, 2011, 29(3): 1-2.

[39] IACO.Doc 9859-AN/460,ICAO 安全管理手册. Montreal, 国际民航组织, 2005.

[40] ICAO.Doc 9859, ICAO Safety Management Manual Second Edition. Montreal, 国际民航组织, 2009.

[41] Single Index Proposed to Measure Safety of Aviation System. Air Safety Week, 2003.

[42] FAAOrder 8400.10, Air Transportation Operations Inspector Handbook. Transportation Dept, Federal Aviation Administration, 2001.

[43] Stolzer A H, Halford C D, Goglia J J. Safety Management Systems in Aviation [M].北京: 中国民航出版社, 2012.

[44] Hale A. Risk contours and risk management criteria for safety at major airports, with particular reference to the case of schiphol [J]. Safety Science, 2002, (4):299-323.

[45] Edkins G D. The INDICATE safety program: evaluation of a method to proactively improve airline safety performance [J]. Safety Science, 1998, 30(3):275-295.

[46] Smart K. Credible investigation of air accidents [J]. Journal of Hazardous Materials, 2004,26(3):111-114.

[47] Wong D KY, Pittsfield D E, Caves R E, et al. Quantifying and characterizing aviation accident risk factors [J]. Journal of Air Transport Management, 2006, 12 (6):352-357.

[48] 王昌顺. 中国民航安全管理研究[D]. 合肥: 中国科学技术大学, 2007.

[49] 李洋. 我国民航安全管理系统研究[D]. 青岛: 中国海洋大学, 2013.

[50] 杨英宝. 民航安全系统工程[M]. 北京: 中国民航出版社, 2013.

[51] 吴民胜. 现代化大型国际机场安全防范系统的设计构思[J].中国安防产品信息,2001, 2:11-14.

[52] 高凯. 民航机场灾害预警管理方法研究[D]. 武汉:武汉理工大学, 2006.

[53] Fedja N, Milan J. A review of research on risk and safety modeling in civil aviation [J]. Journal of Air Transport Management, 2008, 14:213-220.

[54] Ale B J M, Bellamy L J, Cooke R.M, et al. Towards a causal model for air transport safety—an on-going research project[J]. Safety Science 2006, 44(8):657-673.

[55] Ale B J M, Bellamy L J, vanderBoom R. Further development of a causal model for air transport safety (CATS): Building the mathematical heart [J].Reliability Engineering and System Safety, 2009, 94: 1433-1431.

[56] RoelenA L C, Wever R, Cooke R M, et al. Causal Modelingof Air Safety, Demonstration Model, NLR-CR-2002-662. National Aerospace Laboratory NLR, Amsterdam, 2002.

[57] Roelen A L C, van Doorn B A, Smeltink J W, et al. Quantification of Event Sequence Diagrams for a Causal Risk Model of Commercial Air Transport. Report NLR-CR-2008-646. National Aerospace Laboratory NLR, SanDiego(USA), 2008.

[58] Spouge J. A demonstration causal model for controlled flight into terrain.Det Norske Veritas, London, 2004.

[59] Luxhoj J, Coit D. Modeling Low Probability/High Consequence Events: An Aviation Safety Risk Model. In: Proceedings of the 2006 Reliability and Maintainability Symposium (RAMS), Newport Beach, 2006.

[60] Roelen A L C, Wever R, Cooke R M, etc.Aviation causal model using bayesian belief nets to quantify management influence. In: Proceedings of ESREL 2003-European Safety and Reliability Conference. Maastricht.

[61] 张元. 民航安全风险定量评价模型研究[J]. 中国安全科学学报, 2007, 17(9):140-144.

[62] 孙殿阁, 孙佳, 王淼, 等. 基于Bow-tie技术的民用机场安全风险分析应用研究[J]. 中国安全生产科学技术, 2010, 6(4):86-87.

[63] 朱强, 高金华, 蒋凤伟. 证据理论在机场安全评估中的应用[J]. 中国民航飞行学院学报, 2008, 19(3):21-24.

[64] 中国民用航空局. 2010年行业发展统计公报[OL]. (2011-05-04).http:// www.caac.gov.cn.

[65] 中国民用航空局. 2013年行业发展统计公报[OL].(2014-06-23).http:// www.caac.gov.cn.

[66] 航班晚点"顽症"各国都在治[OL].(2012-06-27).http://www.news.cn.

[67] 管清友, 郝大明. 航班延误所致经济损失每年或达千亿元[OL].http://finance.sina.com.cn/zl/chin/20131101/122417194257.shtml.

[68] 上海机场航班延误. 旅客怒目圆睁冲击柜台[OL].(2012-06-24).http://www.airnews.cn/consultation/126210.shtml.

[69] 飞机来了我们先走, 不然你们也坐不成[OL].http://cqcbepaper.cqnews.net/cqcb/html/2012-08/07/content_1562058.htm.

[70] 昆明机场航班延误近万人滞留引发冲突[OL].(2013-01-05).http://news.qinbaw.com/News Show-7270.shtml.

[71] 南宁: 航班延误两天, 旅客霸机维权[OL].http://www.s1979.com/news/china/201312/1310932021

3.shtml.

[72] 中国空域利用情况: 民航 32%VS 军航 23.51%[OL].(2011-06-13).http://carnoc.com.

[73] Goldstein M, Wooff D. Bayesian linear statistics, theory and methods [M]. Chichester, John Woley, 2007.

[74] Poon W Y, Wang H B. Bayesian analysis of generalized partially linear single-index models[J]. Computation statistics & data analysis, 2013, 68:251-261.

[75] Zhang S W, Zhou W X. Bayesian dynamic linear model for growth of corrosion defects on energy pipelines [J]. Reliability engineering and system safety, 2014, 128:24-31.

[76] 唐圣金, 郭晓松, 等. 步进应力加速退化试验的建模与剩余寿命估计[J]. 机械工程学报, 2014, 50(16): 33-39.

[77] 周经伦, 历海涛, 刘学敏, 等. 维纳过程寿命预测的一种自助法[J]. 系统工程理论与实践, 2011, 31(8): 1588-1592.

[78] 吕昊, 张义民, 王倩倩. 基于 Gamma 退化过程的机械零部件可靠性灵敏度方法[J]. 东北大学学报: 自然科学版, 2015, 34(11):1610-1613.

[79] 王传海. 广义 Gamma 过程的统计推断[J].华东理工大学学报, 1995, 21(3):392-399.

[80] Raftery A E, Gneiting T, Balabdaoui F. et al. Using Bayesian model averaging to calibrate forecast ensembles. Mon Weather Rev, 2005, 133: 1155-1174.

[81] Anto T, Tsay R. Predictive likelihood for Bayesian model selection and average [J]. International journal of forecasting, 2010, 6 (4):744-763.

[82] Dardanoni V, De Luca G, Modica S, et al. Model averaging estimation of generalized linear models with input covariates [J]. Journal of econometrics, 2015, 184(2): 452-463.

[83] Pearl J. Probabilistic reasoning in intelligent system [M]. Morgan Kaufmann, 1988.

[84] Jensen F V, Nielson T D. Bayesian Networks and Decision Graphs [M]. 2nd ed. New York: Springer, 2007.

[85] 刘增良, 刘有才. 模糊逻辑与神经网络[M]. 北京: 北京航空航天大学出版社, 1996.

[86] 王旭, 王宏, 王文辉. 人工神经元网络原理与应用[M]. 沈阳: 东北大学出版社, 2000.

[87] 王华伟, 周经伦, 沙基昌. 基于遗传算法的一种新的神经网络结构模式研究[J]. 小型微型计算机系统, 2002,4:457-459.

[88] Pedrycz W. Fuzzy set in pattern recognition: methodology and methods[J]. Pattern Recognition, 1990, 23(1/2):121-146.

[89]Mehdi M. Bayesian estimation of a decision using information theory[J].IEEE Transaction on System, Man and Cybernetics. 1997, 27(4): 506-517.

[90] 黎湘, 郁文贤. 决策层信息融合的神经网络模型和算法研究[J]. 电子学报, 1997, 25(9):117-120.

[91] 尹朝庆, 尹皓. 人工智能与专家系统[M]. 北京: 中国水利电力出版社, 2002.

[92]Portinale L. Behavioral petri-nets: a model for diagnostic knowledge representing and reasoning [J]. IEEE Transactions on System, Man and Cybernetics-Part B: Cybernetics. 1997, 27(2): 184-195.

[93] He X D, Chu W C, Yang H J. A new approach to verify rule-based systems using petri nets [J]. Information and software technology, 2003, 45 (10):663-669.

[94] Liu H C, Lin Q L, Ren M L. Fault diagnosis and cause analysis using fuzzy evidential reasoning approach

and dynamic adaptive fuzzy Petri nets [J]. Computers & Industrial Engineering, 2013, 66(4): 899-908.

[95] Heckerman D, Mamdmi A, Weliman M. Real-world applications of Bayesian networks [J]. Commun. ACM, 1995.

[96] Heckerman D, Breese J S. Causal independence for probability assessment and inference using Bayesian networks [J]. IEEE Transactions on Systems, Man, and Cybernetics-Part A: Systems and Humans. 1996, 26(6): 826-831.

[97] Spiegebhater D, Lauritzen S. Sequential updating of conditional probability on directed graph structure [J]. Networks, 1990, 20: 575-605.

[98] Cheng C C, Chen J, Lin P C. Identification of significant treats and errors affecting aviation safety in Taiwan using the analytical hierarchy process [J]. Journal of Transport Management, 2009, 15(5): 261-263.

[99] Kim J H, pearl J A computational model for causal and diagnostic reasoning in Inference engines[C]. In Proc.8th Int. Joint Conf.On Artificial Intelligence, Karlsrube, West Germany, 1983: 190-193.

[100] 民航安全风险监测方法研究报告[R]. 中国民航局航空安全技术中心, 2009.

[101] 杜栋, 庞庆华, 吴炎. 现代综合评价方法与案例精选[M]. 北京: 清华大学出版社. 2009.

[102] 张吉军. 模糊层次分析法[J]. 模糊系统与数学, 2002, 14(2): 80-88.

[103] 张吉军. 模糊一致判断矩阵3种排序方法的比较研究[J]. 系统工程与电子技术, 2003, 25(11): 1370-1371.

[104] 吕跃进. 基于模糊一致判断矩阵的模糊层次分析法的排序[J]. 模糊系统与数学, 2002, 16(2): 79-85.

[105] 张德丰. 神经网络应用设计[M]. 北京: 机械工业出版社, 2009.

[106] 刘思峰, 郭天榜, 党耀国. 灰色系统理论及其应用[M]. 北京: 科学出版社, 2002.

[107] 王双成. 贝叶斯网络学习、推理与应用[M]. 上海: 立信会计出版社, 2010.

[108] 焦健. 民用机场安全管理体系研究[D].天津: 中国民航大学, 2007.

[109] 梅广明. 浅析机场安全管理体系建设中的危险源识别工作[J]. 江苏航空, 2011, (1):46.

[110] 张金钟. 系统安全工程[M].北京: 航空工业出版社, 1990.

[111] 高文强. 民航机场安全管理评价指标体系及其应用[D]. 沈阳: 东北大学, 2008.

[112] Chang Y H, Wang Y C. Significant human risk factors in aircraft maintenance technicians. Safety Science, 2010.

[113] 贺仲雄. 模糊数学及其应用 [M]. 天津:天津科学技术出版社, 1992.

[114] 高新波. 模糊聚类分析及其应用[M]. 西安: 西安电子科技大学出版社, 2004.

[115] 丁松滨, 茹毅. 基于贝叶斯网络的航空公司飞行安全系统评价[J]. 中国民航大学学报, 2009, (03): 30-36.

[116] 刘晨.基于航班延误的民航安全风险管理研究[D].南京: 南京航空航天大学, 2012.

[117] 李雄, 刘光才, 颜明池, 等. 航班延误引发的航空公司及旅客经济损失[J]. 系统工程, 2007, 25(12): 20-23.

[118] 王文俊, 白福利. 浅谈我国航班延误原因及对策[J]. 交通企业管理, 2013, 12: 56-58.

[119] 中国民用航空局. 民航航班正常统计办法. 民航发[2013]88 号.

[120] 董念清. 中国航班延误的现状、原因及治理路径[J]. 北京航空航天大学学报: 社会科学版, 2013,

26(6): 25-32.

[121] 袁新安. SMS 的一把利器－风险管理的理论和实践[EB/OL]. (2007-05-16). http://www.China-cam. cn/news/yuanxinan/2007/5/5161177.html.

[122] 张睿. 工程项目的风险分析技术与应对方案评价研究[D]. 南京: 河海大学, 2005.

[123] 杨英宝, 王华伟, 宫淑丽, 等. 航班延误波及民航安全风险评估技术研究报告[R]. 南京: 南京航空航天大学, 2014.

[124] 覃德泽, 蒙军全. 网络安全风险评估方法分析与比较[J].网络安全, 2011, 4(4):23-24.

[125] 张炳江. 层次分析法及其应用案例[M]. 北京: 电子工业出版社, 2014.

[126] 彭祖赠, 孙韫玉. 模糊数学及其应用[M]. 武汉: 武汉大学出版社, 2007.

[127] 张连文, 郭海鹏. 贝叶斯网引论[M], 北京: 科学出版社, 2006.

[128] 朱明敏. 贝叶斯网络结构学习与推理研究[D]. 西安: 西安电子科技大学, 2013.

[129] 葛运飞. GeNIe 的扩展研究[D]. 昆明: 云南大学, 2012.

[130] 曹卫东. 基于改进贝叶斯网络结构学习的航班延误波及分析[D]. 天津: 天津大学, 2009.

附录1 航班延误波及民航安全风险评估技术研究调查表

本研究项目由中国民用航空局下达，南京航空航天大学承担，将研究航班延误与民航安全风险的关联机理，航班延误波及民航安全风险的影响机制和评估方法等内容。鉴于您在本领域的专家地位，谨请您就下列问题做出评论。您的意见对提高本项目研究质量有重要作用，我们衷心感谢您的宝贵支持。

请您根据所在地实际情况选择打钩(√)回答下面两表所列问题（重要性从1到5依次递增）。如果您有更多赐教，请另做说明。

您所在单位是地区管理局(　)航空公司(　)机场(　)空管单位(　)。

附表1.1　航班延误对民航安全的影响

问　　题		1	2	3	4	5
1 单个航班延误时长的影响						
2 日延误航班数的影响						
3 航班延误旅客人数的影响						
4 航班延误处置的影响						
1 单个航班延误时长的影响	1.1 航班延误0.5小时以下的影响					
	1.2 航班延误0.5~1小时的影响					
	1.3 航班延误1~2小时的影响					
	1.4 航班延误2~3小时的影响					
	1.5 航班延误3~4小时的影响					
	1.6 航班延误4小时以上的影响					
2 日延误航班数的影响	2.1 日延误5个以下航班的影响					
	2.2 日延误5~10个航班的影响					
	2.3 日延误10~20个航班的影响					
	2.4 日延误20~50个航班的影响					
	2.5 日延误50~100个航班的影响					
	2.6 日延误100个以上航班的影响					
3 航班延误旅客人数的影响	3.1 延误100~500名旅客的影响					
	3.2 延误500~1000名旅客的影响					
	3.3 延误1000~2000名旅客的影响					
	3.4 延误2000~5000名旅客的影响					
	3.5 延误5000~10000名旅客的影响					
	3.6 延误10000名以上旅客的影响					
4 航班延误处置的影响	4.1 航空公司处置的影响					
	4.2 机场处置的影响					
	4.3 空管单位处置的影响					
	4.4 旅客情绪的影响					

附表 1.2　航班延误和安全风险的同源性关联

问　　题		延误致因强度					风险致因强度				
		1	2	3	4	5	1	2	3	4	5
1 自然条件											
2 资源限制											
3 人的因素											
4 设备设施											
5 管理及信息											
1 自然条件	1.1 雷暴										
	1.2 大雨										
	1.3 冰雪										
	1.4 雾霾										
	1.5 沙尘										
	1.6 鸟击										
2 资源限制	2.1 航路										
	2.2 终端区										
	2.3 机场净空										
	2.4 飞行区										
	2.5 航站区										
	2.6 军事活动										
3 人的因素	3.1 员工数量										
	3.2 员工结构										
	3.3 员工素质										
4 设备设施	4.1 飞机安全性										
	4.2 飞机可靠性										
	4.3 飞机维修性										
	4.4 地面设备完好性										
	4.5 空地设备配套										
5 管理及信息	5.1 组织系统										
	5.2 制度规范										
	5.3 监管系统										
	5.4 信息系统										
	5.5 员工激励										
	5.6 教育培训										
	5.7 文化建设										

其他意见：

附录 2 航班延误波及民航安全风险评估技术研究调研报告

按照航班延误波及民航安全风险评估技术项目研究计划，2012 年 5 月～2013 年 10 月，项目组先后赴上海、哈尔滨、西安、南京的民航单位进行调研。调研采用座谈讨论与问卷调查相结合的方式进行，重点选在上海。参与调研的单位包括民航地区管理局、航空公司、机场、空管等单位，参与调研的部门包括旅客服务、质量监督、飞行、机务、空管、公安、计划、人事等部门，参与调研的人员包括从管理局领导到企业一线操作人员的各个层次，覆盖了航班延误和安全管理的相关领域，取得了良好效果。

第一部分 问卷调查

除西安调研主要采用座谈讨论方式外，其他 3 个地点均采用了问卷调查和座谈讨论两种调研方式，3 地共发出问卷 280 份，回收 234 份，其中有效问卷 195 份，表明各单位和部门都对调研工作给予了高度关注和大力支持。

以下分 3 个层次汇总各地的调研数据：

第一层次为 3 个地区全部的汇总数据；

第二层次为 3 个地区分别的汇总数据；

第三层次为 3 个地区分单位的汇总数据。

1.3 个地区汇总

附表 2.1   航班延误对民航安全的影响

问题		1	2	3	4	5
1 单个航班延误时长的影响		55	43	64	20	2
2 日延误航班数的影响		5	36	53	72	17
3 航班延误旅客人数的影响		7	20	54	53	51
4 航班延误处置的影响		8	11	37	59	69
1 单个航班延误时长的影响	1.1 航班延误 0.5 小时以下的影响	134	25	22	6	8
	1.2 航班延误 0.5~1 小时的影响	79	70	26	11	7
	1.3 航班延误 1~2 小时的影响	28	64	68	28	6
	1.4 航班延误 2~3 小时的影响	7	36	68	60	24
	1.5 航班延误 3~4 小时的影响	6	18	32	83	56
	1.6 航班延误 4 小时以上的影响	6	9	14	40	125
2 日延误航班数的影响	2.1 日延误 5 个以下航班的影响	95	50	27	12	9
	2.2 日延误 5~10 个航班的影响	38	78	44	17	17
	2.3 日延误 10~20 个航班的影响	9	42	83	32	27
	2.4 日延误 20~50 个航班的影响	8	12	45	57	72
	2.5 日延误 50~100 个航班的影响	5	10	14	49	117
	2.6 日延误 100 个以上航班的影响	7	7	10	19	152
3 航班延误旅客人数的影响	3.1 延误 100~500 名旅客的影响	69	43	42	26	12
	3.2 延误 500~1000 名旅客的影响	14	65	54	36	25
	3.3 延误 1000~2000 名旅客的影响	7	25	66	47	50
	3.4 延误 2000~5000 名旅客的影响	2	12	37	74	70
	3.5 延误 5000~10000 名旅客的影响	5	5	17	45	122
	3.6 延误 10000 名以上旅客的影响	7	5	11	17	155
4 航班延误处置的影响	4.1 航空公司处置的影响	13	21	59	38	64
	4.2 机场处置的影响	14	43	64	53	31
	4.3 空管单位处置的影响	17	18	49	69	42
	4.4 旅客情绪的影响	5	14	34	67	76

附表 2.2　航班延误和安全风险的同源性关联

问题		延误致因强度					风险致因强度				
		1	2	3	4	5	1	2	3	4	5
1 自然条件		20	26	37	32	72	16	30	39	44	57
2 资源限制		8	36	59	49	34	7	47	59	47	25
3 人的因素		10	35	72	43	24	9	36	66	33	41
4 设备设施		13	43	62	48	16	7	23	75	55	23
5 管理及信息		17	29	68	35	37	11	23	63	46	42
1 自然条件	1.1 雷暴	13	14	20	43	96	16	16	18	47	93
	1.2 大雨	14	30	80	37	29	16	28	70	45	32
	1.3 冰雪	11	14	41	53	70	12	9	43	71	55
	1.4 雾霾	8	12	34	55	78	7	14	36	58	72
	1.5 沙尘	19	30	40	49	51	15	31	44	51	49
	1.6 鸟击	27	30	58	29	46	20	22	48	32	66
2 资源限制	2.1 航路	9	24	34	41	80	12	30	46	28	73
	2.2 终端区	14	30	53	46	45	14	37	48	41	48
	2.3 机场净空	14	34	65	57	18	13	34	56	55	31
	2.4 飞行区	9	42	60	53	25	7	31	68	45	37
	2.5 航站区	20	36	63	48	22	15	28	68	47	27
	2.6 军事活动	12	11	33	43	87	15	21	41	34	77
3 人的因素	3.1 员工数量	29	34	66	30	31	28	47	49	30	32
	3.2 员工结构	26	30	69	44	20	27	35	63	42	19
	3.3 员工素质	20	26	61	46	35	23	33	43	47	40
4 设备设施	4.1 飞机安全性	23	17	40	39	71	25	14	28	30	74
	4.2 飞机可靠性	16	21	38	49	66	14	24	25	42	82
	4.3 飞机维修性	5	24	38	66	54	7	14	44	53	68
	4.4 地面设备完好性	10	30	53	56	38	15	15	57	61	36
	4.5 空地设备配套	11	28	49	52	48	16	15	47	64	45
5 管理及信息	5.1 组织系统	16	37	71	42	23	20	34	66	43	23
	5.2 制度规范	12	26	80	40	30	13	32	64	42	37
	5.3 监管系统	12	33	70	36	37	13	26	59	46	45
	5.4 信息系统	5	26	75	40	44	7	23	63	46	48
	5.5 员工激励	7	27	75	48	33	9	37	63	46	32
	5.6 教育培训	9	29	72	33	46	18	25	50	59	35
	5.7 文化建设	21	35	68	32	33	21	34	59	45	29

2. 上海

共发出调查问卷 100 份，收回 82 份，其中有效问卷 68 份，分别汇总如下。

(1)上海地区汇总(68 份)

附表 2.3　航班延误对民航安全的影响

问　　题		1	2	3	4	5
1 单个航班延误时长的影响		16	11	25	8	2
2 日延误航班数的影响		1	12	20	24	6
3 航班延误旅客人数的影响		4	7	20	22	10
4 航班延误处置的影响		2	7	14	19	20
1 单个航班延误时长的影响	1.1 航班延误 0.5 小时以下的影响	43	12	7	3	3
	1.2 航班延误 0.5~1 小时的影响	28	21	9	7	1
	1.3 航班延误 1~2 小时的影响	12	19	26	8	2
	1.4 航班延误 2~3 小时的影响	4	16	20	23	5
	1.5 航班延误 3~4 小时的影响	6	8	12	23	19
	1.6 航班延误 4 小时以上的影响	4	6	4	17	37
2 日延误航班数的影响	2.1 日延误 5 个以下航班的影响	38	18	4	5	1
	2.2 日延误 5~10 个航班的影响	18	27	16	3	3
	2.3 日延误 10~20 个航班的影响	8	20	29	6	4
	2.4 日延误 20~50 个航班的影响	6	9	18	24	10
	2.5 日延误 50~100 个航班的影响	4	6	10	22	26
	2.6 日延误 100 个以上航班的影响	5	4	5	12	42
3 航班延误旅客人数的影响	3.1 延误 100~500 名旅客的影响	25	16	13	7	5
	3.2 延误 500~1000 名旅客的影响	9	23	21	9	6
	3.3 延误 1000~2000 名旅客的影响	5	13	27	12	11
	3.4 延误 2000~5000 名旅客的影响	1	8	18	21	20
	3.5 延误 5000~10000 名旅客的影响	4	3	7	24	30
	3.6 延误 10000 名以上旅客的影响	5	3	4	8	48
4 航班延误处置的影响	4.1 航空公司处置的影响	8	7	15	13	25
	4.2 机场处置的影响	4	14	22	18	10
	4.3 空管单位处置的影响	2	6	21	24	15
	4.4 旅客情绪的影响	0	9	14	20	25

附表 2.4 航班延误和安全风险的同源性关联

问题		延误致因强度					风险致因强度				
		1	2	3	4	5	1	2	3	4	5
1 自然条件		5	13	21	9	17	4	15	13	20	13
2 资源限制		0	16	25	15	9	5	14	22	16	7
3 人的因素		4	12	27	16	4	1	12	28	13	9
4 设备设施		2	19	26	11	4	0	12	32	16	3
5 管理及信息		5	15	26	8	10	4	7	29	17	6
1 自然条件	1.1 雷暴	8	6	13	13	28	7	7	8	21	23
	1.2 大雨	4	12	30	13	9	3	11	27	20	7
	1.3 冰雪	5	5	18	23	17	2	5	21	26	13
	1.4 雾霾	4	3	23	17	20	2	8	15	26	14
	1.5 沙尘	4	9	26	18	10	4	12	20	24	7
	1.6 鸟击	6	9	23	12	17	6	9	18	14	20
2 资源限制	2.1 航路	4	14	13	16	19	4	11	22	9	20
	2.2 终端区	2	9	26	17	12	2	12	25	16	10
	2.3 机场净空	4	14	29	15	4	3	14	22	17	10
	2.4 飞行区	2	15	26	15	7	2	11	29	12	12
	2.5 航站区	3	21	25	10	7	3	15	26	15	6
	2.6 军事活动	2	7	16	17	23	3	11	19	15	17
3 人的因素	3.1 员工数量	10	13	27	12	6	9	18	17	14	7
	3.2 员工结构	9	13	25	18	4	10	9	27	16	3
	3.3 员工素质	6	12	23	16	11	8	11	19	18	9
4 设备设施	4.1 飞机安全性	6	13	17	18	14	6	11	12	14	22
	4.2 飞机可靠性	5	11	16	22	14	6	14	9	20	16
	4.3 飞机维修性	1	13	16	24	13	4	9	15	18	18
	4.4 地面设备完好性	2	15	19	16	15	5	8	22	16	14
	4.5 空地设备配套	3	13	19	15	17	7	8	14	20	16
5 管理及信息	5.1 组织系统	2	15	28	14	9	6	16	20	14	9
	5.2 制度规范	1	7	42	11	6	1	16	22	14	11
	5.3 监管系统	2	11	32	12	11	3	12	23	17	10
	5.4 信息系统	2	9	35	11	11	2	9	30	14	9
	5.5 员工激励	2	12	28	17	9	4	16	19	21	5
	5.6 教育培训	2	11	28	15	11	7	9	21	23	5
	5.7 文化建设	5	11	30	13	8	5	10	25	18	7

(2)华东管理局(5 份)

附表 2.5　航班延误对民航安全的影响

问题		1	2	3	4	5
1 单个航班延误时长的影响		3	0	1	0	0
2 日延误航班数的影响		0	1	0	3	0
3 航班延误旅客人数的影响		1	1	0	2	0
4 航班延误处置的影响		0	1	0	2	1
1 单个航班延误时长的影响	1.1 航班延误 0.5 小时以下的影响	5	0	0	0	0
	1.2 航班延误 0.5~1 小时的影响	3	1	0	0	0
	1.3 航班延误 1~2 小时的影响	1	2	1	0	0
	1.4 航班延误 2~3 小时的影响	0	2	1	2	0
	1.5 航班延误 3~4 小时的影响	0	0	1	3	1
	1.6 航班延误 4 小时以上的影响	0	0	0	2	3
2 日延误航班数的影响	2.1 日延误 5 个以下航班的影响	3	1	1	0	0
	2.2 日延误 5~10 个航班的影响	1	3	1	0	0
	2.3 日延误 10~20 个航班的影响	0	2	3	0	0
	2.4 日延误 20~50 个航班的影响	0	0	3	2	0
	2.5 日延误 50~100 个航班的影响	0	0	0	3	2
	2.6 日延误 100 个以上航班的影响	0	0	0	1	4
3 航班延误旅客人数的影响	3.1 延误 100~500 名旅客的影响	3	0	0	0	0
	3.2 延误 500~1000 名旅客的影响	1	2	1	1	0
	3.3 延误 1000~2000 名旅客的影响	1	1	2	1	0
	3.4 延误 2000~5000 名旅客的影响	0	1	1	2	1
	3.5 延误 5000~10000 名旅客的影响	0	0	1	3	1
	3.6 延误 10000 名以上旅客的影响	0	0	0	2	3
4 航班延误处置的影响	4.1 航空公司处置的影响	1	0	1	1	2
	4.2 机场处置的影响	1	1	0	3	0
	4.3 空管单位处置的影响	0	1	1	3	0
	4.4 旅客情绪的影响	0	0	1	3	1

附表 2.6　航班延误和安全风险的同源性关联

问　　题		延误致因强度					风险致因强度				
		1	2	3	4	5	1	2	3	4	5
1 自然条件		0	0	1	1	3	0	0	0	3	2
2 资源限制		0	1	0	1	3	0	1	1	2	1
3 人的因素		0	1	1	3	0	0	0	1	2	2
4 设备设施		0	1	2	1	1	0	0	3	1	1
5 管理及信息		0	2	1	1	1	0	1	2	2	0
1 自然条件	1.1 雷暴	0	1	0	1	3	0	0	0	1	4
	1.2 大雨	0	0	2	2	1	0	0	1	2	2
	1.3 冰雪	0	0	1	3	1	0	0	1	0	4
	1.4 雾霾	0	0	1	2	2	0	0	0	2	3
	1.5 沙尘	1	0	2	0	2	0	0	2	2	1
	1.6 鸟击	0	1	2	1	1	0	1	1	1	2
2 资源限制	2.1 航路	0	0	2	0	3	0	1	2	0	2
	2.2 终端区	0	0	1	2	2	0	1	1	1	2
	2.3 机场净空	2	0	2	1	0	0	0	3	1	1
	2.4 飞行区	0	2	2	1	0	0	1	3	0	1
	2.5 航站区	0	4	1	0	0	0	2	3	0	0
	2.6 军事活动	0	1	1	1	2	0	2	1	0	2
3 人的因素	3.1 员工数量	0	0	3	2	0	0	0	2	3	0
	3.2 员工结构	0	1	2	3	0	0	1	1	3	0
	3.3 员工素质	0	0	2	2	1	0	0	2	1	2
4 设备设施	4.1 飞机安全性	0	0	1	2	2	0	0	0	2	3
	4.2 飞机可靠性	0	0	0	2	3	0	0	0	2	3
	4.3 飞机维修性	0	0	0	3	2	0	0	0	3	2
	4.4 地面设备完好性	0	0	0	3	2	0	0	0	3	2
	4.5 空地设备配套	0	0	0	3	2	0	0	0	3	2
5 管理及信息	5.1 组织系统	0	0	3	1	1	0	0	1	2	2
	5.2 制度规范	0	0	3	1	1	0	0	1	3	1
	5.3 监管系统	0	0	2	3	0	0	0	1	4	0
	5.4 信息系统	0	0	2	3	0	0	0	1	3	1
	5.5 员工激励	0	0	3	2	0	0	0	3	2	0
	5.6 教育培训	0	0	1	3	1	0	0	1	4	0
	5.7 文化建设	0	0	1	4	0	0	0	1	4	0

(3) 东方/上海航空公司(24 份)

附表 2.7　航班延误对民航安全的影响

问　　题		1	2	3	4	5
1 单个航班延误时长的影响		4	5	8	3	0
2 日延误航班数的影响		0	5	8	6	1
3 航班延误旅客人数的影响		3	3	5	6	3
4 航班延误处置的影响		2	2	4	7	5
1 单个航班延误时长的影响	1.1 航班延误 0.5 小时以下的影响	19	2	3	0	0
	1.2 航班延误 0.5~1 小时的影响	14	8	2	0	0
	1.3 航班延误 1~2 小时的影响	5	10	7	2	0
	1.4 航班延误 2~3 小时的影响	3	3	9	6	3
	1.5 航班延误 3~4 小时的影响	3	0	6	6	9
	1.6 航班延误 4 小时以上的影响	1	2	1	6	14
2 日延误航班数的影响	2.1 日延误 5 个以下航班的影响	13	7	1	2	0
	2.2 日延误 5~10 个航班的影响	6	10	5	1	1
	2.3 日延误 10~20 个航班的影响	2	8	10	1	3
	2.4 日延误 20~50 个航班的影响	2	2	5	8	6
	2.5 日延误 50~100 个航班的影响	2	1	2	6	13
	2.6 日延误 100 个以上航班的影响	2	2	1	1	18
3 航班延误旅客人数的影响	3.1 延误 100~500 名旅客的影响	6	8	5	3	2
	3.2 延误 500~1000 名旅客的影响	3	6	9	3	3
	3.3 延误 1000~2000 名旅客的影响	2	3	9	4	6
	3.4 延误 2000~5000 名旅客的影响	1	3	4	5	11
	3.5 延误 5000~10000 名旅客的影响	2	1	2	6	13
	3.6 延误 10000 名以上旅客的影响	2	1	1	1	19
4 航班延误处置的影响	4.1 航空公司处置的影响	3	5	5	4	7
	4.2 机场处置的影响	1	5	8	6	4
	4.3 空管单位处置的影响	1	2	7	8	6
	4.4 旅客情绪的影响	0	2	7	5	10

附表 2.8 航班延误和安全风险的同源性关联

问题		延误致因强度					风险致因强度				
		1	2	3	4	5	1	2	3	4	5
1 自然条件		1	2	9	3	6	1	2	6	7	5
2 资源限制		0	6	8	5	2	0	4	11	4	2
3 人的因素		4	5	7	3	2	1	1	10	5	3
4 设备设施		2	8	5	5	0	0	6	8	6	0
5 管理及信息		2	5	7	4	2	1	2	10	3	4
1 自然条件	1.1 雷暴	1	1	5	8	9	1	3	3	9	7
	1.2 大雨	0	7	10	5	2	1	6	9	7	1
	1.3 冰雪	0	2	7	9	6	1	1	7	11	4
	1.4 雾霾	1	0	8	8	7	1	2	5	11	5
	1.5 沙尘	0	6	10	6	2	1	6	5	9	3
	1.6 鸟击	3	1	9	5	6	3	1	6	6	8
2 资源限制	2.1 航路	1	3	5	7	8	1	3	9	4	5
	2.2 终端区	1	4	6	8	5	1	3	9	5	4
	2.3 机场净空	1	7	8	4	4	1	5	5	6	5
	2.4 飞行区	0	6	6	8	4	0	5	6	7	4
	2.5 航站区	1	8	6	3	3	1	3	9	6	3
	2.6 军事活动	1	1	6	4	11	2	3	4	7	6
3 人的因素	3.1 员工数量	4	5	6	4	2	5	7	4	3	3
	3.2 员工结构	4	4	9	6	1	7	2	9	2	2
	3.3 员工素质	3	3	12	2	4	5	2	9	4	2
4 设备设施	4.1 飞机安全性	5	1	8	5	5	4	1	5	1	11
	4.2 飞机可靠性	4	2	6	7	5	3	4	4	3	8
	4.3 飞机维修性	1	4	8	6	5	3	3	4	4	8
	4.4 地面设备完好性	2	6	9	2	5	4	5	5	3	5
	4.5 空地设备配套	3	5	10	1	5	5	2	8	2	5
5 管理及信息	5.1 组织系统	1	6	10	4	3	4	4	7	5	2
	5.2 制度规范	1	2	14	4	3	1	4	9	4	4
	5.3 监管系统	1	4	12	4	3	3	4	6	5	4
	5.4 信息系统	1	4	13	4	2	2	3	10	4	3
	5.5 员工激励	1	7	7	6	3	3	7	3	5	4
	5.6 教育培训	1	4	11	5	3	4	3	8	5	2
	5.7 文化建设	3	5	11	4	1	4	5	7	4	2

(4)虹桥/浦东机场(39 份)

附表 2.9　航班延误对民航安全的影响

问　　题		1	2	3	4	5
1 单个航班延误时长的影响		9	6	16	5	2
2 日延误航班数的影响		1	6	12	15	5
3 航班延误旅客人数的影响		0	3	15	14	7
4 航班延误处置的影响		0	4	10	10	14
1 单个航班延误时长的影响	1.1 航班延误 0.5 小时以下的影响	19	10	4	3	3
	1.2 航班延误 0.5~1 小时的影响	11	12	7	7	1
	1.3 航班延误 1~2 小时的影响	6	7	18	6	2
	1.4 航班延误 2~3 小时的影响	1	11	10	15	2
	1.5 航班延误 3~4 小时的影响	3	8	5	14	9
	1.6 航班延误 4 小时以上的影响	3	4	3	9	20
2 日延误航班数的影响	2.1 日延误 5 个以下航班的影响	22	10	2	3	1
	2.2 日延误 5~10 个航班的影响	11	14	10	2	2
	2.3 日延误 10~20 个航班的影响	6	10	16	5	1
	2.4 日延误 20~50 个航班的影响	4	7	10	14	4
	2.5 日延误 50~100 个航班的影响	2	5	8	13	11
	2.6 日延误 100 个以上航班的影响	3	2	4	10	20
3 航班延误旅客人数的影响	3.1 延误 100~500 名旅客的影响	16	8	8	4	3
	3.2 延误 500~1000 名旅客的影响	5	15	11	5	3
	3.3 延误 1000~2000 名旅客的影响	2	9	16	7	5
	3.4 延误 2000~5000 名旅客的影响	0	4	13	14	8
	3.5 延误 5000~10000 名旅客的影响	2	2	4	15	16
	3.6 延误 10000 名以上旅客的影响	3	2	3	5	26
4 航班延误处置的影响	4.1 航空公司处置的影响	4	2	9	8	16
	4.2 机场处置的影响	2	8	14	9	6
	4.3 空管单位处置的影响	1	3	13	13	9
	4.4 旅客情绪的影响	0	7	6	12	14

问题		延误致因强度					风险致因强度				
		1	2	3	4	5	1	2	3	4	5
1 自然条件		4	11	11	5	8	3	13	7	10	6
2 资源限制		0	9	17	9	4	5	9	10	10	4
3 人的因素		0	6	19	10	2	0	11	17	6	4
4 设备设施		0	10	19	5	3	0	6	21	9	2
5 管理及信息		3	8	18	3	7	3	4	17	12	2
1 自然条件	1.1 雷暴	7	4	8	4	16	6	4	5	11	12
	1.2 大雨	4	5	18	6	6	2	5	17	11	4
	1.3 冰雪	5	3	10	11	10	1	4	13	15	5
	1.4 雾霾	3	3	14	7	11	1	6	10	13	6
	1.5 沙尘	3	3	14	12	6	3	6	13	13	3
	1.6 鸟击	3	7	12	6	10	3	7	11	7	10
2 资源限制	2.1 航路	3	11	6	9	8	3	7	11	5	13
	2.2 终端区	1	5	19	7	5	1	8	15	10	4
	2.3 机场净空	1	7	19	10	0	2	9	14	10	4
	2.4 飞行区	2	7	18	6	5	2	5	20	5	7
	2.5 航站区	2	9	15	7	4	2	10	14	9	3
	2.6 军事活动	1	5	9	12	10	1	6	14	8	9
3 人的因素	3.1 员工数量	6	8	15	6	4	4	11	11	8	4
	3.2 员工结构	5	8	14	9	3	3	6	17	11	1
	3.3 员工素质	3	9	9	12	6	3	9	8	13	5
4 设备设施	4.1 飞机安全性	1	12	8	11	7	2	10	7	11	8
	4.2 飞机可靠性	1	9	10	13	6	3	10	5	15	5
	4.3 飞机维修性	0	9	8	15	6	1	6	11	11	8
	4.4 地面设备完好性	0	9	10	11	8	1	3	17	10	7
	4.5 空地设备配套	0	8	9	11	10	2	6	6	15	9
5 管理及信息	5.1 组织系统	1	9	15	9	5	2	12	12	7	5
	5.2 制度规范	0	5	25	6	2	1	12	12	7	6
	5.3 监管系统	1	7	18	5	8	0	8	16	8	6
	5.4 信息系统	1	5	20	4	9	0	6	19	7	5
	5.5 员工激励	1	5	18	9	6	1	9	13	14	1
	5.6 教育培训	1	7	16	7	7	3	6	12	14	3
	5.7 文化建设	2	6	18	5	7	1	5	17	10	5

3. 哈尔滨

共发出调查问卷 100 份，收回 92 份，其中有效问卷 81 份，分别汇总如下。
(1)哈尔滨地区汇总(81 份)

附表 2.11　航班延误对民航安全的影响

问　　题		1	2	3	4	5
1 单个航班延误时长的影响		23	20	26	8	0
2 日延误航班数的影响		3	17	16	35	4
3 航班延误旅客人数的影响		0	9	16	20	32
4 航班延误处置的影响		1	3	12	24	37
1 单个航班延误时长的影响	1.1 航班延误 0.5 小时以下的影响	53	11	12	3	2
	1.2 航班延误 0.5~1 小时的影响	24	38	13	3	3
	1.3 航班延误 1~2 小时的影响	6	24	36	13	2
	1.4 航班延误 2~3 小时的影响	1	11	29	27	13
	1.5 航班延误 3~4 小时的影响	0	2	12	40	27
	1.6 航班延误 4 小时以上的影响	0	1	5	10	64
2 日延误航班数的影响	2.1 日延误 5 个以下航班的影响	32	21	19	4	5
	2.2 日延误 5~10 个航班的影响	13	31	18	11	8
	2.3 日延误 10~20 个航班的影响	1	10	37	15	17
	2.4 日延误 20~50 个航班的影响	1	2	16	19	43
	2.5 日延误 50~100 个航班的影响	0	2	2	17	60
	2.6 日延误 100 个以上航班的影响	0	2	1	3	75
3 航班延误旅客人数的影响	3.1 延误 100~500 名旅客的影响	24	14	24	16	2
	3.2 延误 500~1000 名旅客的影响	2	25	24	17	12
	3.3 延误 1000~2000 名旅客的影响	1	6	25	24	25
	3.4 延误 2000~5000 名旅客的影响	0	3	13	35	30
	3.5 延误 5000~10000 名旅客的影响	0	1	4	18	57
	3.6 延误 10000 名以上旅客的影响	1	0	3	7	70
4 航班延误处置的影响	4.1 航空公司处置的影响	1	13	33	13	21
	4.2 机场处置的影响	6	21	28	22	14
	4.3 空管单位处置的影响	9	6	14	32	20
	4.4 旅客情绪的影响	0	3	14	29	35

问题		延误致因强度					风险致因强度				
		1	2	3	4	5	1	2	3	4	5
1 自然条件		9	3	10	14	43	7	5	17	16	33
2 资源限制		6	15	17	23	17	1	20	23	24	10
3 人的因素		2	17	24	19	16	1	21	17	13	27
4 设备设施		4	18	28	18	9	0	7	33	21	16
5 管理及信息		5	10	34	10	20	1	12	24	15	27
1 自然条件	1.1 雷暴	1	3	2	13	57	1	4	4	15	56
	1.2 大雨	4	11	33	17	14	3	11	29	20	16
	1.3 冰雪	1	4	17	18	39	2	4	12	35	26
	1.4 雾霾	1	4	8	24	41	1	4	14	18	41
	1.5 沙尘	6	13	6	19	35	4	10	13	17	36
	1.6 鸟击	8	15	27	9	20	4	9	23	7	36
2 资源限制	2.1 航路	4	3	14	14	44	7	12	16	9	36
	2.2 终端区	5	9	20	19	26	4	17	14	14	30
	2.3 机场净空	3	11	24	30	11	4	10	21	28	17
	2.4 飞行区	4	12	22	30	11	1	5	31	28	14
	2.5 航站区	11	3	24	29	12	6	4	27	24	17
	2.6 军事活动	8	3	5	13	50	10	5	13	7	45
3 人的因素	3.1 员工数量	14	13	25	11	16	11	23	21	7	16
	3.2 员工结构	12	9	29	18	10	8	21	24	13	11
	3.3 员工素质	10	8	21	21	18	5	18	15	16	23
4 设备设施	4.1 飞机安全性	7	3	11	15	43	10	3	8	6	36
	4.2 飞机可靠性	2	7	12	18	40	2	7	8	12	50
	4.3 飞机维修性	0	7	12	30	29	0	3	20	21	34
	4.4 地面设备完好性	1	6	26	26	19	0	4	25	27	19
	4.5 空地设备配套	2	9	20	22	26	1	5	24	23	26
5 管理及信息	5.1 组织系统	8	12	30	16	12	6	13	32	16	12
	5.2 制度规范	4	11	26	17	20	4	9	29	15	23
	5.3 监管系统	4	14	28	10	22	2	7	26	18	28
	5.4 信息系统	0	12	25	21	21	1	7	25	18	29
	5.5 员工激励	2	9	28	21	19	2	14	29	14	20
	5.6 教育培训	1	11	30	12	25	4	11	19	19	26
	5.7 文化建设	7	13	26	12	21	6	15	24	17	18

(2)航空公司(49 份)

附表 2.13　航班延误对民航安全的影响

问　　题	1	2	3	4	5
1 单个航班延误时长的影响	9	16	15	5	0
2 日延误航班数的影响	0	8	10	24	1
3 航班延误旅客人数的影响	0	2	7	11	25
4 航班延误处置的影响	0	2	7	11	25
1 单个航班延误时长的影响	1.1 航班延误 0.5 小时以下的影响	25	10	10	2	2
	1.2 航班延误 0.5～1 小时的影响	10	25	8	3	3
	1.3 航班延误 1～2 小时的影响	2	13	22	10	2
	1.4 航班延误 2～3 小时的影响	0	5	22	13	9
	1.5 航班延误 3～4 小时的影响	0	1	6	29	13
	1.6 航班延误 4 小时以上的影响	0	1	2	6	39
2 日延误航班数的影响	2.1 日延误 5 个以下航班的影响	22	13	11	2	1
	2.2 日延误 5～10 个航班的影响	7	24	13	3	2
	2.3 日延误 10～20 个航班的影响	1	4	30	10	3
	2.4 日延误 20～50 个航班的影响	1	1	11	13	23
	2.5 日延误 50～100 个航班的影响	0	2	1	12	34
	2.6 日延误 100 个以上航班的影响	0	2	1	2	44
3 航班延误旅客人数的影响	3.1 延误 100～500 名旅客的影响	14	8	18	8	0
	3.2 延误 500～1000 名旅客的影响	1	14	21	11	2
	3.3 延误 1000～2000 名旅客的影响	0	4	15	20	10
	3.4 延误 2000～5000 名旅客的影响	0	2	10	25	12
	3.5 延误 5000～10000 名旅客的影响	0	1	3	14	30
	3.6 延误 10000 名以上旅客的影响	0	0	3	5	41
4 航班延误处置的影响	4.1 航空公司处置的影响	0	10	25	9	5
	4.2 机场处置的影响	5	16	17	13	8
	4.3 空管单位处置的影响	2	2	8	22	15
	4.4 旅客情绪的影响	0	3	7	16	23

附表 2.14　航班延误和安全风险的同源性关联

问　　题		延误致因强度					风险致因强度				
		1	2	3	4	5	1	2	3	4	5
1 自然条件		3	0	6	5	33	0	2	12	4	28
2 资源限制		3	7	12	15	9	1	9	14	16	6
3 人的因素		0	8	15	13	10	1	18	7	8	13
4 设备设施		0	8	21	10	6	0	6	21	10	8
5 管理及信息		0	7	23	5	12	1	7	19	9	11
1 自然条件	1.1 雷暴	0	1	2	6	37	0	0	3	6	39
	1.2 大雨	0	7	23	8	9	1	4	23	8	11
	1.3 冰雪	0	1	9	9	28	0	1	6	25	15
	1.4 雾霾	0	3	5	11	27	0	1	7	12	26
	1.5 沙尘	0	6	3	12	26	0	2	10	10	26
	1.6 鸟击	3	4	25	5	10	1	4	21	3	19
2 资源限制	2.1 航路	0	1	6	8	32	1	3	8	5	31
	2.2 终端区	1	6	9	9	24	0	8	6	6	28
	2.3 机场净空	0	1	16	20	10	0	4	14	19	11
	2.4 飞行区	0	6	15	17	9	0	4	20	15	8
	2.5 航站区	0	1	20	19	7	0	2	17	17	10
	2.6 军事活动	1	2	2	6	36	2	2	5	3	36
3 人的因素	3.1 员工数量	3	5	17	10	12	1	15	15	4	11
	3.2 员工结构	3	1	24	12	6	1	14	17	8	5
	3.3 员工素质	4	1	17	12	12	1	13	11	7	13
4 设备设施	4.1 飞机安全性	3	3	5	6	30	3	3	7	5	13
	4.2 飞机可靠性	2	3	8	7	27	2	2	5	6	32
	4.3 飞机维修性	0	6	8	19	13	0	2	10	17	17
	4.4 地面设备完好性	0	2	18	16	10	0	3	13	19	10
	4.5 空地设备配套	1	5	15	15	11	1	3	17	16	10
5 管理及信息	5.1 组织系统	0	7	24	6	9	1	7	21	10	8
	5.2 制度规范	0	3	22	12	9	1	5	21	8	13
	5.3 监管系统	0	8	20	7	11	0	2	21	9	16
	5.4 信息系统	0	6	20	10	11	0	2	21	9	16
	5.5 员工激励	1	3	19	8	16	0	5	18	7	17
	5.6 教育培训	0	7	19	4	17	2	6	16	6	17
	5.7 文化建设	2	6	19	5	15	2	7	19	5	15

(3) 机场(32 份)

附表 2.15　航班延误对民航安全的影响

问　　题		1	2	3	4	5
1 单个航班延误时长的影响		14	4	11	3	0
2 日延误航班数的影响		3	9	6	11	3
3 航班延误旅客人数的影响		0	7	9	9	7
4 航班延误处置的影响		1	1	5	13	12
1 单个航班延误时长的影响	1.1 航班延误 0.5 小时以下的影响	28	1	2	1	0
	1.2 航班延误 0.5～1 小时的影响	14	13	5	0	0
	1.3 航班延误 1～2 小时的影响	4	11	14	3	0
	1.4 航班延误 2～3 小时的影响	1	6	7	14	4
	1.5 航班延误 3～4 小时的影响	0	1	6	11	14
	1.6 航班延误 4 小时以上的影响	0	0	3	4	25
2 日延误航班数的影响	2.1 日延误 5 个以下航班的影响	10	8	8	2	4
	2.2 日延误 5～10 个航班的影响	6	7	5	8	6
	2.3 日延误 10～20 个航班的影响	0	6	7	5	14
	2.4 日延误 20～50 个航班的影响	0	1	5	6	20
	2.5 日延误 50～100 个航班的影响	0	0	1	5	26
	2.6 日延误 100 个以上航班的影响	0	0	0	1	31
3 航班延误旅客人数的影响	3.1 延误 100～500 名旅客的影响	10	6	6	8	2
	3.2 延误 500～1000 名旅客的影响	1	11	3	6	10
	3.3 延误 1000～2000 名旅客的影响	1	2	10	4	15
	3.4 延误 2000～5000 名旅客的影响	0	1	3	10	18
	3.5 延误 5000～10000 名旅客的影响	0	0	1	4	27
	3.6 延误 10000 名以上旅客的影响	1	0	0	2	29
4 航班延误处置的影响	4.1 航空公司处置的影响	1	3	8	4	16
	4.2 机场处置的影响	1	5	11	9	6
	4.3 空管单位处置的影响	7	4	6	10	5
	4.4 旅客情绪的影响	0	0	7	13	12

附表 2.16　航班延误和安全风险的同源性关联

问题		延误致因强度					风险致因强度				
		1	2	3	4	5	1	2	3	4	5
1 自然条件		6	3	4	9	10	7	3	5	12	5
2 资源限制		3	8	5	8	8	0	11	9	8	4
3 人的因素		2	9	9	6	6	0	3	10	5	14
4 设备设施		4	10	7	8	3	0	1	12	11	8
5 管理及信息		5	3	11	5	8	0	5	5	6	16
1 自然条件	1.1 雷暴	1	2	0	7	20	1	4	1	9	17
	1.2 大雨	4	4	10	9	5	2	7	6	12	5
	1.3 冰雪	1	3	8	9	11	2	3	6	10	11
	1.4 雾霾	1	1	3	13	14	1	3	7	6	15
	1.5 沙尘	6	7	3	7	9	4	8	3	7	10
	1.6 鸟击	5	11	2	4	10	3	5	2	4	17
2 资源限制	2.1 航路	4	2	8	6	12	6	9	8	4	5
	2.2 终端区	4	3	11	12	2	4	9	5	12	2
	2.3 机场净空	3	10	8	10	1	4	6	7	9	6
	2.4 飞行区	4	6	7	13	2	1	1	11	13	6
	2.5 航站区	11	2	4	10	5	6	2	10	7	7
	2.6 军事活动	7	1	3	7	14	8	3	8	4	9
3 人的因素	3.1 员工数量	11	8	8	1	4	10	8	6	3	5
	3.2 员工结构	9	8	5	6	4	7	7	7	5	6
	3.3 员工素质	6	7	4	9	6	4	5	4	9	10
4 设备设施	4.1 飞机安全性	4	0	6	9	13	7	0	1	1	23
	4.2 飞机可靠性	0	4	4	11	13	0	5	3	6	18
	4.3 飞机维修性	0	1	4	11	16	0	1	10	4	17
	4.4 地面设备完好性	1	4	8	10	9	0	1	12	8	9
	4.5 空地设备配套	1	4	5	7	15	0	2	7	7	16
5 管理及信息	5.1 组织系统	8	5	6	10	3	5	6	11	6	4
	5.2 制度规范	4	8	4	5	11	3	4	8	7	10
	5.3 监管系统	4	6	8	3	11	2	5	5	8	12
	5.4 信息系统	0	6	5	11	10	1	5	4	9	13
	5.5 员工激励	1	6	9	13	3	2	9	11	7	3
	5.6 教育培训	1	4	11	8	8	2	5	3	13	9
	5.7 文化建设	5	7	7	7	6	4	8	5	12	3

4. 南京

共发出调查问卷 80 份，收回 60 份，其中有效问卷 46 份，分别汇总如下。

(1)南京地区汇总(共 46 份)

附表 2.17　航班延误对民航安全的影响

问　　题		1	2	3	4	5
1 单个航班延误时长的影响		16	12	13	4	0
2 日延误航班数的影响		1	7	17	13	7
3 航班延误旅客人数的影响		3	4	18	11	9
4 航班延误处置的影响		5	1	11	16	12
1 单个航班延误时长的影响	1.1 航班延误 0.5 小时以下的影响	38	2	3	0	3
	1.2 航班延误 0.5～1 小时的影响	27	11	4	1	3
	1.3 航班延误 1～2 小时的影响	10	21	6	7	2
	1.4 航班延误 2～3 小时的影响	2	9	19	10	6
	1.5 航班延误 3～4 小时的影响	0	8	8	20	10
	1.6 航班延误 4 小时以上的影响	2	2	5	13	24
2 日延误航班数的影响	2.1 日延误 5 个以下航班的影响	25	11	4	3	3
	2.2 日延误 5～10 个航班的影响	7	20	10	3	6
	2.3 日延误 10～20 个航班的影响	0	12	17	11	6
	2.4 日延误 20～50 个航班的影响	1	1	11	14	19
	2.5 日延误 50～100 个航班的影响	1	2	2	10	31
	2.6 日延误 100 个以上航班的影响	2	1	4	4	35
3 航班延误旅客人数的影响	3.1 延误 100～500 名旅客的影响	20	13	5	3	5
	3.2 延误 500～1000 名旅客的影响	3	17	9	10	7
	3.3 延误 1000～2000 名旅客的影响	1	6	14	11	14
	3.4 延误 2000～5000 名旅客的影响	1	1	6	18	20
	3.5 延误 5000～10000 名旅客的影响	1	1	6	3	35
	3.6 延误 10000 名以上旅客的影响	1	2	4	2	37
4 航班延误处置的影响	4.1 航空公司处置的影响	4	1	11	12	18
	4.2 机场处置的影响	4	8	14	13	7
	4.3 空管单位处置的影响	6	6	14	13	7
	4.4 旅客情绪的影响	5	2	6	18	16

附表 2.18 航班延误和安全风险的同源性关联

问 题		延误致因强度					风险致因强度				
		1	2	3	4	5	1	2	3	4	5
1 自然条件		6	10	6	9	12	5	10	9	8	11
2 资源限制		2	5	17	11	8	1	13	14	7	8
3 人的因素		4	6	21	8	4	7	3	21	7	5
4 设备设施		7	6	8	19	3	7	4	10	18	4
5 管理及信息		7	4	8	17	7	6	4	10	14	9
1 自然条件	1.1 雷暴	4	5	5	17	11	8	5	6	11	14
	1.2 大雨	6	7	17	7	6	10	6	14	5	9
	1.3 冰雪	5	5	6	12	14	8	0	10	10	16
	1.4 雾霾	3	5	3	14	17	4	2	7	14	17
	1.5 沙尘	9	8	8	12	6	7	9	11	10	6
	1.6 鸟击	13	6	8	8	9	10	4	7	11	10
2 资源限制	2.1 航路	1	7	7	11	17	1	7	8	10	17
	2.2 终端区	7	12	7	10	7	8	8	12	7	8
	2.3 机场净空	7	9	12	12	3	6	10	13	10	4
	2.4 飞行区	3	15	12	8	5	4	15	8	5	11
	2.5 航站区	6	12	14	9	3	6	9	15	8	4
	2.6 军事活动	2	1	12	13	14	2	5	9	12	15
3 人的因素	3.1 员工数量	5	8	14	7	9	8	6	11	9	9
	3.2 员工结构	5	8	15	8	6	9	5	12	13	5
	3.3 员工素质	4	6	17	9	6	10	4	9	13	8
4 设备设施	4.1 飞机安全性	10	1	12	6	14	9	0	8	10	16
	4.2 飞机可靠性	9	3	10	9	12	6	3	8	10	16
	4.3 飞机维修性	4	4	10	12	12	3	2	9	14	16
	4.4 地面设备完好性	7	9	9	14	4	10	3	10	18	3
	4.5 空地设备配套	6	6	10	15	5	8	2	9	21	3
5 管理及信息	5.1 组织系统	6	10	13	12	2	8	5	14	13	2
	5.2 制度规范	7	8	12	12	4	7	7	13	13	3
	5.3 监管系统	6	8	10	14	4	8	7	10	12	7
	5.4 信息系统	3	5	15	8	12	4	7	8	14	10
	5.5 员工激励	3	6	19	10	5	3	7	15	11	7
	5.6 教育培训	6	7	14	6	10	7	5	10	17	4
	5.7 文化建设	9	11	12	7	4	10	9	10	10	4

(2)机场(共 38 份)

附表 2.19　航班延误对民航安全的影响

问　　题		1	2	3	4	5
1 单个航班延误时长的影响		11	10	12	4	0
2 日延误航班数的影响		1	6	14	11	5
3 航班延误旅客人数的影响		3	3	16	8	7
4 航班延误处置的影响		4	1	9	15	8
1 单个航班延误时长的影响	1.1 航班延误 0.5 小时以下的影响	32	1	3	0	2
	1.2 航班延误 0.5~1 小时的影响	22	10	3	1	2
	1.3 航班延误 1~2 小时的影响	9	17	6	4	2
	1.4 航班延误 2~3 小时的影响	2	7	15	10	4
	1.5 航班延误 3~4 小时的影响	0	5	8	16	9
	1.6 航班延误 4 小时以上的影响	1	2	4	11	20
2 日延误航班数的影响	2.1 日延误 5 个以下航班的影响	20	10	3	3	2
	2.2 日延误 5~10 个航班的影响	5	18	9	1	5
	2.3 日延误 10~20 个航班的影响	0	9	14	10	5
	2.4 日延误 20~50 个航班的影响	0	0	10	12	16
	2.5 日延误 50~100 个航班的影响	0	2	1	9	26
	2.6 日延误 100 个以上航班的影响	1	1	3	4	29
3 航班延误旅客人数的影响	3.1 延误 100~500 名旅客的影响	15	11	4	3	5
	3.2 延误 500~1000 名旅客的影响	1	14	7	9	7
	3.3 延误 1000~2000 名旅客的影响	0	5	12	9	12
	3.4 延误 2000~5000 名旅客的影响	0	1	5	16	16
	3.5 延误 5000~10000 名旅客的影响	0	1	6	2	29
	3.6 延误 10000 名以上旅客的影响	0	2	4	2	30
4 航班延误处置的影响	4.1 航空公司处置的影响	3	1	8	10	16
	4.2 机场处置的影响	4	7	11	10	6
	4.3 空管单位处置的影响	5	6	12	10	5
	4.4 旅客情绪的影响	4	2	4	16	13

附表 2.20 航班延误和安全风险的同源性关联

问题		延误致因强度					风险致因强度				
		1	2	3	4	5	1	2	3	4	5
1 自然条件		5	9	4	8	9	4	8	7	7	9
2 资源限制		2	4	13	10	6	1	11	12	5	6
3 人的因素		3	6	14	8	4	4	3	16	7	5
4 设备设施		4	5	7	16	3	4	4	10	14	3
5 管理及信息		5	4	6	13	7	4	4	9	13	5
1 自然条件	1.1 雷暴	4	4	4	14	8	6	4	5	10	11
	1.2 大雨	5	7	13	6	4	8	6	11	3	8
	1.3 冰雪	4	4	5	9	12	5	0	10	7	14
	1.4 雾霾	3	5	1	12	13	2	2	6	14	12
	1.5 沙尘	7	8	6	10	4	4	9	10	7	5
	1.6 鸟击	11	6	6	7	6	7	4	6	10	7
2 资源限制	2.1 航路	1	7	4	10	13	1	7	6	9	12
	2.2 终端区	6	9	6	9	5	6	8	10	6	5
	2.3 机场净空	5	9	11	9	1	4	10	11	8	2
	2.4 飞行区	2	13	11	6	3	3	13	7	4	8
	2.5 航站区	5	11	11	8	1	5	9	10	8	2
	2.6 军事活动	2	1	10	10	11	1	5	9	10	10
3 人的因素	3.1 员工数量	5	6	10	6	8	7	5	7	7	9
	3.2 员工结构	5	7	9	8	5	8	5	8	11	4
	3.3 员工素质	4	5	14	6	5	8	4	6	11	7
4 设备设施	4.1 飞机安全性	9	1	9	5	11	7	0	7	8	13
	4.2 飞机可靠性	8	3	9	7	8	5	1	8	8	13
	4.3 飞机维修性	3	4	10	8	9	1	2	9	12	12
	4.4 地面设备完好性	6	9	7	10	2	8	3	9	15	1
	4.5 空地设备配套	5	6	9	12	2	6	2	9	17	1
5 管理及信息	5.1 组织系统	6	8	10	10	1	7	5	10	11	1
	5.2 制度规范	6	8	10	9	2	6	6	10	11	2
	5.3 监管系统	5	7	7	12	3	7	5	8	10	6
	5.4 信息系统	3	5	11	8	8	3	6	7	12	7
	5.5 员工激励	3	5	15	8	4	2	7	12	9	5
	5.6 教育培训	5	5	13	5	7	5	5	9	13	3
	5.7 文化建设	8	9	10	6	2	8	9	9	7	2

(3)航空公司(共 8 份)

附表 2.21 航班延误对民航安全的影响

问 题		1	2	3	4	5
1 单个航班延误时长的影响		5	2	1	0	0
2 日延误航班数的影响		0	1	3	2	2
3 航班延误旅客人数的影响		0	1	2	3	2
4 航班延误处置的影响		1	0	2	1	4
1 单个航班延误时长的影响	1.1 航班延误 0.5 小时以下的影响	6	1	0	0	1
	1.2 航班延误 0.5~1 小时的影响	5	1	1	0	1
	1.3 航班延误 1~2 小时的影响	1	4	0	3	0
	1.4 航班延误 2~3 小时的影响	0	2	4	0	2
	1.5 航班延误 3~4 小时的影响	0	3	0	4	1
	1.6 航班延误 4 小时以上的影响	1	0	1	2	4
2 日延误航班数的影响	2.1 日延误 5 个以下航班的影响	5	1	1	0	1
	2.2 日延误 5~10 个航班的影响	2	2	1	2	1
	2.3 日延误 10~20 个航班的影响	0	3	3	1	1
	2.4 日延误 20~50 个航班的影响	1	1	1	2	3
	2.5 日延误 50~100 个航班的影响	1	0	1	1	5
	2.6 日延误 100 个以上航班的影响	1	0	1	0	6
3 航班延误旅客人数的影响	3.1 延误 100~500 名旅客的影响	5	2	1	0	0
	3.2 延误 500~1000 名旅客的影响	2	3	2	1	0
	3.3 延误 1000~2000 名旅客的影响	1	1	2	2	2
	3.4 延误 2000~5000 名旅客的影响	1	0	1	2	4
	3.5 延误 5000~10000 名旅客的影响	1	0	0	1	6
	3.6 延误 10000 名以上旅客的影响	1	0	0	0	7
4 航班延误处置的影响	4.1 航空公司处置的影响	1	0	3	2	2
	4.2 机场处置的影响	0	1	3	3	1
	4.3 空管单位处置的影响	1	0	2	3	2
	4.4 旅客情绪的影响	1	0	2	2	3

附表 2.22　航班延误和安全风险的同源性关联

问　　　题		延误致因强度					风险致因强度				
		1	2	3	4	5	1	2	3	4	5
1 自然条件		1	1	2	1	3	1	2	2	1	2
2 资源限制		0	1	4	1	2	0	2	2	2	2
3 人的因素		1	0	7	0	0	3	0	5	0	0
4 设备设施		3	1	1	3	0	3	0	0	4	1
5 管理及信息		2	0	2	4	0	2	0	1	1	4
1 自然条件	1.1 雷暴	0	1	1	3	3	2	1	1	1	3
	1.2 大雨	1	0	4	1	2	2	0	3	2	1
	1.3 冰雪	1	1	1	3	2	3	0	0	3	2
	1.4 雾霾	0	0	2	2	4	2	0	1	0	5
	1.5 沙尘	2	0	2	2	2	3	0	1	3	1
	1.6 鸟击	2	0	2	1	3	3	0	1	1	3
2 资源限制	2.1 航路	0	0	3	1	4	0	0	2	1	5
	2.2 终端区	1	3	1	1	2	2	0	2	1	3
	2.3 机场净空	2	0	1	3	2	2	0	2	2	2
	2.4 飞行区	1	2	1	2	2	1	2	1	1	3
	2.5 航站区	1	1	3	1	2	1	0	5	0	2
	2.6 军事活动	0	0	2	3	3	1	0	0	2	5
3 人的因素	3.1 员工数量	0	2	4	1	1	1	1	4	2	0
	3.2 员工结构	0	1	6	0	1	1	0	4	2	1
	3.3 员工素质	0	1	3	3	1	2	0	3	2	1
4 设备设施	4.1 飞机安全性	1	0	3	1	3	2	0	1	2	3
	4.2 飞机可靠性	1	0	1	2	4	1	2	0	2	3
	4.3 飞机维修性	1	0	0	4	3	2	0	0	2	4
	4.4 地面设备完好性	1	0	1	4	2	1	0	1	3	2
	4.5 空地设备配套	1	0	1	3	3	2	0	0	4	2
5 管理及信息	5.1 组织系统	0	2	3	2	1	1	0	4	2	1
	5.2 制度规范	1	0	2	3	2	1	1	3	2	1
	5.3 监管系统	1	1	3	2	1	1	2	2	2	1
	5.4 信息系统	0	0	4	0	4	1	1	1	2	3
	5.5 员工激励	0	1	4	2	1	1	0	3	2	2
	5.6 教育培训	1	2	1	1	3	2	0	1	4	1
	5.7 文化建设	1	2	2	1	2	2	0	1	3	2

第二部分　座谈讨论

上海地区调研会由华东管理局计划处召集，管理局朱副局长主持，管理局运输处、航安办，东方航空公司，虹桥和浦东机场，华东空管局等单位和部门人员参加。哈尔滨机场调研会由安全与质量部召集，航务部、人力资源部等部门人员参加。南京机场调研会由安全与质量部召集，运营服务部、运营指挥中心、机务工程部、安全检查部、消防保卫部、机场公安局、人力资源部等部门人员参加。西安地区调研有空管局等部门人员参加。各地座谈讨论涉及航班延误状况、延误原因、安全风险、制度建设、员工激励、设施完善以及调查表设计等等诸多方面，项目组感到受益匪浅。各地调研中座谈讨论涉及的主要内容汇总如下。

1. 关于航班延误对民航安全的影响

1）机场规模的影响

同样的延误航班数和延误旅客数对不同规模机场的影响程度不同，应区分机场的规模大小评估航班延误波及的安全风险。

比较一致的意见是，应按一定时间内延误航班数和延误旅客人数占机场的总航班数和总运营旅客数的比例分析。

2）延误时长的影响

不管机场规模如何，延误时间长度对旅客情绪的影响都有一定规律性。

航班延误1小时以内影响不大，旅客一般可以忍耐；延误4小时以上，航空公司有赔偿，旅客情绪波动一般也比较小；延误1～3小时，目前没有说法，旅客情绪波动影响最大，进而波动正常秩序，对民航安全影响最大。

3）延误班次的影响

延误10～20个航班时，对安全影响较大。

考虑机场应对航班延误的能力，延误航班少于10个时，对中型以上机场影响不大；出现20个以上航班延误时，一般是由于天气、突发事件等重大因素，会采取临时关闭机场等强力措施，对安全影响也不大。

4）延误处置的影响

在航班延误处置的影响上，空管部门影响最大。

空管部门与机场、航空公司的沟通往往不到位，没有给予充分的重视，信息的传递不到位。

机场也会由于资源有限，如停机位不够等原因，导致处置不到位，存在安全隐患。

目前对延误的处置，行业缺少指导性意见。

2. 关于航班延误和安全风险的关联

1）人的因素非常重要

目前我国民航在人员方面存在以下问题：

（1）人员数量不足。

例如，机务维修人员不足，检修工作过程不能保障一机一人，不能保证一项工作连续做完；长时间高强度维修工作容易出现错忘漏。又如，旅客服务部门人员紧张，导致在岗人员工作强度过大。

延误航班的检查维护工作只能插空做。往往没等前面延误航班做完工作，后面正点航班已到，这时为了保证后面航班正常，只好撂下前面延误航班的工作，这样既加剧了前面航班的延误，又容易因中断工作出错。但机务人手不够，为了减少延误航班数量也只好如此。

(2) 人员结构不合理。

企业考虑成本，尽量少用正式员工，多用外聘员工。许多一线安全岗位员工是外聘的职工，他们工资低，流动大，责任心不强，存在安全隐患。

(3) 员工素质有差距。

员工职业技能达不到要求，培训周期长，培训后人员流失大，队伍不稳定。正式员工培训后技能提高了容易跳槽，找待遇高的企业。外聘人员培训少了不够用，培训多了成本高，如果他们能力强了因工资低跳槽，原单位就更不划算。

2) 安全管理需要全面加强

组织系统：目前是条块管理，存在管理上的交叉和出现盲区的现象，管理组织系统有待优化。

制度规范：目前许多问题是由于制度规范的缺失，导致操作无法规范统一。如延误赔偿(补偿)的规定，各航空公司未统一。

员工激励：不重视员工的激励。员工任务重待遇较低，重视中高层领导的激励，缺乏对一线员工的激励，导致员工积极性不高。

教育培训：由于人员配置人数较少，培训周期长，许多员工没有时间接受培训等。

文化建设：缺少和谐的氛围，缺少公开、公正、公平的评价考核激励机制。

3) 充分重视信息的重要性

信息工作十分重要，很多延误就是因为信息不畅，应该把管理与信息作为第一要素加以重视。

在信息系统建设上，目前存在空管、航空公司、机场之间信息不能共享，对旅客信息传递不及时不准确等问题。信息系统的顶层设计和管理有待完善。

4) 进一步认识自然条件

自然条件是造成大面积延误的重要因素，对大面积延误，目前已经建立了预警和保障机制。

自然条件在不同地区有一定差别，例如，东部、南部地区的台风，北方地区的雾霾都可以造成大面积延误。

5) 保障设备要到位

存在由于设备问题导致的延误和安全风险。如 2008 年南京大雪导致机场关闭，就是由于除冰设备不到位。

6) 其他因素

在考虑对航班延误和安全风险的致因时，除了附表 2.2 上列的 5 个因素外，还应充分考虑旅客因素。比如，旅客的迟到，旅客没有得到满意服务时的冲击停机坪等过激行为，都会带来安全风险。

净空因素有的在机场选址及建设时已经考虑，机场产后出现的净空问题也有处理办法，可不列为航班延误的影响因素。

3. 对表格设计的建议

1) 重视岗位差别

不同岗位的人员，对各部分内容的看法不一样。在进行统计时，应根据岗位不同，把相应部分进行加权考虑。

2) 突出人员和管理因素

应更加突出人的因素和管理因素，附表 2.2 所列 5 个因素的重要程度排序应该倒过来，即依次是 5、4、3、2、1。

后　　记

我国民航业起步很早，但长期发展缓慢。且不说旧中国时期的艰难徘徊，即使在新中国时期的 66 年里，也经历了 40 多年的艰苦成长，1980 年之后才走上企业化发展道路，20 世纪 90 年代之后才步入高速发展时期，又经历了 20 多年的持续、快速、健康发展，如今我国才稳居世界第二民航大国的地位。因此，研究我国民航航班延误和安全风险的内在联系，应该主要研究这最近 20 多年中，特别是近年来我国民航的发展情况。

研究航班延误和安全风险的关系，与我的民航科研生涯有不解之缘。从关注我国民航发展中的资源配置问题，关注民航发展速度、效益和安全之间的关系，到关注民航生产中安全风险的监测和评估问题，关注民航安全系统工程，关注民航航班延误和安全风险的关系问题，是我最近 20 多年来从事民航科研活动的基本轨迹。20 多年前我任民航经济规划研究室主任，研究重点是我国民航改革开放初期的资源配置问题。那时我国尚未摆脱计划经济体制束缚的长期影响，我国民航刚刚步入快速发展阶段，各个方面尚处于短缺经济条件下必然存在的资源全面紧缺状态。虽然当时我国民航的航班数量远不如现在这样多，运输生产规模也比现在小许多，但是资源刚性约束对民航发展的羁绊已不容忽视。20 多年后的今天，我国民航的发展资源雄厚了许多，机场、机队、航线、人才、资金等资源条件均已今非昔比，但是世界第二的行业体量使资源约束的刚性态势比当年较小规模发展时更加严峻，成为制约我国民航继续快速健康发展的主要问题。航班延误顽疾的久治不愈，航班延误波及的安全风险，航班延误后民航生产系统运行资源的捉襟见肘以及在地面和空中时有发生的旅客过度维权事件，都在警示我们，监测、评估和控制航班延误的安全风险是一件十分紧迫的研究任务。

正是在这种背景下，2011 年中国民用航空局批准立项，就航班延误波及民航安全风险评估技术问题开展专题研究。经过两年多的努力，历经文献研究、调查研究、数据收集与分析、数学模型研究、软件工具研究、理论研究以及应用研究等研究环节，项目组按时完成了预定的研究任务，经过成果查新，于 2014 年通过了中国民用航空局局组织的项目结题验收和科技成果鉴定。鉴定和评审专家对本项目研究成果给予了高度评价，认为项目选题新颖、研究深入，在国内外未见先例，研究成果达到了国际先进水平。

本书在项目研究报告的基础上撰写，记载了项目团队的集体研究成果。本项目研究及本书撰写工作的分工如下：

杨英宝：主持项目研究，策划并审定全书，撰写第 1 章，指导撰写第 7 章、第 8 章；

冯绍红：研究航班延误的风险源性质，航班延误安全风险的调查分析，撰写第 2 章、第 5 章及附录；

姜雨：研究航班延误与民航安全风险的关联性，撰写第 3 章；

王华伟：研究航班延误安全风险的主要评估技术和综合评估方法，撰写第 4 章、第 9 章，指导撰写第 6 章；

宫淑丽：研究协同治理航班延误安全风险的对策建议，参与全书统稿，撰写第 10 章。

团队中的 3 位研究生积极参加本项目研究工作，并依托项目研究完成了学位论文。本书收录了他们的论文摘要，内容如下：

刘晨：第 6 章；

由欣：第 7 章；

薛漾：第 8 章。

研究生马桂勤、姬志伟参加了项目研究中的数据整理工作。

从航班延误角度研究民航安全风险是一种新的尝试，它为我们认识民航安全的规律性增加了一个新的研究维度，一种新的研究方法。系统论从老三论到新三论的发展历程一再证明，人们在认识事物的规律性上限于困惑往往是因为缺少了必需的研究维度，而取得突破也往往是因为认识到了新的研究维度。本书在民航安全风险评估方面进行了认识论和方法论意义上的大胆探索，我们相信，这种探索对认识民航安全规律性的意义大于研究成果本身。

在本项目研究和本书撰写过程中，业内许多朋友为我们进行这一探索提供了宝贵的支持、鼓励和帮助。

中国民用航空局人事科教司刘宝树处长以及许宏、张勇等同志支持了本项目的立项，在研究过程中多次给予我们具体指导；航空安全办公室熊杰副主任、刘洪波副处长指导了本项目研究过程，帮助我们收集了行业航班延误及不安全事件数据。

中国民航华东管理局朱州龙副局长，规划统计处庄国强处长、孙伟斌副处长，以及华东管理局运输处、航安办，东方航空公司，虹桥和浦东机场，华东空管局等单位和部门支持了本项目调研，在本项目应用过程中对修改研究报告提出了许多中肯而具体的意见。

南京禄口机场王洪涛副总经理以及安全与质量部、运营服务部、运营指挥中心、机务工程部、安全检查部、消防保卫部、机场公安局、人力资源部等部门，哈尔滨太平机场安全与质量部、航务部、人力资源部，中国东方航空江苏公司，民航西北空管局支持了本项目的调研和成果应用。

中国民航大学祝世兴教授、中国民航江苏省监管局蒋怀成副局长、中国民航江苏空管分局史政林局长、中国东方航空江苏公司陈安庚部长、南京禄口机场王洪涛副总经理、上海航空器适航审定中心欧旭坡研究员以及中国民航科学技术研究院的专家对修改本项目研究报告提出了具体的指导意见。

本项目研究工作参考了我在中国民航科学技术研究院往日研究团队的相关研究成果。

在本书付梓之际，我谨代表项目组和全体作者向以各种方式为本项目研究工作和本书撰写工作给予了支持和帮助的朋友们表示由衷的感谢。

航班延误安全风险，以及更广泛意义上的民航安全风险监测、评估和控制是一个充满挑战的世界性前沿课题。虽然我国民航持续下大力气治理航班延误，近一两年来社会公众埋怨民航航班延误的声浪已略有减弱，但是航班延误的压力依然很大，航班延误的安全风险仍不容忽视。我们的团队一直在这个研究方向上不懈努力，并且已经取得了一些初步成果。面对民航航班正常和安全生产的迫切需要，我们已经取得的成果还显得很不够，无论在深度上，还是在时效性上，都不能适应行业安全生产管理的发展进程。限于时间和能力，本书对民航航班延误安全风险评估的初步研究还只能是抛砖引玉，书中瑕疵一定不少，敬请业内专家和读者朋友不吝指正，帮助我们做好后续的相关研究。

杨英宝

2015 年 9 月 9 日

识于南京梅花山庄